집시, 어디서 왔다가 어디로 갔는가

The Gypsies

역사 문화 라이브러리

집시, 어디서 왔다가 어디로 갔는가

앵거스 프레이저 | 문은실 옮김

The Gypsies

에디터

차 례
Contents

Contents 차 례

Prologue

방랑 민족의 기나긴 역사

이 책은 중세 시대에 발칸 반도에 도착해서 차츰 유럽 전역, 더 나아가 그 너머로 퍼져나간 방랑 민족의 역사이다. 그들이 순례자의 모습으로 처음 서유럽의 문을 두드렸을 때, 사람들 사이에서는 강한 호기심이 퍼져나갔고, 여기저기서 그들의 기원에 대한 이론이 쏟아져 나왔다. 그러나 그들이 쓰는 언어의 유래를 찾을 수 있게 된 것은 한참 후의 일이었다. 끊임없이 거대한 영향과 압박에 노출되었음에도 불구하고, 그들은 수세기에 걸쳐 명확한 아이덴티티를 지켜나갔고, 놀라운 적응력과 생존력을 발휘했다. 그들이 겪은 그 엄청난 고난을 생각하면, 생존 자체가 그들의 주요 업적이라고 결론지을 수 있을 정도이다. 앞으로 서술될 이야기가 대부분 그들의 독자성을 파괴하기 위해 다른 사람들이 그들에게 어떻게 해왔는지를 보여주는 역사이기 때문이다.

그러나 집시가 과연 '유럽 민족'인가 하는 점은 보편적으로 인정되고 있는 사실은 아니다. 따라서 집시가 과연 이 총서(블랙웰 출판사에서 발행하는 『유럽의 여러 민족들*The Peoples of Europe*』 시리즈—역주)에 포함될 자격이 있는가 하는 문제에서부터 시작하는 것이 좋을 것 같다.

민족이란 것이 언어와 문화, 인종을 공통으로 하는 남자와 여자, 아이들의 집단으로서, 주변 사람들과 쉽게 구별될 수 있는 존재를 가리키는 것이라면, 집시는 이미 오래 전부터 하나의 민족이었다. 그들은 수세기에 걸쳐 놀라울 정도로 다양화되었다. '집시'라는 용어 자체에 부여되는 의미 또한 마찬가지다(이것은 집시 본인들과는 무관한, 의미론적인 문제이다). 그 단어는 타자가 그들에게 붙여준 명칭(또는 수많은 명칭들 중의 하나)이다.

이 명칭을 둘러싼 혼란은 특히 20세기 들어 더욱 뚜렷해졌다. '집시'라는 단어가 본질적으로 인종을 가리키는 명칭으로 쓰이던 때가 있었다. 『옥스포드 영어사전*The Oxford English Dictionary*』(1989년 제2판)에 나온 기본 정의는 다음과 같다.

> 집시(gipsy, gypsy)… 방랑하는 인종(자칭 로마니Romany)의 구성원. 기원은 힌두 사람. 16세기 초반 무렵 영국에 처음 등장했고, 당시에는 이집트에서 온 것으로 여겨졌다.
> 피부는 짙은 황갈색이고, 머리카락은 검은색. 바구니 제조, 말 매매, 점술 등을 생업으로 하며, 유랑생활 및 습관 때문에 대부분 의혹의 대상이 되어왔다. 언어(로마니어라고 불린다)는 대단히 변질된 힌두어 방언으로, 유럽 각지의 다양한 언어와 혼재되어 있다.

그와 함께 이 단어의 의미는 좀더 확대되어왔다. 오늘날 그것은 흔히 도보 여행자 외에 이동생활을 하는 사람들에게 무차별적으로 적용되고 있다. 관련 당사자 집단 안팎에서는 보다 중립적인 의미를 지닌 표현들을 선호해왔다('집시'라는 단어가 곧 경멸적인 의미를 띠게 되었기 때문이다). 그 중에서 가장 일반적인 것이 바로 '나그네 또는 이동생활자(*traveller*)' 및 국가별로 그에 상응하는 의미를 지닌 단어들이다. 현대에 이르러 인종에 근거한 차별에 대해 민감한 반응을 보이게 되면서 문제는 더욱 복잡해졌으며, 타자가 사용한 용어는 모호함이라는 혐의를 피하기 어렵다.

1950년대 후반 이후 영국 법률에 사용된 '집시'라는 단어의 의미 변천을 보면, 이러한 함정을 충분히 짚어볼 수 있다. 이 기간 동안 이 단어가 사용된 오직 두 가지 법률 용어에서는 인종적 또는 민족적 의미가 완전히 배제되었다 — 처음에는 우연히, 나중에는 의식적으로. 이전까지의 법률을 강화한 1959년의 도로법(*Highways Act*)은 도로(여기에는 포장도로, 풀로 뒤덮인 길가, 도로의 대피소 등이 포함된다)에서 야영하거나 천막을 치고 막사를 설치하면 위법이 되는 사람들의 집단을 일일이 명시하면서, '또는 여타 이동생활을 하는 자'라는 이전의 포괄적인 규정을 삭제했다. 그 결과, 잠재적 범죄자 집단의 리스트는 '행상인이나 그 밖의 도붓장수, 또는 집시'로 축소되었다. 의회가 이 '집시'라는 단어를 명기하는 것이 어떤 의미를 지니는지 충분히 숙고했다는 증거는 전혀 없었다. 바야흐로 그 단어에 대한 해석을 피할 수 없게 된 것이다. 그 결과, 의미론상의 미묘한 문제가 불거졌고, 충분히 예상가능한 일이지만[1], 그 문제는 결국 법정으로 넘어가게 되었다. 1967년, 마침내 이 문제가 고등 법원으로 넘어갔을 때, 판사들은 문맥상 그 단어에 '로마니 인종의 구성원'이라는 사전적 의미를 부여할 수 없다고 결론지었다. 판사들 입장에서 볼 때, 의회가 인종상의 이유만으로 특정한 사람을 처벌한다는 것은 상상도 할 수 없는 일이었기 때문이다. 따라서 그들은 '집시'라는 단어가 단지 '고정적인 직업이 없고, 정해진 주거가 없이 이동생활을 하는 사람'일 뿐이라고 판결했다. 사람이라면 누구든 어떤 시기에는 '집시'였다가 다른 때는 그렇지 않을 수 있다고 판결한 것이다.[2]

이 개념은 '집시 야영지' 제공을 규제하는 1968년의 '카라반 사이트법(Caravan Sites Act · 이동주택 설치장소 규제법)'이 통과되면서 재확인되었다. 이 법의 정의에 따르면, 집시는 여행중인 흥행사나 서커스 순회 공연을 업으로 하는 사람이 아니라 '종족이나 기원과 무관하게 이동생활 습관을 가진 자'였다. 따라서 누군가가 집시인가 아닌가 하는 문제는 문화적 또는 민족적 기원이 아니라 명백히 생활 습관에 달려 있게 되었다. 이러한 정의는 지금까지 영국 법령에 존재하는 유일한 규정이다. 도로법상의 '또는 집시'라는 문구가 차별적이라는 이유로 결국 삭제되었기 때문이다.

그러나 이 두 가지 법과 관련해서 축적된 판례들과 반드시 연관이 있다고 볼 수는 없는 별도의 법적 문맥에서는 민족적 의미가 재확인되어왔다. 1976년, 인종관계법(Race Relations Act)과 관련된 판결이 그 발단이었다. 그 법은 영국 국내에서 '피부색, 인종, 국적, 또는 민족적 · 국민적 기원'으로 정의된 인종적 이유로 인한 차별을 금지하고 있다. 1965년의 제1차 인종관계법이 성립된 이후 몇 년간, 집시가 과연 인종관계법에 따른 보호 대상인가 아닌가에 대한 논쟁이 꾸준히 증가했고, 일부 선술집에 걸려 있는 '집시 출입 금지(NO GIPSIES)' 간판을 없애는 데 많은 노력이 경주되었다. 제1차 인종관계법에 따르면 이러한 간판은 원칙적으로 불법이 아니었지만, 그 이후 불법화되었다. 그러나 일부 선술집들은 단속을 피하기 위해 '나그네 출입 금지'라는 간판을 사용했다. 이러한 표현은 법률상 보다 미묘한 논쟁을 불러일으켰다. 인종평등위원회가 그런 표현을 게재한 런던 동부의 '캣 앤 머튼'이라는 선술집에 대해 이의를 제기하자, 1987년에는 웨스트민스터 주재판소에

1966년, 켄트주의 한 선술집에 걸린 'NO GIPSIES' 간판 사진.

서, 1988년에는 상고법원에서 사법 판단이 내려지게 되었다.

문제는 재화 및 서비스에 대한 그러한 이용 거부가 '인종적 차원'의 차별인가 아닌가 하는 데 있었다. 인종평등위원회는 '나그네'가 '집시'와 동의어이자 서로 대체할 수 있는 단어이며, 집시는 민족 집단이라고 주장했다. 그러나 주재판소 판사는 그러한 주장을 거부하고, '캣 앤 머튼'에서 사용한 표현은 불법이 아니라며 소송을 기각시켰다. 상고법원[*3]은 세 명의 판사가 한 목소리로 '나그네'는 '집시'와 동의어가 아니며, 이 표현에서 배제된 사람들은 집시에 국한되지 않으므로 직접적인 차별은 없다는 주재판소의 판결을 지지했다. 그러나 상고법원의 판결은 계속해서 집시는 법률상 인종 집단임을 확인시키면서, '집시 출입 금지'라는 표현은, 따라서, 불법이라고 밝혔다. 더 나아가 '나그네 출입 금지'라는 간판은 집시에 대해 다른 인종 집단보다 더 무거운 부담이 되는 조건, 다시 말해 나그네가 아니어야 한다는 불리한 조건을 부과함으로써 결과적으로 집시에게 불리한 간접적 차별이라고 결론지었다.

그렇다면, 이 자리에서 굳이 이런 세세한 법률상의 문제들을 늘어놓는 이유는 무엇일까? 집시의 아이덴티티 문제는 그들이 처음 유럽에 온 이후 어디를 가나 계속 제기되어왔고, 영국 법정에서 벌어진 이러한 법률 논쟁은 집시에 대해 논의할 때면 결코 피할 수 없는 중요한 딜레마를 선명하게 보여주고 있다. 집시를 정의하는 데 가장 결정적인 요인은 생활 방식일까? 좀전에 언급한 사례들에서는 그 정도면 충분할 수도 있겠다. 그러나 그것은 완벽한 대답과는 거리가 멀다. 정착 생활을 택해서 '이동'은 하지 않지만 그럼에도 불구하고 스스로 집시라고 느끼는 수많은 집시들의 문제는 여전히 남아 있기 때문이다.

그와 반대로, 생물학적 또는 혈통학적 기준에 일차적인 중요성을 부과할 경우, 곧바로 황당한 결론에 이르게 된다. 집시는 다른 사람들과 마찬가지로 다양한 혈통의 조상을 가지고 있기 때문이다. 수학적 계산에 따르면, 집시가 유럽에 온 이후 결혼한 커플 100쌍 중 평균 4쌍이 집시가 아닌 사람과 결혼했다고 할 때, 오늘날 유럽 집시 조상의 70퍼센트 정도는 집시가 아니라는 결론이 나온다. 100쌍 중 평균 3쌍으로 치더라도, 그 수치는 60퍼센트에 이른다. (나치의 제3제국에서는 인종적 접근의 개념적, 실제적 곤란에 대처하기 위해, 집시의 혈통을 조사하는 대규모 국가 기관을 창설하고, 집시로 분류할 수 있는, 다시 말해 결과적으로 죽음의 수용소로 보낼 수 있는 집시 조상의 척도를 정했다.)

문제는 결국 1988년 7월, 영국의 상고법원에서 사용한 의미의 '민족적' 기준으로 돌아가게 된다. 따라서 그 판결에서 적절하게 서술한 이유에 대해 좀더 살펴보는 것이 도움이 될 것 같다. '이동 주택, 밴, 개조 버스, 트레일러, 트럭, 승용차 등을 타고 이리저리 유랑생활을 하는 사람들은 매우 많다… 크게 보면, 그들 모두 "집시"로 불릴지도 모르지만, 집단으로서 그들에게는 법규상 인종 집단의 요건이라 할 수 있는 특징이 없다.' 상원에서 그전에 내린 판결에 따르면[4], 인종관계법상 '민족'은 엄격한 의미의 생물학적 또는 인종적 의미로 사용되는 것이 아니며, 그러한 맥락에서 민족 집단은 두 가지 본질적 특징을 가지고 있다. 첫째가 '오랫동안 공유해온 역사'이다. 그에 대해 '집단 스스로 자신과 다른 집단을 구별해주는 것으로 생각하고 있으며, 그 기억을 보존하고 있다. 둘째는 '반드시 종교적 의식과 결합되어 있다고 볼 수는 없는 독자적인 문화 전통'이다. 여기에는 '가족과 사회적 관습 및 풍습'이 포함된다. 본질적이라고 할 수는 없지만, 그 밖의 특징들 또한 민족 집단을 구분하는 데 도움이 된다. 공통의 지리적 출신지 또는 같은 조상의 후예, 공통의 언어, 그 집단 특유의 공통의 문학, 이웃 집단이나 일반적인 공동체와 다른 공통의 종교, 보다 큰 사회 내에서 상대적으로 소수파 또는 억압받는 집단이라는 점 등이 그것이다.

이러한 기준을 집시에게 적용했을 때, 1988년 7월, 영국의 상고법원 판사를 가장 곤혹스럽게 한 것은 다음과 같았다.

집시들은 '나그네(또는 이동생활자)'라고 불리는 것을 더 좋아한다.

그 말이 덜 경멸적이라고 생각하기 때문이다. 일반 대중에 관한 한, 이것은 자신들 고유의 독자적인 아이덴티티를 버리고 싶다는 소망의 표현일 수도 있다. 오늘날 집시의 절반 또는 그 이상이 다른 사람들과 마찬가지로 집에서 산다. 그렇다면 지금 집시들은 자신들 고유의 집단적 아이덴티티를 잃어버린 것일까? 따라서 그들은 이제 더 이상 법규상의 민족적 기원으로 식별할 수 있는 사회 집단으로 볼 수 없는 것일까?

판사는 이 질문에 대해 일부 집시가 사회의 다른 구성원들과 식별할 수 없게 되었다고 해서 집단 자신의 눈으로 보나 외부의 눈으로 보나 역사적으로 결정된 사회적 아이덴티티를 잃어버렸다고 단정지을 수는 없다고 결론지었다. '집시는, 오랜 기간 영국에 살았음에도 불구하고, 색슨족이나 데인족과 달리, 다른 주민들과 완전히 융합되지 않았고, 독자적인 아이덴티티를 잃어버리지도 않았다. 그들, 또는 그들 상당수는, 아직도 집시라는 독자성과 자의식을 유지하고 있다.'

이러한 주장 또한 많은 논쟁을 불러일으킬 것이다. 정의의 문제는 특히 영국에서 첨예하게 대두된다. 영국 집시 인구의 조상에게는 비(非)집시적 요소가 상당히 많이 포함되어 있었을 뿐 아니라 집시가 들어오기 전부터 이미 사회 생활이나 생계 수단의 측면에서 그들과 매우 유사한 여타 이동 집단들이 오랫동안 존재해왔기 때문이다. 전체로서의 영국 사회가 문자 그대로 섬나라인 탓에 이동생활자 집단 내부의 민족적 차이가 흐릿해졌고, 최근 '외국인' 집시들의 유입이 다른 나라들에 비해 상당히 제한되어온 것 또한 사실이다. 이데올로기적 요소 또한 문제를 혼란스럽게 하는 측면이 있다. 지난날 '혈통의 순수성'과 관련한 잘못된 편견에 대한 반동으로, 영국에서 이동생활자 내부의 다양한 민족 카테고리에 대해 말하거나 그것을 증명하는 것은 그다지 인기도 없을 뿐더러 중시되지도 않는 분위기다. 실제로, 집시의 인도 기원설을 강조하는 데 대해 일부 사회인류학자들은 의혹의 눈길을 보내며, 이국취미, 로맨티시즘 또는 현실 도피 등에 대한 비난은 재빨리 날아가 버린다.

그렇다면 우리는 집시 자신으로부터 어떤 안내를 기대할 수 있을까? 알다시피, 자신에 대한 귀속의식은 민족적 아이덴티티를 확립하는 중요한 메커니즘이다. 누가 '우리'이고 또 누가 '그들, 즉 타자'로 간주되는 것일까? 그들의 눈으로 볼 때 가장 근본적인 구별은 그들 자신과 *가조(gadžo.* 복수형은 *가제gadžé)*[5] 사이에 있다. 가조는 로마니어 방언으로, 집시가 아닌 사람들을 가리키는 가장 일반적인 명칭이다. (스페인어로는 *파요,* 스코틀랜드에서는 *플라티,* 아일랜드에서는 *버퍼*라는 말이 사용되지만, 어떤 것도 로마니어는 아니다.) 그러나 '집시'에 해당하는 로마니어는 존재하지 않는다. 영국의 집시는 스스로를 로마니챌(*Romanichal.* 집시 남자라는 뜻)이라고 부르는데, 이 단어는 영국 집시 이주자들의 자손들에 의해 미국, 캐나다, 오스트레일리아에서도 사용되고 있다. 유럽 대륙에서는 다양한 명칭으로 불리는데, 스페인과 남프랑스의 *칼레,* 핀란드의 *카알레,* 독일의 *진티,* 프랑스의 *마누슈* 등이 그것이다. 상당수의 국가에는 보다 최근의 집시 이민의 후손들이 많다. 그들은 최소한 100여 년 전에 동유럽에서 온 집시들로, 스스로를 *롬* 또는 *로마*라고 부르며, 이들의 말은 선조들이 루마니아어권에서 오랫동안 살아온 영향을 강하게 받고 있다. 따라서 블라크(왈라키아) 롬이라 불린다. (롬이란 단어 자체는 루마니아어와 아무런 상관도 없으며, 문자 그대로 '남자' 또는 '남편'을 뜻한다). 이들 블라크 롬은 다시 *칼데라시, 로바라, 쿠라라* 등 몇 개의 부족으로 나뉜다. 이 지점에서 '그들과 우리'라는 단순한 이분법은 붕괴되고 만다. 각각의 집시 집단은 스스로를 진정한 집시로 간주하는 경향이 있다. 그들 각각이 가제와의 관계에서 점하는 위치는 분명하다.

그러나 종종 같은 나라 안에서 그들과 가제 사이의 경계선에 다른 집시 집단이 존재하는 경우도 많다. 그들 자신도 이들이 가제가 아니라는 점은 인식하고 있다. 서로 공통점이 많기 때문이다. 단지 똑같지 않을 뿐이다. 집시들에게는 결혼 및 여타 사회적 관계와 관련한 여러 가지 문제에서 이러한 구별이 중요하지만, 그 구분 자체가 선명하거나 명쾌한 것은 아니다. 집시 집단 상호간의 이러한 태도로 인해 외부인들 사이에서는 누가 '진정한 집시'이고 또 누가 그렇지 않은가를 놓고 끝없는 논쟁이 이어지고 있다. 게다가 '프랑스 집시' 등과 같은 지리적 용어가 무의미해지고, '집시' 일반에 대해 말하는 것 자체가 곤란할 뿐 아니라 오해를 불러일으키는 상황이 초래되기도 한다.

마지막으로, 보다 큰 전체의 일부라는 인식에 대해 한마디 덧붙이지 않을 수 없다. 1960년대 이후에 등장하기 시작한 각국의 집시 조직 — 자위 차원에서 집시의 권리를 승인받고, 거절과 동화 정책에 대항하여 투쟁하기 위한 —은 국제적 연대로 이어졌다. 이는 차이와 구별을 중시하는 집시의 세분화된 질서와는 모순되는 현상이다. 집시가 공유하는 역사적, 문화적 연대에 대한 새로운 인식이 시작된 것이다.

애당초 느슨하고 모호한 개념을 가진 영어 단어 '민족people'('공동체, 부족, 종족, 또는 국가를 구성하는 사람들의 집단' — 옥스포드 영어 사전)은, 오늘날 외부인들이 '집시'라고 부르는 집단을 구성하는 풍부한 민족적 단편의 모자이크를 가리키는 것으로 확대될 수 있을지도 모른다. 다시 최초의 질문으로 돌아가 보자. 집시는 어느 정도나 '유럽 민족'인 것일까? 유럽 이외의 지역에도 많은 집시들이 살고 있다. 아시아에서 한 발자국도 떠나보지 않은 선조들의 후손이 있는가 하면, 유럽에서 이주해온 사람들이나 그 후손들도 많다. 전자를 제외한 모든 집시들의 경우, 그 언어와 선조, 문화와 사회 속에 유럽의 다른 민족들과 오랫동안 뒤섞여 살아온 흔적이 뚜렷이 각인되어 있다. 몇 세기가 지난 지금 '유럽의 민족'으로 간주될만한 당연한 권리를 가지고 있는 것이다. 그들은 진정 유럽 대륙의 소수 범유럽인의 하나다.

이제 그들의 기원을 살펴볼 차례다. 그렇게 하다 보면, 집시 선조들 속에서 그 20세기 후손들의 다양성에서 볼 수 있는 것 이상의 인종적, 민족적, 언어적인 일체성을 발견하게 되지 않을까?

각 주

1) Cf. A. M. Fraser, 'References to Gypsies in British highway law', *Journal of the Gypsy Lore Society* (third series), 40 (1961), pp. 137-9. 앞으로 자주 인용하게 될 것이므로, 이하에서는 시리즈에 따라 *JGLS*(1), (2), (3), (4) or (5)로 표기하겠다.
2) *Mills v Cooper*, High Court, 1967(2 Q.B. 459).
3) *Commission for Racial Equality v Dutton*, Court of Appeal, 1988.
4) *Mandla (Sewa Singh) v Dowell Lee*, House of Lords, 1983(2 A.C. 548)
5) 로마니어 발음 표기 규칙은 1장에 제시하였다.

제 1 장

방랑의 기원

    집시의 역사를 추적하려 할 때 우리가 이용할 수 있는 기록은 많지 않다. 특히나 그 절반의 기간에 대해서는 기록이 거의 없다고 할 수 있다. 일단 역사적인 자료가 축적되었다고 해도, 그 자료들은 한결같이 타자들에 의한 것이며, 따라서 무지와 편견, 몰이해 속에서 쓰여졌을 가능성이 높다.

    '집시 종족의 진정한 역사는 그들의 언어 연구에 있다.'고 어느 위대한 학자는 단언했다. 로마니어에 대한 연구는 확실히 그 언어 자체의 기원과 변천에 대해 많은 것을 밝혀줄 수 있다. 그러나 그것을 로마니어 사용자들의 기원 및 변천과 어느 정도까지 동일시할 수 있느냐 하는 것은 보다 어려운 문제이며, 양자의 동일성을 당연시할 수는 없다. 그럼에도 불구하고, 최초의 공백을 메우는 데 있어서 언어학적 분석을 피할 수는 없다. 이는 언어학적 추론이 역사가 기록하지 못한 부분을 어느 정도까지 보완할 수 있는지 시험해보기 위한 것이기도 하다.

언어학적 증거

로마니어로 기록된 최초의 표본— 영국 서섹스주의 어느 선술집에서 채집되었을 가능성이 높다 —은 비교적 세상에 늦게 나타났다고 볼수 있는데, 1547년, 영국에서 출판되었다. 이 표본이 로마니어로 인식된 것은 그로부터 다시 몇 세기나 지난 뒤였다. 애당초 그것은 앤드류보드의 『지식을 소개하는 최초의 책*Fyrst Boke of the Introduction of Knowledge*』(1542년에 완성되었다)에 '이집트의 언어', 다시 말해 이집트어 표본으로 분류되어 있었기 때문이다(P. 21 그림 참조). 보드의 시대에만 하더라도, 현대 영어가 앵글로 색슨어에서 분리한 것처럼, 로마니어 역시 집시들이 조국을 떠난 이래로 이미 오랜 시간 동안 변천을 거듭한 상태였고, 따라서 단일한 언어라고 보기 힘들었다. 그나마 보드가기록한 몇 안되는 '이집트 언어' 조차 그리스어, 슬라브어, 또는 루마니아어에서 차용된 것들이었다. 균일성을 강화하는 문자화된 표본이 전혀 없는 상태에서 천 년 이상의 변천을 거듭해온 지금 로마니어에는 단일한 표준어가 존재하지 않는다. 대신 수많은 방언들이 남아있는 셈인데(유럽에만 해도 그 종류가 60가지 이상이다), 그것들은 분명 서로 상당한정도의 유사성을 가지고 있지만, 서로 소통되기 힘든 것들도 있다.

로마니어의 역사를 밝히기 위해 그 언어의 사례를 인용하는데 있어서, 나는 각각의 방언과 관련하여 지금까지 쓰여진 책들 가운데 최고의 연구서 세 권에 의지하고자 한다. 그 첫째는 1870년 콘스탄티노플에서 출판된 알렉산드르 파스파티의 『집시어 연구*Études sur les Tchinghianés*』로, 이 책은 이미 인용한 다음과 같은 명언으로 시작된다. '집시 종족의 진정한 역사는 그들의 언어 연구에 있다.' 1926년에는 존 샘슨의 기념비적인 역작『웨일즈 집시의 방언*The Dialect of the*

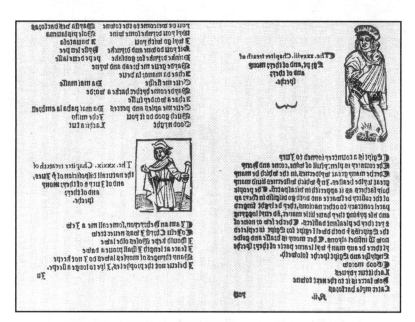

『지식을 소개하는 최초의 책』에 실린 초기의 로마니어 표본.

*Gypsies of Wales』*이 출판되었다. 마지막 세 번째 책은 스웨덴의 이에르만과 융베르그가 쓴 『스웨덴의 집시 구리 세공인 요한 디미트리 타이콘의 언어*The Language of the Swedish Coppersmith Gipsy Johan Dimitri Taikon』*(1963년)이다.

운좋게도, 이들 세 작품은 유럽에서 지리적으로 가장 먼 세 지점에서 로마니어를 검토할 수 있게 해준다. 게다가 로마니어 사용자들의 세 가지 주요 유형을 대표하고 있기도 하다. 파스파티는 1850년대에 콘스탄티노플 외곽 및 오스만제국의 유럽 지역에서 유랑하는 집시들을 상대로 자료를 채집하기 시작했다. 그는 결코 책상 앞에 앉아 책만 파는 학자가 아니었다. 집시어는 천막에서 연구되어야 한다고 강조하면서 몸소 그렇게 실천했고, 그 과정에서 집시들과 공감하는 친구가 되었다. 그 결과, 때로 음성학적으로나 어원학적으로 잘못된 부분이 있기는 하지만, 불후의 가치를 지닌 책이 탄생했다. 그 가치는 파스파티가 연구를 행한 장소의 중요성으로 인해 더욱 빛을 발했다. 그곳은 로마니어 사용자들을 유럽으로 이끈 최초의 서방 이주 과정에서 그들이 장기간 체류했던 곳이었기 때문이다. 그가 기록한 이 방언의 약칭은 '그리스계 로마니어'이다.

존 샘슨의 자료는 1894년 이후 30여년에 걸쳐 채집되었다. 그는 리버풀 대학의 사서였지만, 본질적으로 낭만적이고 반항적인 시인이기도 했다. 그는 집시 사회의 일원으로 받아들여졌고, 웨일즈에서 아름답게 구성된 방언을 정성껏 기록했다. 그것은 당시 영국에서 들을 수 있는 로마니어 가운데 가장 순수하게 보존된 방언이었다. 그 방언을 쓰던 집시들의 선조는 거의 17세기부터 웨일즈에 살았다. 따라서 그들은 한 나라에서 오랫동안 정착한 집시 주민을 대표하고 있다.

그와 반대로, 이에르만과 융베르그가 1940년대에 기록한 구리 세공인(다시 말해, 칼데라시) 방언은 노르웨이, 핀란드, 러시아, 발칸 반도, 폴란드, 독일, 프랑스 등을 이동하며 살다가 스웨덴에 들어온 집시 1세대의 언어였다. 구리 세공인 타이콘은, 따라서, 블라크 롬 가운데 한 집단의 전형적인 이동 경향을 보여주었다. 그들은 19세기 후반, 발칸 반도, 러시아의 스텝, 헝가리 대평원 등에서 서방으로 오면서 일대 세력을 형성하여, 그보다 몇 세기 전에 서유럽에 침투했던 선조들 이상의 소란을 야기했다.

이 시점에서 로마니어의 발음 표기에 대해 짚고 넘어가야 하겠다. 파스파티, 샘슨, 이에르만과 융베르그의 연구를 비교하려면, 이 분야의 문제가 즉각적으로 제기되기 때문이다. 문제의 원인은, 로마니어가 오랫동안 문자를 모르는 사람들의 언어였기 때문에, 그것을 기록할 수 있는 단일한 규칙이 없다는 데 있다. 표기자들은 대부분 자신들의 모국어의 표기법을 사용했는데, 언어에 따라서 철자법과 발음 사이의 일관성에 상당한 차이가 있다. 각각의 기호가 특정한 음만을 표시하는 엄밀한 음표 문자(음성 기호), 이를테면 국제 음성학 협회의 그것은 모호함을 남길 여지가 없다. 그러나 그런 음표 문자는 전문적인 작업에서는 훌륭한 역할을 담당하지만, 사용되는 문자수가 로마자의 26개보다 더 많으며, 문자의 모양에 익숙하지 않은 일반 독자에게는 다소 당황스러울 것 같다. 따라서 일종의 편법이긴 하지만, 음가(音價)가 영어 독자들에게 그다지 혼란스럽지 않은 문자는 그대로 두고, 유럽의 여러 언어와 영어 자체로 다양하게 표기되는 특정한 음에 대해서는 몇 가지 발음 구별 기호와 특수한 문자 조합을 사용하기로 하겠다. 이 특수한 케이스에 대해 이 책에서 사용할 규칙은 다음 표의 맨 오른쪽 칸에 표기되어 있다.

영어의 음	파스파티	샘슨	이에르만 융베르그	이책의 표기
*ch*urch	tch	č	tš	ć
*j*udge	dj	ǰ	dž	d
*sh*e	sh	š	š	ś
trea*s*ure	z	ž	ž	ź
in*k*-*h*orn	kh, k	k'	kh	k
to*p*-*h*ole	ph, p	p'	ph	p
an*t*-*h*ill	th, t	t'	th	tł
lo*ch* (스코틀랜드어 발음)	kh	χ	x	x

(맨 오른쪽 칸의 규칙은 1990년, 세계 로마니 회의에서 채택된 것과 일치한다. 다만 dź의 경우, 세계 회의에서는 특수한 자형(字形)을 채용했다.) 로마니어 발음 표기와 관련하여 마지막으로 지적해야 할 것은, 필요하다면, 장모음은 모음 위에 붙이는 장음 기호(ā 등)로 표시하며, 강세는 강하게 발음되는 모음 위에 붙이는 액센트 기호(예를 들면, é)로 표시한다는 것이다.

비교 언어학은 집시 자신의 계보에 대해서는 아무런 보증도 해주지 못하지만, 그들이 쓰는 방언의 계통에 대해서는 풍부한 정보를 제공해주고 있다. 로마니어의 기원이 인도임에 틀림없다는 사실이 처음 인식된 것은 지금으로부터 대략 200년 전쯤이었다. 로마니어와 여러 가지 인도어의 어휘가 유사하다는 사실이 밝혀졌기 때문이다. 그 후 많은 증거가 축적되었지만, 확실성을 담보해줄 정도는 아니었다. 언어학적 추론에 의지해야 하는 부분이 엄청나게 많기 때문에, 언어의 세 가지 주요 요소, 즉 음운, 구조, 어휘 모두에 기초한 비교 언어학의 기법을 검토하는 것이 좋을 것 같다. 언어간의 연관성을 확립하는 데 가장 중요한 두 가지 열쇠는 기본 어휘의 공통성과 문법 구조의 유사성이다. 거기다 한 가지 덧붙인다면, 음운 대응의 규칙성, 다시 말해 두 언어에서 서로 대응하는 의미를 가진 단어들 사이에 음운 관계의 일관성이 있어서 한쪽 언어에 주어진 음운이 다른 쪽 언어에도 주어지는 것이다.

　서로 밀접한 관계에 있는 두 언어에는 비슷한 단어들이 많으리라고 보는 것이 타당하다. 그러나 그 수가 많으냐 적으냐 하는 것이 주요한 문제는 아니다. 요컨대, 정작 중요한 것은 다른 곳에서 받아들였을 가능성이 거의 없는 기본적인 의미의, 변함 없는 단어들을 살펴보는 것이다. 어휘를 구성하는 이러한 불변적인 요소에는 인칭 대명사(나, 너 등), 기본적인 행위나 상태를 표현하는 동사(예를 들면, 마시다, 보다, 자다), 기본적인 특성을 나타내는 형용사(예를 들면, 크다, 뜨겁다), 보편적으로 존재하는 물건(예를 들면, 물 또는 사람), 신체의 일부(예를 들면, 머리카락, 머리, 코), 가까운 혈연관계(형제자매, 아버지) 등을 표시하는 명사 등이 있다.

　문법상의 특징에 관한 한, 언어의 어형 변화 또는 형태론적 특성(다시 말해, 굴절 또는 어근 변화에 의한 각 언어의 형태 변화)은 통사론적 특성(관용구 및 문장 구조)보다 훨씬 변화가 적다. 형태 변화 ― 예를 들어 명사의 어형 변화나 동사의 활용 변화―의 유사성이 있다면, 이것을 우연의 결과라고 보기는 힘들며, 차용한 결과라고 보기도 어렵다(물론 불가능하다고 할 수는 없다). 아무도 그 이상 단정적으로 말할 수는 없다. 언어 간의 경계를 뛰어넘을 수 없는 것은 아무 것도 없기 때문이다.

언어의 변천 관계를 판정하는 이 세 가지 기준 — 기본 어휘의 공통성, 문법 구조의 유사성, 음운 대응 관계의 규칙성 —을 로마니어와 일부 인도어에 적용할 경우, 모든 결과들이 두 언어의 기원이 동일하다는 것을 보여준다.

다음에 제시된 표는 변화가 적다는 측면에서 중요성을 지니는 일련의 단어에서 추출한 어휘군의 일례를 보여주고 있다.[2] (현단계에서는 인도어파의 언어로서 산스크리트어와 힌디어만을 대상으로 하고 있다. 인도어파 언어 가운데 어떤 언어가 로마니어와 가장 유사한가 하는 문제는 다음 기회에 검토하기로 하겠다.)

한국어	영어	산스크리트어	힌디어	그리스로마니어	웨일즈로마니어	구러세공인 로마니어
크다	big	vaḍra	baṛā	baró	bārō	baró
형제	brother	bhrātṛ	bhāī	pral, plal	phal	pral
마시다	(to) drink	píbati (drinks)	pī-	pī-	pī-	pē-
아버지	father	tāta	tāt	dat, dad	dad	dad
머리카락	hair	vála	bāl	bal	bal	bal
머리	head	śíras	sir	seró, seró	śērō	seró
뜨겁다, 따뜻하다	hot, warm	tapta	tattā	tattó	tatō	tató
나	I	máyā (instr.)	maiṅ	mē	mē	mē
사람	man	mánuṣa	mānuṣya	manúś	manúś	manúś
코	nose	nakka	nāk	nak	nakh	nakh
우리의	our	asmáka (ours)	hamārā	amaró	amārō	amaró
보다	(to) see	dṛkṣati (sees)	dēkh-	dik-	dikh-	dikh-
자매	sister	bhaginī	bahn	pen, ben	phen	phei
자다	(to) sleep	svápati (sleeps)	sōnā	sov-	sov-	sov-
태양	sun	gharmá (heat)	ghām (heat)	kam	kham	kham
물	water	paníyá	pānī	paní	pānī	pai
너	you (sing.)	tuvám	tū	tu	tū	tu

이러한 기본 어휘 사례에서 산스크리트어 또는 힌디어와 로마니어 사이의 유사성은 분명하다. 예외가 있다면, 형제(*brother*)와 자매(*sister*)에 해당하는 단어 정도인데, 이 문제에 대해서는 나중에 다시 언급하기로 하겠다. 이 표는 이보다 훨씬 더 길어질 수 있었을 것이다. 선택된 세 가지 로마니어 방언은 각각 인도어를 기원으로 하고 있다고 볼 수 있는 단어를 500개 이상 포함하고 있다.

두 번째와 세 번째 추적 단서— 문법 구조와 음운 변화 —로 나아가기 전에, 일단 인도-아리아계라고 불리는 언어군에 대해 좀더 살펴보기로 하겠다. 유럽의 대다수 언어와 중앙 아시아까지 포괄하는 인도-유럽 어족 내에서 극동의 주요 언어군은 인도-이란어파라고 불리며, 인도-아리아계와 이란계 여러 언어로 구성되어 있다. 인도-아리아어, 즉 인도어파는 한때 일부 인도-유럽어 사용자들(역사상 아리아인이라 알려진 유목민)이 유라시아의 스텝 지대에서 수세대에 걸쳐 동쪽으로 이주하여 기원전 2000년대(또는 그 이전)에 인도 아대륙 북부로 진출하면서 발전했다. 인도-아리아어 최고(最古)의 기록은 베다라 불리는 성전에서 발견되고 있으며, 베다 산스크리트어의 기초가 되는 방언 가운데 하나에서 방대한 문헌을 낳은 고전적인 산스크리트어가 발달했다.

이 첫 번째 시기는 고대 인도-아리아어기라고 불린다. 고전 산스크리트어는 성전에 실린 그대로 쓰여지면서 인위적으로 보존되는 언어가 되었는데, 여기에는 방언도 없고, 연대기적 변화도 제한적이며, 지리적인 차이조차 없다. 중기 인도-아리아어기는 기원전 6세기 무렵, 산스크리트어의 복잡성을 일부 단순화시킨 통속적인 여러 가지 어형이 발전하면서 시작되었다. 방언에 따라 명확한 차이를 보여주는 이러한 프라크리트 언어들(프라크리트*Prakrit*는 손을 대지 않은', '자연적인' 이라는 뜻)은 이르면 기원전 5세기에는 이미 일상생활에서 산스크리트어를 대체했던 것으로 보인다. 그러나 산스크리트어는 유럽의 라틴어와 유사한 특권적 지위를 유지했고, 오늘날까지도 인도의 공식 언어 가운데 하나로 기능하고 있다. 한편 프라크리트어는 중기 인도-아리아어파에서 가장 발전된 형태인 아파브람샤어('넘어지다'는 뜻)에 추월당하기 시작했다(서기 6세기경). 후계자의 지위를 차지한 이 언어는 여전히 프라크리트어의 옷을 입고, 산스크리트어의 외형적 규범을 따랐다. 음운 변화가 있었지만, 문법 개념과 통사론의 변화는 그보다 제한적이었다. 중기 인도-아리아어에서 신 인도-아리아어로 분류되는 가장 오래된 형태의 현대 언어로의 이행 과정에 대해서는 알려진 바가 거의 없다. 이 이행은 서기 1000년에 이르기까지 수 세기 동안 일어났는데, 이 시기에는 문법상의 변화가 광범위해지고, 지역적 차이도 차츰 현저해지고 있었다. 이것은 곧 로마니어의 기원 및 유연 관계를 확립하는 데 특히 중요한 바로 그 시기를 통틀어, 그 과정에서 생기고 있던 일들을 은폐하는 두터운 장막이 있다는 뜻이다.

현대 언어에 흔적을 남긴 광범위한 인도-아리아어의 재편성은 지금도 6억 5,000만 명의 인구가 사용하는 다양한 언어를 탄생시켰는데, 그 수만 해도 수백 가지나 된다. 인도, 파키스탄, 방글라데시, 네팔, 스리랑카 등에서 사용되고 있는 이 언어군은 크게 다음과 같이 분류된다.

다르드 어군 : 카슈미르어
북서어군 : 신드어, 란다어(또는 서편잡어)
북부어군 : 서파하리어, 네팔어
중앙어군 : 편잡어, 라자스타니어, 구자라트어, 서힌디어
중간어군 : 동힌디어
동부어군 : 비하르어, 오리야어, 벵갈어, 아삼어

남부어군 : 마라티어, 콘카니어(고아어), 스리랑카어

　　이와는 다른 분류도 사용되고 있으며, 각 어군에 포함되는 언어의 수는 이 표에 열거한 것보다 훨씬 더 많다. 어떠한 분류든 한계가 명확한, 자기 완결적인 언어 구역이 존재한다는 인상을 줄 수 있다는 위험성을 안고 있다. 현실은 전혀 다르다. 오늘날까지도, 인도에서 사용되고 있는 여러 언어들은 중세의 로망스어(서기 800년 이래 통속 라틴어에서 파생된 프랑스어, 스페인어, 이탈리아어, 포르투갈어, 루마니어 등 - 역주)나 슬라브어가 세계에 보편화된 상황과 유사하다. 다양한 언어와 방언에 어느 정도 연속성이 있어서 상호간에 엄밀한 경계선도 없는 상태에서 미묘하게 융합되던 시대 말이다. 그러한 경계선은 근대 국가와 표준적인 국어의 등장을 기다려야 했다(지방 수준에서는 지금도 국경선 양측의 농촌에서 사용되는 언어에 일정한 연속성이 존재하는 경우가 많다).

　　인도 아대륙에서 사용되고 있는 언어 중에는 인도-유럽 어족에 속하지 않는 것들이 많다. 그 중에서 가장 중요한 것은 인도 남부와 중부, 스리랑카에서 사용되고 있는 드라비다어족(예를 들면, 텔루구어와 타밀어)이다. 이것은 아리아인 신참자들이 침입하기 전부터 인도에 있던 언어로서, 지금까지 살아남은 것이다. 로마니어는 인도-아리아어가 아대륙에 들어오기 전에 그 주류에서 분화된 것이라는 견해가 있었다. 그러나 산스크리트어는 한때 훨씬 북쪽으로 확장되었던 드라비다어족으로부터 차용한 어휘를 포함하고 있으며, 이들 어휘 일부가 로마니어에서도 발견되고 있다. 따라서 로마니어와 여타 인도-아리아어와의 분리는 인도 영역 내에서 일어났다고 결론지을 수 있다.

　　로마니어와 산스크리트어 사이의 어형상 유사성은, 이를테면, 동사의 어미나 명사의 변화형, 또는 형용사, 비교급, 부사, 분사 등에 붙는 접미사를 비교해보면 금방 알 수 있다. 로마니어와 여타 현대 인도 언어들이 프라크리트어를 산스크리트어에서 분리시킨 수많은 음운 변화를 공유하고 있다는 점 또한 분명하다. 현대 언어들과의 이러한 관계는 언어 형성과 문법 구조상 나타나는 수많은 특징들을 통해서도 증명되고 있다. 인칭대명사와 의문사(*kon?*[누구?])의 형성 방법, -*o*와 -*i*라는 남성형과 여성형 종결어미, 접미사 -*ben*과 -*pen*을 부가하여 추상명사를 만드는 방법(예를 들면, 웨일즈 로마니어 *táco*[진정한]과 *tacíben*[진실]; 그리스 로마니어 *cor*-[훔치다]와 *coribé*-[도둑질]); 'paternal horse(아버지의 말)'의 경우와 마찬가지로 소유격을 대체하는 방법(다시 말해, '아버지'에 해당하는 명사에 형용사 어미를 부가해서 '아버지의 말'을 표현하는 칼데라시어 다데스코 그라스*dadésko gras*) 등이 그것이다. 이 모든 것들을 포함한 여타의 특징들은 로마니어와 현대 인도어 일부의 유사성을 확인시켜주고 있으며, 로마니어의 기원이 산스크리트어 시대 이후라는 사실을 보여주고 있다.

　문제는 거기서 더 나아가 로마니어를 앞에 제시한 언어군의 하나로 확정지음으로써 그 말을 사용하는 이주민들이 기원한 지역이나 주민을 보다 엄밀하게 정의할 수 있느냐 하는 점이다. 불행하게도, 이 지점에서 언어학은 우리를 낙담시킨다. 고생물학적 언어학자들이 여타 다른 상황에서 그랬던 것처럼, 원언어(모든 집시 방언들의 가상 선조)[*]를 재구성하는 먼 길을 걸을 수도 있겠지만, 현대 인도 일상어의 출현 상황에 대해 알려진 바가 거의 없어서 발전 과정에 공통적으로 나타나는 특징에 대한 일반적인 비교 이상으로 탐구를 계속하기가 곤란하기 때문이다. 이런 상황에서 로마니어와 가장 가까운 관계에 있는 언어를 확정짓기 위한 면밀한 분석은 거의 불가능하다.

　그런 언어를 찾으려는 시도는, 대략 2세기 전 로마니어와 인도어의 관련성을 발견한 이래, 끊임없는 논쟁을 불러일으켰다. 중간, 동부, 남부의 여러 언어군에서 후보를 제의한 사람은 아무도 없었지만, 다른 언어군은 모두 한번쯤은 유력시되어왔다. 논쟁은 대부분 음운론에 기초하고 있었다. 로마니어와 여타 인도어에는 보존되어 있지만 다른 언어에서는 약화되거나 소멸되어버린 음운 체계의 특징을 확립하거나, 역으로 보다 결론적으로 다른 언어와 공유하고 있는 음운 변화를 증명하는 방법을 택했던 것이다. 경우에 따라 동사와 대명사의 어형변화표 비교와 같은 요소들도 고려되고 있다.

20세기 대부분의 기간 동안, 두 가지 학파가 주류를 형성해왔다. 한쪽 진영은 로마니어의 북서부 어군 또는 다르드어군 기원설을 주창했다. 그 대표자가 바로 존 샘슨으로, 그는 로마니어가 북서부 지방에서 기원했으며, 그곳에서부터의 이동은 적어도 9세기 말부터 시작되었다고 주장했다. 런던 대학 오리엔트 · 아프리카 연구소 소장이었던 랄프 터너 경으로 대표되는 다른 쪽 진영은[2] 로마니어가 원래 초기의 변화를 공유하는 중앙 어군(오늘날에는 힌디어가 그 전형이다)에 속했다고 주장했다. 이 어군 내부의 정확한 관계와 관련, 로마니어가 분리된 과거 그 어느 시점에서 힌디어와 라자스타니어 등 여러 방언들 사이의 차이는 오늘날 그 흔적을 찾기 힘들 정도로 작다고 터너는 지적했다. 그러나 로마니어가 '스리랑카어, 마라티어, 신드어, 란다어, 펀잡어, 다르드어, 서파하리어, 더 나아가 구자라트어, 벵갈어의 선조들'과는 긴밀한 관계가 없었다고 단언했다. 로마니어가 다르드어 또는 북서부 언어군의 음운상, 어휘상의 특징을 일부 보이고 있긴 하지만, 이것은 후세에 부가된 것으로서, 아마도 기원전 250년 이전에 있었던 중앙 지방에서 북서부 지방으로의 이주 결과라는 것이었다. 그러한 이주는 중앙 어군에서는 급격하게 변화되었지만 언어학적으로 보다 보수적인 북서부에서는 변화하지 않은 일군의 음운이 로마니어에 남아 있다는 사실 또한 설명해준다. 계속되는 논쟁에 따르면, 이 새로운 환경에서의 체류는, 9세기 이전, 집시가 마침내 흩어지는 시점에 이르기까지 수세기에 걸쳐 계속되었다.[3] 터너의 주장은 설득력이 있었고, 그가 제시한 증거는 확실해 보였다. 그의 주장은 비록 인용되는 연대에 다소 오락가락하는 면이 있긴 했지만, 집시에 대한 그 후의 개설서에서 명시적으로든 암묵적으로든 광범위하게 채용되는 경향이 있었다.

최근 들어 이러한 일치된 여론은 붕괴되었다. 실제로, 마치 일련의 데이터에서 추론될 해석의 다양성을 강조하는 것처럼, 미국의 언어학자 테렌스 카우프만은 최초의 집시가 기원전 300년 이전에 이란어 지역으로 이동했다— 아마도 기원전 327~326년에 알렉산더 대왕이 인도 북서부에 침공한 결과로서 —고 상정할 경우에 음운학적 사실들이 가장 잘 설명된다고 주장했다.[4]

자연 인류학-'진정한 치간느'

역사 언어학에서는 초기 로마니어 사용자들의 인종적, 민족적 기원을 결정지을 수 없다. 언어와 인종 사이에는 타고난, 또는 필연적인 관련성이 존재하지 않는다. 실제로, 시간의 흐름과 함께 민족 집단 전체가 언어를 바꾼 경우가 증명된 사례도 많다. 따라서 서로 관련된 언어를 사용한다는 이유만으로 그 사람들의 집단이 인종적으로 관계가 있다는 보증은 없다. 이 시점에서 자연 인류학은 언어학이 남긴 공백을 어디까지 메워줄 수 있는지 생각해볼 필요가 있다. 자연 인류학은, 제2차 세계 대전 시기까지만 해도, 서로 다른 인간 집단과 개인들의 해부학적 특징을 비교·연구한다는 뜻이었다. 그것은 특히 인체와 그 일부, 그 중에서도 두개골을 계측한다는 의미였다.

자연 인류학자 유진 피타르 교수는 1932년, 집시에 대한 포괄적인 비교 인체 측정학적 조사 결과를 발표했다.[5] 피타르는 자신이 생각한 '진정한 치간느les vrais Tziganes'(진정한 집시)에 대한 데이터를 얻고자 발칸 반도의 집시를 조사 대상으로 삼았다. 그때까지 행해졌던 그 어떤 조사 때보다 더 많은 집시들에게 줄자와 캘리퍼스(두께, 안지름, 바깥지름을 재는 2각의 공구—역주)를 들이댄 결과, 그는 다음과 같은 결론에 도달했다. 즉, 전형적인 집시는 평균 유럽인보다 키가 좀더 크고, 몸통에 비해서 다리가 상대적으로 더 길다. 두상은 상당히 장두(長頭. 다시 말해 상대적으로 길고 좁은) 경향을 보이며, 검은 머리카락, 작은 귀를 가졌다. 눈은 폭이 넓고 홍채의 색이 진한 반면, 귀는 길고 좁으며 곧은 모양을 가지고 있다. 피타르는 그들에게 '인간의 미(美)라는 관점에서 지극히 명예로운 지위'를 부여했다.

그들 중에서는 종종 아주 잘 생긴 남자와 지극히 아름다운 여자들을 볼 수 있다. 가무잡잡한 얼굴빛, 새까만 머리카락, 잘 생긴 코, 하얀 이, 흑갈색의 커다란 눈, 생기가 있든 없든 대체로 유연한 표정, 조화로운 움직임 등 육체의 아름다움이라는 관점에서 볼 때 그들은 상당수의 유럽인들보다 한 수 위에 있다.

수백 명이 넘는 남녀를 계측하고 신체와 사지 네 방면, 머리 다섯 방면, 얼굴 다섯 방면, 용모 열 방면의 치수를 기록한 뒤, 피타르는 두 가지 커다란 문제에 직면했다. 첫 번째는 측정 결과가 선조들(상대적으로 소수의 표본을 측정했다)이 기록한 수치와 적잖이 대립된다는 점이었다. 그러자 그는 다른 혈통과는 가능한 한 섞이지 않은 '진정한 치간느'로부터 데이터를 뽑을 필요성을 통감했다(그리고 그런 측면에서 그는 이동 생활이 인종적 순수성을 유지해준다고 생각했다). 그러나 또 다른 문제에 직면하자, 그 또한 패배를 인정하지 않을 수 없었다. 인도의 다수 민족 집단의 데이터 역시 지극히 희소하거나 부정확해서 집시의 기원에 대해 어떠한 결론도 끌어낼 수 없었던 것이다. 그는 집시와 관련한 일부 데이터의 다양성은 그 기원의 복잡성을 보여주는 것으로 해석할 수 있다고 지적했다.

일반적으로, 두개골의 계측에 근거한 인종 유형에 대한 초기의 연구 상당수는 부정확할 뿐 아니라 통계적인 유효성이 결여되어 있다는 것이 증명되어왔다. 실제로, 유전적 요소에 의해 결정되는 두개골의 구조는 단지 일부에 불과하며, 두개골 구조를 기초로 해서 인간 집단의 장기적인 연속성을 보여주는 논의에 대해 지나치게 신뢰하는 것은 금물이라는 것이 정설로 받아들여지고 있다. 집시와 관련, 피타르의 뒤를 이어 나타난 이 분야의 연구는 성공과는 거리가 멀었다. 그러나 새로운 기술과 지표가 끊임없이 개발되고 있다. 엄밀하게 이해된 유전적 성질과 더불어, 혈액형에 대한 연구가 생물체의 분류에 새로운 수단을 제공하게 되었고, 개체에 대한 직접 관찰을 상당 부분 대체하고 있다. 최근에는 이러한 접근법이 여타 유전적인 생화학적 특질에 대해서까지 확대되고 있다. 혈액형에서 많은 데이터를 얻는 집단 유전학은 때로 인간의 이동과 침략 경로를 추적하는 데도 유효하다는 것이 증명되었다. 얼핏 보기에도, 혈액형 연구는 집시의 경우에도 어느 정도의 성과를 약속하고 있는 듯이 보인다.

1940년대 이후의 수많은 조사에 따르면, 집시 집단의 다양한 혈액혈 샘플이 유럽 평균을 크게 상회하는 B형 우위성을 보여주는 것으로 밝혀졌다. ABO 혈액형의 분포는 인도 기원설을 강력히 지지하는 것처럼 보였다(인도 아대륙에서는 B형 빈도가 유럽보다 평균 두 배 이상이다. 다만, 그 비율은 장소에 따라 다르다). 집시의 Rh인자 분포는 유럽 평균치와 그다지 다르지는 않지만, 그 또한 인도 기원설을 뒷받침해 주었다. 그러나 그 후, 유럽 각지의 집시— 스웨덴, 영국, 슬로베니아 —에 대한 몇 가지 심층 연구 결과는 주변 주민들의 패턴과 커다란 차이가 있을 뿐 아니라 집시에 대한 이전의 연구에서 밝혀진 패턴과도 다른 것으로 나타났다. 요컨대, 이런 계열의 생물학적 연구[*6] 또한 피타르가 직면했던 것과 똑같은 종류의 문제에 부딪쳤던 것이다. 연구자들은 집시 샘플을 규정짓는데 곤란을 겪었을 것이며, 어떤 경우든 집시들은 인종적 혼혈을 겪어왔으므로, 어떤 특정 집단의 유전자 풀(유전자 공급원. 멘델 집단을 구성하는 모든 개체가 가지고 있는 유전자 전체 – 역주)도 복잡하게 혼재되어 있다. 인도를 떠나온 이후, 평균적으로 100쌍 가운데 오직 1쌍의 결혼만이 비(非)집시와의 결합이었다고 치더라도, 오늘날 비(非)인도 선조의 비율은 절반이 넘어가게 된다. 더구나 고집된 소집단은 돌연변이에 의해서 유전적으로 서로 갈라진다. 이 분야에서도 유망한 작업들은 계속되고 있지만[*7], 현재의 지식 상태에 새로운 자료가 추가되기를 기대할 수 있게 되기 전까지는, 집시와 관련, 1983년에 무랑이 도달한 결론이 여전히 유효하다. '이 흥미로운 집단에 대해서는 이 이상의 상당한 연구가 필요하다. 유럽과 인도 북부 지역에서 출현빈도가 다르게 나타나는 여러 요인들에 대해서는 특히 그러하다.'[*8]

간단히 말해서, 자연 인류학과 집단 유전학 역시 현재의 이론과 응용 상태로는 시사적이긴 하지만 결론을 제공할 수는 없으며, 그런 면에서 역사 언어학보다 더 나은 역할을 한다고 보기 어렵다. 그럼에도 불구하고, 언어학에서는 불가능한 방식으로 언어와 그 사용자의 인도 관련성을 확인하고, 양자의 기원을 인도 아대륙에서 찾아야 한다고 시사하고 있다. 다만 언어학과 자연 인류학, 유전학을 어떤 식으로 조합하더라도, 로마니어 사용자의 이주와 확산을 야기한 역사적 정황 또는 그러한 집단적인 이주가 발생할 수밖에 없었던 원인 등에 대해서는 아무런 단서도 얻을 수 없다.

유사한 민족

그러나 언어 분석을 통해 적어도 하나의 민족은 유추가 가능하다. 그 단서는 바로 집시들이 자신의 종족 남성들을 가리켜 널리 사용하는 명칭에 있다. 유럽계 로마니어 롬*rom*, 미국계 로마니어 롬*lom*, 시리아와 페르시아계 로마니어 돔*dom*이 그것이다. 미국 및 유럽계 로마니어의 규칙적인 음운 변화를 전제할 경우, 이 단어들은 모두 특정 부족 집단을 가리키는 산스크리트어 돔바*domba* 및 현대 인도어 돔*dom* 또는 둠*dum*과 음운상 정확히 대응하고 있다. 6세기에 돔을 악사로 언급한 사례도 있다. 산스크리트어에서 이 단어는 '노래와 음악으로 생계를 삼는 하층 카스트 남성'이라는 의미를 가졌다. 현대 인도어에서도 여러 가지 유사한 의미를 가진다. 예를 들어, '방랑하는 악사의 카스트'(신드어), '천민'(란다어), '떠돌이 악사'(펀잡어), '검은 피부를 가진 하층 카스트 남자'(서파하리어) 등이 그것이다. 이 명칭은 아시아와 유럽계 집시들이 원래 가지고 있던 카스트와 지위를 우리에게 알려주고 있는지도 모른다. 다만 로마니어를 인도의 특정 방언과 결합시켜 주지는 못한다. 돔은 인도의 다른 이주 부족들처럼 드라비다인을 기원으로 하고 있을 가능성도 있다. 그들은 아직도 유랑 부족으로 존재하고 있으며, 바구니 제조자, 폐품 수집자, 방랑 시인, 악사, 대장장이, 금속 세공인 등 다양한 직업과 활동에 종사하고 있다. 돔이 이주한 한 집단 또는 여러 집단으로 구성되어 있다는 가설은 충분히 설득력이 있다. 이주의 이유는 추측만 가능할 뿐인데, 기근이나 전쟁을 들 수 있을 것 같다.

돔과의 이러한 결합이 모든 사람을 납득시킬 수는 없으며, 일부에서는 유사한 다른 민족을 찾기도 한다. 거의 한 세기 반 동안, *반자라*—방랑하는 상인들의 혼합 종족으로, 한 때는 인도의 '방랑하는 범죄자 집단'을 구성하기도 했다 —가 집시와 밀접한 관계가 있다는 의견이 제시되어 왔다. 그들 대다수는 현재 인도 중부와 남부에 있으며, 자신들이 거주하는 지역의 방언을 사용하는 경우가 많다. 그러나 그들의 언어인 반자르어 또는 라마니어[9]가 로마니어와는 공통점이 거의 없다는 사실을 지적하지 않을 수 없다.

그 뒤, 현대에 이르러 자신들의 기원의 문제를 직접 연구해온 일부 집시들은 그와는 다른 가설에 관심을 가졌다.[10] 자신들의 선조는 음유 시인과 하층 카스트 방랑자의 혼성 집단이 아니라 크샤트리야— 힌두 사회의 4계급 중 두 번째를 구성하는 전사 —라는 것이다. 이 가설은 집시를 자트족과 라지푸트족 전사의 후예라고 상정하는[11] 인도 학자들의 지지를 받았다.[12] 그러한 혼성 집단설은 현대 집시 집단에 명백히 나타나는 육체적 특징의 다양성을 설명하는 하나의 방법이다. 그러나 이들 전사 집단은 대장장이, 점쟁이, 광대, 기타 등의 일을 담당하는 비전투 종군자들— 반자라와 그외 사람들 —을 다수 데리고 있었던 것으로 보이며, 전사와 이들 비전투 종군자들 사이의 사회적 구별은 차츰 희미해졌다. 그러한 이론들은 종종 상당한 주관성을 띠게 된다. 8세기에 일어난 자트족의 이동 물결에 12세기에 발생한 전사들의 제 2 이동— 1192년, 라지푸트족이 투르코-아프간 지방의 가즈나 왕조에게 타라인 전투

뉴델리의 반자라족 바구니 제조자(1969년).

에서 패한 뒤에 일어났다 —을 포개놓은 듯한 이 '정밀화'는 의심많은 독자들의 지지를 받기 힘들 것이다.

그러나 시간과 장소의 선택 범위를 좁히는 것이 불가능한 상태에서, 1000년도 전에 인도 아대륙을 떠나온 사람들의 카스트와 직업, 민족적 기원은 무엇인지, 또 그들이 단일 집단으로 떠났는지 아닌지 하는 문제는 앞으로도 많은 논쟁의 여지를 남기고 있다. 일부에서는, 샘슨처럼, 언어학적 근거에 기반해서 처음 페르시아 영토에 들어올 당시 집시는 단일한 언어를 말하는 단일한 종족이었음에 틀림없다고 주장한다. 다른 한편, 터너 같은 사람들은 그와 반대의 언어학적 증거를 제시하면서 유럽계, 아르메니아계, 아시아계 로마니어 사이의 형태학적, 어휘적, 음운적 차이는 여러 번의 탈출이 있었다면, 또는 탈출 당시 이미 언어에 차이가 있었다면 훨씬 쉽게 설명될 수 있다고 주장한다. 후자의 관점이 보다 설득력 있게 보이는 것이 사실이다. 그럼에도 불구하고, 다양한 이주민 집단이 서로 접촉을 유지하거나 접촉하게 되면서, 언어 면에서 일정한 영향을 끼쳤을 가능성마저 배제할 필요는 없다.

어휘 통계학적 분석

언어의 역사적 발전 과정에 절대적인 연대를 부여하는 기법이 있다면, 이 논쟁은 간단히 끝나버릴 것이다. 다른 분야에서 유기 물질 속의 탄소 14(탄소의 방사성 동위원소, 기호 C^{14}) 붕괴율이 일정하다는 것을 이용하여 방사성 탄소에 의한 연대 측정이 커다란 성과를 거두고 있는 것처럼 말이다. 실제로 절대연수에 의해 언어가 분기된 대략적인 연대를 추정할 수 있다는 방법이 1950년대에 미국인 언어학자 모리스 스와

데시에 의해 개발되었다. 일반적으로 언어 연대학 또는 어휘 통계학이라 불리는 이 방법[*13]은 어떤 언어군을 구성하는 여러 언어간의 차이는 공통의 선조로부터 분리된 이후 경과한 시간이 길면 길수록 더 커진다는 일반적인 현상에 근거하고 있다. 그 근본적인 전제는 언어를 구성하는 여러 요소들 중에서 기본적인 어휘는 (음운이나 구조와 달리) 변화가 나타나는 비율이 비교적 일정하다는 데 있다. 언어의 상호관계를 분석하는데 그러한 기초적인 어휘가 가지는 중요성에 대해서는 이미 논의한 바 있다. 스와데시가 한 일은 상호관계를 평가할 뿐 아니라 경과된 시간을 계산하는 경우에도 사용할 수 있는 200 단어— 나중에 100개로 축소되었다 —를 선택함으로써 이러한 전통적인 접근법을 보다 정밀화시킨 것이다.

언어 연대학자들은 다음과 같은 절차를 밟는다. 비교 대상에 있는 두 언어에서 검증어 리스트에 있는 단어의 의미와 가장 밀접하게 대응하는 단어들을 정한 다음, 어원이 같은 것으로 간주될 수 있는 — 다시 말해, 공통의 선조어의 동일한 어원이 보존되고 있다고 생각되는 — 짝들을 찾는다. 그 밖에 한쪽 또는 양쪽의 언어에서 그 어원의 의미가 소멸되거나 변화된 단어들을 찾는다. 동일 어원을 가진 것으로 간주된 쌍을 이룬 단어들의 수는 두 언어가 분리된 이후 경과한 최단시간을 측정하는데 사용된다. 13쌍의 언어에서 실제로 일어난 사례의 평균을 계산함으로써 표준 보존율이 계산된다. 이러한 계산 결과, 핵심 100단어 리스트에서는, 평균 보존율이 1000년당 86퍼센트였으며, 따라서 1000년 전에 분기되기 시작한 두 개의 언어는 동일 어원을 가진 단어를 대략 74퍼센트 공유하게 될 것이다(86퍼센트의 86퍼센트는 74퍼센트). 일단 동일 어원을 가진 단어의 비율을 확정하고 나면, 두 언어가 분리되어 경과한 시간이 어느 정도인지 계산하는 공식이 정해진다.

이 기법의 주요 결점은 다른 방법으로 연대가 결정될 수 있는 언어 상황에 대해서는 제대로 기능하지 않는 경우가 있다는 것이다. 보존율이 항상적이라는 애초의 가설도 입증되지 않는다. 실제로, 언어가 일정한 비율로 단어를 잃어버린다고 상정할만한 근거는 문화적 영향을 가장 적게 받는다는 어휘 분야에서도 쉽게 찾아보기 어렵다. 사회 언어학의 가르침에 따르면, 시간과 장소와 민족에 따라 다르다는 사회적 요인이 언어의 변화와는 상당한 관련이 있다. 로마니어를 예로 든다면, 그것이 외부의 영향에 개방적이라는 근거도 많지만, 그와 반대로, 변화에 강하게 저항한다는 근거도 많다. 집시는 체재국의 언어를 사용해야 하고, 또한 문자화된 독자적인 언어 규범을 가지고 있는 것도 아니다. 따라서 로마니어는 붕괴될 가능성이 특히 높았다고 할 수 있다. 일반적으로, 각 개인들이 자신의 모국어와 동시에 다른 언어를 사용할 경우, 언어의 융합 현상도 급격히 진행된다. 한편, 로마니어를 사적인 언어로 유지하는 것이 지닌 이점이 역방향으로 작용하는 경우도 있다. 빈번한 이동 역시 마찬가지로 생각될 수 있는데, 요컨대, 잦은 이동으로 인해 다른 사회의 문화에 동화되는 기회가 줄어든다고 볼 수도 있다.

그럼에도 불구하고, 이 기법을 이용한 실험에는 나름대로 의미가 있는 것 같다. 언어와 방언의 유사성과 차이점, 그리하여 이들 언어의 상호관계를 수치상으로 어느 정도 표현할 수 있기 때문이다.[14] 이 기법에 따라 로마니어를 다르드 어군(카슈미르어), 북서어군(물탄어, 신드어), 북부어군(코트가리어), 중앙어군(서힌디어, 펀잡어, 마르와리어, 구자라트어) 등의 주요 8개 언어와 비교해본 결과, 상위 세 개의 언어는 로마니어와 대략 50퍼센트의 동일 어원어를 공유하고 있는 것으로 나타났다. 서힌디어, 물탄어(란드어의 방언), 코트가리어(서펀잡어의 방언) 등이 그것이다. 펀잡어, 마르와리어(라자스타니어의 주요 방언), 구자라트어 등이 근소한 차이로 뒤를 이었고, 신드어는 훨씬 뒤에 처져 있다. 명백히 최하위를 점하고 있는 카슈미르어는 동일 어원어를 공유하는 비율이 33퍼센트에 불과했다. 이 현저한 차이는 로마니어가 다르드 어군의 유형이라는 기존의 무수한 설들과 대립된다. 그러나 동일 어원어와 그렇지 않은 단어들 사이의 단순한 구별 자체가 너무 조잡하기 때문에 설령 동일 어원어라 할지라도 대응하는 두 단어가 음운 변화에 의해 서로 떨어졌을 가능성이 크다고 말하기에는 역부족이다. 억측의 범위를 더 확대하는 대가를 치르고 스와데시의 2점법 대신 음소가 하나 다를 때마다 1점씩 빼는 4에서 0까지의 5점법을 채용할 경우[15], 힌디어가 1위, 코트카리어가 2위를 차지하는 반면, 물탄어는 펀잡어와 거의 동일한 수준의 최하위로 처지는 모습을 볼 수 있다.

이렇게 되고 보면, 로마니어가 인도-아리아계 여러 언어에서 분기되기 시작한 이후 경과한 최소 시간을 스와데시 척도상으로 계산하고픈 유혹을 떨쳐버리기란 불가능하다. 스와데시 공식에 따르면, 상위 세 개 언어(서힌디어 등)는 기원전 390년 또는 그 이전이라는 연대가 나온다. 그와 반대로, 카슈미르어는 기원전 1700년이라는 숫자를 얻게 된다. 이들 연대는 신뢰할 수 있는 범위 내에 있는 것처럼 보인다. 단지 카슈미르어의 연대— 기원전 1700년 —는 스와데시 공식에 따라 다른 언어들이 카슈미르어에서 분기한 시기에 대해 보여주는 연대보다 훨씬 빠르다는 점이 눈에 띌 뿐이다. 그 점을 제외하면, 이 연대는 충분히 기대에 부응하고 있다. 카슈미르어가 속한 다르드 어군은 아리아인이 인도 북서부에 도착한지 얼마 지나지 않아 인도-아리아어 주류로부터 고립되기 시작했음에 틀림이 없다. 터너는 힌디어를 비롯한 그 밖의 언어에서 보이는 기원전 390년이라는 연대와 관련하여, 원(原)로마니어가 기원전 3세기 중반 이전에 중앙어군에서 분리되었다고 주장했다. 실제로, 카우프만은 인도로부터의 최종적인 이탈을 기원전 4세기로 보았다.

따라서 여기에는 몇 가지 흥미로운 일치점들이 존재하게 된다. 그러나 터너를 비롯한 사람들은 원로마니어가 인도 중앙에서 떠난 후 아대륙 북서부에서 상당 시간을 보냈다는 주장도 하고 있다. 이 경우, 새로운 주변 언어들과 공유하는 어휘도 증대했을 것으로 볼 수 있다. 이처럼 새로 획득하게 된 어휘의 증가는 경과 시간의 계산 결과를 망쳐놓게 될 것이다. 로마니어와 카슈미르어의 분기 시기가 여타 새로운 인도-아리아계 여러 언어들에 비해 대단히 빠르게 나오는 것은 이것이 한 원인이 되었을 가능성이 있다(카슈미르어는 이들 새로운 인도-아리아계 여러 언어의 영향을 강하게 받았다). 이 기법이 지닌 가장 유효한 용도는 두 언어가 분리된 경과 시간을 확정하는데 있는 것이 아니라 구체적인 데이터와 표준적인 틀을 제공하고 본질적으로 가장 영속성 있는 단어들로 표현된 일련의 개념에 초점을 맞춤으로써 두 언어 사이의 엄밀한 비교를 돕는데 있다.

로마니어와 그 사용자들은 수세기에 걸쳐 엄청난 역사적, 인구학적, 사회언어학적 영향에 노출되어왔다. 작용 방향은 다르지만, 인도의 여러 언어와 주민 또한 마찬가지다. 오랜 시간이 경과한 현상태에서 유럽의 집시들이 과거에 어떤 민족(또는 어떤 민족의 조합)에서 분기되었는지, 또 오늘날 어떤 민족이 그들과 가장 가까운지 정확히 증명하려는 것은 부질없는 희망일지도 모른다. 그러나 연구 자체를 포기하기에는 아직 이르다. 언어학적 분야에서는, 다행스럽게도, 그리어슨의 『인도의 언어학적 연구Linguistic Survey of India』[16]라는 위대한 연구가 있다. 이 책은 현대 인도-아리아계 여러 언어와 함께 로마니어를 음운적, 어휘 통계학적, 형태적인 측면에서 구체적으로 평가할 수 있는 풍부한 자료를 담고 있다. 그러한 연구들은 인도-아리아계 여러 언어에서 차지하는 로마니어의 위치에 대해 새로운 통찰을 제공할 뿐 아니라 선택의 범위를 좁히는데 필요한 광범위하고 체계적인 기초에 근거한 새로운 비교를 가능케 할 것이다.

각 주

1) 이런 방향으로 다음 두 가지 시도가 독립적으로 이뤄졌다. T. Kaufman, 'Explorations in protoGypsy phonology and classification', an unpublished paper read at the sixth South Asian Languages Analysis Round-table, Austin, Texas, 25-26 May 1984; and B. Higgie, 'Proto-Romanes Phonology', Ph. D. dissertation, University of Texas at Austin, 1984.

2) See R. L. Turner, 'The position of Romani in Indo-Aryan', *JGLS*(3), 5(1926), pp. 145-89; J. Sampson, 'Notes on Professor R. L. Turner's "The Position of Romani in Indo-Aryan"', *JGLS*(3), 6(1927), pp. 57-68; R. L. Turner's '"The Position of Romani in Indo-Aryan": A reply to Dr J. Sampson', *JGLS*(3), 6(1927), pp. 129-38.

3) 언어학적 논쟁에 대한 포괄적인 검토를 원한다면, I. Hancock's 'The development of Romani linguistic', in *Languages and Cultures; Studies in Honor of Edgar C. Polomé*, eds M. A. Jazayery and W. Winter (Berlin, 1988), pp. 183-223을 참조하라.

4) Kaufman, 'Explorations in protoGypsy', p.42. Higgie ('Proto-Romanes Phonology', pp.19,141)은 그보다 훨씬 빠른 기원전 6세기 정도로 잡고 있다. A.M. Fraser, 'Looking into the seeds of time,' *Tsiganologische Studien*(1992), no. 1 + 2, pp.135-66은 이러한 연대 설정에 대해 유보 입장을 보이고 있다.

5) E. Pittard, *Les Tziganes ou Bohemiens* (Geneva, 1932)

6) 다음의 두 논문에 적절히 요약되어 있다. R. C. Gropper, 'What does blood tell?' *GLS/NAC Newsletter*, 4 (1981), nos 2, 3 and 4; C. Corrain, 'Sintesi di ricerch antropometriche ed emotipologiche tra gli Zingari europei', *Lacio Drom* (1978), no 6, pp. 22-9.

7) 혈액형과 여타 유전적 표지에 대한 조사 결과, 헝가리 집시와 여타 헝가리인 사이에는 현저한 차이가 나타난 반면, 집시와 인도인 사이에는 주목할만한 유사점이 드러났다. T. Tauszik, 'Human- and medical-genetic examination of the Gypsy population in Hungary', GLS/NAC *Newsletter*, 9(1986), no.4를 참조하라. 슬로바키아와 인도의 자료는 다음 논문에 비교되어 있다. V. Bhalla, 'Marker genes

as guides to the kinship of populations: a plea for linguistic-cum-anthropogenetic approach to the problem of "Roma" ancestry', in *Romani Language and Culture*, eds S. Balić et al. (Sarajevo, 1989), pp. 155-63.

8) A. E. Mourant, *Blood Relations: Blood Groups and Anthropology* (Oxford, 1983), p. 98.

9) G. A. Grierson, *Linguistic Survey of India*, vol. 9, part Ⅲ(Delhi, 1970), pp. 255-325; R. L. Trail, *The Grammar of Lamani* (Norman, OK, 1970).

10) 대표적인 사례는 다음 논문에 나와 있다. J. Kochanowski, 'Roma-History of their Indian origin', *Roma*, 4 (1979), no. 4, pp. 16-32.

11) 자트인 설은 다음 장에서 더 상세히 논의하기로 하겠다.

12) Notably W. R. Rishi, Introduction to *Multilingual Romani Dictionary* (Chandigarh, 1974); Introduction to *Romani Punjabi English Dictionary* (Patiala, 1981); 'Roma - a study', *Roma*, 7 (1983), no. 2, pp.1-10; and 'History of Romano movement, their language and culture', in *Romani Language and Culture*, pp. 1-10.

13) 스와데시의 기법을 설명하고 있는 연구 자료는 다음과 같다. M. Swadesh, 'Lexico-statistic dating of prehistoric ethnic contacts', *Proceedings of the American Philosophical Society*, 96 (1952), pp. 452-63; and *The Origin and Diversification of Language*, ed. J. Sherzer (London, 1972), esp. pp. 271-84.

14) 그 결과는 로마니어와 선택된 인도 언어들 사이의 단어 비교표를 포함하여 다음 논문에 나와 있다. Fraser, 'Looking into the seeds of time'.

15) 이러한 진전은 Marcel Cortiade의 연구 성과에서 기인한 것으로, 그는 로마니어 방언들 사이의 유사성 정도를 평가하는데 어휘통계학적 방법을 사용했다. 'Romany phonetics and orthography', *GLS/NAC Newsletter*, 7 (1984), no. 4; 'Distance between the Romani dialects', *GLS/NAC Newsletter*, 8 (1985), no. 2; and *Romany fonetika thaj lekhipa* (Titograd, 1986).

16) G.A. Grierson, *Linguistic Survey of India*, 20 vols (Delhi, 1903-28). 이 책은 인도 아대륙에서 사용되는 모든 언어의 주요 방언 각각에 대해 단어와 구 241개의 단일한 리스트와 함께 문법 개요 및 예문까지 제시하고 있다.

제 2 장

초기의 이동

페르시아의 집시 선조

페르시아에서 우리는 마침내 집시의 전사(前史)를 파악하는 데 다소나마 도움이 될 수 있는 몇 가지 자료를 발견하게 된다. 물론 그 자료에 대해 지나치게 무게를 둬서는 안된다. 언어가 주요한 재료가 되기까지는 좀더 기다려야 하는 것이다.

아랍의 역사가인 이스파한의 함자가 전하는 바에 따르면(950년경), 페르시아의 군주 바람 구르(오마르의 『루바이야트Rubaiyat』에 나오는 '위대한 사냥꾼'. 그의 치세는 438년에 끝났다)는 신하들에게 하루에 반만 일하고 나머지 시간은 함께 음악 소리에 맞춰 먹고 마시며 보내라고 명령했다. 그러던 어느날, 그는 술은 마시면서도 음악은 즐기지 않는 집단을 보게 되었다. 왕이 음악을 무시한다며 그들을 꾸짖자, 그들은 몸을 바짝 엎드린 채 이렇게 대답했다. 음악을 연주해줄 악사를 구해 보았지만, 도대체 찾을 수가 없다는 것이었다. 그러자 군주는 인도의 왕을 설득하여 1만 2,000명의 악사들을 보내달라고 부탁했다. 그들은 페르시아 왕국 전역에 배치되었는데, 시간이 갈수록 그 수가 늘어났다. '그들의 후손들은 그 수는 줄었을지언정 아직도 거기 있다. 그들이 바로 조트 *Zott*다.' 라고 함자는 말한다.

반세기 뒤, 페르시아의 민족 서사시에 또 다른 전설이 등장한다. 이 나라의 역사를 6만 행의 시로 묘사한 피르다우시의 『샤−나메*Shah−nameh*(왕의 책)』가 그것으로, 이 시는 1010년에 완성되었다. 그 또한 바람 구르가 인도의 왕 샹굴에게 악사와 광대를 청했다는 이야기를 언급하고 있다.

'이 땅의 가난한 계급은 음악도 없이 술을 마십니다. 부자들로서는 도저히 받아들일 수 없는 모습이지요. 그러니 류트를 연주하는 남녀 1만 명의 루리*Luri*를 뽑아서 보내주십시오.'

바람 구르는 이들 루리에게 밀과 소와 나귀들을 주어 왕국 각지에 파견하고, 농사꾼으로 일하면서 그와 동시에 가난한 사람들에게 음악을 들려주게 했다. 부주의하게도, 루리는 1년이 채 지나지 않아 왕이 내린 소와 밀을 다 써버렸고, 왕은 그들의 낭비벽을 꾸짖었다.

그리고 나서 왕은 그들에게 나귀 등에 가재도구를 싣고 다니면서 노래를 부르고 부드러운 활을 연주하면서 생계를 꾸려나가라는 명령과 함께 그들을 추방했다. 그들은 매년 전국 각지를 여행하면서 지위고하를 막론하고 모두를 즐겁게 하는 노래를 불러야 했다. 이 명령에 따라 루리는 오늘날에도 세계 각지를 떠돌면서 일거리를 찾고, 개나 늑대와 무리를 지어 낮이나 밤이나 길에서 도둑질을 한다.[*1]

집시의 흔적을 찾는 과정에서, 집시풍의 일거리를 찾는 방랑 집단

삽화가 들어있는 16세기 페르시아 필사본의 한 장면: 인도의 왕 샹굴이 바람 페르시아 군주 구르의 환대를 받고 있다.

은 집시풍의 일거리를 찾는다는 바로 그런 이유로 인해 집시와 동일한 집단으로 치부되는 사례를 많이 볼 수 있다. 앞의 이야기도 바로 그런 사례라 하겠다. 사실 집시의 대탈출을 바람 구르의 시대와 연결짓기는 곤란하다. 그러나 이들 방랑 시인들에게 붙여진 명칭은 중요하다. 연대기적으로 볼 때, 바람 구르 전설의 유행은 다음과 같은 결론을 이끌어낼 수 있을 것 같다. 요컨대, 조트와 루리로 서술된 그런 종류의 인도 방랑민이 실제로 10세기 이전에 페르시아에 확고히 자리잡고 있었기 때문에 이스파한의 함자가 그들의 이야기를 바람 구르 시대까지 끌어올릴 수 있었다는 것이다.

조티*Zotti*(복수형은 조트)와 룰리*Luli* 또는 루리는 지금까지도 '집시'를 가리키는 페르시아어다. 시리아, 팔레스타인, 이집트 등에서는 루리가 누리*Nuri*(복수형 *나와르Nawar*)라는 변화형으로 나타나고 있다. 조트는 인도의 부족명 자트*Jat*가 아랍풍으로 변화된 것이다. 본래의 집시가 인도의 자트(편잡 지방에서 집중적으로 많이 보인다)와 동일한가 아닌가 하는 문제는 100년 이상이나 논쟁의 대상이 되어 왔는데, 앞에서 이미 지적했듯이, 자트라는 설에는 아직도 지지자가 있다. 조트에 대한 초기의 언급들을 모두 집시를 가리키는 것으로 받아들이고자 한다면, 초기 집시 이동과 관련한 역사적 상황도 곧 파악할 수 있을 것이다. 연대기 편자나 지리학자들에 따르면, 사람들이 인더스강 계곡에서 서쪽으로 페르시아와 그 너머까지 이동할 기회는 많았다고 한다. 7세기 아랍의 팽창기에는 수많은 신드인들이 페르시아군에서 복무했고, 왕들의 세력이 기울자, 아랍측을 이탈하여 이슬람교로 개종하고 바스라에 정착했다. 다른 조트 집단들도 각지에 정착했다. 그 뒤, 8세기 전반에 이르러, 아랍 세력이 신드 침략과 함께 아시아 지배를 동쪽까지 확대하자, 수많은 자트와 여타 신드 주민들이 티그리스강 연안으로 추방되었다. 이들 집단 상당수는 그 후 몇 차례에 걸쳐 식민을 위해 시리아 북부로 이주당했다. 집시가 처음 기독교 세계에 등장한 것은 아랍의 연대기 편자 타바리가 기록한 사건으로 설명될 수 있다. 그는 비잔틴 제국이 시리아를 공격한 855년, 상당수의 조트가 포로로 잡혀 아내와 자식, 들소들과 함께 끌려갔다고 말한다.

문제는 조트라는 명칭이 결국은 인더스강에서 기원한 다양한 집단에 대해 거의 무차별적으로 사용되었다는 점에 있다. 이들 기록들은 인도를 기원으로 하는 다양한 집단들, 특히 자트에게 일어난 사건들에 대해 말하고 있다. 그것을 진정 본래의 집시 선조들에 대한 이야기로 볼 수 있는지는 상당한 의문이다. 아랍인들이 집시에게 조트라는 명칭을 부여했다는 사실은 어쩌면 그들이 가장 빈번하게 접촉했던 인도 사람들의 명칭을 집시에게도 전용했다는 것 이상의 의미는 없는지도 모른다. 집시 또한 인도에서 왔기 때문이다. 이것은 마치 유럽 역사에 나오는 프랑크족 또는 프랑스인의 역할로 인해 라틴어 프란치아*Francia*에서 온 '피란자*Firanja*'라는 단어가 현대 아라비아어에서 '유럽'을 뜻하게 된 것과 마찬가지다. (아프가니스탄의 경우, 본래 '자트'는 인도-파키스탄을 기원으로 하는 방랑민을 가리키는 용어였지만, 오늘날에는 다양한 기원을 가진 광범위한 하층 계급 집단을 지칭하는 경멸적 용어로 쓰이고 있다.)

인도로 거슬러 올라가는 언어학적 증거 또한 자트 가설을 거의 뒷받침해주지 못한다. 어느 정도의 중요성을 지닌 또 다른 반론으로, 페르시아 남부에 집중된 이동의 역사가 페르시아 영내에서 로마니어가 변화해온 과정으로부터 추론된 확산 루트와 부합하지 않는다는 사실을 들 수 있다. 그러나 수세기에 걸친 새로운 인도-아리아계 방언들의 형성기에 대한 지식이 결정적 단계에서 자료 부족이라는 제약을 받고 있는 것과 마찬가지로, 집시가 페르시아에 있는 동안 일어났을 것으로 보이는 광범위한 언어학적 재편성의 속도를 판단하는 것이 어렵다는 사실을 전제할 때, 언어학적 연역은 제한적이라는 점을 지적하지 않을 수 없다. 642년에 일어난 아랍의 정복은 페르시아에 종교적 변화뿐 아니라 언어의 변화를 가져왔다. 페르시아어가 공식 언어로서 사용되지 않게 되었고, 페르시아어로 된 문학 또한 비극적인 쇠퇴를 맞게 되었던 것이다. 이제 페르시아어는 아라비아어의 요소들을 광범위하게 흡수하기 시작했다. 그것은 양과 질 모든 측면에서 마치 현대 영어에 라틴적 요소(프랑스어와 라틴어)가 흡수된 것에 비견할만하다. 아라비아 문자가 쓰여지던 10세기 후반에 이르러 페르시아어는 다시 한 번 문학의 지배적 언어가 되는데, 그 때쯤에는 이미 엄청난 변화가 있었다. 새로운 스타일로 쓰여진 초기 문헌은 9세기의 것으로, 그때부터 현대 페르시아어가 공식적으로 시작되었다. 중기 페르시아어와 현대 페르시아어 사이의 단절은 두드러지지만, 다양한 지방과 최상층 이하 사회 계급에 아라비아어의 영향이 얼마나 깊이, 또 얼마나 빨리 침투되었는지에 대해서는 명확한 기록이 없다.

페르시아에서 집시는 침입자였다. 그들은 현지 주민들과 의사소통을 하기 위해 자신이 거주하는 지역의 언어를 배워야 했다. 그들이 접촉한 사람들의 언어는 사전에 공식적으로 나오는 학자들의 고정적인 관용구가 아니라 농부들의 역동적인 방언이었을 것이다. 그들이 2개 국어를 동시에 사용했다고 해서 그 영향을 과대평가해서는 안된다. 이런저런 상품 및 서비스의 공급자와 그 고객 사이의 관계는 완전한 2개 국어 사회의 그것보다 훨씬 피상적이다. 그럼에도 불구하고, 일단 인도를 벗어난 로마니어는 가장 중요한, 그리고 현저한 특징들을 발전시켰을 것으로 보인다.

로마니어 방언은 크게 유럽계, 아르메니아계, 아시아계(아르메니아계 이외의 방언) 등 세 가지 계통으로 분류될 수 있다. 터너는 산스크리트어 돔바*domba*에서 파생된 단어의 음운처리법에 따라 편의상 그것들을 각각 롬*Rom*계, 롬*Lom*계, 돔*Dom*계라고 명명했다. 따라서 비유럽계의 여타 로마니어는 로마브렌어(아르메니아계)와 도마리어(아시아계)라 불릴 수 있다. 샘슨은 유럽계 로마니어와 로마브렌어는 본래의 산스크리트어의 유성음 (다시 말해, 성대를 진동시켜서 발음하는 음) *bh, dh, gh, dźh*를 무성음(다시 말해, 성대를 진동시키지 않고 발음하는 음) *ph, th, kh, ćh*(h는 숨을 내쉴 때 발생하는 대기음을 가리킨다)으로 바꾼 반면, 정확히 그 반대의 원리— 다시 말해, *bh, dh, gh, dźh*의 *b, d, g, dź*로의 무대기음화 —가 아시아계 로마니어의 특징이다. 전자의 변화(로마브렌어에서는 샘슨이 제시한 것만큼 변화가 그렇게 규칙적인 것은 아니다)는 무성음은 있으나 유성음은 없는 아르메니아계 여러 방언들의 영향에서 기인한 것으로 보인다.

　샘슨은 이러한 발전 과정이 명백히 페르시아 영내에서 일어난 분화의 영향이라고 생각했다. 그 결과, '자매'에 해당하는 단어의 형태에 기초해서 각각 벤*ben*계(도마리어)와 펜*phen*계(유럽계 로마니어와 로마브렌어)라 불리는 두 가지 계통이 생겨났다.

산스크리트어	도마리어	로마브렌어	유럽계 로마니어	영어
bhaginī	*ben*	*phen*	*phen*	*sister*
bhrātṛ	*bar*	*phal*	*phral*[*2)]	*brother*

　펜계인 로마브렌어가 단일하다는 주장에는 의문이 남지만, 당분간 샘슨의 명명을 따르는 것이 편리할 것 같다. 벤계 집시어(도마리어)에는 나와르(팔레스타인과 시리아), 쿠르바트(시리아 북부), 카라치(소아시아, 트

랜스코카시아, 페르시아)의 방언들이 포함되어 있다.[3] 도마리어 방언들은 유럽계 방언들에 비해 보다 광범위하게 쇠퇴했고, 연구가 행해질 무렵에는 아라비아어에 완전히 노출되어 그나마 여기저기 분산된 상태로 남아 있었다.[4] 앞에서 이미 살펴보았듯이, 서로 공통의 조상에서 나왔다는 샘슨의 주장에도 불구하고, 도마리어와 유럽계 로마니어의 차이점들은 과연 공통된 모어(母語) 집단의 동일성을 어디까지 상정할 수 있는지 의문을 품게 한다.

일단 모어가 새로운 계통으로 분기(分岐)되면, 이런저런 방식으로 다양한 세분화가 급속히 진행된다. 벤계와 펜계의 변화가 얼마나 급속히 진행되었는지, 두 계통 사이의 분기가 얼마나 일찍 일어났는지, 각각의 집단은 페르시아에 얼마나 오랫동안 있었는지 등에 대해서는 아무도 확신할 수 없다. 양자의 차이가 상당한 것으로 보아, 비교적 일찍 분기되었을 것으로 짐작할 수 있을 뿐이다. 또한 비교적 중요한 페르시아어로부터의 차용어들이 벤계 집시어 방언에 나타나지 않는다는 것은 벤계 집시들이 페르시아에서 가장 먼저 떠나왔다는 사실을 암시한다. 그들이 어떻게, 또 언제 시리아에 도착했는지는 지금도 알 수 없다. 가끔씩 보이는 모호한 언급들을 제외한다면, 19세기에 이르기까지 그들에 대한 구체적인 정보는 거의 들을 수 없다. 그 예외의 하나가 맘루크 왕조의 관리 알-우마리가 쓴 14세기 아랍 개설서 『메살렉 알랍사르 *Mesalek Alabsar*(눈의 여행)』로, 여기에는 이집트와 (특히) 시리아의 '로르족'(Lors)의 숙련된 곡예 이야기가 실려 있다.

유럽계 집시 방언에 나타나는 페르시아적 요소는 그 수가 많은 것으로 보아 그들이 이곳에 다소 오래 머물렀다는 사실을 보여준다.[5] 그러한 단어로서 (이를테면, 웨일즈 로마니어에서는) 치카노(ćakano, 별), 다리아브(darīav, 바다), 키슈(kiś, 실크), 키슈티(kiśti, 벨트), 코로(koro, 장님), 포슘(pośum, 양모), 베슈(veś, 숲) 등이 있다. 이 중에서 매컬리스터가 기록한 도마리어에도 나오는 것은 '장님'과 '양모'에 해당하는 단어뿐이다. 어떤 경우든, 차용어일 가능성이 있거나 차용어로 보이는 단어들의 리스트는 상당히 길어질 수 있겠지만, 더 큰 억측이라는 대가를 치러야 한다. 예를 들어, '운세, 행운'을 뜻하는 로마니어 바흐트baxt는 일반적으로 '행운, 행복'을 뜻하는 이란어 바크트bakht의 차용어로 간주되지만(바크시슈baksheesh라는 형태로 많이 나온다), 원래 로마니어였을 가능성도 있다. 이란어와 인도-아리아 언어는 서로 긴밀한 관계를 맺고 있을 뿐 아니라 수많은 특징들을 공유하고 있기 때문에, 어떤 말에 대해서 어느 것이 원형인지 결정하는 일이 그다지 쉽지 않다. 마찬가지로, 이란어군 내부에서도, 어떤 단어가 페르시아어에서 온 것인지 아니면 쿠르드나 오세트어에서 온 것인지, 또는 이제 더 이상 같은 어군에 속하는 것으로 간주되지 않으면서도 상당수의 이란어 차용어를 포함하고 있는 아르메니아어에서 온 것인지 아닌지 불분명한 경우가 많다.

페르시아를 떠난 시기에 대해서는, 로마니어에 아라비아어 단어가 없다는 것을 근거로, 유럽 집시들의 선조는 아랍의 첫 번째 침략 이전에 페르시아를 통과했다는 설이 1970년대 이래로 일부 학자들에 의해 제창되어 왔다. 이것은 그들이 7세기 중반 이전에 페르시아를 떠났다는 것을 의미한다. 일반적인 생각보다 훨씬 이른 시기인 셈이다. 그러나 이같은 주장에는 두 가지 난점이 있다. 아랍 세력이 페르시아를 석권하자마자 그 즉시 그 언어가 모든 영역에 침투하기 시작해서 로마니어에까지 급격한 영향을 끼쳤다고 상정하는 것은 언어의 변천 과정을 지나치게 단순화하는 것이 된다. 더구나 유럽계 로마니어에도 아라비아어로부터의 차용어가 몇 가지는 있다. 베르크(berk, 물론 로마니어에는 인도어 츄치cući라는 단어도 남아 있다), 후메르(xumér, xumél. 가루 반죽), 키쉬(*kisi*, 지갑) 등이 그것이다. 어쩌면 '단어'에 해당하는 *라브lav*(이를 테면, 조지 보로우의 『*라벤그로Lavengro*』에서처럼)도 아라비아어 라프즈 *lafz*에서 파생되었거나 그 영향을 받았으므로, 이 리스트에 추가되어야 할 것이다. 이 말은 페르시아와 (나중에는) 인도에서도 사용되었다. 비록 그 수도 적고 논쟁의 여지가 없는 것도 아니지만, 어쩌면 이런 차용어들은 유럽계 집시들의 조상이 아랍의 정복이 일반 서민의 언어에 상당수의 셈계 언어를 침투시키기 전에 페르시아를 떠났을 리가 없다는 사실을 시사하고 있는지도 모른다.

아르메니아에서 얻은 차용어

펜계 집시가 페르시아를 떠나 도달했을 것으로 보이는 아르메니아 또한 7세기에 아랍의 지배하에 있었지만, 페르시아어와 달리 아르메니아어에는 아라비아어가 침투하지 않았다. 이들의 체류 기간은 결코 짧지 않았다. 로마니어의 유럽계 방언에는 아르메니아어에서 나온 차용어가 많다. 보브(*bōv*, 오븐), 두둠(*dud'u m*, 멜론, 호리병박), 졸라노(*dʹzolano*, 노새), 코토르(*kotōr*, 파편), 코초(*koʹc o*, 단추), 모르취(*mortsī*, 가죽, 피혁) 외에 그라이(*grai*, 말, '짐 나르는 짐승'을 뜻하는 아르메니아어 그라스트 *grast*에서?) 등이 그것이다. 보르돈(*vordón*, 4륜 마차)는 아르메니아 북부에서 사용되던 오세트어에서 나왔는데, 후에 이것은 흔히들 '집시' 하면 떠올리는, 말이 끄는 포장마차를 가리키는 집시어가 되었다. 아시아의 벤계 방언에서는 아르메니아어와 오세트어에서 파생된 이러한 차용어가 전혀 없다. 실제로 보샤*Bósa*라고 불리는 집시들의 방언인 로마브렌어의 자취에서도 이런 차용어가 전혀 발견되지 않는다. 이들 보샤 집시들은 수세기 후 아르메니아, 터키, 페르시아, 코카서스 남부를 유랑하는 것으로 밝혀졌다. 보샤(그들 자신은 스스로를 롬*Lom*이라 불렀다)가 사용하는 로마니어는 19세기에 연구되기 시작했는데, 이 무렵 그것은 아주 보잘 것 없는 상태였을 뿐 아니라 이미 상당히 오염되어 있었다. 비록 아르메니아의 영향을 받긴 했지만, 그 언어에 유럽계 로마니어와 공통되는 파생어가 없다는 사실로 인해, 펜계 집시의 분리는 그들이 아르메니아의 영향을 전면적으로 받기 이전에 일어났거나 로마 브렌어와 유럽계 로마니어에 공통적으로 나타나는 변화가 서로 독립적으로 진행되었을 가능성이 제기되고 있다.[*6]

아르메니아로부터의 탈출이 왜 일어났는가에 대해서는 추측만 가능하지만, 거기에 작용했을 파괴적인 영향은 조금도 찾아볼 수 없다. 따라서 비잔틴 제국으로의 진출은 애당초 비잔틴 제국과 아랍 사이의 오랜 항쟁으로 국토가 황폐해지면서 완만하게 진행되었을 것으로 보인다. 그 후 아르메니아 대부분이 비잔틴 제국의 군대에 의해 침탈당하는 상황에 이르렀고, 결국 11세기 초반 2, 30년 동안 단계적으로 합병되었다. 비잔틴 제국의 정복은 그리 오래 지속되지 못했고, 아르메니아는 곧 셀주크 왕조— 중앙 아시아의 투르크인 일족 —의 침략을 받게 되었는데, 그 결과 지중해 연안의 시칠리아만 아르메니아의 지배하에 남게 되었다.

초기 집시의 사회 구조

윌리엄 쿠퍼(영국의 시인. 1731~1800년)가 묘사한 언어학자들이란,

가슴이 두근거리는 한 마디를 찾아

시간과 공간을 뚫고 다니니,

집에서 시작해서 어둠 속을 뒤지고

갈리아로, 그리스로, 노아의 방주로 —

　이렇게 로마니어의 자취를 찾아 아라라트 산(노아의 방주가 상륙한 곳. 성경의 창세기 8 : 4 -역주) 기슭까지 갔더라도, 집시의 선사시대에 접근하는 언어학적 기법이 지나친 단순화로 이어지는 것은 아닌지 따져보는 것이 현명하다. 요컨대, 계속해서 나타나는 언어의 '분기'와 다른 '무리(群)'로의 분리라는 이야기는 집시의 이동에 대해 인도에서 무리를 지어 탈출한 사람들의 집단이 어느 시점에서 깔끔하게 두 집단으로 나뉘어져 각각 서로 다른, 그러나 전체적으로는 서쪽으로 나아갔다는 무의식적인 이미지를 만들어낼 수 있는 위험성이 있다. 집시의 초기 이동 경로를 그럴듯한 화살표로 보여주는 지도들은 그러한 인상을 강하게 풍긴다. 그러나 그것은 사실과 다르다.

　초기 집시들의 사회 구조와 문화에 대해 확실히 알 수 있는 것은 아무 것도 없다. 단지 추측만 할 수 있을 뿐이다. 그러한 추측이 다음과 같은 두 가지 전제를 기초로 하고 있다는 것도 그다지 놀랄 일은 아닌 것 같다. 첫째, 이들 집시의 사회적 존재는 인도의 모델을 반영하고 있다. 둘째, 그들 가운데 정착하지 않는 자들은 수많은 유랑 집단에서 관찰할 수 있는 고유의 특징을 보여준다. 그때나 지금이나 인도의 사회적 존재가 보여주는 하나의 특징은 민족적 하위 카스트, 즉 자티(*jati*. '태생 또는 혈통'의 뜻)가 지배적이라는 것이다. 그것은 주요 카스트(바르나) 이상으로 힌두 사회의 일상을 영위하는 데 있어서 중요한 의미를 가지고 있다. 하위 카스트의 상호관계는 직종 전문화에 기초하고 있다. 자티의 직업이 결정되어 있다는 것은 경제적 상호의존 관계로 이어진다. 그것은 또한 해당 기능에 대한 충분한 수요를 찾아서 지리적으로 끊임없이 이동하거나 분산하게 만들기도 한다. 따라서 집시들과 특히 인도 아대륙에서 많이 볼 수 있는 유랑 집단들의 유사성을 발견하기란 어렵지 않다.[9] 자티의 또 다른 특징은 족내혼, 즉 동족 내부에서 결혼하는 관습이다. 이것은 동일 자티 내부에서 접촉을 유지하면서 자기 집단과 다른 공동체 사이의 경계선을 유지한다는 것을 의미한다. 인도 모델은 청결과 오염에 대한 상당히 엄격한 사고 방식(이것은 집단의 경계선을 설정하는 중요한 요소일 수 있다)을 보여준다.

이런 관점에서 볼 때, 그리고 그 후에 일어나는 집시의 변천 과정을 고려할 때, 본래의 집단 가운데 상당수가 비교적 적은 수로 이동을 계속하면서 특수한 재화나 서비스를 제공함으로써 무언가 경제적 필요를 채웠던 것으로 보인다. 그들이 파는 제품은 시장을 독점할 수 없었고, 따라서 광범위한 고객을 필요로 했기 때문이다. 이들 고객들이 도시민인지 시골사람인지, 정착해서 사는 농민이나 유목민인지 아니면 그런 사람들이 뒤섞여 있는 경우인지 어떤지는 명확히 알 수 없다. 유랑이라는 집시의 생활 방식은 다른 사람들에게는 이상하게 보이지 않았을 것이다. 이란과 이웃 나라에서는 방랑생활이 광범위하게 퍼져 있으며, 부족민들을 정착시키려는 산발적인 시도에도 불구하고, 20세기 중반에 이르러서도, 전인구의 10분의 1 정도가 유랑생활을 하고 있다. 그러나 집시와 일반 유목민의 본질적인 차이는, 집시의 경우, 제품을 팔거나 무언가 거래를 하고 서비스를 팔기 위해 이동하는 반면, 일반 유목민들은 목축과 농업 때문에 계절적으로 이동한다는 데 있다. 유랑민과 유목민은 공동생활을 하기도 한다. 현재까지도 터키, 이란, 발루치스탄(파키스탄 서부의 주 – 역주)의 유목 집단 상당수는 잡화 판매자로서 최소한 하나의 유랑민 집단을 이끌고 다니며, 때때로 유랑민 집단 또한 정착해 사는 농민 고객들을 가지고 있다.

생활 방식이 현재와 마찬가지 — 유랑, 분산, 소수, 그리하여 결과적으로 집단 내부의 공동체적 유대가 약화될 가능성이 높다는 것 —라면, 그런 제약을 가진 초기 집시들은 장기간에 걸친 점진적인 서방 이주 기간 동안 이렇게 집시 고유의 사회적, 문화적 아이덴티티를 유지했던 것일까? 이런 의문을 품은 사람이라면, 그들의 비상한 끈기에 대해 의구심을 품지 않을 수 없다. 집시의 대탈출은 때때로 유대인의 그것과 비교되어 왔다. 그러나 집시들의 이동은 성직자 계급도, 일반적으로 승인된 언어 규범도, 나름의 신조와 도덕 규범을 집대성한 문헌도, 민족적 전통에 대한 공인된 수호자도 없는 사람들의 분산이었다. 인도를 떠나 이동을 계속하는 생활에서 아이덴티티의 변화는 피할 수 없다. 그들의 민족성은 내부적으로나 외부적으로 불어닥친 수많은 영향에 의해 만들어지고 고쳐져야 했다. 그들은 인도와는 아무런 상관도 없는 수많은 요소들을 흡수하고, 어떤 의미에서든, 결국은 더 이상 인도인일 수 없는 상태로 변할 것이다. 그러나 그들의 아이덴티티와 문화는 그 모든 변화에도 불구하고 그들을 둘러싸고 있고 또한 그들의 경제를 좌지우지하는 가제의 그것과는 명백히 다를 것이다. 그들은 자신들의 꿈을 실현시켜 줄 약속의 땅을 가지고 있지 않았다. 그들 자신, 때가 되면, 인도인 선조들을 잊을 것이며, 실제로, 자신들의 초기 역사에 대해서는 거의 관심을 보이지 않았다. 그리하여 수세기가 지난 뒤, 집시들의 과거와 혈통을 재발견하고 집요하게 추적하는 일은 가제의 몫이 되었다.

1. J.S. Harriot, 'Observation on the Oriental origin of the Romanichal', *Traasactions of the Royal Asiatic Society*, 2(1830), pp.518-58에는 번역본과 함께 본래의 페르시아어 버전도 실려 있다.

2) Phral은 영국 로마니어의 pal이 되는데, 이것은 영어 어휘에 편입된 몇 안 되는 로마니어 단어 중의 하나다. 이 말은 동일 어원을 인식하려 할 때 생길 수 있는 어려움을 잘 보여주고 있다. 다른 추가적인 정보 없이 단지 음운학적 유사성에만 근거해서 라틴어 frater, 로마니어 pal, 영어 brother, 슬라브어 brat가 모두 같은 어원을 가진 단어라고 말할 수 있을까? 어쨌든 이 모든 단어들의 어원은 초기 인도 유럽계 언어 bhrater이다.

3) 중동의 다양한 집시 언어와 민족 또는 종족의 이름에 대해서는 다음을 참조하라. D. Kenrick, 'Romanies in the Middle East', *Roma*, 1 (1976), no. 4, pp. 5-8, 2 (1977), no. 1, pp. 30-6, no. 2, pp. 23-39.

4) 그에 대한 포괄적인 연구는 다음과 같다. R. A. Stewart Macalister, *The Language of the Nawar or Zutt, the Nomad Smiths of Palestine*, GLS Monograph no. 3 (London, 1914); previously published in *JGLS*(2), 3 (1909-10), pp. 120-6, 298-317; 5 (1911-12), pp. 289-305.

5) I. Hancock, 'On the migration and affiliation of the Dōmba: Iranian words in Rom, Lom and Dom Gypsy', *International Romani Union Occasional Papers*, series F, no. 8 (1993).

6) 샘슨은 펜계가 본래 단일 언어였으며 아르메니아에 들어간 후에야 비로소 분리되었다고 주장하지만, 그런 개념으로는 설명하기 힘든 언어학적 발전의 사례도 있다. J. Bloch, review of *The Dialect of the Gypsies of Wales*, *JGLS*(3), 5 (1926), pp. 145-89, esp. pp. 176-8; R.L. Turner, 'The Position of Romani in Indo-Aryan', *JGLS*(3), 5 (1926), pp. 145-89, esp. pp. 177-8, and 'Transference of aspiration in European Gypsy', *Bulletin of the School of Oriental and African Studies*, 22 (1959), pp. 491-8, esp. p. 491; Hancock, 'On the migration and affiliation of the Domba', p.19.

7) P.K. Misra and K.C. Malhorta (eds), Nomads in India (Calcutta, 1982)

제 3 장

비잔틴제국과 발칸반도를 향해

비잔티움과 그리스

셀주크 투르크인의 호전성은 불가항력적이었고, 그 세력은 놀라울 정도로 급속히 확장되었다. 11세기 중반에 이루어진 아르메니아 침공은 주민들의 대이동을 야기했다. 그것이 집시들을 비잔틴령 서부— 콘스탄티노플과 트라키아 —로 몰아냈고, 거기서 결국 발칸 반도와 유럽 전역으로 퍼져나갔다는 학설은 확실히 매력적이다.[1] 그 당시, 비잔틴 제국은 콘스탄티노플이 기독교 세계의 가장 부유한 영역들을 지배하고 있던 위대한 시대를 지나 이미 급격한 몰락의 길로 접어든 상태였다. 1071년, 비잔틴군은 아르메니아의 반호 근방에 있는 맨지케르트에서 셀주크군에게 격파당함으로써 아나톨리아 대부분을 잃었다.

영토를 빼앗긴 뒤에도 비잔티움의 그리스 문화는 오랫동안 지속되었다. 이슬람국 아나톨리아에서조차 그리스어가 완전히 소멸되지는 못했다. 집시는 다르다넬스 해협(마르마라해와 에게해를 잇는 유럽과 아시아

대륙간의 해협 – 역주)을 건너기 오래 전부터 비잔틴의 언어적 영향을 받았는데, 로마니어에 대한 그리스어의 영향력은 실로 막강했다. 페르시아어의 영향보다 훨씬 광범위했던 것이다. (역사적인 의미에서 볼 때, 활동 범위가 발칸 반도에 한정되어 있던 일부 집시의 언어에 제한적으로 침투된 차용어를 제외하면, 유럽계 로마니어에 터키어의 요소가 전혀 없다는 사실 또한 주목할만하다.)

콘스탄티노플에 집시가 살았다는 사실을 가장 먼저 언급하고 있는 책은 1068년경 아토스 산의 이베론 수도원에서 편찬된 그루지야어로 된 성인전 『아토스산의 성인 게오르그의 생애Life of George the Athonite』이다.[2] 이 책에 따르면, 1050년, 콘스탄티누스 모노마쿠스 황제는 콘스탄티노플의 필로파시온 왕실 수렵장에서 사냥감을 먹고 있던 야생 동물에게 쫓김을 당했다. 그는 '마술사 시몬의 자손으로, 점과 마술에 능하며, 아드신카니Adsincani라 불리던 사마리아 사람'의 도움을 청했고, 이들 아드신카니는 마법을 건 고기 조각으로 그 즉시 그 사나운 야수들을 죽였다. 이 책에서 사용된 아드신카니라는 명칭은 비잔틴에서 일반적으로 집시를 가리키는 용어였던 그리스어 아칭가노이Atsinganoi 가 그루지야어로 표현된 것이다. 독일어 찌고이네르 Zigeuner, 프랑스어 치간느Tsiganes, 이탈리아어 칭가리Zingari, 헝가리어 치간요크Cigányok, 그리고 그 밖의 몇 가지 언어로 표현된 비슷한 형태의 말들은 모두 이 비잔틴 명칭에서 파생된 것이다. 아칭가노이의 기원에 대해서는 많은 논의가 진행되어왔지만, 여전히 의문의 여지가 많다. 가장 광범위하게 받아들여지고 있는 견해는 아팅가노이Athinganoi 라는 이단파의 명칭이 이들이나 집시나 점을 치고 마술을 쓴다는 측면에서 집시에게도 적용되었다는 것이다. 본래의 이단파 아팅가노이는 9세기에 있었던 박해로 그 수가 격감했거나 심지어 절멸했을 가능성도 있다.

아팅가노이에 대한 두 번째 언급은 12세기의 것으로, 여기서는 명백히 '집시'라는 의미로 사용되고 있다. 트룰로 종교회의(692년) 교회법 61장에 나오는 교회법학자 테오도르 발사몬(1204년 사망)의 해설이 그것이다. 이 해설에는, 곰을 비롯한 그 밖의 동물들을 전시하거나 점을 치면서 대중을 착취하는 신자는 6년간 파문에 처한다는 경고가 나온다.

곰을 데리고 다니는 자를 곰사육자라 한다. 그들은 동물의 머리나 몸 전체를 염색된 실로 묶는다. 그리고 나서 이 실을 잘라 그 동물의 머리카락 일부와 함께 부적으로, 또는 질병이나 위험을 없애는 치유책으로 제공한다. 아팅가노이라 불리는 또 다른 부류는 자신의 몸에 뱀의 상처를 내게 한 뒤, 어떤 사람에게는 악마의 별을 타고났다고 말하고, 또 다른 사람에게는 행운의 별을 타고났다고 말한다. 그들 역시 다가올 행운이나 재난에 대해 점을 친다.[*3]

발사몬은 트룰로 종교회의 교회법 65장의 해설에서도 또 다시 이들 아팅가노이에 대해 언급하고 있다. 복화술사(複話術師)의 본질을 설명하면서, 그는 다음과 같이 쓰고 있다.

'복화술사와 마술사는 모두 사탄의 계시를 받아 미지의 것을 예측할 수 있는 양 행동한다. 크리트리아이, 아팅가노이, 거짓 예언자, "은둔자", 그 밖의 다른 사람들이 모두 그렇다.'

1세기 뒤, 콘스탄티노플 총주교 아타나시우스 1세가 성직자들에게 보낸 회람장에도 비슷한 취지의 내용이 반복되고 있다. 신도들이 점쟁이, 곰사육자, 뱀 부리는 사람 등과 어울리거나 '특히 악마같은 일을 가르치는 집시[*아딩가노우스Adingánous*]를 집에 들이지 못하도록' 이

끌라는 것이었다. 몇십 년 뒤, 학자 조셉 브레니우스(1340~1431년)는 비잔틴 제국에 들이닥친 불행의 원인을 분석하는 논문에서 사람들이 늘상 '마술사, 점쟁이, 아팅가노우스, 뱀 부리는 사람' 등과 어울린다고 개탄했다.

15세기 비잔틴 교회법에는 흥미로운 명칭 변형이 나타난다. 이 법에는 '점을 치려고 이집트 여인[아이굽티사스*Aiguptissas*]과 접촉하는 자나 병이 들거나 여타 다른 이유로 고통받을 때 점쟁이를 집에 들여 마술을 행하게 하는 자'에 대해 5년간 파문시키겠다는 경고가 들어 있다. *아이굽티사스*라는 명칭이 이집트인이 아니라 점을 치는 집시 여인을 가리킨다는 사실은 그 교회법의 슬라브어 버전으로 증명되고 있는데, 여기서 그 단어는 치간키*ciganki*라고 번역되어 있다.[4] 비잔틴의 다른 작가들 역시 이집트인을 언급하면서 집시를 염두에 두고 있었다고 단정지을 수는 없겠지만, 14세기 초반 수십 년 동안 콘스탄티노플에 나타나 계속해서 트라키아와 마케도니아, 심지어 스페인까지 도달한 이집트인 곡예사와 마술사 흥행단에 대한 니케포루스 그레고라스의 길다란 설명[5]을 그런 의미로 해석하고픈 유혹을 물리치기란 힘들다. 그럼에도 불구하고, 이집트 기원설(의심할 여지 없이, 이집트가 신비주의 및 점과 비밀스럽게 결합되어 있다는 사실에 의해 촉진되었다)이 적어도 15세기까지는 이미 비잔틴에 정착되어 있었다. 집시를 가리키는 현대 그리스어 구프토이*Gúphtoi*는 이 용법에 기원을 두고 있음에 틀림이 없다.

이집트인으로든 다른 명칭으로든, 집시에 대한 또 다른 언급들은 14세기의 것으로 보이는 민화에도 나오는데, 이들 민화 또한 비잔틴인들이 그들을 곰사육사와 동일시했다는 것, 그리고 그 명칭들이 경멸적인 의미로 사용되기 시작했다는 것을 보여준다.

이런 방식으로 비잔틴 사회의 틀 내에서 집시들의 생활과 상태에 대한 단편적이고 막연한 묘사가 나타나기 시작한다. 처음 그들이 비잔틴 제국에 모습을 드러냈을 당시, 왕후귀족을 포함한 사회 전체에 경신(輕信)과 미신이 광범위하게 퍼져 있었다. 따라서 집시는 재빨리 점과 예언으로 이러한 풍조를 이용했음에 틀림이 없다. 그들은 광대로서도 탁월한 기량을 선보였는데, 곰사육사나 뱀 부리는 사람, 그리고 동물 일반을 조련하는 사람으로서뿐 아니라 곡예와 기예에도 능했다. 민간 전승에 등장하는 경멸적인 언급에 비춰보건대, 그들은 좋은 평판을 얻지는 못했던 것 같다. 그것은 물론 일방적인 묘사다. 집시 자신이 비잔틴 사회를 어떻게 보았는지, 또는 비잔틴 사회에서 어떤 대우를 받았는지에 대해서는 영원히 알 수 없을 것이다.

이 무렵, 비잔틴 제국은 최후를 맞고 있었다. 15세기 초반, 제국의 영토는 콘스탄티노플, 살로니카, 그리고 그리스 본토의 남부에 있던 모레아, 즉 펠로폰네소스 반도로 축소되어 있었다. 수도는 오스만 투르크에게 포위된 상태였는데, 그들은 이미 소아시아를 정복했을 뿐 아니라 갈리폴리 근교에 유럽 최초의 식민지를 건설한 1354년 이래로, 불가리아를 석권하고, 그리스의 대부분을 점령했으며, 세르비아와 왈라키아를 속국의 지위로 떨어뜨렸다. 집시는 그들보다 훨씬 먼저 이 모든 땅에 정착한 상태였다. 그들은 여러 집단으로 나뉘어 트라키아에서 마케도니아를 경유, 그리스 본토와 주변 섬, 그리고 후에 유고슬라비아와 루마니아가 된 북방 지역으로 퍼져나갔던 것으로 보인다. 어쩌면 이들 이주의 일부는 오스만 투르크의 끊임없는 진격과 관계가 있었을지도 모른다.

집시는 14세기 동안 펠로폰네소스 반도와 그리스의 여러 섬에 잘 정착하고 있었다. 비잔틴의 풍자가 마자리스가 1416년에 쓴 소책자, 『저승의 마자리스 *Sojourn of Mazaris in Hades*』에는 펠로폰네소스가

1415년 9월 21일자로 저승 세계의 홀로볼로스라는 자에게 보낸 가상의 편지가 들어 있다. 이 편지에는 당시 반도의 상황이 묘사되어 있다.

'펠로폰네소스에는… 무수히 많은 민족들이 살고 있어서 경계선을 되살린다는 것이 쉽지 않을 뿐 아니라 그럴 필요도 없습니다. 그러나 그들의 언어가 다르다는 것은 누구라도 쉽게 구별할 수 있는데, 가장 두드러진 민족은, 스파르타인, 이탈리아인, 펠로폰네소스인, 슬라브인, 일리리아인, 이집트인[아이귑티오이Aigúptioi], 그리고 유태인 등 총 7민족입니다(그들 중에는 혼혈이 적지 않습니다).' *6)

이들 '이집트인'이 실제로 집시였다면(펠로폰네소스 반도에 집시가 있었다는 여타 동시대 기록의 관점에서 볼 때, 이것이 그다지 무리한 가정은 아니다), 그 당시 반도에 거주하던 주요 민족 가운데 하나로서 그 수는 상당히 많았던 것으로 보인다.

그들은 펠로폰네소스 반도나 주변 섬 등 베네치아령에 거주하는 경향이 많았다. 동로마제국 최고의 약탈자 베네치아가 소유한 식민지는 투르크의 끊임없는 침략으로 고통받던 다른 지역에 비해 상대적으로 안정과 안전을 구가하고 있었기 때문이다. 1323년, 크레타섬의 칸디아(이라클리온)를 방문한 프란시스코회 수도사 시몬 시메오니스는 집시로 보이는 민족에 대해 다음과 같이 기술하였다.

거기, 도시 외곽에서, 우리는 그리스의 의식을 따르는 자칭 챠임(햄)족을 보았다. 그들은 한 장소에 30일 이상 머무르는 법이 없이 방랑을 계속한다. 신의 저주를 받기라도 한 것처럼, 30일째 되는 날이면, 아랍인의 천막과 비슷한 검고 낮은 타원형 천막과 함께 이 들판에서 저 들판으로, 이 동굴에서 저 동굴로 떠나가는 것이다.*7)

마찬가지로 베니치아의 지배하에 있던 그리스 본토 서쪽의 이오니아 제도에도 집시들이 많이 유입되었다. 1518년, 자크 르 제쥬는 자킨토스 섬에서 그리스 본토의 집시 대장장이와 아주 유사한 방법으로 일하는 대장장이에 대해 설명하면서, 그들이 펠로폰네소스 반도에서 직접 이주했다고 시사했다. 코르푸 섬의 집시 부락에 대해서는 이 섬이 1386년에 베네치아의 손에 들어가기 전인 14세기 후반부터 시작되었다는 기록이 광범위하게 존재하고 있다. 이들 코르푸 섬의 집시들에 대한 이야기가 들려올 무렵, 그들이 내는 연간 세금은 독립적인 봉토인 퓨둠 아싱가노룸feudum acinganorum(이것은 19세기까지 존속되었다)을 형성할 정도였다. 따라서 그들이 코르푸 섬에 도착한 것은 그보다 훨씬 전이었을 것으로 보인다. 그리고 14세기 후반과 15세기 초반에 걸쳐 그 당시 상당수의 집시가 살았던 본토의 에피루스에서 바다를 건너 코르푸 섬으로 밀려들었을 빈곤에 찌든 이주민들(호미네스 바게니티homines vageniti)로 인해 아마도 그 수는 급속히 팽창되었을 것이다. 봉건제는 코르푸 섬에 베네치아의 지배 조직을 제공했다. 집시 봉토를 미카엘 데 휴고[*8]에게 수여한다는 1470년의 베네치아 포고는 봉토의 영주가 코르푸 섬에 정착한 집시뿐 아니라 에피루스 해안의 베네치아령에 사는 집시들에 대해서도 광범위한 관할권을 행사했음을 보여준다. 이 직책은 부를 안겨다주었다. 휘하의 농노들은 화폐 또는 현물로 영주에게 많은 공납을 바쳐야 했고, 영주는 살인을 제외한 민법, 형법상의 모든 문제에 대해 그들을 재판하고 처벌하는 권한을 가지고 있었기 때문이다. 이러한 특권은 다른 봉토의 영주들에게는 인정되지 않는 것이었다. 더구나 다른 지역의 집시(칭가누스 포렌시스Cinganus forensis) 또한 베네치아령 코르푸 섬 총독의 관할권에 출입할 때마다 세금을 내야 했을 뿐 아니라 체류 중에는 매년 세금을 바쳐야 했다.

그리스 본토에는 펠로폰네소스 반도의 동쪽에 있는 베네치아령 나우플리온과 반도의 남서해안에 있는 또 다른 베네치아령 모돈(메토니) 일대에 집시들의 대규모 정착지가 있었다. 나우플리온에서는 집시 집단이 군사 지휘자의 지도 아래 조직되어 있었던 것으로 보인다. 베네치아의 40인 종교회의가 1444년 8월 12일 포고[9]를 통해 그 전에 베네치아인 시장으로부터 해임당한 *요하네스 칭가누스*Johaness cinganus(집시 요하네스)라는 자를 *드룬가리우스 아칭가노룸*drungarius acinganorum(드룬가리우스는 병사 집단의 수장이었다)에 복직시켰기 때문이다. 시장의 해임 결정은 '우리 정부와 귀족 옥타비아노 보노(1397~1404년, 나우플리온 시장)가 당사자 요하네스의 선임자와 선조들에게 부여한 특권에 반한다'고 지탄받았다. 요하네스 자신이 정말 집시였다면, 이것은 집시 지도자에게 인정된 특권에 대한 최초의 기록이라 하겠다. 만약 그것이 일종의 봉토— 코르푸 섬의 제도를 전제할 경우에 그렇겠지만 —였다면, 그 특권들은 요하네스 개인에게 귀속되었을 것이다. 다른 한편, 그것을 보다 일반적인 것으로 확장시킨다면, 추측일 뿐이긴 하지만, 투르크인들의 빈번한 공격으로 힘든 상황에 처해있던 베네치아인들이 그 보답으로 투르크인들이 공격해올 때 군사적 지원을 기대했던 것인지도 모른다. 더 나아가 주민들이 사라져 황폐해진 땅을 집시들이 경작해주기를 기대했을 수도 있겠다.

대규모 집시 정착지가 있었던 모돈 항구는 베네치아와 자파 중간 지점에 위치하고 있었기 때문에 성지순례에 나선 참배인들에게 가장 인기 있는 숙박지였다. 순례자들의 일기에는 가끔씩 거기서 본 집시 거주지에 대한 언급이 나온다.[10] 1384년에 모돈을 방문했던 리오나르도 디 니콜로 프레스코발디는 도시 성벽 외곽에서 상당수의 *로미티*Romiti를 보았다고 보고하고 있다. 그는 그들이 자신들의 죄를 참회하는 고해자

펠로폰네소스 반도의 모돈. 뒤편으로 집시 거주지가 보인다. 브라이덴 바흐의 『페레
그리나티오(1486년)』에 실린 에베르하르트 로이비치의 그림.

라고 생각했다. 이어지는 여행자들의 증언은 그들이 집시라는 사실을
증명하고 있다. 어쩌면 집시들이 나중에 서유럽 진출을 쉽게 하기 위해
순례자의 모습을 가장하게 된 것도 바로 모돈 같은 장소에서 순례자들
을 알게 되었기 때문인지도 모른다.

프레스코발디의 시대로부터 1세기가 지난 뒤, 독일과 스위스 출신
순례자들에 의한 모돈의 집시 거주지 목격담이 늘어났다. 그 무렵, 이

들 순례자들은 이미 자기 나라의 집시에 대해 알게 되었고, 따라서 모돈의 집시들을 찌고이네르라고 불렀다. 그들의 설명에는 그 당시 자기 나라에서 집시를 대하는 태도가 고스란히 묻어 나왔다. 1483년에 순례기를 쓴 베르나르트 폰 브레이덴바흐는 '독일 땅에 들어올 때 이집트에서 왔다고 말한, 역적이자 도둑에 불과하다' 며 집시를 비난한다.[11] 브레이덴바흐는 에베르하르트 로이비치라는 화가와 동행하고 있었는데, 뒤편으로 집시 거주지가 보이는 모돈 스케치는 바로 그가 그린 것이다(P.60 그림 참조). 콘라드 그루넴베르크(1486년)는 모든 집시가 '거기에 기원을 두었고, 이름도 거기서 유래한다' 고 주장했다. 디트리히 폰 샤슈텐(1491년)과 페터 파스벤더(1492년)는 집시들이 대부분 대장장이라고 말했다. 라인궁 영주 알렉산더는 모돈 근처에 자리한 지페라는 언덕에 대해 말하면서, 1495년에는 거기에 집시들이 사는 오두막이 대략 200개였다고 보고했다. '몇몇 사람들은 이 언덕과 그 주변을 작은 이집트라고 부른다.' 쾰른의 아놀드 폰 하르프가 쓴 1497년의 설명은 대단히 상세하다.

또한 우리는 교외로도 나갔다. 갈대 지붕을 얹은 작은 집에 가난하고 벌거벗은 흑인들이 살고 있었는데, 대략 300가구 정도였다. 그들은 집시라 불린다. 우리들은 독일 땅을 여행하는 그들을 이집트에서 온 이교도라 부른다. 이들은 여러 가지 일에 종사한다. 이를테면, 구두 제조, 구두 수선, 금속 세공 등이 그것이다. 땅 위에 모루(단조 작업에서 단조 재료를 올려놓고 해머로 때려서 가공하는, 쇠로 만든 바탕틀. 철침 – 역주)를 놓고 재단사처럼 그 위에 앉은 남자의 모습은 우리나라에서는 참으로 기묘한 광경이다. 그 남자 옆의 불을 사이에 두고 그의 아내가 역시 땅 위에 앉아 실을 잣고 있다. 그들 곁에는 백파이프같은 작은 가죽 자루 두 개가 있는데, 반쯤은 불 옆의 땅에 파묻혀 있다. 여자는 앉은 자세로 실을 자으면서 때때로 땅에서 자루 하나를 들어올렸다가 다시 눌러놓는다. 이렇게 하면 땅을 통해 불에 바람을 집어넣게 되어 남자가 일을 할 수 있게 되는 것이다. 이 사람들은 모돈 마을에서 40마일 정도 떨어진 지페 출신이다. 이곳은 지난 60년 전에 투르크 황제의 지배하에 들어갔지만, 후작과 백작 일부는 투르크 황제를 위해 일하는 것을 거부하고, 안녕과 지원을 찾아 우리나라, 로마, 우리 교황에게로 도망쳤다. 그런 이유로 교황은 그들에게 추천장을 주어 로마 황제와 제국의 모든 군주들이 기독교의 대의를 찾아 떠나온 그들에게 안전통행증을 주고 보호하게 했다. 그들은 이 추천장을 모든 군주들에게 보여주었지만, 아무도 그들을 도와주지 않았다. 그들은 비참하게 죽어가면서 그 추천장들을 하인과 아이들에게 남겼고, 이들은 오늘날까지도 독일 땅을 떠돌면서 소이집트 출신이라고 주장하고 있다. 그러나 그것은 거짓이다. 그들의 부모들이 수기닌*Suginien*이라 불리는, 지페라는 땅에서 태어났고, 지페는 이곳 쾰른에서 이집트로 가는 길의 반도 안 되는 곳에 있기 때문이다. 따라서 이들 방랑자들은 악당이자, 이 땅을 염탐하는 스파이다.[*12]

추천장 이야기는, 다소 왜곡되어 있긴 하지만, 집시의 서유럽 진출과 관련한 다음 장과 깊은 관계가 있다. 하르프가 지페라는 명칭, 특히 소이집트라는 지명을 사용한 것은 상당한 억측을 불러일으켰다. 15세기 초반에 서유럽에 들어온 집시 일부가 소이집트를 자신들의 본래 거주지라고 주장하고 있었기 때문이다. 그러나 이 명칭에서 이집트 기원이라는 전설이 나오지는 않았던 것으로 보인다. 도리어 처음에는 단순히 그 전설로부터 소이집트라는 명칭이 나왔다가 그것이 모돈 뒤편의 집시 야영지에 적용되었다고 하겠다.

스위스인 루드윅 츄디가 모돈을 통과할 무렵(1529년), 그곳에는 고작 30여채의 집시 오두막만 남아 있었다. 집시 인구의 감소는 투르크의 진출에 따른 지속적인 이탈로 설명될 수 있다. 투르크의 진출은 상업활동과 순례 여행의 급격한 감소를 초래했고, 1500년에는 모돈 자체가 투르크의 점령하에 들어가게 되었다.

집시가 그리스어권에 오래 머무르면서 로마니어도 상당히 변화했다. 발음 면에서 본다면, 단어 중간의 *m*은 *v*가 되었다(예를 들면, 산스크리트어 '나만*nāman* = 이름'은 힌디어로는 남*nām*, 유럽계 로마니어로는 나브*nav*이다). *h*의 경우, 어두(語頭)와 중간에서는 소멸되었고, 후에 종종 *v*나 *y*로 대체되었다(예를 들면, 산스크리트어 '하스타*hásta* = 손'이 힌디어로는 하스*hāth*, 유럽계 로마니어로는 바스트*vast*가 되었다). 그리스어 차용어에서는 *f*가 도입되었다(예를 들면, 유럽계 로마니어의 포로스 '*foros* = 마을'). 그들이 이후의 편력에 가져가게 될 그리스어 저장분은 오늘날까지도 로마니어의 유럽계 방언 전체에서 상당 부분을 차지하고 있다.

그 밖에 특정 방언에서만 발견되거나 보다 국지적인 형태로 보이는 단어들도 많다. 초기 획득어 중에는 천국, 주(週), 일요일과 금요일을 가리키는 새로운 단어, 거위, 비둘기, 까마귀, 까치와 공작 등의 명칭, 버찌와 나무딸기 등의 명사, 뼈와 육즙, 납과 동, 방과 의자, 인형과 요람 등의 단어, 열쇠, 지휘봉과 화젓가락, 톱, 손톱과 널빤지, 주전자, 접시와 비누, 길, 마을과 대저택을 가리키는 말 등이 있었다. '페탈로 *petalo* = 편자'와 '파라미슈스*paramísus* = 이야기'는 각각 일과 오락에 관계되는 중요한 차용어이다. '왼쪽'(*zeravō*)은 차용어지만, '오른쪽'은 그렇지 않다. '더 많은'(*komi*)은 차용어지만, '덜'은 다르다. '왕'에 해당하는 단어 크랄리스*kralis*는 그리스어에서 차용했지만, 그리스어 자체는 슬라브어에서 차용한 것이다. 숫자 7, 8, 9, 30, 40, 50은 그리스어의 차용어이다(다만, 영국과 웨일즈 로마니어는 5세기 후 이 숫자들을 잃어버린 뒤, 3+4, 2×4, 4+5, 3×10 등의 패턴으로 표현하는데 의지해야 했다). 그리스어 접미사를 사용하는 조어(造語)도 시작되었다. 추상 명사에는 -mos를, 남성형 차용어 끝에는 -os를, 수동 형용사를 만들 때에는 -men 또는 -mé를 사용하게 된 것이다. 이런 식으로 만들어진 분사형 형용사 마리메marimé는 집시의 부정(不淨)의 터부 체계에 있어서 근원적인 개념을 표현하는 것으로 '더럽히다'는 의미의 그리스어 동사에서 나온 것이다. 그 개념 자체가 그리스어권에서 형성되었는가 아닌가 하는 것은 전적으로 별개의 문제이다. 마찬가지로, '법정'을 가리키는 획득어 크리스kris(영어에 'crisis = 위기'라는 말을 준 'krisis = 재판'에서 나온 단어)는 분쟁을 중재하고 집시 도덕률에 대한 위반을 처벌하는 내부 메커니즘을 표현하는 것으로서 블라크 롬 사이에서는 집시 고유의 의미를 갖게 되었다.

게다가 '개구리'라는 의미의 단어로 그리스어가 사용된 것은 인도 기원의 벵beng이라는 단어(시리아계 로마니어에서는 '개구리'라는 의미가 유지되고 있다)가 현재의 '악마'라는 뜻을 획득했기 때문이었을 것이다. 이것은 아마도 — 파스파티가 가정했던 것처럼*13) — 집시들이 비잔틴 제국에 들어올 때 어디서나 쉽게 보았을, 말을 타고 용을 퇴치하는 성 조지를 표현한 소박한 그림에서 기인한 것으로 보인다. 이 단어들을 비롯한 여타 언어의 수입은, 애초의 인도-아리아어를 제외할 경우, 유럽계 로마니어 어휘에 대한 그리스어의 공헌이 다른 어떤 언어보다 더 중요하게 남아 있을 것임을 의미했다. 그러나 이것은 유럽 내부로 들어온 단일 언어의 최종 국면이었음에 틀림이 없다. 일단 그리스어권 밖으로 나가자, 로마니어는 유럽에 공통적인 방언으로서의 성격을 잃기 시작했다. 이런 생각에 너무 깊이 빠져들 필요는 없겠지만, 그리스어와 웨일즈 로마니어, 그리고 칼데라시어에 언어 연대학의 기법을 적용할 경우, 흥미롭게도, 유럽계 로마니어의 기본 어휘의 통일성은 1040년 무렵부터 붕괴되기 시작했고, 그 후 1200년경이면 발칸 반도로 이동했던 여러 집단들 사이에서 지속적으로 분기했다는 결과가 나온다.

집시들은 비잔틴 제국과 그리스에서 단어를 획득했을 뿐 아니라 기독교 세계를 알게 되었다. 길에서, 그리고 항구에서, 그들은 유럽 전역에서 온 여행자들과 만났다. 새로운 언어를 배웠을지도 모른다. 그리고 분명 성지에 대해 들었을 것이다. 그들은 순례자들이 특권을 가진 여행자라는 사실도 알게 되었다. 이러한 지식은 훗날, 다시 말해 서구 기독교 세계로 이동을 계속하기로 결정했을 때 큰 이익이 될 것이다.

세르비아, 불가리아, 왈라키아, 몰다비아

그 후 언어의 분기가 어떤 경로로 진행될 것인지는 14세기 말 이전까지 이미 결정되어 있었다. 그 무렵이면 집시들은 발칸 반도 여러 지역에 광범위하게 정착해 있었기 때문이다. 남슬라브인이 스테판 두샨의 지휘하에 마침내 제국을 건설한 세르비아에서는, 1348년, 프리즈렌의 성 미카엘과 성 가브리엘 수도원 건립을 명령한 스테판 칙령에 '칭가리에cingarije'라는 명칭이 장인의 일원으로 기재되어 있으나, 이것을 집시로 이해하기는 힘들며, 단순히 '구두 제조공'을 의미하는 것으로 보아야 한다. 그러나 1362년, 인근 라구사 공화국의 문서에는 두 명의 '이집트인' 블라쿠스와 비타누스의 청원과 관련, 그들이 한 금세공인에게 맡긴 여덟 개의 은괴를 본인들에게 돌려주라고 명령했다는 기록이 나온다. 그리고 1378년, 불가리아의 마지막 짜르인 이반 슈슈만은 '*아구포 비 클레티Agupovi kleti*'가 있는 몇 개의 마을을 릴라 수도원에 기부했다. '클레티'는 '오두막'을 의미하지만, '아구포비'가 '이집트인', 다시 말해 정착한 집시를 가리키는 것인지 아닌지는 논쟁의 여지가 있다. 다만 집시가 이 무렵 주변 여러 나라들과 마찬가지로 불가리아 땅에도 침투했다는 일반적인 통설에는 이론(異論)이 없다.

당시 오스만 투르크의 지속적인 전진이 발칸 지역을 잠식하고 있었다. 이반 슈슈만은 1371년, 자신이 술탄의 가신이라고 선언하지 않을 수 없었고, 그 무렵, 마케도니아의 대부분 역시 투르크의 지배하에 들어갔다. 1389년, 이번에는 세르비아가 속국의 지위로 떨어졌고, 1391년에는 보스니아와 왈라키아가 매년 연공을 바치지 않을 수 없게 되었다. 불가리아는 1396년에 완전히 병합되었다.

왈라키아와 몰다비아는 집시의 역사에서 아주 특별한 — 더구나 지극히 불명예스러운 — 장소이다. 집시들이 조직적으로 노예 상태로 빠져든 곳이기 때문이다. 현대 루마니아와 몰도바 주민들의 선조인 이들 라틴어를 쓰는 집시들은 13세기와 14세기에 트란실바니아에서 처음에는 왈라키아('블라크의 나라')로, 그 다음에는 몰다비아로 이주했다. 독립 공국이었던 양국은 기독교 국가로, 일반적으로 그리스 정교회 신앙이었지만, 왈라키아는 때로 로마에 경도되기도 했다. 양국이 진정한 의미에서 독립국이었던 기간은 짧았고, 상당 기간, 주변 대국의 지배하에 있었다. 그러나 각각 국내 집시 주민을 이용하고 가치 있는 노동력으로서 그들을 확실히 유지하기 위해 대단히 독특한 나름의 제도를 만들었다.

초기에 언급했듯이, 집시는 이미 지배자나 수도원에 종속된 노예 상태에 놓여 있었다. 루마니아 고문서에서 집시가 최초로 언급된 것으로는, 1385년, 왈라키아의 대공 단 1세가 티스마나의 성모 수도원을 위해 발행한 문서를 들 수 있다. 이 문서에서 대공은 자신의 숙부 블라디슬라브 대공의 치세(1364~1377년) 때 티스마나 수도원의 부속 시설인 보디차의 성 안토니우스 수도원에 집시(atsingani) 40가족을 기부했다는 사실을 재확인하고 있다. 1388년, 코지아 수도원은 다음 세대 왈라키아 대공 미르케아로부터 300가족을 기증받았다. 몰다비아에서는 1428년의 문서에 알렉산더 공이 비스트리타 수도원에 천막 31개의 치가니tsigani와 천막 13개의 타타르를 선물로 주었다는 기록이 있다. 슬라브어로 된 14세기와 15세기의 루마니아 문서 상당수는 모두 집시가 도나우 양 공국에 도착한 초기 단계에서부터 광범위한 속박 상태에 있었음을 확인해주고 있다.

처음에는 주로 경제적 착취의 문제였는데, 집시 가족이 기증될 때, 실제로 이전된 것은 노동과 화폐 또는 현물의 형태로 연공을 착취할 수 있는 권리였던 것으로 보인다. 그러나 시간이 경과함에 따라, 이것은 연공을 납부하는 개인에 대한 권리로 변형되었다. 실제로 집시들은 지배자들이 쉽게 놓아주기를 꺼려할 정도의 경제적 중요성을 획득하였다. 양 공국은 중요한 무역로에 위치하고 있다는 이유로 한때 누렸던 풍요를 상실했다. 처음에는 교회와 수도원이, 뒤를 이어 보야르(영주)들이 집시의 무한한 가치를 깨닫게 되었다. 궁핍해진 농부들은 자신들의 땅을 팔고 농노가 되었다. 집시들은 농부와 영주 사이의 틈을 메웠고, 특정한 일— 대장장이, 자물쇠 제조공, 양철공 등 —에 전문적인 직인으로서 평가받았다. 그들이 유랑생활을 지속하는 한, 쉽게 이용하기 어려웠다. 그들은 교회에서 그랬던 것처럼 도망치지 못하도록 노예 상태에 놓이게 되었다. 그리고 전면적인 지배를 확립하기 위해, 주인 없는 집시는 모두 국가의 재산이라고 선언되었다.[14]

국유화된 집시는 연공을 바쳤지만, 한 지역에 머무를 의무는 없었다. 실제로 그들은 종종 이곳에서 저곳으로 떠돌아다녔다. 여름이면 천막에 살았고, 겨울에는 마을 근처의 숲에 파 놓은 은신처나 지하 오두막에 살았다. 수도원과 보야르가 소유하고 있는 집시들은 인간으로서의 권리를 박탈당하고 문자 그대로 주인의 뜻에 따라 움직여야 했다. 그들과 그 아이들은 팔 수도 있을 뿐 아니라 교환하거나 증여될 수 있는 일종의 가재 도구가 되고 말았다. 그런 집시와 결혼한 루마니아 남성이나 여성 또한 노예가 되었다. 일부는 마을에 살면서 주인의 토지를 경작할 뿐 아니라 이발사, 재단사, 제빵사, 석공, 하인 등으로 일했다. 여자들은 낚시와 가사, 리넨 표백, 재봉과 자수 등의 일에 고용되었다. 몰도-왈라키아에서 그들이 전면적인 자유를 회복하게 되려면 1856년까지 기다려야 했다.

각 주

1) 집시 역사의 비잔틴 국면에 대한 분석은 다음 논문으로 인해 훨씬 수월해졌다. G.C. Soulis, 'The Gypsies in the Byzantine Empire and the Balkans in the late Middle Ages', *Dumbarton Oaks Papers*, no. 15 (1961), pp. 142-65.

2) D. M. Lang (ed.), *Lives and Legends of the Georgian Saints. Selected and translated from the original texts* (London, 1956), p. 154; 라틴어판은 P. Peeters, 'Histoires monastiques géorgiennes', *Analecta Bollandiana*, 36-7 (1917-19), pp. 102-4.

3) 이 문단의 인용문은 Soulis, 'The Gypsies in the Byzantine Empire', pp. 146-7.

4) Ibid., pp. 147-8.

5) Quoted in full, ibid., pp. 148-9.

6) Quoted from ibid., pp. 152.

7) Translation from the Latin, quoted from F. H. Groome, *Gypsy Folk-Tales* (London, 1899), p. xix.

8) 라틴어 전문은 Soulis, pp. 164-5에 있다.

9) 라틴어 전문은 ibid., pp. 164.

10) See E. O. Winstedt, 'The Gypsies of Modon and the "Wine of Romeney"', *JGLS*(2), 3 (1909-10), pp. 57-69.

11) Winstedt, 'The Gypsies of Modon', p. 60에 인용된 독일어에서 영역(英譯).

12) *Die Pilgerfahrt des Ritters Arnold von Harff*, ed. E. von Groote (Cologne, 1860), pp. 67-8의 독일어에서 영역.

13) A. Paspati, *Études sur les Tchinghianés* (Constantinople, 1870), p. 169.

14) Cf. P. N. Panaitescu, 'The Gypsies in Walachia and Moldavia: a chapter of economic history', *JGLS*(3), 20 (1941), pp. 58-72; and N. Gheorghe, 'Origin of Roma's Slavery in the Rumanian principalities', *Roma*, 7 (1983), no. 1, pp. 12-27.

제 4 장

순례자로 위장하다

14세기 말, 헝가리 왕국은 유럽의 대국으로서 오스만 투르크 세력과 대치하는 형상에 놓여 있었다. 왕국은 현재의 헝가리 국경을 넘어 크게 확장되었고, 트란실바니아를 비롯해서 20세기 유고슬라비아와 체코슬로바키아의 상당 부분을 포괄하고 있었다. 집시가 처음 그 지역에 나타난 것이 언제인지는 분명치 않다. 당시 헝가리의 일부였던 아그람(자그레브)에서 1382년에 시작되어 80년 이상 지속된 재판소의 기록에는 치간*Cigan* 또는 치칸*Chickan*, 치가니친*Czyganychyn*이라는 이름을 가진, 소송을 좋아하는 푸줏간 주인 몇 명이 언급되어 있다.[*1] 그 밖에 1370년대 이래로 집시에 해당하는 헝가리어 명칭 치가니*cigany*가 성명 겸 마을 이름으로 고문서에 등장한다.[*2] 나아가 1260년, 보헤미아의 왕 오토카르 2세가 헝가리의 왕 벨라 4세를 물리쳤다며 교황 아드리안 4세에게 보낸 편지에는 벨라군을 구성하고 있는 민족들 중에 칭가리*Cingari*도 포함되어 있다고 기록되어 있는 것처럼 보였다.[*3]

처음에는 치간이나 치가니, 또는 칭가리라는 단어의 잦은 등장이 사람들의 탐구욕을 자극했지만, 차츰 신중론이 고개를 들었다. 지극히 중요한 단서를 제공하는 듯 보였던 문제의 명칭은 트란실바니아 북서부와 그 주변 지역이라는 협소한 지대에 집중되어 있었고, 그곳은 바로 찌간Zygan이라는 성을 가진 귀족의 한가족이 발견되는 지점이다. 그들의 선조는 헝가리인이 최초로 침입한 9세기 경까지 거슬러 올라간다.[4] '찌간' 류의 인명은 크로아티아에 한정되어 있을 뿐 아니라 그에 대한 어떤 언급도 설득력이 없다. 관련된 사람들은 생활양식으로나 직업으로나 정주성이 강하며, 재판에 호소하는 것을 지극히 좋아한다. 어쩌면 이것은 또 하나의 '훈제한 청어'(red herring. 사람을 헷갈리게 하는 정보라는 뜻 – 역주)가 아닌가 의심하게 된다. 그러나 찌간이라는 귀족 이름과 관계가 있는지 없는지는 알 수 없다. 오토카르 왕에 관한 한, 그의 편지를 잘 읽다보면, '칭가로룸Cingarorum'은 사실은 '불가로룸Bulgarorum'을 잘못 본 것으로 확인되고 있으며, 패군속의 집시 병사는 사라져버린다.

이런 식으로 있음직 하지 않은 일들을 배제하고 나면, 헝가리에 있는 집시 최초의 기록은 상당히 늦은 시기에 나온다.[5] 1416년, 트란실바니아 남동부의 브라소(전에는 크론스타트, 지금은 루마니아의 브라쇼브)라는 마을이 '이집트의 에마우스 경과 그 휘하의 120명'에게 음식과 돈을 제공했다는 기록이 그것이다. 에마우스에 대해서는 그 이상 아무 것도 알 수 없으며, 그와 그 휘하의 사람들이 당시 어디로 향했는지에 대해서도 마찬가지다. 만약 서쪽으로 갔다면, 그들은 그 다음 해에 일어나는 여러 사건의 선구자였을 것이다. 1417년은 집시 역사상 극적인 전환점이었고, 중앙 유럽과 서유럽에 그들이 도착했음을 증언하는 새로운 시대가 시작되었다. 그들은 순례자 집단으로 나타나 원조를 요구하고 획득했다. 1417년 이래, 집시의 출현은 엄청난 소동을 불러일으켰다. 따라서 집시들이 새로운 현상으로서 발칸보다 서쪽의 유럽으로 왔다고 생각하고 싶어진다.

그러나 그들의 유입이 그렇게 돌발적이고 집중적이었던 것 같지는 않다. 예를 들어, 니더작센주 힐데샤임이라는 마을의 문서에는 1407년, '서류장을 검토한 후, 마을 서기관 사무소에 있는 타타르인들에게' 기증을 행했다는 기록이 나온다. 북독일어에서 '타타르'는 집시를 가리키며, 니더작센에서도 마찬가지였을지 모른다. 또한 스위스 바젤의 문서는 1414년, '하이덴*Heiden*'에게 '신의 뜻에 따라' 구호품을 제공했다고 기록하고 있다. '하이덴'(이교도라는 뜻)은 나중에 독일어와 네덜란드 어권에서 집시를 가리켜 광범위하게 쓰인 단어로, '찌고이네르'라는 명칭과 거의 마찬가지로 쓰였다. 시기와 관련해서 다소 의문은 가지만, 서구의 다양한 연대기 편자들이 1414년에는 헤세에, 1416년에는 마이센과 보헤미아에 집시를 기록하고 있다.

기록이 산발적이라고 해서 일부 집시가 1417년 이전의 다양한 시기에 단기간에 서구로 진출했다는 사실을 전면적으로 부정할 수는 없다. 숫자가 작고 유별나게 행동하지 않는 한, 당국의 눈을 피할 수 있었을 것이기 때문이다. 그러나 여기저기 산재된 몇 가지 기록으로는 1417년과 그 직후 수 년간에 일어난 사태에 대해 사실상 아무 것도 파악할 수 없다. 스페인 집시의 로마니어에 있는 '오 혼하노 바로(o xonxanó baró)', 즉 '엄청난 계략'이라는 표현은 잘 속아 넘어가는 사람한테서 큰 돈을 훔치는 방법을 가리킨다. 집시의 전 역사를 통틀어 가장 엄청난 계략은 15세기 초반, 서유럽에서 행해진 것이었다.

갑자기 우리는 집시가 전례에 없던 방식으로 행동하는 모습을 보게 된다. 그들은 더 이상 부주의하지 않다. 그럼에도 불구하고, 굳이 당국의 주목을 받는다. 그들은 결코 오합지졸이 아니며, 인상적인 직함을 가진 지도자의 지휘 아래 명백히 목적의식적으로 움직인다. 게다가 처음에 그들은 쫓기거나 유린당하지 않고 정중하게 대우받는다. 마치 어떤 숨어 있던 천재가 나타나 발칸의 온갖 압력에 자극받아 당시의 종교적 분위기에서 끌어낸 잠재적인 이익을 인식하고 그것을 활용해서 교묘한 생존 전략을 고안해낸 것 같았다.

오늘날 회개자에 대한 중세인들의 태도를 이해하기는 힘들다. 현대의 우리로서는 당시 사람들의 죄의식과 그 처벌에 대한 확신을 상상조차 하기 힘들기 때문이다. 모든 신자들의 공동체인 교회 밖에는 오직 이교도만이 존재했고, 은총의 길에서 이탈한 자에게는 가장 구체적인 형태로 이해되는 악마와 지옥이 기다리고 있었다. 집시들에게 있어서 중요한 것은 순례 여행의 평판이 다소 떨어진 후에도 순례자를 대접하고 도와주는 것이 여전히 의무로 간주되었다는 사실이다. 그렇게 자비를 베푸는 사람들은 순례자들에게 내려지는 축복을 공유할 수 있었고, 순례는 은총을 얻는 수단이었다. 지배자들은 추천장을 줌으로써 순례자들을 격려했다. 샤를르마뉴는 자신의 통치 기간 동안 순례자들이 어디를 가든 집과 따뜻한 불을 제공받아야 한다는 것을 법률로 정했다. 집시들은 회개자 겸 순례자라고 주장함으로써 자신들이 그때까지 누려온 것보다 더 따뜻한 환대를 받을 수 있으리라고 확신했다. 그들 중 누군가(어쩌면 힐데샤임에서 목격한 집시였을지도 모른다)는 이미 추천장의 효과를 시험해 보았을 것이다. 이제 그들 중 일부는 가능한 한 최고의 것을 추구했던 것 같다. 그리고 그런 목적을 위해서라면, 신성 로마제국 황제 지기스문트의 이름 이상으로 효과적인 것은 없었다.

지기스문트(1368~1437년)는 1387년에 헝가리의 왕이 되었고, 1411년에는 선제후 회의에서 독일의 왕위까지 부여받음으로써 사실상 신성 로마제국의 황제 자리에도 오르게 되었다(교황으로부터 정식으로 대관식을 받은 것은 1433년이었다). 이 재치 있는 정치가는 보헤미아와 신성 로마제국의 여러 문제에 지나치게 신경을 쓴 나머지 헝가리를 통치하고 투르크군의 압박을 저지하는데 충분한 주의를 기울이지 못했다. 1414년부터 1418년까지 그는 제국 안팎의 수많은 나라들을 방문했고, 콘스탄스라는 마을에도 갔다. 이곳은 지기스문트가 교황의 분립 상태를 종식시켜 교회의 통합을 회복시킨 자로서 명성을 얻기 위해 소집한 공의회 덕분에 한동안 기독교 세계의 중심지가 되었던 마을이었다. 1414년, 공의회 개시와 더불어 수많은 대공, 수도원장, 주교 등이 이 마을에 정착했고, 지기스문트 자신도 1417년과 1418년의 상당 기간을 그곳에서 보냈다. 공의회는 교회의 통일을 회복하는 데는 성공했지만, 지기스문트가 전에 자신이 부여한 안전 통행권을 파기하고 얀 후스를 단죄했음에도 불구하고, 보헤미아의 이단 확산을 저지하는 데는 실패했다.

제국의 안전통행증

일부 집시가 향한 곳은 콘스탄스였다. 그들이 지기스문트(어쩌면 조국인 헝가리 왕국의 소식을 듣기 위해 집시들을 만나고 싶어했을지도 모른다)나 그의 측근 누군가로부터 자신들이 필요로 하는 추천장을 손을 넣은 곳은 콘스탄스 호반의 린다우였던 것으로 보인다. 그렇지 않다면, 보다 기만적인 방법으로 믿을 만한 서류를 입수했을 것이다. 중세 시대에는 후대의 여권에 비견할만한 안전 통행권 교부가 광범위하게 행해지고 있었다. 그런 문서들은 특정한 개인(또는 그 추종자들)에게 발행되었지만, 집시들은 곧 복사본을 만드는 것이 현명하고 경제적이라는 사실을 알게 되었다. 어쨌든, 세바스찬 뮌스터는 후대에 『코스모그라피아 유니버살리스*Cosmographia universalis*(1550년)』라는 저서를 통해 하이델베르크 근처의 몇몇 집시들이 린다우에서 지기스문트 황제로부터 받았다는 문서 복사본을 보여주었다고 말하고 있다. 물론 자유 통행을 보증하는 문서였다. 뮌스터가 본 문서에는 집시가 방랑하는 이유가 적혀 있었는데, 그것은 몇 년 후 그 변종이 등장하기 전까지 변하지 않았다. 앞에서 이미 아놀드 폰 하르프가 인용한 변종에 대해서는 살펴본 바 있다. 뮌스터에 따르면,

> 소이집트의 그들의 선조는 몇 년 동안 기독교 신앙을 버리고 이단의 과오를 범하였다. 참회한 후, 그들에게 고행이 부과되었는데, 그 결과, 가족 구성원 몇 명이 마찬가지의 기간 동안 세계를 떠돌아다니면서 유랑으로 죄의 대가를 치러야 했다.[*6]

이 만남에서 이루어진 몇 가지 부차적인 대화에서, 뮌스터는 다음과 같은 말을 들었다고 주장했다. 다시 말해, 그들의 조국은 성지와 바빌론 너머에 있으며, 거기에 도착하려면 피그미족이 사는 땅을 통과해야 한다는 말이었다. '그렇다면, 당신들의 소이집트는 나일강 연안의 아프리카에 있는 것이 아니라 갠지즈강이나 인더스강 연안의 아시아에 있군요.'라고 뮌스터가 말하자, 허튼 소리로 여겨지는 또 다른 대답이 돌아왔다. 뮌스터는 또한 그들이 독자적인 언어를 가지고 있다고 지적하고, 그것을 독일 도둑들의 은어인 로트웰슈어라고 생각했다.[*7]

1417년, 흥미롭게도 십 년 전에 '타타르인'이 방문했다고 지적한 힐데샤임의 문서는 이번에는 보다 공개적으로 '이집트에서 온 타타르인에게 신의 영광을 위해' 구호품을 제공했다고 기록하고 있다. 그 마을에서는 또한 그들에게 호위를 붙이는 것이 현명하다고 생각했다. 이

세바스찬 뮌스터의 『코스모그라피아 유니버살리스(1550년)』에 나오는 집시 점쟁이 그림.

집단은 제국의 문서를 손에 넣은 이후 집시의 이동이 확산되던 당시의 보고서— 1435년경에 라틴어로 기록된 헤르만 코르네루스의 〈크로니카 노벨라Chronica novella〉—에 묘사된 집단의 일부였을지도 모른다. 뤼벡 태생의 코르네루스는 1417년의 마지막 몇 달에 대해 언급하면서 홀슈타인, 메클렌부르크, 포메라니아 등의 독일령 북부를 통과한 집시들에 대해 다음과 같이 쓰고 있다.

지금까지 본 적이 없는 이상한 방랑자 집단이 동방에서 알레마니아 [슈바벤]로 와서, 이 지역 일대를 통해 연안 지방으로 이동해갔다. 그들은 연안의 여러 도시에도 나타났다. 뤼네베르크를 출발해서 프러시아로 들어간 뒤, 함부르크, 뤼벡, 비스마르, 로스톡, 슈트랄순트, 그라이프스발트를 통과했다. 그들은 무리를 지어 이동했고, 밤이면 마을 외곽의 들판에서 야영했다. 도둑질과 연관이 많아서 마을에 있다가는 행여 붙잡힐 수도 있다는 두려움 때문이었다. 아이와 아기들을 빼고도 그 숫자는 남녀 300명에 이르렀는데, 겉모습은 추하고 타타르인들처럼 피부색이 검었다. 그들은 스스로를 세카니*Secani*라고 불렀다. 이 집단에는 공작 또는 백작이라 칭해지는 지도자가 있어서 무리의 질서를 유지했는데, 모두들 그의 명령에 잘 따랐다. 그들, 특히 여자들은 이름난 도둑으로, 그들 중 몇 명은 여러 곳에서 잡혀 사형에 처해졌다. 그들은 또한 대공들, 특히 로마의 왕 지기스문트의 추천장을 가지고 있는데, 그 추천장에는 그들을 만나는 국가, 요새지, 마을, 주교, 고위 성직자 등은 그들을 받아들이고 우대하라고 쓰여 있었다. 그들 중 일부는 말을 타고 있었지만, 나머지는 걸어다녔다. 그들이 외국 땅을 떠돌아다니며 여행하는 이유는 신앙을 버리고 이교로 개종했기 때문이라고 한다. 그들은 그에 대한 고행으로서 주교가 부과한 명령에 따라 7년간 계속해서 외국 땅을 떠돌아다녀야 했다.[*8]

이 귀중한 문서는 집시들의 조직과 그들이 받아들여지는 상황에 대해 상당히 많은 것을 이야기하고 있다. 그들은 종종 더 작은 집단으로 쪼개졌지만, 모두들 같은 지도자의 지휘하에 있었다. 각 집단은 밀접한 연락을 취하며 서로 앞서거니 뒷서거니 행동했다. 안전 통행권을 보여주긴 했지만, 미심쩍은 눈초리에 시달려야 했다. 예를 들어, 독일인들은 그들이 대단히 추하다고 생각했다. 피부색 때문이었다. 게다가 그들은 손버릇이 나쁘다는 평판을 얻고 있었다. 뤼벡의 또 다른 연대기 편자 루푸스 또한 상당히 유사한 이야기를 기록하고 있지만, 특이하게도 그

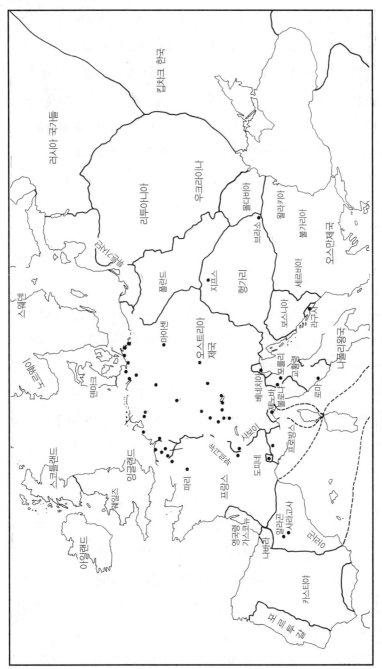

1474년경의 유럽. 1407년부터 27년까지 집시가 방문한 장소들을 보여주고 있다.

는 집시가 사실은 타타르인(북부 독일과 스칸디나비아에서는 이러한 호칭이 정착된다)이며, 그 수는 400명에 이른다고 서술하고 있다.

발트해 인근의 여러 도시 진출은 겨우 복합적인 성공에 그쳤다. 보호영장도 도둑질하다 잡혔을 경우의 잔인한 보복을 막아주지는 못했다. 엄격한 처벌을 행한 것이 시당국이었는지 아니면 마을 사람들이었는지는 명확치 않다. 집시들은 이들 한자동맹 도시들이 자신들의 기호와 맞지 않는다는 것을 알게 되었다. 1418년이 되면, 그들의 흔적은 훨씬 남쪽에서 발견된다. 6월에 프랑크푸르트 암 마인 시당국은 '소이집트에서 온 궁핍한 사람들'에게 빵과 고기값으로 4파운드 4실링을 주었다. 이것은 그들의 출신지를 '소이집트'로 언급한 최초의 사례이다. 이 무렵, 알사스에서도 집시들에 대한 기록이 나온다. 슈트라스부르의 기록은 다소 미심쩍지만, 콜마르의 기록은 보다 정확하고 신뢰할만하다. 그 마을 초기의 연대기에 따르면, 여자와 아이들을 데리고 30명의 '하이덴'이 8월 10일에 나타났고, 그들이 떠난 뒤 다른 하이덴 100여명이 나타났다. 다시금 어두운 피부색이 강조되었다. 새롭게 관찰된 것으로는, 담요처럼 보이는 누더기를 걸친 여자들의 은귀고리와 손금 보는 재주였다. 스위스에서는 이들에 대한 언급이 보다 빈번해졌다. 그러나 스위스의 연대기 편자 상당수는 서로의 글을 몇 번이고 베끼는 수준이었고, 목격자라고 하기에는 대부분이 후대의 인물이었다. 취리히, 바젤, 솔로투른, 베른 등은 모두 방문을 받아들였다. 연대기 편자들이 묘사한 집시들은 이국풍에다 피부색이 매우 검은 사람들로서, 공작과 백작이 있고, 소이집트에서 온 것으로 칭해지고 있었다. (취리히의 한 연대기에는 누군가 그들이 이크리츠에서 왔다고 말했다는 기록이 덧붙여져 있다. 흥미롭게도, 이그리츠는 발칸 반도 미스콜크 근처에 있는 헝가리 북부의 작은 마을이다.) 그들은 투르크인들에게 쫓겨왔으며, 죄를 속죄하기 위해 7년 동안 빈곤하게 지낼 것을 선고받았다고 말했다. 세례와 매장에 관해서는 기독교 관습을 따랐다. 입고 있는 옷은 누추했지만, 상당량의 금과 은을 가지고 있어서 잘 먹고 잘 마신 뒤 기분좋게 돈을 냈다. 그러나 그와는 다른 지적도 있다. 동시대의 연대기 편자 가운데 한 명인 콘라드 유스팅거는, 1419년경(아마도 이것은 1418년을 잘못 표기한 것인지도 모른다), 세례를 받은 200명 이상의 하이덴이 스위스에 도착했다고 말하고 있다. 그들은 베른의 들판에서 야영하다가 시당국에 의해 추방당했다. 손버릇이 나빠 결국 주민들의 인내심이 한계에 다달았기 때문이다.

집시들은 1418년 9월, 일시적으로 스위스를 떠났던 것 같다. 그 후 수년간 서유럽에서 목격된 집단들은 수가 많지 않았다. 실제로, 소수의 지도자가 이끄는 핵심 세력만 남아 있었던 것 같다. 그나마 더 작은 집단으로 쪼개지는 경우도 있었다. 뮐리히의 연대기에 따르면, 그렇게 해서, 1418년 11월에 아우구스부르크에 나타난 집시 집단은 '두 명의 공작, 50명의 남자, 그리고 다수의 여자와 아이들로 이루어져 있었으며, 이집트에서 왔다고 말했다.'

다음으로 그들의 모습을 빈번하게 목격할 수 있는 곳은 프랑스이다. 1419년 8월 22일, 당시 사보이의 속령이었던 샤티온-언-둠(현재의 샤티온- 쉬르- 샬라론느)의 작은 마을에 일단의 '사라센인'들이 나타났다. 이들 집시는 황제는 물론 사보이 공작에게서 받은 통행권을 제시했다. 사보이 공의 문서는 진짜였던 것으로 보인다.[*9] 그들은 환대받았고, 포도주와 오트밀, 그리고 3 플로린(1849년부터 1971년까지 영국에서 쓰인 2실링 은화. 지금은 10펜스 화폐로 통용된다)을 받았다. 이틀 뒤, '소이집트 공작 앤드류'가 120명 이상의 추종자들을 거느린 채 샤티온에서 고작 6리그(약 30킬로미터)밖에 떨어지지 않은 매콩 근처의 생 로렝에 도착했다. 이 마을에서는 그들에게 빵과 와인을 대접했다. 공문서에는 '풍채

나 머리 모양, 그 밖의 어떤 면으로 보나 무시무시한 모양을 한 사람들'
이라는 이례적인 표현이 사용되어 있다. 그들은 들판에서 야영했고, 남
녀 모두 손금도 보고 마술도 부렸다. 그들의 사기 행각을 기록한 공문서
에 따르면, 공작은 '스스로를 소이집트의 공작이라 칭하는 앤드류'라고
명확하게 언급되어 있다. 5주 뒤(1419년 10월 1일), 집시들은 다시금 '사
라센인'이라는 명칭과 더불어 프로방스의 시스테론에 나타난다. 그들
은 마을로 들어가는 것을 거부당했지만 '병사들처럼' 들판에서 야영했
으며(분명 천막에서), 이틀 동안 먹을 음식과 말에게 먹일 사료를 배급받
았다.

3개월 뒤, 우리는 앤드류 공작과 그 일행을 다시 만나게 되는데, 이
번에는 북해 연안의 저지대 지방(현재의 벨기에, 네덜란드, 룩셈부르크 지
역 — 역주)에서 그들을 볼 수 있다. 그들이 그 전 해에 프랑스에 있던 집
시들이었을 가능성은 대단히 높지만, 꼭 그렇다고 단언하기는 어렵다.
집시들은 어렵지 않게 안전통행증 사본을 입수했던 것으로 보이며, 특
정 집단의 장은 누구든 서류에 나오는 지도자로 행세할 수 있었다. 물론
두 명의 지도자가 똑같은 이름을 지녔을 가능성도 배제할 수는 없다. 어
떤 경우든, 1420년 1월, 브뤼셀의 시 문서에는 '안드리에스라는 이름을
가진 소이집트의 공작'이 이끄는 집단이 대량의 맥주와 포도주, 빵, 젖
소, 네 마리의 양과 금화 25개를 시민들로부터 얻어갔다고 기록되어 있
다. 그 뒤, 1420년 3월, 데벤터의 장부에는 시참사회원들의 지시에 따
라 '소이집트의 공작 안드레아스 경'에게 기부했다는 기록이 나온다.
이 문서에 따르면, 안드레아스는 '기독교 신앙 때문에 조국에서 쫓겨난
남녀 및 아이들 100명과 말 40마리와 더불어 우리 마을에 왔고, 로마인
의 왕으로부터 받은 편지를 가지고 있었다. 그 편지에는 어느 나라든 그
들을 만나면 그들에게 구호품을 제공하고 환대하라는 권유가 담겨 있었

다.' 결국 이 집단은 현금 25플로린과 빵, 맥주, 청어 등을 얻어갔다. 그들이 잤던 헛간 청소 비용은 물론 그들이 동방의 구어라는 곳으로 가도록 안내하는 비용까지 마을에서 부담했다.

같은 해에 프리즐란드(네덜란드 최북부의 주)와 라이덴(네덜란드 남서부의 도시) 근교에도 집시가 나타났다는 이야기가 있지만, 신빙성은 없다. 보다 확실한 것은, 1421년 9월, 플랑드르의 브뤼즈(벨기에 북서부의 도시. 중세 모직물업이 발달했고, 후에 한자동맹의 중심)에 한 공작과 백작이 일련의 '이집트인들'을 이끌고 나타났다는 이야기다. 그들의 이름은 기록되어 있지 않지만, 이 점에서는 근처의 에노(벨기에 나머부의 주)와 아르투아(프랑스 북부의 옛 현)의 기록이 도움이 된다. 1421년 9월 30일, 투르네(벨기에 남서부의 마을)의 시의회는 시앞에 당도한 '이집트인들'에 대해 어떻게 대처할 것인지 심의했다. 관대한 처우가 결정되었고, '연민과 동정에서' '이집트 라팅겜의 공작 미키엘 경'에게는 금화 12개, 빵과 맥주 등이 제공되었다. '기독교로 개종했다는 이유로 사라센인들에 의해 조국에서 추방당한 그와 그를 따르는 몇 명의 남녀를 격려하기 위해서였다.' '라팅겜— 이집트보다는 플랑드르를 상기시키는 지명 — 의 미키엘 경'에 대해 듣게 되는 것은 이번이 처음이다. 그러나 얼마 지나지 않아 근처의 몽스(벨기에 남서부 에노의 주도)에 미카엘 공작— 아주 유사한 이름이라는 의심을 떨쳐버릴 수 없다 —이 나타났다. 실제로 몽스는 10월에 두 번의 방문을 받았다. 처음에는 앤드류 공작이 이끄는 80명으로 이루어진 집단이었고, 두 번째는 그와 형제라는 미카엘 공작이 이끄는 60명의 집단이었다. 이집트인들은 다음 해 5월에 투르네로 돌아와 장터에 묵었다. 연대기 편자에 따르면, '이들 이집트인들은 왕 한 명과 대공 몇 명의 지시에 따랐고, 그들 자신 이외의 누구에게서도 처벌받지 않는 특권을 누리고 있었다.' 이름이 거명되고 있지는 않지만, 도둑질을 비롯해서 여성들의 점치기(보통 아이들에 의한 날치기 행위가 동반된다)와 남성들의 교활한 말 거래에 대해서도 상세히 다뤘다.

부르고뉴의 아라스시 참사회 기록에는 '이집트라는 나라에서 온 이방인' 30여명에 대한 생생한 묘사가 담겨 있다. 이들은 황제의 추천장을 지닌 백작의 인솔로 1421년 10월 11일에 이곳에 도착하여 사흘동안 머물렀는데, 밤이면 입은 옷 그대로 들판에서 잠을 잤다. 남자들은 피부가 아주 검었고, 긴 머리에 수염이 덥수룩한 반면, 여자들은 터번 같은 수건을 머리에 두르고 있었고, 짧은 슈미즈 위에 결이 성긴 천을 어깨에 두르고 있었다. 여자와 아이들은 귀고리를 하고 있었다. 이런 차림새는 동시대 유럽의 패션과 전혀 달랐는데, 놀란 시민들은 그들에게 상당량의 맥주와 석탄을 주었다.

새로운 보호영장

1417년에 처음 도착한 이래, 집시들은 자신들의 순례 여행이 7년간 계속될 것이라고 말해왔다. 5년이 지나자, 이전의 추천장은 효력을 상실하고 있었고, 기한도 촉박해졌다. 따라서 기한을 연장하기 좋은 시기가 다가오고 있었다. 더구나 지기스문트의 영장은 신성 로마제국 밖에서는 의미가 없었고, (샤티온에서 보았듯이) 집시들은 이미 다른 고위 성직자들로부터 받은 영장까지 보여주는 조심성을 발휘하고 있었다. 어디서나 통용될 수 있는 유일한 영장은 교황으로부터 받은 것이었다. 집시가 휴대한 교황의 영장에 대해 최초로 언급한 것은 스위스의 연대기이다. 1422년 7월 16일, 이집트의 미카엘 공작과 추종자들은 바젤 시민들에게 '교황과 우리나라 국왕, 그 밖의 귀족들에게 받은 안전통행증'

을 제시했다. 불길하게도, 연대기 편자는 이렇게 기록하고 있다. '그것은 아무런 효과도 없었다. 그들은 환영받지 못했다.' 만약 그 날짜가 정확하다면, 미카엘 공작은 또 다른 집시 지도자 안드레아 공작보다 먼저 바티칸에 도착한 셈이 된다. 안드레아 공작은 1422년 8월 18일에 약 100여명의 집시를 이끌고 볼로냐에 도착해서 2주일 동안 머물렀다. 볼로냐의 연대기에 실린 안드레아 공작의 이야기는 다음과 같다. 그는 기독교 신앙에서 이탈하면서 헝가리 왕에게 영지를 몰수당했다. 기독교 신앙으로 다시 회귀하면서 약 4,000여명의 부하들과 함께 세례를 받았고, 7년 동안 세계를 여행하면서 로마의 교황에게 가라는 명령을 받았다. 그 뒤에야 비로소 조국으로 돌아갈 수 있다는 것이었다. 나아가 이들 집시들은 자신들이 볼로냐에 도착했을 때 이미 5년간 여행을 계속한 상태이며, 그 동안 애초에 함께 여행을 시작한 사람들 중 절반 이상이 죽었다고 말했다. 그들이 제시한 헝가리 왕의 포고문에는 그 7년 동안 세계 어디를 가든 사법권의 지배를 받지 않고 도둑질을 행할 수 있다는 기묘한 내용이 담겨 있었다. 안드레아 공작은 '넬 알베르고 델 레'(왕의 숙소)에 묵었고, 추종자들은 도시로 들어가는 문 안팎에서 야영했다.

많은 사람들이 그들을 보러 갔다. 공작의 부인이 점을 쳐서 그 사람의 삶에 어떤 일이 기다리고 있을지, 지금 무슨 일이 일어나고 있는지, 자식은 몇이고 또 아내가 좋은지 나쁜지 등을 예언할 수 있다는 소문 때문이었다. 많은 경우, 예언은 맞아떨어졌다. 그리고 점을 보러 오는 사람들 중에서 지갑을 도난당하지 않은 사람은 거의 없었고, 여자들은 대부분 옷이 찢겼다. 집시 여자들은 여섯 내지 여덟 명이 한 조를 이루어 마을 주변을 돌아다니면서 마을 사람들의 집에 들어가 쓸데없는 이야기를 지껄였고, 그 사이 그들 중 일부는 손에 잡히는 물건이라면 무엇이든 가져가 버렸다. 같은 방식으로, 물건을 산다는 구실로 상점에 들어가 은근슬쩍 물건을 훔치기도 했다. 볼로냐에서는 이런 식으로 수많은 도둑질이 행해졌다. 그로 인해 마을에서는 그들과 접촉한 사람은 벌금 50리라와 파문의 벌을 받아야 한다는 소리가 높았다. 그들은 세상에서 가장 교활한 도둑이었기 때문이다. 그들에게 피해를 당한 사람은 그들로부터 피해액만큼 훔쳐오는 행위까지 허용되었다. 그 결과, 마을 남자 몇 명이 집시들의 마구간으로 숨어 들어가 그 중에서 가장 멋진 말을 훔쳐오기도 하였다. 이방인들은 말을 돌려받기 위해 자신들이 훔쳐간 물건을 돌려주기로 합의했다. 더 이상 훔칠 것이 없어지자, 그들은 로마를 향해 떠났다. 그들이 이 지역에서 가장 추한 종족이었다는 점을 지적하지 않을 수 없다. 그들은 깡마르고 검었으며 돼지처럼 먹었다. 여자들은 결이 성긴 외투를 어깨에 걸치고 머리에는 긴 베일을 쓴 채 귀고리를 하고 교대로 돌아다녔다. 여자 한 명은 시장에서 아이를 낳았는데, 사흘 후에는 다른 여자들과 함께 떠나갔다.[*10]

그들은 1422년 8월 7일, 볼로냐에서 로마 방향으로 5리그(약 25킬로미터) 떨어진 포플리에 모습을 드러냈다. 이 마을의 연대기 편자인 수도사 히에로니무스는 그 수를 대략 200명이라고 밝혔다. 놀랍게도, 일부에서는 그들이 인도에서 왔다고 말했다.[*11] 확실하다고 보긴 어렵지만, 그렇게 말한 사람들은 아마도 집시가 아니라 구경꾼이었던 것 같다. 그 후에 그런 주장을 했다는 집시 이야기는 알려진 바 없기 때문이다. 그 당시 인도라든가 그곳의 지리적 위치에 대한 개념은 지극히 모호해서(콜럼버스가 그 좋은 예이다), 실제로 에티오피아를 가리키는 명칭으로 사용되기도 했다. 이틀 뒤, 이 집시들은 교황을 만나러 간다며 떠나갔다. 그 후로 이들의 모습은 시야에서 사라진다. 그러나 이후 수십 년에 걸쳐 주기적으로 집시 지도자들이 교황의 편지를 제시하는 모습이 목격되고 있다. 1427년에는 파리와 아미엥에서, 1429년에는 두에이(프랑스 북부 릴리 남쪽의 도시)와 로테르담, 유트레히트에서, 1430년에는 이탈리아의 페르모와 왈헤렌(네덜란드 남서부의 섬)의 미델부르크에서, 그리고 몇 년 후에도 유럽 각지에서 그런 모습이 기록되어 있는 것이다. 그들이 항상 동일 인물이었던 것은 아니며, 편지에 적힌 날짜도 모두 같은 것은 아니다. 그 중 가장 생생한 묘사는 일반적으로 파리 시민(부르조아)이라 불리는 한 프랑스인의 일기에서 볼 수 있다. 이 일기에는 파리 근교의 라 샤펠(여전히 영국령이었다)에 1427년 8월 17일부터 9월 8일까지 머물렀던 난잡한 집시 집단의 모습이 묘사되어 있다. 처음에는 공작한 명과 백작 한 명, 그리고 10명의 남자들이 말을 타고 와서 자신들은 선량한 기독교인이며, 하이집트에서 왔다고 말했다. 그들은 사라센인들에게 정복당한 뒤 기독교 신앙을 버렸다가 그 후 로마 황제와 여타 기독교 왕들에게 재정복당했다는 익숙한 이야기를 들려주었다.

로마 황제와 다른 왕들은 심사숙고 끝에 교황의 동의가 없이는 국내에 땅을 줄 수 없으며, 따라서 로마로 가서 교황을 만나라고 말했다. 거기서 그들은 남녀노소 가리지 않고 모두 여행에 나섰다. 아이들에게는 혹독한 여행이었다. 로마에 도착하자, 그들은 죄를 참회했다. 참회를 들은 교황은 오랜 숙고와 협의 끝에 7년 동안 전세계를 돌아다녀야 하며 잠은 절대 침대에서 자면 안된다는 고행을 부과했다. 또한 그들이 생활을 꾸려나갈 수 있게 하기 위해, 주교장(主敎杖. 주교나 수도원장의 직표 - 역주)을 지닌 모든 주교와 수도원장은 그들에게 금화로 한 번에 10파운드씩 주라고 명령했다. 이런 내용을 교회 고위 성직자들에게 전하는 문서와 축복을 받은 뒤, 그들은 떠나갔다.[12]

지금까지 언급한 모든 이야기에서 얻을 수 있는 결론은 무엇일까. 교황 마르티누스 5세는 1422년에 정말 집시 집단 또는 연속적으로 나타난 두 개의 집시 집단(처음에는 미카엘 공작 일행, 뒤이어 안드레아 공작 일행)의 알현을 허락하여, 그들의 이야기를 듣고, 그들을 보호하라는 문서와 더불어 7년간의 고행을 부과했던 것일까?[13] 바티칸 공문서에는 그런 놀라울 사건에 대한 기록이 전혀 없다. 1832년에 행해진 조사에서 아무 것도 발견되지 않았던 것이다. 그렇다고 해서 '없다'고 단언하기는 힘들다. 고문서 상당 부분이 유실된 상태였기 때문이다. 그러나 집시가 교황을 번거롭게 하지 않기로 했거나 교황의 측근에 의해 쫓겨나는 바람에 교황의 교서(教書)를 얻기 위해 교묘한 위조를 감행했을 가능성이 높다. 교황의 교서나 그 밖의 문서는 아닐지언정, 중세 시대에는 위조문서 작성이 횡행했고, 그와 관련한 활발한 거래가 이루어졌다.

　　어떤 수단을 사용했든, 일단 안전통행증을 손에 넣은 집시들은 임의로 사용할 수 있는 몇 가지 복사본을 만들었다. 거기에는 이런저런 인물의 이름이 기재되었다. 그런 복사본 가운데 하나는 프랑스어 번역본의 형태로 지금까지 전해지고 있다. 1423년(1422년이 아니라) 12월 15일자로 소이집트의 공작 앙드레우에게 부여된 문서가 그것이다. 기묘하게도, 거기서 교황은 이 참회자들에게 죄의 반만 용서해준다. 이 시대의 어디서도 찾아볼 수 없는 이단의 사면 형태이다. 이 복사본은 따라서 상당히 미심쩍으며, 원본 역시 그러한 혐의에서 자유로울 수 없다.

　　다음 해인 1423년, 또 하나의 중요하고 새로운 보호서장이 나타난다. 이러한 정보에 박식한 동시대의 증인, 즉 바이에른 라티스본(현재의 레겐스부르크)의 성직자 안드레아스를 거쳐 우리에게 전해진 문서가 그것이다. 안드레아스는 1424년의 일기에서 집시(속칭 '치게브네르'라 불린 '칭가리')의 도착에 대해 기록하고 있다.

그들은 라티스본 가까이 왔다. 서로 앞서거니 뒷서거니 하면서 잇달아 왔는데, 그 수는 남자와 여자, 아이들까지 대략 30명이었으며, 때로는 그보다 적었다. 그들은 마을 사람들의 물건을 은근슬쩍 훔쳐갔기 때문에 마을에 머무르지 못하고 들판에 천막을 쳤다. 이 사람들은 헝가리에서 왔다. 그들의 이야기에 따르면, 그들은 예수가 헤롯에게 잡혀 살해당할 상황에서 이집트로 탈출하던 당시에 대한 회상으로서 유형에 처해졌다고 한다. 그러나 세간에는 그들이 스파이라는 소문이 떠돌았다.[*14]

여기서 지금까지 알려지지 않았던 몇 가지 진기한 점들이 드러난다. 천막에 대한 언급과 집시의 유랑을 어떻게든 성가족(聖家族. 어린 예수, 성모 마리아, 성요셉 - 역주)의 도피와 결부시켜 설명한 점, 스파이 행위에 대한 의심(이 점은 5세기가 지난 뒤에도 독일에서 대량 학살을 정당화하는 근거로 인용되었다) 등이 그것이다. 그러나 무엇보다 흥미로운 것은 안드레아스가 이들 집시들이 소지하고 있던 지기스문트 왕의 문서 내용을 기록했다는 점이다. 1423년 4월 23일자로 발행된 이 문서에는 서두에 이어 다음과 같이 쓰여 있다.

집시의 수장(首長)이자 충실한 신하 라디슬라우스와 그 휘하의 집시들이 알현하러 와서 지극히 공손하게 간청했으니... 그리하여 짐은 그들의 공손한 간청에 감복하여 다음과 같은 특권을 부여하는 것이 좋겠다고 생각하게 되었다. 짐이 귀하를 진실로 믿고 신뢰하기에 명령하노니, 당사자인 집시 수장 라디슬라우스와 그 휘하의 집시들이 자유 도시든 요새 도시든 우리의 땅에 나타나거든, 그 즉시 당사자인 라디슬라우스와 그 휘하에 있는 집시들을 후하게 대접하고 어떠한 방해나 곤란도 없게 할 것이며, 어떤 수단을 써서라도 그들이 장애물에 부딪치거나 괴로워하지 않게 하라. 그들 사이에 어떠한 불화나 싸움이 일어날 경우에도, 당사자 라디슬라우스 외에, 귀하든 그 누구든 재판과 사면의 권한을 가질 수 없다...

이러한 안전 통행권은 헝가리 왕국 북부(현재의 슬로바키아)의 집시에게 교부되었다. 그 당시 지기스문트가 그곳에 머무르고 있었는지 어떤지는 알려져 있지 않다. 그것은 그들보다 먼저 서쪽으로 향했던 집단과는 다른 배경을 가진 집시들에게 부여된 것으로 보인다. 이 문서에는 순례자가 구체적으로 누구이며 출신지는 어디인지에 대한 언급이 없으며, 지기스문트의 신하로 기술된 라디슬라우스라는 이름은 주로 헝가리와 폴란드에서 많이 불리는 반면, 그의 선조인 앤드류와 미카엘은 모든 기독교 국가에서 불리는 이름이다. 휘하의 집시들과 달리, 라디슬라우스 자신과 헝가리와의 연관성은 일정 기간 동안 지속되었음에 틀림이 없다. 사실상 그들은 제2차 이주민들의 선구자처럼 보이지만, 그들의 족적을 추적하기란 불가능하다. 그 이후로 라디슬라우스의 모습이 목격되지 않기 때문이다.

연대기 편자 안드레아스는 1426년에도 집시가 다시 한 번 라티스본에 왔다고 기록하고, 장소는 정확하지 않지만 1433년에도 집시에 대해 언급하고 있다(이번에는 그들이 '이집트에서 왔다고 말했다'고 기록하고 있다). 그러나 이들 집단은 그다지 주목을 받지 못했고, 이후 몇 년간, 우리가 비교적 쉽게 설명할 수 있는 부분은 최초 이주자 집단의 움직임에 대한 것이다.

스페인의 경우가 그 좋은 예이다. 스페인에서 집시와 관련하여 가장 일찍 알려진 문서는 아라곤의 알폰소 5세가 사라고사에서 '소이집트의 돈 후안'에게 수여한 1425년 1월 12일자의 유효기간 3개월짜리 안전통행증이다. 알폰소는 '관대한 왕'이라는 별칭에 걸맞게 새로 도착한 이들 순례자들을 후하게 대접했다. 몇 달 뒤, 그는 소이집트의 토마스 백작과 그 일행에게 또 다른 안전통행증을 발행했고, 사라고사 인근 아라곤의 주민들이 이 집시 백작한테서 개 그레이하운드와 마스티프를 훔치자, 그 즉시 돌려주라고 명령했다. 토마스 백작은 안전통행증을 세심하게 보관했다가, 1435년, 나바르(프랑스 북부에서 스페인 남부에 걸쳐 있던 옛 왕국)의 블랑슈 여왕으로부터 23플로린을 희사받은 지 얼마 지나지 않아 송포르 고개의 스페인측 입구에 자리한 칸프랑크의 국경 검문소에 도착했을 때 그 사본을 제시했다. 하카와 칸프랑크시 직원이 통행료와 관세를 요구했지만, 이 '고귀하고 품위 있는' 소이집트의 백작은 자신들이 기독교 신앙을 위해 전세계를 순례하고 있으며, 알폰소 국왕으로부터 부하 및 가족들과 함께 어떠한 통행료나 세금도 내지 않고 영내를 마음대로 돌아다녀도 좋다는 허가를 받았다고 선언했다. 국왕의 허가장에는 실제로 그런 내용이 들어 있었고, 현재 후에스카에 보존되어 있는 이 허가장에는 진짜임을 입증하는 보증서가 첨부되어 있다. 집시 백작은 세금 납부를 면제받았지만, 자신이 가진 물건을 신고해야만 했다. '각각 20플로린의 가치를 지닌 말 다섯 마리, 비단 외투 5벌, 각각 1마르크[약 8온스] 전후의 은 술잔 4개'가 그것이다.

토마스와 후안이라는 이름이 처음 언급된 것은 이것이 처음이다. 토마스 백작은 곧 다시 등장한다. 그는 1427년 8월에 파리 북부의 외곽라 샤펠에서 교황의 칙서를 제시했던 이름을 알 수 없는 백작과 동일 인물일 수도 있고 아닐 수도 있다. 그러나 그 직후, 자신의 이름이 쓰여진 교황의 서간을 지닌 토마스 백작이라는 인물이 아미엥에 있었던 것은 확실하다. '파리 시민'의 일기에 등장하는 라 샤펠의 집시에 대한 설명은 초기의 것으로는 가장 상세하게 묘사된 자료에 속한다. 검은 피부에 은귀고리를 한 이들 집시는 이국적인 분위기를 풍겼고, 호기심 어린 구경꾼들의 시선을 끌었다. 여자들의 옷차림은 1421년의 아라스와 1422년의 볼로냐에서 볼 수 있었던 것처럼 담요 같은 슈미즈였다. 그들의 점이 알려주는 의외의 진실(또는 거짓말)은 적지 않은 부부에게 불화의 씨를 뿌렸다. '파리 시민'은 다음과 같이 기록하고 있다. '이 점을 분명히 밝히지 않을 수 없거니와, 나는 그들의 이야기를 듣기 위해 서너 번 거기에 갔었지만 한 번도 돈을 잃어버린 적이 없었고, 그들이 누군가의 손금을 읽는 것도 보지 못했다. 그러나 모두들 그들이 그랬다고 말했다.'

결국 파리의 주교는 점쟁이와 손금을 보러 가는 사람 모두에게 파문을 명했고, 집시들은 이동해야 했다. 1427년 9월의 3주간, 대략 40명의 집시가 아미엥에 있었다. 이들을 인솔한 토마스 백작은 기독교 신앙을 고수하기 위해 '아무도 모르는 먼' 조국에서 추방당했다는 이야기로 사람들의 동정을 모아 리브르 은화 8개를 받았다. 1년 반 뒤인 1429년 3월, 우리는 투르네에서 이름을 알 수 없는 소이집트의 백작과 대략 60명에 이르는 집시 집단을 만나게 된다. 그들은 어느 모로 보나 아미엥의 집시 집단과 동일하다. 시참사회에서는 마을 사람들에게 포고를 내려 그들에게 위해(危害)를 가하지 말고 구호품을 주라고 권고했을 뿐 아니라 포도주, 밀, 맥주, 청어, 장작 등을 보냈다.

이러한 방문은 부수적인 비용 지출을 초래했다. 1428년 5월, 힐데샤임시는 집시들이 묵었던 집 청소 비용을 지불해야 했다. 이 무렵 플랑드르에서도 비슷한 비용 지출이 발생했다. 집시들이 브뤼즈의 양모창고에 숙박했던 비용이 그것이다. 1429년, 네덜란드의 데벤터에서는 집시들을 북쪽에 있는 다음 기착지로 호위하는 비용까지 부담했다. 그리고 로테르담에서는 1429년부터 30년까지 '공작과 그 일행이 머물렀던 학교의 청소 비용'을 지불했다. 데벤터의 기록은 집시를 '하이덴(이교도)'이라고 칭한 저지대 지방 최초의 예이다. 그 후 네덜란드에서는 이 명칭으로 알려지게 되었다. 소이집트의 공작과 백작들은 1429년에는 나이메헨과 유트레히트, 아른헴에서, 그리고 1430년에는 미델부르크, 주트펜, 라이덴에서도 등장한다. 이 가운데 일부 고문서에는 교황의 편지에 대해서도 언급되어 있다. 그러나 '이집트의 공작'이 1431년에 또다시 미델부르크를 방문했을 때, 그가 제시한 서류는 부르고뉴 공국 필립 왕 — 저지대 지방 상당수 국가들의 지배자 —의 것이었다. 1429년부터 30년까지 로테르담에 묵었던 공작은 '교황으로부터 받은 편지와 부르고뉴 지배자에게서 받은 편지'를 제시하는 이중의 안전 장치를 자랑했다.

1430년에 메츠와 콘스탄스에, 1431년에 투르네에, 1434년에는 함부르크('소이집트의 요한 백작')와 프랑크푸르트 암 마인에, 그리고 1434/5년에 브뤼즈에 나타난 집시들은 최초 집단의 일부로 보는 것이 타당한 것 같다. 더 나아가 동쪽의 작센 지방(1432년 에르푸르트, 1435년 마이닝겐)에 나타난 집시가 어디에서 왔는지는 확실치 않다. 아마도 헝가리에서 막 도착했을 것이다. 마이닝겐에 11일 동안 머물렀던 집시들은 시장에서 곡예를 벌여 시민들을 즐겁게 해주었음에도 불구하고 그다지 환대받지 못했다. 피부색이 검어서 시민들에게는 기이하게 보였던 것 같다. 결국 성직자가 그들을 내쫓았다.

이동에 대한 평가

이 무렵, 정찰 국면은 막바지에 달하고 있었다. 지금까지 밝혀진 수많은 자료에 따르면, 새로운 주거지를 찾아야 했던 집시들에게는 서방에서의 생활이 나름대로 매력 있는 것으로 여겨졌다. 그때까지 그들은 정도의 차이는 있을지언정 독일, 스위스, 저지대 지방, 프랑스, 이탈리아, 스페인 등에 대해 잘 알게 되었다. 그러나 아직 그들이 유럽 북부나 동부로 진출했다거나 영국 해협 또는 북해를 건넜다는 징후는 없다.

1417년부터 이후 20년간에 대해 내려진 어떠한 해석에도 일정 정도의 과장이 숨어 있다. 여러 가지 자료에 따르면, 지금까지 우리는 대규모 이주민들의 움직임이 아니라 그와 반대로 소규모로 나뉘어 광범위하게 이동하는, 많은 경우, 몇몇 지도자의 통제하에 이루어진 응집력 있는 집단에 대해 다뤄왔다. 실제로 그들은 어느 정도 행동을 통일했고, 상호간에 긴밀한 연관성이 있었다. 그들은 비슷한 이야기를 말했을 뿐 아니라 처음에는 로마 황제를 비롯한 여타 유력자들로부터, 나중에는 교황으로부터 받았다는 비슷한 증거 서류를 제시했던 것 같다. 이 단계에서 그들이 내세운 이야기는 단지 배교에 대한 참회를 행하고 있다는 것 정도였다. 오직 라티스본의 안드레아스의 일기에만 이집트로 도피한 성가족을 구원할 수 없었다는 데 근거한 새로운 발상이 암시되지만, 그 이야기는 좀더 다듬어져야 한다. 그들의 생활 방식과 관련해서 중요한 측면은 여전히 모호하다. 예를 들어, 16세기에 이르기까지 집시가 독자적인 언어를 가지고 있다는 데 대해 아무런 언급도 없다는 것은 거의 불가사의에 가깝다. 또한 처음 방문한 나라에서 그들이 의사 소통에 곤란을 겪었다는 이야기는 전혀 없다. 수송 및 숙박 수단에 대해서도 상세한 설명은 없다. 천막이 언급되고는 있지만, 그것도 드문 경우다. 최초의 이주자들은 운송 수단을 거의 가지고 있지 않았고, 또 마을 주민들로부터 숙소를 얻지 못했을 때에는 들판이나 임시 지붕 밑에서 야영했던 것으로 보인다.

무엇보다 모호한 것은 이러한 진출의 기초가 되는 사회 조직과 정치 조직, 그리고 소통 수단이다. 15세기 말까지, 우리는 20여개에 달하는, 서로 다른 집시 지도자들의 이름과 마주하게 된다. 이들 이름 일부는 오직 한 번씩만 나오지만, 확실히 여러 인물들이 사용했던 이름도 있었다. 호화로운 의상을 차려 입고 당당하게 말에 올라탄 이들 '공작들'과 '백작들'은 누구였을까? 그리고 그들의 유럽 진출을 촉진시킨 것은 무엇이었을까? 그들은 단지 그 역할을 연기하고 있었던 것은 아니었을까? 실제로 그 집단의 지도자는 집시 출신이거나 집시를 아내로 맞은 사람이었을 수도 있다. 아다시피 볼로냐에서 알베르고 델 레(왕의 숙소)에 묵었던 안드레아 공작은 유명한 점쟁이를 아내로 맞아들였다. 확실히 하급 지도자들은 집시 출신이었던 것으로 보인다. 그러나 최소한 중부와 동부 유럽 일부 국가에서는 집시가 집시에 의해 통치되지 않도록 주의하고 있었다. 그 증거는 이미 이 시대에도 나타났고, 시간이 흐를수록 더 많아진다. 폴란드가 그렇고, 리투아니아, 트란실바니아를 비롯해서 그 밖의 각지에서 나타나게 되는 것이다. 우리는 그리스와 발칸 반도에서 진행된 집시 역사의 초기 단계에서 통치자와 입법자들이 어떻게 임명되었는지 알고 있으며, 집시들은 그들에게 세금을 바쳤다. 코르푸에는 집시 봉토가 있었다. 그곳의 영주는 재판에서 특권을 행사했다. 유럽 각지에 집시가 항상 존재하는 것이 일부 권력자에게는 자기 이익과 관련된 문제가 되었다. 1423년에 지기스문트 황제로부터 안전통행증을 받은 집시 지도자 라디슬라우스는 아마도 그 권력자 가운데 한 명이었을 것이다.

일단 집시들이 서방으로 진출하고 나서도 신분의 차이는 지속적으로 관찰되었다. 1417년 이래로 이루어진 그들의 방문에 대한 기록은 종종 공작이나 백작과 그 휘하의 집시들에게 주어지는 대우면에서 중요한 차별성을 보인다. 전자는 지위가 상당히 높은 사람처럼 좋은 곳에 묵지만, 후자는 비참한 조건에서 묵는 것이다. 그러나 지도자의 역할은 서방에서 엄청난 변화를 겪었다. 이제 그들은 세금을 거둬서 상납하는, 주로 경제사회적 위계구조에 집시를 결합시키는 역할은 부과받지 않게 되었다. 대신 집시와 가조 사이의 중재자로서 권력자와 교섭하여 이익을 끌어내는 역할을 맡게 되었던 것이다.

집시 지도자들의 특수한 역할 중에서 특히 중요한 것은 집시에게는 내부의 일은 스스로 처리할 권리가 있다는 인식이 광범위하게 퍼지게 되었다는 점이다. 라디슬라우스에게 부여된 1423년의 안전통행증에서 강조되었던 부분이자 그보다 이른 1422년, 투르네 집시 집단의 통과 기간 중에도 지적되었던 면책 특권이 그것이다. 기독교 순례자라는 신분에서 나온 공인된 구걸 특권과 더불어, 이러한 면책 특권으로 인해 그들은 순례자라는 주장이 인정되는 한, 음식, 음료, 돈 등의 상당한 원조를 받을 수 있었고, 어떠한 불상사가 생기더라도 그다지 가혹한 처벌을 받지 않을 수 있었다. 그러나 그것이 항상 통하는 것은 아니었다. 예컨대, 그들이 통과하는 나라의 선입관과 경제구조에 따라 정주하지 않는 사람은 환영받기 힘들었다. 길드가 수공업과 상업을 규제하고 물품 거래 또한 엄격히 제한했으며 농민들은 임시 노동력을 고용하는 습관이 없었으므로, 집시가 생계 수단으로 할 수 있는 일이란 하찮은 노역이나 사소한 거래, 그리고 곡예 등에 국한되어 있었다.

집시들의 서방 이주를 촉진시킨 요인은 무엇일까. 15세기 초, 티무르가 아나톨리아 반도에서 투르크인을 공격함으로써 유럽은 한동안 오스만제국의 압력으로부터 해방되었다. 그러나 1415년, 오스만제국의 진격이 재개되어 그리스와 발칸 반도를 되찾았을 뿐 아니라 새로운 정복이 이루어졌다. 1417년, 왈라키아가 항복하게 되었지만, 그 왕조와 영토, 그리고 기독교 신앙은 그대로 유지되었다. 그 후 트란실바니아와 헝가리 남부는 반복되는 습격에 시달렸다. 그때까지의 집시의 이동은 투르크의 전진과 연관시키는 것이 타당해 보이며, 그 인과 관계를 재확인하는 것도 매력적이다. 그러나 그 경우 잊지 말아야 할 것은 유럽 집시 인구 대다수가 최종적으로 헝가리 중부와 남부의 대부분을 점하게 될 오스만제국의 영토 안에 계속 남아 있었다는 사실이다. 만일 집시 일부에게 다른 땅을 찾아나설 자유가 있어서 실제로 그렇게 했다고 해도, 그 이유가 그들이 서방으로 이주할 때 그토록 강조해마지 않았던 종교적 문제 때문은 아니었을 것이다. (어떤 경우든, 기독교도와 유태인에 대한 투르크인의 태도는, 이를테면 유태인과 회교도에 대한 스페인 기독교도의 자세보다 훨씬 관대했다.) 그들이 오스만제국의 지배하에서 장기적으로 불행해졌는지 어떤지에 대해서는 논쟁의 여지가 있다. 일단 정복이 완료되면, 피지배 민족들의 운명은 이전 지배자들 밑에 있었을 때보다 더 나빠지지는 않는 경우가 많았다. 대체로 투르크인들은 지배자에게 세금을 바치는 한, 일반인을 자유롭게 해주었고, 이 점에 대해서는 집시들도 잘 알고 있었다. 게다가 이슬람 사회는 대개 인종이라든가 피부색에 둔감했다. 전쟁의 성공 여하에 따라 그들이 직면하는 즉각적인 혼란과 위험은 별개의 문제였다. 침략자들은 영토 전역에 불과 칼을 가져왔고, 발칸 반도 각지에서 마을과 촌락과 수도원을 약탈했으며, 전국은 폐허로 변했다. 따라서 집시들이 끊임없는 전란의 장에서 빠져나가려 했다는 추론이 가능하다. 그러나 다른 한편, 아놀드 폰 하르프가 모돈을 방문한 뒤 집시의 이동에 대해 제시한 다소 왜곡된 설명에 대해서도 고찰할 필요가 있다. 그는 집시의 이동 원인을 '공작과 백작 일부가 투르크 황제에게 봉사하지 않으려 했다'는 사실에서 찾고 있다. 집시 봉토의 영주들과 그 비슷한 무리들은 아마도 자기 밑의 백성들보다 잃을 것이 더 많았을 것이다. 탐험 차원의 원정대를 조직하게 된 것은 아마도 최초에는 그들 자신의 이해관계에서 출발했을지도 모른다.

집시들이 호기심에 찬 서구인들에게 자신들의 출신지를 설명하면서 '소이집트'를 강조한 것은 아마도 초기의 집시 집단이 바로 그 직전까지도 펠로폰네소스 반도와 밀접하게 연관되어 있었을 가능성을 보여준다. 그 지역으로부터의 피난민이 그들만은 아니었다. 투르크인들의 유럽 진출에도 불구하고 상당수의 귀족들은 고향에 남아서 이슬람교를 받아들였지만, 개중에는 다수의 성직자 및 가신들과 함께 안전한 장소를 찾아 고향을 버리고 최종적으로는 서방을 떠돌면서 자선으로 연명하는 자들도 있었다. 마을과 촌락의 기록에 따르면, 그들 중 일부는 집시의 경우와 마찬가지의 직함을 가진 지도자들의 인솔하에 무리를 지어 이동했고, 마찬가지의 대우를 받았다. 예를 들어 브뤼즈의 고문서[15]에는 15세기 초부터 백작 몇 명을 포함한 떠돌이 그리스인, 투르크의 정복으로 영지에서 추방된 왈라키아 백작, 헝가리의 기사 등에 대한 지불 내역이 기록되어 있다. 1453년의 콘스탄티노플 함락 이후에는, 비록 소수이긴 하지만, 옛 그리스 제국에서 온 다양한 지위를 가진 온갖 종류의 사람들이 지속적으로 나타났다. 실제로, 이런 초기 피난민 집단과 그들이 받은 호의적인 대우는 집시들의 서방 이주와 순례자로서의 겉치레를 시사한 하나의 요인이 아닐 수 없다.

출발 지점이 불확실하다는 점에서 볼 때, 아마도 그리스를 떠난 후의 이동 경로와 관련해서는 집시의 언어에서 역사적 단서를 찾는 것이 타당할 것 같다. 서유럽의 집시 방언은 사실상 모두 남슬라브어의 영향을 보여주고 있으며, 그 가운데 상당수는 루마니아어의 흔적을 담고 있다. 모든 방언들이 슬라브 차용어와 똑같은 어휘를 품고 있는 것은 아니지만, 일부 차용어는 대단히 널리 분포되어 있다. 예를 들어, 보다

(*boda*, 콩), 부이노(*būinō*, 거만한), *마크카*(*maćka*, 고양이), *미자크* (*miźak*, 사악한), 푸슈카(*puśka*, 총), 스코르니(*skorni*, 승마화), 스타니야 (*stanya*, 마구간), 트루포스(*trūpos*, 몸) 등이 그것이다. 대부분의 여타 서 유럽어(그리고 핀란드 방언)에는 이러한 웨일즈 로마니어에 대응하는 말 이 있다. 마찬가지로 광범위하게 분포되어 있는 것으로는 도스타 (*dosta*, 충분한), *키르치마*(*kirćima*, 여인숙), 로비나(*lovina*, 맥주), 스 멘테나(*smenténa*, 크림) 등을 들 수 있다. 로비나는 이미 앤드류 보드가 채집한 단어 중의 하나이다. 그러나 단어가 언어의 경계선을 간단히 넘 어버리는 발칸 반도의 언어학적 혼돈 속에서 로비나와 스멘테나의 예는 단어의 원형을 확정하기 곤란한 경우 중의 하나이다. 이들 두 단어는 루 마니아를 경유한 차용어일 가능성이 있다. 웨일즈 로마니어 중에 명백 한 루마니아어 차용어로는 *바우리*(*baurī*, 달팽이), 만츠(*manć*, 격려하 다), *무라*(*mūra*, 딸기류), *바레*(*vare-*, –에도. 예를 들어 바레카이*varekái*는 '어디에도, 어디든'의 의미) 등을 들 수 있다. 게다가 차용어일 가능성이 있는 언어는 상당히 많다. 그와 반대로, 헝가리어의 영향은 멀리 확산 된 것이 아니라 후대에 차용된 결과로 보이며, 유럽 중앙의 여러 나라에 서 발전한 방언에 국한된다. 그렇다면 우리는 15세기에 서방으로 향한 집시들이 헝가리에는 오래 머무르지 않고 모두들 남슬라브 땅과 블라크 어 지역에서 상당한 시간을 보냈다고(바다를 건너 그리스에서 직접 남부 이탈리아로 간 경우는 제외. 이곳의 방언에는 슬라브어의 영향이 거의 나타나 지 않는다) 결론지어야 할까? 그것은 너무 교조적인 생각이 아닐까? 슬 라브어와 루마니아어에서의 차용 범위에 대단히 큰 변화가 있다는 점, 서방으로의 이주가 단기간에 무수히 이어졌다는 점, 그리고 그 후에 혼 합이 일어났다는 점 등을 고려할 때, 현대의 방언은 이미 몇 개로 나뉘 어진 집단들의 언어가 융합되어 생겨났을 가능성이 높으며, 처음에 슬

라브어와 루마니아어의 영향을 받지 않았던 집시들도 얼마 후 그 영향
을 받았을지 모른다.

각 주

1) L. Wiener, 'Ismaelites', *JGLS*(2), 4 (1910), pp. 83-100.

2) J. Vekerdi, 'Earliest archival evidence on Gypsies in Hungary', *JGLS*(4), 1 (1977), no. 3, pp. 170-2.

3) Quoted by F. Predari, *Origine e Vicende dei Zingari* (Milan, 1841), p. 63.

4) J. Vekerdi, 'La parola "Zingaro" nei nomi medievali' *Lacio Drom* (1985), no. 3, p. 31.

5) 비록 후대의 연구자에 의해 수정, 증대되긴 했지만, 유럽의 초기 집시 역사에 관한 한, 아직도 다음의 두 논문이 필수적이다. P. Bataillard, 'Beginning of the immigration of the Gypsies into western Europe in the fifteenth century', *JGLS*(1) 1 (1888-9), pp. 185-212, 260-86, 324-45; 2 (1890), pp. 27-53; and E. O. Winstedt, 'Some records of the Gypsies in Germany, 1407-1792', *JGLS*(3) 11 (1932), pp. 97-111; 12 (1933), pp. 123-41, 189-96; 13 (1934), pp. 98-116.

6) 뮌스터의 라틴어 텍스트는 D. M. M. Bartlett, 'Münster's *Cosmographia universalis*', *JGLS*(3), 31 (1952), pp. 83-90.

7) 집시의 기원에 대한 잡다한 초기 이론들을 논의하는 것은 이 책의 범위 밖에 있다. 1461년~1841년의 기간에 대해서는 다음 논문을 참조하라. L. Piasere, 'De origine Cinganorum', *Études et documents balkaniques et méditerranéens*, 14 (1989), pp. 105-26.

8) Translated from the Latin of Hermann Cornerus, *Chronica novella usque ad annum 1435*, in J. G. Eccard, *Corpus historicum medii vevi* (Leipzig, 1723), vol. 2 col. 1225.

9) Cf. M. Pastore, 'Zingari nello Stato Sabaudo', *Lacio Drom* (1989), nos 3-4, pp. 6-19, esp. p. 7.

10) Translated from the Italian of L. A. Muratori (ed.), *Rerum Italicarum Scriptores*, vol. 18 (Milan, 1730), p. 611.

11) Ibid., vol. 19 (Milan, 1971), p. 890.

12) *Journal d'um Bourgeois de Paris (1405-49)*, ed. A. Tuetey (Paris, 1881); 이 영어 번역본은 J. Shirlry's version, *A. Parisian Journal, 1405-1449* (Oxford, 1968), pp. 217-18에서 인용했다.

13) 관련 논문으로는 다음의 두 가지를 들 수 있다. R. A. Scott Macfie, 'The Gypsy visit to Rome in 1422', *JGLS*(3), 11 (1932), pp. 111-15; and F. de Vaux de Foletier, 'le pèlerinage romain des Tsiganes en 1422 et les lettres du Pape Martin V', *Études Tsiganes* (1965), no. 4, pp. 13-19.

14) A. F. Oefelius, *Rerum boicarum scriptores* (Augsburg, 1763), vol. 1, p. 21에 있는 Andreas, Presbyter Ratisbonensis, *Diarium sexennale*의 라틴어에서 번역.

15) Cf. E. O. Winstedt, 'Gypsies at Bruges', *JGLS*(3), 15 (1936), pp. 126-34.

제 5 장

새로운 흐름

1430년대 이후, 집시들은 차츰 동유럽으로 퍼져나갔다(어쩌면 초기 선구자들의 이야기에 매료되어 나타난 결과일지도 모른다). 그에 따라 연대기 편자들의 기록도 눈에 띄게 많아진다. 그러나 사건이 기술된 지 오랜 시간이 지난 후에 편자가 집시와 아무런 직접적 접촉도 하지 않은 상태에서 쓴 기록이라면 주의할 필요가 있다. 그런 기록은 종종 여러 가지 자료를 무비판적으로 조합한 것에 지나지 않는 경우가 많으며, 거기에 포함된 새로운 요소는 편자 자신이 살았던 시대의 태도와 사상으로 채색되기 때문이다. 따라서 가능한 한 지방과 중앙의 고문서로 눈길을 돌리는 것이 바람직하다. 외적인 영향으로 인해 사건에 대한 태도가 왜곡되기 전에 기록된, 가공되지 않은 집시 역사의 원자료를 발견할 수 있기 때문이다.

독일의 연대기 편자 아벤티누스(요한 투르마이어)가 1522년경에 쓴 기록은 다음 국면을 고찰하는 여러 가지 방법 측면에서 매우 시사적이다. 그는 『바이에른 연대기Bavarian Chronicle』에서 1439년에 대해 다음과 같이 기록하고 있다.

이 해에 투르크 제국과 헝가리 국경 지대에 살던 다양한 인간들의 잔재인 그 도둑 종족(찌게니*Zigeni*라 불린다)이 친델로라는 왕의 인솔 아래 우리나라 각지를 떠돌아다니기 시작했다. 그들은 도둑질과 강도, 점등으로 무난히 생계를 꾸려나간다. 그들은 자신들이 이집트에서 왔고, 신들[*1]의 뜻에 따라 유랑을 하게 되었다는 거짓 주장을 늘어놓으며, 뻔뻔스럽게도, 선조들이 성처녀와 그 아들 예수를 외면한 죄를 7년간의 유랑으로 속죄하고 있는 체 한다. 경험상 알게 된 사실이지만, 그들은 웬드어를 사용하며, 배신자에다 스파이다. 다른 사람들, 그 중에서도 맥시밀리안 캐사르 아우구스투스 황제와 여러 왕들의 아버지인 알베르트 또한 정식 칙서로 마찬가지 사실을 증언하고 있다. 그러나 마치 혼수 상태처럼 사람들의 마음 깊이 스며든 근거 없는 미신으로 인해, 사람들은 그들이 푸대접받고 있다고 믿고 있으며 아무데나 배회하면서 도둑질하고 사기치도록 허용하고 있다.[*2]

이 한 문단은 집시에 대한 대중의 태도가 1세기 사이에 악화되었다는 것을 보여준다. 이러한 혐오감은 전적으로 아벤티누스 자신이 살던 시대의 것이다. 이 문장이 쓰여질 당시, 신성 로마제국은 이미 20여년 이상 집시에게 형사상의 제재를 가하고 있었다. 아벤티누스가 대단히 긍정적으로 말하고 있는 맥시밀리안 1세의 통치 기간 동안, 제국의회는 집시를 스파이로 단죄하면서 추방을 명한 포고를 세 번이나 내렸다 (1497년, 1498년, 1500년). 이것이 제국의 대공과 공작, 그 밖의 군주가 공포한 포고의 기조로 되었다. 스파이라는 혐의(이미 라티즈본의 안드레아스에 의해 지적된 바 있다)는 독일인들이 가장 경계한 일이었다. 그 점에 관한 한, 집시들은 특히 취약했다. 그들의 입장에서는 그 나라에 대한 지식은 물론 그 주민들에 대한 정보가 절대적으로 필요했기 때문이다. 아벤티누스가 집시의 특수한 언어에 대해 명백히 인식하고 있다는 것은 주목할 만하다. 단지 그의 의도는 그들이 기이한 언어를 배움으로써 정도(正道)를 벗어나게 됐다는 점을 강조하려던 것이었을 뿐이다. 게다가 그는 그것을 독일 동부에서 쓰이는 슬라브어의 일종인 웬드어로 오해하고 있었다. 집시의 유랑을 설명하면서 성가족의 이집트 도피에 원조의 손길을 뻗지 못했기 때문에 7년간의 유형에 처해졌다고 언급한 부분 또한 주목할 만하다. 이 이야기가 집시 자신에 의해 만들어졌다면 (이것은 그들이 이집트와 결합되어 있다는 점에서 대중의 마음 속에서 생겨난 이야기를 단순히 유포만 한 것과는 확연히 다르다), 장식적 요소로서는 경솔하다 하지 않을 수 없다. 문제의 그 시기에 집시들이 아직 인도를 떠나지 않았다는 것은 아무도 알지 못했다. 그리고 그것은 예수를 십자가에 못박는 데 공모했다든가 과월절에 기독교도의 아이들을 희생양으로 바쳤다든가 하는 말로 반유대주의를 키우는 것과 마찬가지로, 유럽인들의 편협함을 정당화시키는 좋은 핑계거리로 작용했다.

역사적 관점에서 볼 때 아벤티누스의 관찰 중에서도 가장 흥미를 끄는 것은 집시의 전반적인 이동이, 최소한 바이에른에서는, 친델로 또는 친델 왕의 인솔하에 1439년에 시작되었다는 지적이다. 친델로라는 왕의 통과가 기록된 것은 이때뿐이다. 그러나 단 한 번의 언급으로도 여러 가지 이야기를 구성할 수 있다. 초기 집단 각각의 목격 정보를 이름이 알려진 몇몇 지도자 중 한 명과 결합시키고, 더 나아가 유럽 지도에 그들 각각의 집단이 지나갔을 것으로 여겨지는 경로를 표시하고 싶은 유혹은 피하기 힘들다. 아드리아노 콜로치의 『글리 칭가리Gli Zingari』 (1889년)를 보면, 그 좋은 예를 발견할 수 있다. 거기에는 신델 왕, 미할리 공작, 안드라시 공작, 파누엘 공작의 여정을 보여주는 지도가 실려 있다. 왈라키아에서 출발한 서로 다른 색깔의 선들은 헝가리에 이르러 몇 개의 방향으로 나뉘기 시작한다. 파누엘 공작은, 뚜렷한 이유는 밝혀지지 않았지만, 발트해의 여러 도시를 지나가는 1417년의 원정을 이끄는데, 계속해서 라이프치히(1418년)와 메츠(1430년)를 방문했다. 미카엘 공작과 앤드류 공작은 스위스까지 함께 갔으나, 거기서부터 앤드류 공작은 남쪽으로 방향을 돌려 볼로냐, 포를리, 로마(1422년)를 통과했고, 프로방스를 경유하여 파리로 돌아왔다가(1427년), 최종적으로 잉글랜드쪽으로 향했다. 미카엘 공작 일행은 스위스에서 둘로 나뉘어, 한쪽은 북쪽으로 나아가 스트라스부르크(1418년), 아우그스부르크(1419년), 뮌스터와 카셀(1424년), 그리고 마이센(1426년)으로 갔고, 나머지 한쪽은 남서쪽 방향의 뤼세른과 시스테론(1419년), 그리고 바르셀로나(1447년)에 나타났다. 이처럼 생생한 상상력을 발휘한 콜로치였지만, 친델왕에 대한 기록은 라티스본 일대로의 진출(1424년, 1426년, 1433년, 1439년)을 이끌었다는 정도였다. 이것을 제외하면, 그리고 아벤티누스의 기록에 근거한 다른 몇 가지 언급을 제외하면, 친델은 흔적도 없이 사라지고 만다.

그러나 앞으로도 우리는 다양한 이름을 가진 공작과 백작들을 만나게 된다. 계중에는 친숙한 이름도 있지만, 새로운 이름도 등장할 것이다. 그러나 이쯤해서 서유럽과 북유럽을 전체적으로 다룰 것이 아니라 국가별로 하나씩 고찰하는 것이 적절할 것 같다. 국가별로 그 후 집시의 운명이 어떻게 변천했는지 살펴보고, 더 나아가 아벤티누스가 보여준 16세기 중반 무렵의 분위기에서 그들이 어떤 상태에 있었는지 재평가해보기로 하겠다.[3]

독일, 오스트리아, 스위스

집시에 대한 태도가 처음으로 냉각되기 시작한 곳은 독일이었다. 그러나 황제의 보호영장이 지닌 효력은 여전히 막강했다. 기회주의자 미셸 백작은 프리드리히 3세로부터 새로운 보호영장을 받기도 했다. 이 문서가 진짜라는 데에는 의심의 여지가 없다. 그것은 1442년 4월에 세 펠트에서 발행되었는데, 여기 적힌 날짜와 장소는 프리드리히가 대관식을 위해 아헨으로 가던 실제의 일정과 일치하기 때문이다. 다음 해, 미셸(또는 미카엘) 백작은 쾰른 인근의 벤스베르크에 있는 율리히베르크 공작의 성에 있었다. 이곳을 떠날 때, 그의 손에는 황제로부터 받은 것과 마찬가지의 안전통행증이 쥐어져 있었다. 다만 이 문서에는 명의인들이 예의바르게 행동해야 한다고 규정되어 있었다. 이 두 문서는 '치게니에르Czygenier'라는 표현을 사용하고 있다. 율리히베르크 공작은 전 생애에 걸쳐 두 번의 안전통행증을 더 발급하게 되는데, 각각 데데리히(데릭) 백작에게 발행된 것으로, 첫 번째는 1448년, 두 번째는 1454년이다.[*4]

그러나 집시에게 주어지는 대접은 들쭉날쭉이었다. 함부르크(1441~1468년)와 힐데샤임(1442년과 1454년) 같은 도시에서는 아무런 적개심 없이 지속적인 원조를 베풀어 주었지만, 다른 곳에서는 집시들이 환대받지 못했다. 본에서 북쪽으로 조금 떨어진 시그부르크의 기록에는 1439년 이래로 집시들에 대한 증여 사항이 빈번하게 기재되어 있지만, 이제 그것은 그들을 떠나보내려는 일종의 뇌물로 변해버렸다. 프랑크푸르트 암 마인에서는 1449년 이래로 도시에 들어가는 것 자체를 거부당하거나 이유여하를 막론하고 강제로 쫓겨났는가 하면, 프랑코니아에서는 1463년에 그들을 밤베르크에서 쫓아내기 위해 돈을 지불했다.

집시 가족을 그린 삽화(1480년경).

바이에른은 1456년, 집시들을 전원 추방하기 위해 기묘한 핑계를 대기도 했다. 손금 관련 책을 쓴 요한 하르트리브라는 의사가 집시에게는 손금을 보는 과학적 방법이 없다며 공작에게 그들의 추방을 진언했던 것이다.

최고 권력자의 태도 변화는 때로 이해할 수 없을 정도로 갑작스러웠다. 프리드리히 백작은 1472년 3월에 소이집트의 바르톨로메우스 백작에게 통상적인 보호영장을 써주었지만, 무슨 이유에선지 12월에는 집시가 영내를 통과하는 것조차 금지시켰다. 10년 후, 브란덴부르크의 알브레히트 아킬레스 후작 역시 집시를 영내에 들이지 않았다.

우리가 확인할 수 있는 집시 귀족들의 이름은 계속 증가하고 있다. 독일에서는 새로운 이름이 기록되는 것이 그 인물이 죽었을 때뿐인 경우도 많다. 1445년의 파누엘 공작(니더작센의 퓌르스테나우 근처), 1453년의 페트루스 백작(바우트나 근처), 1552년의 안토니 백작(브뢰칭겐) 등이 그렇다. 더구나 그들 모두 다른 귀족들과 마찬가지로 자신의 묘지를 장식하는 문장(紋章)을 가지고 있었다. 1498년 포르츠하임에 묻힌 요한 백작이 그 좋은 예이다. 살아 있는 상태에서 이름을 남긴 에른스트 공작과 암브로시우스 백작은 1483년, 무슨 죄 때문인지 알 수는 없으나, 선제후령의 호헨게롤트섹에서 투옥되었다. 그러나 그들은 자신들의 중요성을 강조하고, 투옥된 사건과 관련하여 어떠한 보복도 하지 않겠다는 약속을 한 뒤 여행을 계속할 수 있었다. 1488년에는 작센에서 소이집트의 니콜라우스 카스파르 백작이라는 또 하나의 새로운 이름이 등장한다. 그는 그 익숙한 속죄의 이야기를 늘어놓음으로써 라이스니크 백작 부인 요한나로부터 보호영장을 받아낸다.[5]

1497년, 신성 로마제국 입법부는 개입의 필요성을 느끼게 되었다. 제국의회는 집시를 스파이라고 비난하고, 그들을 제거할 방법을 검토하기로 결의했다. 그리고 다음 해인 1498년, 집시에 대한 추방 조례가 제정되었다. 이 조례는 1500년에 갱신되어 집시들에게 부활절까지 독일 땅에서 떠나라고 통고하고, 그 이후에는 그들에게 어떠한 폭력을 가하더라도 범죄가 아니라고 선언했다. 간단히 말해서 그들은 법률의 보호 밖에 있게 되었다. 이 조치는 거의 아무런 효과도 거두지 못했고, 새로운 안전통행증의 발행을 막지도 못했다. 예를 들어, 포메라니아 서부와 중부를 지배하는 폴란드 대공 보그슬라브 10세는 1512년, 소이집트의 백작 루드비히 폰 로텐부르크에게 치가니시*zyganisch* 대열과 함께 단치히까지 무사히 갈 수 있게 하는 안전통행증을 발급해 주었다. 1544

년과 1548년의 조례 역시 그 이상의 효과를 거두지 못했다. 결국 1551년, 최후의 수단으로 기존에 집시가 가지고 있던 모든 통행증의 무효화를 선언하고 차후 그런 문서를 금지하는 포고가 공포되었다. 제국의회가 내놓은 전국적 단위의 포고로는 그것이 마지막이었다. 그러나 1500년부터 발행된 치안 규칙은 유지되었고, 각각의 독일 영방(領邦)이 제정하는 마찬가지의 조례도 계속되었다.*6) 독일은 대략 300개의 영방으로 구성되어 있었다. 이것은 그만큼의 조례가 무수히 제정되었을 뿐 아니라 소군주들의 기분이나 공동 행동의 실패로 인해 그러한 조례 자체가 효과를 거두기 어렵다는 것을 의미했다. 드물긴 하지만, 협력을 시도했다는 증거가 아예 없는 것은 아니다. 쾰른 대주교와 뮌스터 주교, 그리고 클레베스-율리히-베르크 대공이 방화범과 재세례파, 집시 등을 처리하기 위해 1538년, 25명의 순찰대를 임명한 것이 그 예이다.

이렇게 해서 1세기 전까지만 하더라도 그토록 관대했던 클레베스-율리히-베르크는 다른 어떤 나라보다 분명하게 방침을 전환하여 1525년부터 1558년까지 집시의 입국을 금지하는 일련의 법률을 제정할 수 있었다. 제국의 포고가 얼마나 영향력이 적은지는 1549년에 누렘베르크에서 일어난 사건을 보면 잘 알 수 있다. 남쪽으로 10킬로 정도 떨어진 헤이덱이라는 마을에 집시 집단이 나타나자, 누렘베르크 시의회는 그들에게 강제적인 조치를 취하지 말고 설득해서 쫓아버리라고 촌장에게 명했다. 그러나 다음 해에 집시가 다시 나타나자, 설득하지 못하면 실력을 행사해도 좋다는 명령이 떨어졌다.

스위스 각지에서도 사태는 비슷한 추이로 진행되었다. 표면상 스위스는 오랜 기간 신성 로마제국의 일부를 이뤄왔지만, 이 무렵, 독립과 연방 결성을 위해 고투하고 있었다. 1471년, 뤼세른의 타크사충(의회)은 스위스 연방 내에 집시들의 주거나 보호를 금지하는 법률을 제정했다. 연방 밖에 있던 도시 국가 제네바는 1477년, 다수의 '사라센인'을 추방했다. 1510년, 뤼세른에서는 위험한데다 물건을 훔치기까지 한다는 불평이 터져나오면서 '체기녠Zegynen'이 연방에서 추방되었고, 되돌아올 경우 교수형에 처해졌다. 그럼에도 불구하고 불평은 계속되었고, 1516년, 베른 의회에서는 그들을 국경 내에 들어오지 못하게 하는 특별 조치를 취했다. 그보다 몇 달 전, 제네바 역시 모든 '사라센인'을 추방시켰다. 이러한 조치는 여전히 효과를 거둘 수 없었다. 1525년, 뤼세른에서는 또 다시 집시를 연방에서 추방하고, 도둑 행위에 대해서는 일반 도둑들과 똑같이 처벌한다는 법령을 제정했다. 2년 뒤, 이 법령은 다시 갱신되어야 했다. 1530년, 바덴 의회는 집시가 어디서나 배회하고 있다고 지적하면서 그들을 입국시키지 말고 만일 사람들에게 사기치다가 잡히면 교수형에 처할 것임을 주지시키도록 각 지방 당국에 명령했다. 그로부터 채 2년이 지나지 않아 집시 문제가 다시 한 번 의제에 올랐고, 마찬가지의 조치가 취해졌다. 발견되는 즉시 체포하여 법에 따라 처벌할 것이며, 국경에서는 입국을 거부하기로 한 것이다.

집시가 격렬하게 저항했다는 이야기는 찾아보기 힘들지만, 그 드문 사례 가운데 하나가 제네바에서 전해지고 있다. 1532년, 대규모 집시 집단과 그들이 마을에 들어오는 것을 저지하려는 시 당국 직원들 사이에 충돌이 일어났다. 집시들은 수도원으로 피난했다. 당국이 개입하지 않았더라면, 시민들이 즉결 재판으로 그들을 처형했을 것이다. 20여 명의 집시가 체포되었지만, 자비를 구하고, '신께 용서를 구해서' 방면되었다. 아무래도 그들에게는 여전히 순례자의 분위기가 배어 있었던 것이다.

16세기 스위스의 연대기 편자들(그 중에서도 1530년경의 브렌발트, 1538년의 스튬프, 1580년의 브루스티젠)은 초기 집시 내방자와 '오늘날 이

리저리 배회하고, 도둑질로 생계를 유지하기 때문에 도둑을 최고로 생각하는 불량배들'(스튐프의 표현)은 확연히 다르다고 강조했다.[7] 이것은 오늘날에도 여전히 지속되고 있는 '진정한 집시는 누구인가?' 라는 논의가 최초로 제기된 사례 중의 하나다. 이 논의에 따르면, 현재의 나그네 또는 이동생활자와 인도라는 조국 사이에 어떤 실질적인 연관이 있다고 주장하는 것은 로맨틱한 이국정서에 지나지 않는다.[8] 17세기 스위스의 연대기 편자들(1616년의 굴러, 1617년의 스프레셔)은 이러한 대비를 더욱 진전시켜 본래의 집시들은 정해진 유랑 기간이 끝난 뒤 모두 고향으로 돌아갔고, 정체를 알 수 없는 도둑 집단이 그 자리를 대신했다고 주장했다.[9]

프랑스

1453년, 백년전쟁이 종결되면서 마침내 영국인이 칼레를 제외한 프랑스 전역에서 쫓겨났을 때조차도, 프랑스의 상당 부분은 국왕의 직접적인 지배 권역 밖에 있었다. 그로부터 대략 50년 뒤, 일련의 몰수가 시작되면서 부르고뉴, 앙주, 브리타니, 부르봉 등의 공작령이 통합되었다. 이렇게 해서 오늘날 프랑스의 영토가 된 각양각지에 다양한 정치적 영향이 미치게 되었다.

집시의 입장에서 볼 때, 세분화된 정치 권력은 결코 불리하게 작용하지 않았다.[10] 처음에는 프랑스 대부분의 지역에서 상당히 우대받았다. 1436년, 독립한 공국의 수도였던 네베르에 '고귀한 토마스 각하, 소이집트의 백작'이 30여명의 추종자를 이끌고 나타나 마을 사람들에게 자선을 청했다. 네베르는 5년 뒤에도 또 다른 '고귀한 백작'을 맞아야 했다. 필립 백작이 일족 40여명을 이끌고 나타난 것이다. 아마도 이 두 백작은 1442년, 그르노블의 성(聖) 앤드류 성당 참사회로부터 2플로린을 받은 필립, 그리고 트로이에 나타났던 토마스와 각각 동일 인물이었을 것이다. 독립 백작령이었던 프로방스는 집시들이 환대받는 지역이었다. 그럼에도 불구하고 이곳에서 보여주는 친절도 차츰 변해가고 있었다. 1438년, 아를르에 모습을 나타낸 소이집트의 공작은 10플로린을 받았다. 몇 년 뒤, 두 명의 또 다른 지도자 존과 조르주 역시 아를르에서 구호품을 받았지만, 그 금액은 처음에는 6플로린, 두 번째는 4플로린으로 떨어졌다. 신성 로마제국의 일원이었던 알사스와 로렌은 15세기 내내 집시들과 우호적인 관계를 유지했던 것으로 보이지만, 그 후에는 제국의 다른 지방에서 통용되던 방식을 따르게 되었다. 콜마르는 1442년과 1444년, '사라센인들'에게 빵을 주었을 뿐 아니라 1442년의 경우, 시장과 시의회가 '소이집트의 앤드류 공작과 그 일행은 예의바르게 이 땅을 떠났다'고 증언하는 것이 적절하다고 생각했다. 이들 시 당국자들은 1450년, 필립 백작에게 안전통행증을 발급하고, 그와 그의 일행은 기독교도답게 예의바르게 처신했다고 보증해주었다. 쟝 오브리온의 일기가 맞다면, 메츠에서는 1494년 9월, 200명 이상의 '이집트인들'이 모젤천 언덕에 천막을 쳤다. 이틀 뒤, 어떤 공작이 이끄는 또 다른 300명이 그곳에 합류했다. 공작의 아내가 딸을 낳자, 아기는 성 줄리안교회에서 메츠의 유력 가족들 중에 선택된 3명의 대부와 2명의 대모들이 지켜보는 가운데 세례를 받았.[11] 집시들은 자신들의 아이가 가제 대부모를 가짐으로써 얻는 이점— 보호와 선물을 받을 수 있다는 측면에서 —이 있다는 사실을 분명히 알게 되었다. 그리고 마찬가지 관례를 따를 경우, 여타의 기회도 많을 것이었다.

프랑스 국왕의 영지 내에서도 한동안은 명백히 조화로운 관계가 지속되었다. 1447년, 도피네의 로만과 오를레앙에서 구호품이 주어졌지만, 아무런 갈등 조짐도 없었다. 1457년, 프랑스 남부의 미유에는 집시들이 최소한 두 번 찾아왔는데, 두 번 모두 후하게 대접받았다. 두 번째 집단은 토마스 백작의 지시에 따라 움직이고 있었다. 이미 들어본 이름이지만, 그가 제시한 안전통행증은 분명히 프랑스 국왕으로부터 받은 것이었고, 기록에 따르면, 그의 직함은 기묘한 조합을 이루고 있었다. '보헤미아의 소이집트 백작'이 그의 직함이었던 것이다. 그 당시 프랑스에서는 '집시'를 부르는 명칭으로 '보헤미안'이란 단어가 일반화되어 있었다. 베이온느(1483년)에서는 물론, 알마냑의 리스클과 아르투와의 베튄(1500년)에서도 명백히 우호적인 접대 이야기가 기록되어 있다.

그러나 갈등과 마찰의 이야기도 수없이 많다. 때로는 교회가 사라센인들에게 손금을 봐달라며 달려드는 교구민들을 말리려 애쓰기도 했다. 트로이 교구에서는 1456년부터 1457년에 걸쳐 집시에게 손금을 보거나 치유를 부탁하는 사람들에게 교회법상의 벌(초의 개수로 제시된다)을 부과한 사례도 몇 차례 있었다. 게다가 일반 대중의 입장에서는 이동하는 대규모의 사람들을 경계해야 할 이유가 많았다. 백년전쟁으로 인해 농민과 시골 사람, 시민 등을 협박하는 무시무시한 도적떼와 군인 집단이 생겨났다. 그 결과, 집시들도 고통 받게 되었다. 1453년, 샹파뉴의 샬롱-쉬르-마르느 인근의 라셰프에 나타난 80여명의 '이집트인 또는 사라센인' 집단은 투창과 그 밖의 무기를 소지한 것처럼 보이는 바람에 마을 사람들이 곤봉과 곡괭이, 창과 활을 가지러 달려가는 해프닝을 벌이기도 했다. 국왕의 지방관이 이들 이방인들에게 열변을 토하면서, 최근 라셰프에 비슷한 사람들이 나타나 좋지 않은 인상을 남기고 떠났다고 통고했다. 그들이 음식과 돈은 물론 가져갈 수 있는 것이라면 무엇이든 훔쳐갔다는 것이었다. 그러니 이번에는 근처의 다른 마을로 가는 것이 나을 것이며, 그렇게 해준다면 라셰프 시민들은 음식과 사료를 제공하겠다고 밝혔다. 다소 격한 토론 끝에 집시들은 철수했지만, 마을 사람들이 그들을 쫓아가 싸움을 벌이다가 들고 있던 창으로 그만 집시 한 명을 찔러 죽이고 말았다. 살인자는 집시들이 국왕의 보호하에 있다는 말을 듣고 도망쳐버렸지만, 도피중 정당방위를 주장해서 사면장을 받았다.

1465년, 집시들이 아비뇽 인근의 교황 은둔지인 콩타-브내생에 있는 카르펜트라에 세 번에 걸쳐 찾아갔을 때에도 상황은 좋지 않았다. 그 지도자의 직함에는 이번에도 보헤미아라는 명칭이 들어 있었다. 처음에는 '보헤미아 국민의 공작'이었고, 두 번째는 '소이집트의 보헤미아인 백작,' 그리고 마지막으로 '보헤미아국의 소이집트 백작'이었다. 여기서도 도둑질을 비롯한 기타 악행에 대한 불평이 있었고, 마을 당국은 떠난다는 조건하에 약간의 돈을 주기로 결의했다. 이윽고 론강 일대에서는 집시를 다른 곳으로 보내기 위해 돈을 지불하는 것이 관례화 되었다.

16세기 초반까지는 각 지역의 관리들이 대부분 자기 재량으로 집시를 다뤘는데, 지위에 따라 대응 방식이 천양지차였다. 가끔은 관리들 사이에 싸움이 일어나기도 했다. 예를 들어, 1498년 앙게에서는, 경찰 관리가 시장의 지시에 따라 집시 집단이 들어오는 것을 막기 위해 시문을 모두 폐쇄하라고 명령하자, 그들의 체재를 허가한 시 판사보와 격렬한 논쟁을 벌였다. 그 후, 국왕의 포고와 재판소의 판결 등으로 인해 어떠한 조치가 취해져야 하는가에 대해서는 더 이상 논란의 여지가 없어지게 되었다. 1504년 7월, 국왕 루이 12세는 공문서를 통해 이집트인 방랑자들을 색출하고, 어떠한 안전통행증을 제시하더라도 그냥 추방하라고 루엥의 대신에게 명령했다. 1510년에는 대법관이 법정에 출두한 일곱 명의 집시들에게 추방 선고를 내리는 과정에서 그같은 추방령을 프랑스 왕국의 모든 집시들에게 확대 적용시켰다. 그러나 국왕의 명령조차도 쉽게 잊혀졌던 것으로 보인다. 1509년, 루엥에서는 성직자를 포함한 시민들이 영혼의 위험을 무릅쓰고 집시들에게 점을 보러 몰려들었기 때문이다. 다른 한편, 노르망디 지방의 반대측에서는, 1508년, 집시가 순례의 목적지로 몽-생-마셸이라는 이름을 언급하는데 하등의 지장을 받지 않았다. 브리타니 공작부인으로부터 공작령을 통해서 가도 좋다는 허가증을 받았기 때문이다.

교황에게 명령받은 속죄의 여행은, 그러한 이야기가 고안된 지 1세기가 지난 뒤에도, 최소한 교회의 유력자들 사이에서는 여전히 그 마력의 일부를 발휘하고 있었다. 1528년, 콩타-브내생의 부사제는 소이집트의 쟝-밥티스트 롤랑 백작에게 보호서장을 발급해줌으로써, 무사히 성지를 방문하고 신자들로부터 원조를 받을 수 있게 했다. 그러나 1533년, 인접한 랑그독의 국왕 대리인은 빈번하게 출현하는 집시들에 대해 가장 가까운 길을 택해서 즉시 떠나가라고 명령했다. 1537년, 캉브레시의 주교 겸 공작이자 신성 로마제국의 영주인 로베르 드 크로이는 소이집트의 마르탱 백작에게 은혜를 베풀었다. 그러나 1539년, 프란시스 1세가 최종적으로 다음과 같이 결정했다. 교회가 어떻게 생각하든, '종교의 탈을 쓴 채 전세계를 돌아다니며 무언가 속죄하고 있다면서' 기분 내키는대로 방랑하는 '자칭 보헤미안이라는 정체불명의 사람들'에 대해 이제 왕국 전역에서 특별한 조치를 취해야할 때가 왔다는 것이었다. '앞서 언급한 보헤미안 집단은 앞으로 우리 왕국이나 우리 왕국에 복속된 국가에 한발자국도 들어올 수 없음은 물론, 통과하거나 머무를 수도 없다.' 위반했을 때의 체벌은 구체적이었지만, 실제 처벌은 다소 모호했다. 1561년, 샤를르 9세는 처벌 내용을 강화해서 2개월 이내에 모든 집시를 추방하고, 위반했을 때에는 갤리선(옛날 노예나 죄수들에게 젓게 한 2단으로 노가 달린 돛배 – 역주)으로 보내고 체벌을 가하라고 명령했다. 두 달 뒤에 다시 발견되거나 돌아온 자는 머리카락(남자의 경우에는 수염까지)을 깎이게 되며, 남자의 경우, 3년간 갤리선에서 일해야 했다. 나바르도 1538년, 비슷한 방침을 채택하여 모든 방랑자를 4일 이내에 추방시키고, 집시의 입국을 금지시켰다. 그 이후에 발견되는 자는 채찍질에 처해졌고, 집시를 재워주거나 그들과 거래를 하는 자는 거액의 벌금을 감수해야 했다. 이러한 조치는 그 후 몇 차례 갱신되었다.

    그러나 집시들은 프랑스에서 쏟아져 나온 이러한 포고에도 불구하고 사실상 큰 곤란을 느끼지 않았던 것 같다. 그들은 숨지 않았고, 그들의 지도자들 역시 여전히 스스로를 백작 또는 — 새로운 유행으로서 — 대장이라고 칭했으며, 교묘한 방법으로 패스포트와 안전통행증을 손에 넣었다. 수없이 써먹어온 그 꾸며낸 이야기도 여전히 효력을 발휘했다. 프란시스 1세 자신도 칙령을 내린 지 5년 뒤, '친애하는 소이집트의 대장' 앙트완느 모를르에게 보호영장을 주고, '당사자인 고귀한 모를르와 그 일행이 금, 은, 가재도구, 말 등 그 어떤 것이든 재산을 가지고' 밤이든 낮이든, 걸어서 가든 말을 타고 가든, 콩포스텔라를 비롯한 어디로든 순례를 계속할 수 있게 하고, 필요하다면 사흘이든 옛새든 아무 곳에서나 머무를 수 있게 하라고 신하들에게 명령했다. 모를르에게는 공식적으로 부대 내부 규율을 유지하는 권한이 인정되었다. 앙리 2세 또한 1553년, 팔끄 백작에게 마찬가지의 은혜를 베풀었다. 이 기이한 순례자들의 시대가 완전히 끝난 것은 아니었다.

스페인과 포르투갈

아라곤의 알폰소 5세가 토마스 백작에게 부여했던 것과 마찬가지의 호의적인 대우가 그 후로도 수십 년 간 계속되었다.*[12] 처음에는 집시의 흔적이 발견된 곳이 아라곤과 카탈로니아 두 곳뿐이었다. '공작'과 '백작,' 그리고 그들을 따르는 수많은 일행들이 1447년, 바르셀로나에 나타났고, 카스텔리온 드 라 플라나에는 1460년(마르틴 백작), 1471년, 1472년에 몇 차례 찾아왔다. 알폰소의 뒤를 이어 아라곤의 왕위를 이어받은 후안 2세의 통치 기간 동안, 집시 지도자들은 국왕이 내린 일련의 안전통행증의 혜택을 입었다. 1460년에 마르틴 백작에게 한 통, 1460년부터 1471년에 걸쳐 야코보 백작에게 세 통(그는 1454년부터 1470년 사이의 어느 시점에 카스티야의 헨리 4세한테서도 통행증을 받았다), 파울로 공작에게 한 통(1471년), 미구엘 백작에게 한 통(1472년), 그리고 후안 백작에게 세 통(1474~1476년) 등이 그것이다. 이 서류들은 아직도 교황의 명령을 상기시켰고, 집시 지도자들에게 집시 내부의 재판권을 행사할 수 있는 권한을 확인시켜 주었다. 몇몇 사례에 따르면, 집시 지도자는 필요에 따라 군사적 원조를 제공받을 수 있다는 조항도 들어 있었다. 외부인들이 매일 '이집트인'에 합류하고 있어서 언제든 소요가 일어나거나 무법천지가 될 가능성이 있었기 때문이다. 콩포스텔라와 로마의 성지까지 갈 수 있도록 1476년에 후안 백작에게 부여된 안전통행증은 내부 대립의 양상을 묘사하고 있다는 점에서 이례적이었다. 그가 마르틴, 미구엘, 하이메 백작 등과 각각 원수지간이라고 쓰여져 있었기 때문이다.

카스티야 왕국의 안달루시아에 처음으로 나타난 집시 집단은 성대한 환영을 받았다. 1462년 11월, 카스티야의 대법관인 미구엘 루카스데 이란초 백작이 하엔에서 소이집트의 토마스와 마르틴 백작을 맞이했던 것이다. 두 백작은 아내와 함께 연회석에 앉았고, 일행에게는 빵, 포도주, 고기, 물고기, 과일, 보리, 딸기 등이 풍성하게 제공되었다. 떠날 때에는 작별 선물로 모직물과 실크, 그리고 상당한 액수의 돈까지 받았고, 돈 미구엘이 몸소 반 리그(약 2.5킬로미터) 정도 그들을 배웅해 주었다. 그는 1470년에도 또 한 번 관대한 주인 역할을 자청했는데, 이 때에는 앙두하르의 자택에서 5~6일에 걸쳐 소이집트의 야코보 백작과 그의 아내 로이사, 그 밖에 50명에 달하는 일행을 맞았고, 2주 뒤에는 파울로 공작과 그 일행을 접대했다. 실제로 스페인에서는 적지 않은 귀족들이 집시의 보호자로 남아 있었고, 극히 힘든 상황에서도 그들에게 귀중한 원조를 베풀었다. 그들의 공모 행위에 대해서는 후일 그것을 비난하는 사람들에 의해 다양한 해석이 제기되었다. 악의적인 측면이 강한 그러한 해석 다수는 집시 여자들의 성적 매력과 친구의 마굿간에서 훌륭한 말을 조달해오는 집시 남자들의 재능때문이라고 강조했다. 한편 야코보 백작과 파울로 공작(이름도 직함도 똑같기 때문에 앞서 등장한 이들과 동일 인물로 추정된다)은 계속해서 1470년 7월(야코보)과 1471년 1월(파울로)에 무르시아를 방문하고, 시참사회원들로부터 각각 2,000마라베디스(야코보)와 1,000마라베디스(파울로)에 달하는 돈을 챙겼다. 덕분에 시참사회원들은 두 경우 모두 일부러 현금을 빌리지 않을 수 없었다.[13]

15세기를 마감하는 마지막 2~30년 무렵이 되자, 무조건적인 원조 제공에 저항하는 익숙한 패턴의 사례들이 뚜렷이 나타났다. 1470년대 이래로, 집시들은 돈을 받고 쫓겨나거나 그냥 쫓겨나는 경우가 많아졌다. 이 무렵 스페인에는 지중해를 경유하는 새로운 이민의 파도가 밀려오고 있었다. 그들은 더 이상 소이집트 출신이라고 주장하지 않고, 투르크인들을 피해서 도망온 그리스인이라고 말했다. 지도자들도 공작이라든가 백작이라는 직함 대신 '마스터'나 '기사,' '대장,' 또는 간단히 성(姓)으로 불렸다. 집시에게 주어진 이름의 지리적 특징은 점점 더 혼란스러워지고 있었다. 1512년, 카탈로니아의 억압적인 법률은 그들을 '보헤미안, 자칭 그리스계 보헤미안이라고 주장하는 바보, 이집트인'으로 언급하고 있다.

오랜 내전을 거쳐 1479년, 카스티야와 아라곤 왕조가 통일되자, 페르디난드와 이사벨라는 법과 질서의 회복 및 중앙권력의 강화에 착수했다. 그렇다고 기존의 보호영장을 즉시 파기한 것은 아니었으며, 도리어 새롭게 발행하기도 했다. 1491년, '소이집트의 펠리포 백작'에게 부여된 보호영장이 그것이다. 그러나 이것은 유효기간이 정해져 있었고, 원조에 대한 강조도 약해졌으며, 생계를 유지하기 위한 합법적이고 성실한 상거래에 따르는 권리에 중점을 두고 있었다. 유대인 추방으로부터 7년 후이자 이슬람교도에게 개종을 강요하기 3년 전인 1499년 3월 4일, 가톨릭 왕들의 포고(메디나 델 캄포의 국사칙령)는 집시에게 양자택일을 강요했다. 정착해서 지도자를 찾든가 아니면 60일 안에 떠나라는 것이었다. 국왕 카를로스 1세— 뇌물을 써서 1519년에 신성 로마제국의 군주에 취임함으로써 황제 카를로스 5세가 되었다 —는 그 규정들을 몇 번이나 갱신하고, 스스로 몇 가지 항목을 추가시켰다. 이를테면, 방랑하다가 세 번 붙잡힌 자는 영원히 노예가 될 수 있다는 조항과 60일 이내에 정착하지도, 떠나지도 않은 20세에서 50세까지의 남자는 6년간 갤리선에서 노예로 일하게 한다는 조항이 그것이다. 이 마지막 조항은 이슬람제국과의 끊임없는 전쟁으로 인해 지중해에 갤리선 함대가 증강되고, 그 결과 스페인 정부가 인력을 확보하는 데 곤란을 겪었음을 보여준다. 이같은 노역은 중범과 경범을 가리지 않고 모든 범죄자들에게까지 확대되고 있었다. 이들은 갤리선의 노 젓는 자리에 사슬로 묶인 채

형기(刑期)의 태반을 보내야 했다.

포르투갈에서는 집시에 대한 언급이 16세기 초반에 이르러서야 처음으로 문학 작품에 등장했다. 가장 초기의 언급을 꼽으라면, 아마도 1516년의 『칸치오네이로 제랄*Cancioneiro geral*』에서 넌지시 이야기된 '그레가*Grega*(그리스인)'를 들 수 있을 것이다. 더욱 중요한 것은, 1521년, 에보라에서 후안 3세의 어전에서 상연된 포르투갈의 유명 극작가 질 빈센테의 『파르사 다스 치가나스*Farsa das Ciganas*』이다. 이 작품은 집시를 다소 길게 묘사하고 있을 뿐 아니라 집시들이 쓰는 스페인어와 포르투갈어의 특징이 된 혀짧은 발음을 포착하고 있다.[*14] 이 경우는 물론 그들의 생활 방식에 적합한 알렌테호 지방 치가노의 발음이다. (흥미롭게도, '집시'를 지칭하는 기본적인 단어가 스페인어에서는 '이집트인'을 어원으로 하는 히타노*Gitano*로 정착된 반면, 포르투갈어에서는 처음부터 '치가노'로 고정되어 있었다. 이것은 이탈리아어와 독일어, 그리고 유럽 중부 및 동부의 단어와 마찬가지로 그리스어 아칭가노이에서 파생된 것이다.) 빈센테의 연극에 등장하는 인물은 기껏해야 8명에 불과하지만, 그 8명 모두 집시들이다. 자칭 그리스인이라 주장하는 네 명의 여자는 '신의 사랑을 위해,' '우린 기독교도다, 여기 십자가를 보라'고 말하면서 원조를 청했다. 그들은 빵과 옷, 그 밖의 어떤 것이라도 달라고 간청하지만, 네 명의 남자들은 일방적인 말 거래를 행한다. 그들은 노래하고 춤춘다. 그리고 나서 여자들이 관중들에게 다가가 끈덕지게 손금을 봐주는데, 이때 아부성 발언을 늘어놓으면서 행운을 약속한다. 마지막 춤이 끝나고 나면, 그들은 지금까지 이렇게 명예로운 집단이 이렇게 사례금을 적게 준 적은 없다는 조롱의 말과 함께 무대에서 사라진다. 이 정도로 그 특징이 확실히 파악된 상태였던 것으로 보아, 집시들은 포르투갈에 한동안 정착했던 것 같다. 적어도 공권력으로부터 적대적인 관심을 끌 정도로 그곳에 충분히 오래 있었고, 그 결과, 통상적인 억압 조치가 나타났다. 그러나 후안 3세의 통치기간 중에 발행된 세 번의 금지령(1526년, 1538년, 1557년. 치가노를 추방하고, 그 입국을 금지하고 있다)은 다른 지역에서 내려진 비슷한 금지령과 마찬가지로 그다지 큰 효과를 거두지 못했다. 1538년의 법은 집시는 물론 '어느 나라 사람이든, 설령 집시가 아니더라도 집시처럼 사는 모든 사람들'까지 그 대상으로 하고 있었다. 포르투갈에서 태어난 사람은 국외 추방이 불가능했기 때문에 아프리카 각지의 식민지로 보내져야 했다.

저지대 지방

부르고뉴 공국은 저지대 지방과 부르고뉴 지방이 합쳐져서 만들어진 강력한 국가이다. 1419년부터 1467년까지의 필립 왕 재임 기간 동안, 이 나라는 유럽에서 가장 풍요로운 나라 중의 하나였다. 당연한 일이겠지만, 이런 점 때문에 집시들에게는 저지대 지방이 특히 매력적이었다. 그러나 1440년대가 되자, 명백한 반감의 징후가 드러났다. 1442년 12월, 이전에 그토록 관대했던 사실상의 공화 도시 투르네는 구호품과 숙박을 기대했던 집시 일행의 입시(入市)를 거부했다. 부르고뉴시의 문서에 따르면, 1439/40년, 집시들에게 리브르 금화 6개를 주었다고 한다. 그 후 1445/46년에는 '그들을 도시 밖으로 보내기 위해' 구호품을 주었다. 1451/2년과 1453/4년의 구호품은 '여기에서 더 이상 오래 머무를 수 없게 하기 위한' 것이었다. 인근의 담므라는 도시도 비슷한 정책을 취하고 있었다. 두 도시 모두 방문객들을 너무 많이 받아들였다고 느꼈던 것 같다. 문서에 따르면, 부르고뉴는 그 세기가 끝날 때까지

투르네의 태피스트리 「집사의 방문(1490년경)」.

히에로니무스 보쉬의 『헤이웨인*The Haywain*(1500년경)』의 한 장면.

여덟 번에 걸쳐 돈을 더 주었다. 때로 그것은 집시들을 다른 곳으로 보내기 위한 성격을 띠기도 했다. 시민들 또한 집시가 묵고 있는 양모 창고 주변을 계속해서 감시해야 한다고 생각했다. 불이 날까 두려웠던 것이다. 담므의 시참사회원들이 얼마나 큰 중압감을 느꼈는지는 1460년의 기록으로 상상해볼 수 있다. 이 해에 담므에는 총 7회에 걸쳐 집시집단이 찾아왔다. '예한 백작'이라는 이름의 소이집트 귀족'은 그 전에 이미 네 번이나 이곳을 찾은 적이 있었다. 그는 '모종의 처벌을 받을 것'이라는 협박과 생명의 위협 속에서 그 자신을 비롯한 그의 일행은 향후

1년간 이 마을에 다시는 돌아오지 않는다'고 약속해야 했다. 그럼에도 불구하고, 며칠 뒤에는 '소이집트의 귀족 니콜라오 백작'이 마을에 나타났다. 그 또한 원조를 받았다. 다만, '일행과 함께 잠시 쉬거나 야영하지 않고 그냥 마을을 통과해야 한다'는 조건이 붙은 원조였다. 그가 떠나자마자, 예한 백작이 다시 나타났다. 그러자 그의 체제에 대해 엄한 제약이 가해졌다. 리어(앤트워프 근처), 몬스, 니미 등 네덜란드 남부에서도 마찬가지의 전개 과정을 엿볼 수 있다. 처음에는 상당한 선물이 주어지지만, 시간이 흐르자, 떠나거나 못들어오게 하기 위해 돈을 지불하거나 아예 즉각적으로 추방해버렸던 것이다.

1504년, 저지대 지방이 합스부르크가의 스페인-오스트리아 제국의 일부가 되고, 특히 샤를르 5세가 즉위하면서 총독지배가 도입되자, 이곳에서도 통치의 중앙 집권화가 진행되었다. 집시 문제와 관련해서 그는 스페인에서와 마찬가지로 저지대 지방에서도 관용을 보이지 않았지만, 그의 지시가 전국적으로 일사분란하게 집행될 수는 없었다. 모든 지방을 아우르는 법을 공포하려 했을 때도, 법 자체가 지역에 따라 개별적으로 실시되어야 했고, 그에 따라 그의 강경한 통일정책에 반대하는 세력들에게 지연책을 마련할 여지가 생겼다. 황제의 노력의 성공 여부는 집시의 움직임이 극명하게 기록되어 있는 네덜란드 북부의 상황을 살펴보면 보다 명확히 알 수 있다.[15] 그곳의 한두 지방에서 벌어진 사건을 자세히 살펴보면, 보다 일반적인 상황을 충분히 그려볼 수 있다. 그런 목적을 위해서라면, 서로 인접해 있는 동부의 두 지방, 헬데르란트와 오버아이셀만으로도 충분할 것이다.

오버아이셀에서 저지대 지방 최초로 집시의 방문을 받은 마을 중의 하나가 데벤터이다. 1420년과 1429년의 일이었다(4장 참조). 이것은 이후 15세기 내내 집시 방문의 일반적인 패턴으로 정형화되었다. 그러한 두 가지 경우(1438년과 1441년)에서 지도자들의 직함은 소이집트의 '왕'으로 격상되었다. 다른 몇 가지 사례에서는 집시들이 멀리 떠나는 조건하에 돈을 받았고(아이셀 강을 건너는 뱃삯은 시민들이 부담했다), 그나마 그 액수도 꾸준히 줄어들었다. 샤를르 5세 치하에서는 집시의 입시와 체재를 부정할 뿐 아니라 그들과 합류하는 자들에게도 금지령을 확대하는 포고가 네덜란드 북부 여러 지방에 봇물처럼 쏟아졌다. 예를 들어, 1537년 2월, 브뤼셀에서 황제는 오버아이셀을 대상으로 포고를 발행하여 '이집트 국민'과 그들을 따르는 자들, 그리고 그들의 옷 입는 스타일을 흉내내는 자들은 나흘 안에 자신의 영토에서 떠나라고 명령했다. 이를 위반한 자들은 생명과 재산을 박탈당했다. 1524년 이후, 다른 지방에서도 그와 비슷한 조치들이 취해졌다. 그 후에도 이러한 조치들이 계속 나왔다는 것은 실제 효과가 극히 미미했음을 보여준다.

헬데르란트에서는 나이메헨과 아른헴에서 1429년에, 주트펜에서 1430년에 처음 집시가 나타난 이래, 오랜 공백 끝에 1445년부터 세기말에 걸쳐 주로 주트펜에서 그 모습을 확인할 수 있다. 거기서도 최소한 네 가지 사례에서는 지도자의 직함이 '왕'으로 칭해지고 있었다. 그 세기의 마지막 몇 년간, 집시들은 자신들이 소지하고 있던 보호영장 비축분을 보충하고자 했다. 그들은 합스부르크가의 지배에 맞서 힘들게 영토의 독립을 지키고 있던 꾀많은 헬데르란트의 공작, 에그몬트의 카를을 자기 편으로 끌어들이는 데 성공했다. 그 공작은 미신을 잘 믿었으며, 점쟁이나 마술사를 자주 불러들이는 것으로 유명했지만, 1496년에 발행한 안전통행증에서는 집시들을 전면적으로 지원하는데 다소 주저했던 것 같다. 한 장소에 사흘 이상 머무를 수 없다는 조건을 달았기 때문이다. 그럼에도 불구하고, 그는 자신이 들은 이야기를 진실로 받아들였다. '소이집트 출신의 마르틴 누기 백작이 우리에게 보여주었으니,

우리의 은혜로운 교황께서 속죄를 위해 로마, 갈리시아의 산티아고, 그 밖의 성지를 순례하라는 임무를 그 자신과 가족, 그리고 부하들에게 부과하셨다.' 따라서 누기 백작 일행은 아무런 장애 없이 통과할 수 있었다. 1506년, 공작은 소이집트의 빌렘 백작과 그 일행 15명에게도 비슷한 호의를 베풀었지만, 조심성 있게 다음과 같이 덧붙였다. '그들과 관련하여 어떠한 불평이나 박해 이야기도 들리지 않도록, 그들은 스스로 적절하고 점잖게 행동할 것이다.' 그가 1518년에 발행한 세 번째 안전통행증은 아마도 네덜란드에서 '왕'에게 준 마지막 문서였을 것으로 추정된다. 이 문서는 '자칭 소이집트 출신의 귀족 안토니우스'라고 쓰면서 다시 한 번 유보적인 모습을 보이고 있다. 그것은 자기 휘하의 관리들에 대한 명령이라기 보다는 주변 국가 당국자들에 대한 권고의 성격이 강하다. 헬데르란트에서 나온 안전통행증은 이밖에도 많았다. 나이메헨의 시장 또한 몇 년 전인 세기가 바뀔 무렵에 안톤 백작이라는 자에게 안전통행증을 발급했다. 그러나 1536년과 1543년에 다시금 나이메헨의 성문에 나타난 집시들은 그 즉시 쫓겨나고 말았다. 주트펜은 1538년과 1542년에 비슷한 정책을 채택했다.

집시를 대상으로 한 힐데르란트 최초의 포괄적 법규는 1544년, 다시 말해 카를 5세가 마침내 이 지방을 복속하는데 성공한 직후에 제정되었다. 이것은 유예 기간이 이틀이라는 점만 제외하면 1537년에 오버아이셀에서 공포된 포고와 마찬가지였다. 1548년, 1553년, 1560년에도 조례가 제정되었다. 그 사이에도 집시들의 방랑은 명백히 계속되었지만, 사람들의 시선을 끌지 않도록 소규모 집단으로 이동하는 방식을 취하고 있었다. 이 무렵의 공문서들은 설령 그들의 모습에 주목했더라도 순례자라는 지위와 지도자에 대한 귀족 직함은 삭제한 상태였다.

이탈리아

이탈리아에 대해 우리가 얻을 수 있는 자료는 처음에는 북부에 한정되어 있다. 남부로 내려가 로마에 도달하려면 적어도 16세기 중반은 되어야 한다.[16] 15세기의 이탈리아는 단지 지리적인 칭호에 지나지 않았다. 정치적으로는 통일과 안정이 불확실한 5대국과 독립을 잃지 않으려는 다수의 소국들로 구성된 조각 그림 맞추기 같았다. 이탈리아에서 집시가 처음으로 다시 나타난 곳은 대국의 하나였던 밀라노 공국으로, 마르케주의 안코나에 있는 페르모에서 목격된 후 거의 27년만의 일이었다. 그들이 다시 공문서에 기록될 수 있었던 것은 유혈 폭력 사태 때문이었다. 1457년 6월, 이집트의 미켈레 백작을 비롯해서 그의 아내와 딸이 필리포라는 이름의 집시에게 살해당했다. 그러나 그 원인에 대해서는 공문서에도 기록되어 있지 않다. 15세기에 기록되어 있는 사건들 태반은 보다 평온하다. 소국 가운데 하나였던 모데나 공국에서는 페라라 공작의 장부에 1469년, 치톨레(기타 비슷한 현악기)를 연주한 '칭가노'에게 돈을 지불했다는 기록이 나온다(이것은 집시를 음악과 결합시킨, 유럽에서도 가장 초기의 기록에 속한다). 그 후 우리가 익히 알고 있는 안전통행증 이야기가 나온다. 카르피의 귀족들이 발행한 것으로, 1470년대에는 소이집트의 미카엘 백작에게, 그리고 1485년에는 요하네스 백작에게 발행되었다. 밀라노에서는 젊은 공작 지안 갈레아초 2세가 1480년, 소이집트의 마르티노 백작에게 비슷한 문서를 주었다.

그러나 15세기 말이 되자 관계가 냉랭해졌다. 사보이 공작이 지배하는 피에몬테에서는 1494년부터 99년까지 네 번에 걸쳐 토리노의 남쪽과 북쪽에 있는 바르제와 쿠오르네에서 떠나라는 조건하에 '*사라세니 시베 칭가리*'에게 돈을 지불했다. 보다 직접적으로 거절하는 곳도 있었다. 베네치아는 자국 영내에서 집시를 추방하는 포고를 가장 먼저 발행한 나라 중의 하나였던 것으로 보이지만,[17] 봉건 체제의 일부였던 식민지 그리스에서는 그들을 용인했다. 그러나 베네치아 상원이 문서를 통한 일련의 조례를 발행한 것은 1540년의 일이었다. 밀라노 역시 재빨리 집시에 대항하는 일반적인 조치를 채택했다. 1493년, 루도비코 일 모로의 통치하에서 발행된 두 개의 칙령은 이탈리아의 집시 정책이 철저한 억압으로 전환하는 계기가 되었다. 그 두 번째 칙령은 공국 내의 모든 집시들에게 즉각 떠날 것을 명령하고 있다. 숫자도 너무 늘어난 데다가 도벽이 있다는 것이 그 이유였다. 밀라노가 프랑스령이 되면서 벌칙은 더욱 강화되었다. 1506년에 내려진 두 개의 포고는 페스트를 전염시키는 매개자로서 다른 걸인들과 함께 집시들을 공공의 적으로 규정하고, 영내로 들어오는 것을 금지시켰다. 형벌 중에는 3회에 걸쳐 시행하는 '트라토 디 코르다'(죄인의 양손을 등뒤로 묶고 끌어올림으로써 몸 전체의 하중이 손목에 쏠리도록 하는 벌)도 있었다. '트라토 디 코르다'는 모든 '칭굴리와 카데지프티'에게 3일 이내에 영내에서 떠나라고 명한 1517년의 프란체스코 1세의 포고에서도 등장하며, 1523년에 그의 꼭두각시 역할을 하는 공작이 발행한 포고에도 나온다. 이 공작은 스포르차 왕가 최후의 후계자로, 이러한 신체적인 형벌에 금화 25 두카트의 벌금을 추가시켰다. 최종적으로, 밀라노가 프랑스인을 추방하고 그 후 스페인의 지배하에 들어가기 전이었던 1534년, 프란체스코 스포르차는 '일반적으로 칭갈라라 불리는 이집트인' 모두를 교수형에 처하겠다고 공포했다.

금지령 열풍은 밀라노에서부터 남동쪽으로 확산되었다. 만토바 후작령에서는, 그 어떤 법률서에도 실려 있지 않지만, 유일하게 알려진 '금지령'이 하나 있었다. 베네딕트회 수도사 테오필로 폴렌고의 희극시

「발두스*Baldus*」(1517년)에 나와 있는 것이 그것이다. 그 당시 밀라노에서 제정된 모든 금지령을 초월하는 야만적인 문구를 고려할 때, 그것이 꾸며낸 이야기라는 사실이 다행스럽다. '칭가르라는 이름의, 사기꾼, 암살자, 거리의 약탈자, 도둑, 가짜 동전을 만들어 교묘하게 진짜로 탈바꿈시키는 천하의 불한당으로 알려진 자는 만토바 후작령에서 모두 추방당하리라. 그러나 그를 죽이려고 생각하는 자는 누구든 150두카트를 받게 되리라.'[18] 밀라노의 방식을 처음으로 모방한 것은 만토바 남쪽의 모데나였다. 이곳에서는 1524년에서 1560년에 걸쳐 모든 집시를 추방하는 조치가 몇 번이나 내려졌다. 일부 교황령에서도 그대로 따라했다. 마르케스의 안코나에 있는 두 개의 마을, 예시와 세니갈리아는 1535년부터 1553년까지 잇달아 포고를 내렸다. 볼로냐도 1550년 이래로 마찬가지 조치를 취했다. 1552년이 되자, 모든 교황령에서 금지령이 일반화되었다. 통치자인 제롤라모 디 로시가 발행한 포고의 결과였다. 그는 로마로 와서 작은 동굴이나 포도원, 그리고 인근의 들판에 머무르곤 하는 집시들이 다양한 추문과 무질서, 도난을 야기시킨다고 말했다. 토스카니 공국(피렌체)은 1547년에 거절의 장막을 완성시켰다.

헝가리와 트란실바니아

헝가리에서 보여준 집시들에 대한 처우는 그 당시 다른 지역에서 일반적으로 통용되던 방식에 비해 훨씬 관대했다. 그럼에도 불구하고 그들의 일부는 일종의 노예 상태에 처했으며, 트란실바니아에서는 특히 더 그랬다(이곳에서는 농노제가 1848년까지 지속되었다). 금속 세공과 무기 제조에 탁월한 능력을 발휘했던 탓에 국왕의 노예로 공포되었고,

그들을 사유지에 정착시켜 일을 시키려면 국왕의 동의가 필요했다. 그에 따라 헤르만슈타트(현재는 루마니아의 시비우) 시민들은 1476년, 교외에 사는 집시들에게 일을 시키기에 앞서 국왕 마티아스 코르비누스의 허가를 받아야 했다. 1496년, 마티아스의 후계자인 블라디슬라스 2세는 '바이보담 파라오눔(vayvodam Pharaonum. '파라오의 국민'의 사령관 — 헝가리 초기 문서에서 가끔 사용되는 호칭)에게 안전통행증을 발급하여 그가 천막 25개에 수용되는 휘하의 집시 대장장이들과 함께 국내에서는 원하는 곳 어디로든 이동하거나 야영할 수 있게 해주었다. 그 당시 그들은 페치 주교를 위해 머스켓 총탄과 캐논 포탄을 비롯한 그 밖의 무기를 제공하고 있었다.[19] 블라디슬라스의 통치 후반기에 일어난 농민들의 반란 이후, 집시들의 금속 세공 기술은 보다 무시무시한 용도로 쓰이게 되었다. 헝가리의 농민들은 중앙 유럽 전역에서와 마찬가지로 가혹한 억압에 시달리고 있었다. 1514년, 상당수의 농민들이 제르지 도샤의 주도하에 영주들에 대해 반란을 일으켰지만, 이 반란은 후에 헝가리의 왕이 된 트란실바니아의 야노스 자폴라이에게 무자비하게 진압당했다. 자폴라이는 테메슈바르(티미슈아라)의 집시에게 철로 된 옥좌와 왕관, 홀을 만들게 했다. 일단 이것들이 새빨갛게 달아오르자, 자폴라이의 측근들은 도샤를 옥좌에 앉히고 머리에 그 벌겋게 달아오른 왕관을 씌운 뒤, 손에는 홀을 쥐게 했다. 그리고 나서 도샤 추종자들은 새까맣게 탄 도샤의 시체를 먹어야 했다. 집시들의 입장에서 볼 때, 자폴라이와 연관이 있다는 점은 그가 헝가리 왕위를 놓고 다투고 있던 20년 뒤에는 도리어 불리하게 작용했다. 사악한 목적으로 자폴라이에게 매수되었다는 반대편 진영의 의심을 받는 바람에, 고문대에서 방화 사실을 자백했다가(나중에 철회되었다), 일부가 말뚝에 찔리는 형벌을 받아 죽음을 당했던 것이다. 1538년, 마침내 권좌에 오른 자폴라이가 국왕으로서 행한 최초의 행동 가운데 하나는 옛날의 자유(안티퀴스 리베르타티부스 *antiquis libertatibus*)를 부활시켜 달라는 집시들의 요청을 승인한 것이다.[20]

16세기 무렵, 헝가리에서는 (폴란드 및 리투아니아와 마찬가지로) 당국이 집시들 중에서 우두머리를 선임하는 관행이 확립되었다. 선임된 자에게는 '에그레기우스(egregius. '탁월한 자' 라는 뜻)' 라는 칭호가 부여되었다. 그 우두머리 밑으로, 집시 주민들이 사는 마을마다 집시 사건의 판사 역할을 담당하는 부관이 있었다. 당혹스럽게도, 이들 부관들 역시 사령관(voivode)이라는 칭호를 쓰고 있었다. 따라서 그들은 헝가리와 트란실바니아의 귀족 중에서 선발되어 집시들로부터 세금을 걷는 매력적인 임무를 행하던 일부 '사령관' 들과 구별하지 않으면 안된다.

금속 세공 기술과 별개로, 헝가리의 집시는 악사로서도 평판을 얻고 있었다. 그들이 이런 자격으로 처음 언급되고 있는 것은, 1489년, '왕비의 섬에서 류트(기타 비슷한 14~17세기의 현악기)를 연주하는' 집시에게 돈을 주었다는 한 장부의 간결한 기록이다. 여기 실린 섬이란 부다페스트 남쪽의 체펠 섬이며, 왕비란 마티아스 코르비누스의 두 번째 아내인 아라곤 출신의 베아트리체이다. 라요스 2세의 장부에도 왕실에서의 지불 문제가 기록되어 있다. 1525년 5월, 왕실 경마장에서 왕에게 키타라(하프 비슷한 악기)를 연주한 '파라오네스pharaones' 에게 2플로린이 지불되었다는 기록이 그것이다. 같은 해에 하트반 지방 의회 모임에서 '명령을 받은' 집시들 또한 악사들이었다. 그 당시 악기의 명칭은 그다지 정확하게 사용되지 않았는데, 1532년, 경기병 대장이 타마스 나다스디라는 귀족에게 라틴어로 보낸 편지에서 요청한 집시 '키타레도스cytharedos' 는 류트 연주자와 가수를 지칭했을 가능성이 높다. (키타라cithara라는 단어는 고대 그리스의 악기 리라를 가리키는 고전적인 용법을 넘어, 기타, 시턴, 치터 등 다양한 악기의 명칭으로 전화되곤 했다.) 합스부르크가의 페르디난드가 헝가리 일부를 지배하게 된 이후인 1543년, 이사벨라 여왕의 궁정에서 빈으로 보낸 편지에는 '여기에서는 파라오의 후손인 이집트인 악사들이 매우 훌륭한 연주를 들려준다'는 기록이 보인다. 그의 관찰에 따르면, 집시 심발롬 주자들은 '손가락으로 현을 뜯지 않고, 나무 막대기로 치면서 목청껏 노래한다.' (심발롬은 개방현을 가진 피아노 모양의 소형 악기. P.196 그림과 P.197 그림 참조.)

1526년, 라요스 2세가 모하치에서 패배한 후 헝가리 대부분이 투르크의 지배하에 들어갔지만, 집시들은 오스만의 지배에 선뜻 순응했다. 상당수 대장장이들이 투르크군을 위해 봉사했고, 그 밖에 악사, 이발사, 메신저, 또는 사형 집행인 등으로 일하기도 했다. 오스만제국의 공문서 덕택에, 16세기 부다에 정착한 남자 집시들에 대한 초보적인 통계를 얻을 수 있다. 1546년에 그곳에는 56명의 남자 집시들이 있었는데, 대략 75퍼센트 정도가 기독교도였다. 나머지는 압둘라는 성을 가지고 있었는데, 이는 무슬림으로 개종한 자들에게 주어진 성이다. 대략 30년 뒤, 집시의 수는 90명으로 늘어났고, 거의 전원이 무슬림이었다.

보헤미아, 폴란드-리투아니아, 우크라이나

이 지역에서 15세기 집시의 존재는 산발적으로 증언되고 있다. 그러나 보헤미아왕 블라디슬라스 2세 — 헝가리를 통치했던 블라디슬라스 2세와 동일 인물 —의 재임 기간(1471~1516년) 동안, 집시들은 금속 세공사로서의 지위를 확고히 했고, 무기를 비롯한 군사 물자 제조 임무를 맡고 있었다. 폴란드-리투아니아의 광대한 통일 왕국에 관한 한,

1419년부터 1436년에 걸쳐 폴란드 남부에서 발견된 '찌간' 또는 '치간'이라는 일군의 성명으로 대표되는 인명과 지명을 무시한다면(4장 초반부에서 검토된 이유로 인해), 몇 개의 편지에서 보호영장의 흔적을 찾아볼 수 있는 1501년까지, 거의 아무 것도 알려져 있지 않다. 그 해에 폴란드-리투아니아 대공국의 국왕 알렉산더는 '치가노룸'의 우두머리인 폴가르에게 안전통행증을 수여했다. 폴가르는 5년 전에 헝가리 왕의 비호를 받은 타마스 폴가르와 명백히 동일 인물이다. 알렉산더는 또한 빌노에서 '치하니'의 사령관 와실리의 특권을 인정하여 그에게 내부 문제에 대한 재판권을 부여하고, 집시들에게 '우리의 선조들, 고인이 된 리투아니아의 여러 대공들의 관습에 따라 … 옛날의 법률, 관습, 대공칙령에 따라 … 우리 영토를 이동할 자유'를 부여했다. 이런 종류의 문서로는 이것이 처음은 아니었다. 1513년, 알렉산더의 뒤를 이어 왕위에 오른 그의 동생 지기스문트는 집시 대장장이인 오파비아의 믹시다리우스 완코를 불러들였다. 16세기의 폴란드에는 보헤미아와 독일 양국에서 집시들의 유입이 계속되었다. 한편 우크라이나에 처음으로 나타난 집시는 폴란드에서 온 것으로 보이는데, 1501년경, 볼히니아에서 목격되었다.

이 지역에서 가장 먼저 내려진 추방령은 1538년 모라비아에서 발행된 것으로(이곳은 그 무렵까지 오스트리아 합스부르크가의 지배하에 있었다), 이후 수십 년에 걸쳐 여러 번 갱신되었다. 보헤미아(이곳 역시 합스부르크제국령이었다)는 1541년과 49년(집시의 소행으로 알려진 프라하 화재 사건 이후)에 마찬가지의 조치를 취했다. 폴란드의 세임(국회)은 1557년, 일련의 억압법 제 1호를 제정했다.[21]

스코틀랜드와 잉글랜드

집시들에 대한 스코틀랜드 최초의 기록[22]은 1505년, 스코틀랜드 재무상의 장부에서 찾아볼 수 있다. '4월 22일, 이집트인들에게. 왕의 명령에 따라 10프렌치 크라운. 합계 7파운드.'[23] 여기 등장한 왕은 스털링에 있던 제임스 4세를 지칭하는 것이었다. 스코틀랜드의 집시에 관한 한, 이 기록 이전의 일들은 15세기 중반에 제임스 2세가 갤러웨이를 황폐화시킨 '사라센인' 또는 '무어인'들을 쫓아내려 했다는 이야기를 포함해서 모든 것이 다 억측에 불과하다. 스코틀랜드에도 집시가 나타나기 전에 이미 떠돌이 땜장이, 행상인, 거리의 약장수 등과 같은 여타 토착 집단이 있었기 때문에 서로 혼동될 가능성이 매우 높다.

제임스 4세의 통치 기간 동안, 왕실과 집시의 관계는 양호했던 것으로 보인다. 1505년 4월에 지불된 10프렌치 크라운은 아마도 모종의 여흥을 제공한 대가였던 것 같다. 낭비벽이 심했던 당시 32세의 왕은 음악과 춤, 곡예, '가장 광대,' 그리고 이야기꾼을 좋아했다. 그게 아니라면, 그것은 순례자로서의 집시에 대한 자비로운 기부였을지도 모른다. 당시 상당수의 사람들에게 1파운드가 1년간의 급료에 상응하는 돈이었다는 점을 고려할 때, 그것은 결코 적지 않은 돈이었다. 고작 몇 달 뒤, 제임스는 린리스고 궁전에서 '소이집트의 백작' 안토니우스 가지노를 숙부인 덴마크의 존왕에게 소개하는 편지에 서명했다. 가지노가 기독교 세계를 순례하는 와중에 최근에 일행들을 거느리고 스코틀랜드에 도착했는데, 지금은 덴마크로 가고 싶어한다는 내용이었다. 그 자신 성지 순례를 열망하고 있던 제임스가 집시의 이야기에서 바로 그런 측면에 매력을 느꼈다는 점에는 의심의 여지가 없다.

잉글랜드에서 집시에 대한 가장 초기의 언급으로 보이는 기록은 헨리 8세의 통치 기간 중에 쓰인 『기사 토마스 모어 경의 대화*A Dialogue of Sir Thomas More, Knight*』에 나온다. 당시 모어는 현장에 있었던 사람 중의 한 명으로서, 1514년에 롤라드 탑에서 행해진 리차드 헌의 죽음에 대해 심리할 때, 증인 한 명이 람베스에서 묵다가 최근에 외국으로 떠난 '이집트인' 여자에 대해 언급했다고 쓰고 있다. 그녀는 사람의 손만 보고도 불가사의한 일들을 이야기할 수 있었다고 한다.*24)* 그 뒤, 에드워드 홀은 『헨리 8세 연대기*Chronicle of King Henry the Eighth*』(1548년 출판)를 통해, 1510년에 궁중에서 개최된 무언극에 등장한, '머리를 이집트인처럼 플레전스와 티펫으로 말아 금으로 장식한' 두 여인에 대해 묘사하고 있다. 이것은 유럽 대륙에서 이미 주목받은 바 있는 터번풍의 머리 장식에 대한 언급이다. (플레전스는 얇은 리넨의 일종이며, 티펫은 가느다란 천조각이었다.) 집시들이 잉글랜드 각지에 광범위하게 산재하게 되었다는 것 또한 분명하다. 1513년부터 1523년에 걸쳐 몇몇 '집션'들이 서폴크의 텐드링 홀에서 서레이 백작의 환대를 받았고, 1521년에는 윌리엄 콜멜리라는 사람이 브리스톨 근처의 손베리에서 몇몇 '이집션'에게 40실링이라는 거금을 주었다. 그런가 하면, 1522년에는 콘월의 스트래튼 교구 위원이 '이집션'으로부터 교회 사용료로 20펜스를 받은 경우도 있었다. 스코틀랜드와 마찬가지로 잉글랜드에서도 순례 이야기가 유포되어 있었다는 점은 1530년 8월 17일자의 한 문서에 잘 드러나 있다. 그것은 '스스로를 순례자라고 칭하는, 19명의 남자, 여자, 아이들의 지휘관인 소이집트의 백작 안토니 스티븐이라는 남자'를 포함한 몇 명의 집시를 도둑질 혐의로 헤리퍼드의 판사에게 인계한다는 사실을 보증하고 있다.

집시의 수는 1520년대에 대폭 증가한 것으로 보인다. 윌리엄 해리슨과 사무엘 리드가 각각 1586년과 1612에 이 무렵을 집시들이 잉글랜드를 침입한 시대라고 쓰고 있기 때문이다.[25] 이러한 주장을 뒷받침할 만한 동시대의 문서는 없지만, 잉글랜드 최초의 억압책이 등장한 것은 바로 그 직후였다.[26] 1530년의 한 법령은 '스스로를 이집트인이라 부르는 다양한, 그리고 많은 외국인'을 대상으로 하고 있다.

> 손재주도 없고 상품도 없이 이 왕국에 와서는 무리를 지어 이 마을에서 저 마을로 이동하고, 사람들을 현혹시키기 위해 음험하고 사악한 수단을 사용한다. 손금으로 남녀의 운세를 점칠 수 있다고 믿게 하고, 그 음험함과 사악함으로 사람들의 돈을 갈취하며, 다수의 범죄와 약탈을 행하여 사람들에게 엄청난 상처를 안기고 사기를 친다.

그에 따라 더 이상의 유입을 저지하기 위해 '앞으로 이런 종류의 인간은 왕국령에 들어올 경우 처벌한다'는 포고가 내려졌다. 누구든 영내로 진입한 자는 그 재산을 왕실에 몰수당하고, 보름 이내에 왕국에서 떠나야 하며, 그렇지 않을 경우, 투옥되었다. 이미 잉글랜드나 웨일즈에 들어온 집시는 16일 이내에 떠나거나 그렇지 않을 경우 투옥당하여 소지품을 몰수당했다. 그렇게 압수한 재화의 반 정도는 집행관이 보관했고, 나머지 반은 국고에 귀속되었다. 이 법은 또한 100년 전의 법령에 있던 '언어중재법*per medietatem linguae*'의 적용을 부정했다. 그것은 중죄를 저지른 외국인에게 영국인 외에도 같은 수의 자국인으로 구성된 배심원단의 심판을 받을 권리를 부여한 법률이었다. 불행하게도, 이 흥미로운 권리가 그때까지 집시들에 의해 행사된 사례는 단 한 건도 기록되어 있지 않다.

1537년, 폴 파라는 집시가 보름 이내에 떠나라는 명령을 받았는데, 그 이유는 다른 집시를 죽인 혐의가 있었기 때문이다. 이것은 파*Faa* 또는 포Faw라는 이름이 처음 등장한 사례로서, 이 이름은 이후 스코틀랜드에서 매우 친숙한 이름이 되었다. 이곳에서 파 일족이라는 집시가 이미 인지되고 있었다는 점은 1539년, 스트래포드셔에서 조지 페와 마이클 미세가 판사의 심문을 받을 때 스코틀랜드 왕의 서한과 헐리루드의 대수도원장의 문서를 포함한 다양한 편지를 휴대하고 있었다는 사실만 봐도 잘 알 수 있다. 같은 해에 또 다른 관리가 토마스 크롬웰에게 조언을 구했다. 롬니 마시에서 체포된 집시 몇 명이 '소이집트의 기사' 존 내니와 '그 일행'에게 부여된 국새(國璽)가 있는 국왕의 특허장을 제시했는데, 어떻게 처리하면 좋겠느냐는 것이었다.

1530년의 법령은 아마도 그 목적을 달성하는 데는 실패했을지 모르지만, 진지하게 집행되었다. 1540년 5월, 일군의 집시가 링컨셔주의 보스턴에서 노르웨이로 추방되었다. 1530년부터 1554년 사이에는 집시와 그 가족을 추방시킨 사례가 대략 14회에 달하며, 경계를 강화하기 위해 추밀원과 치안재판소 등에서 여러 차례 훈령을 내린 것으로 알려져 있다. 예를 들어, 1544년, 헌팅던셔에서는 일군의 집시가 17마리의 말과 함께 체포되어 추방을 선고받은 뒤, 배에 태워져 영국령인 칼레까지 추방되었다(이미 매각된 말은 제외된 상태였다). 프랑스에서의 영토 확대를 위해 런던을 떠나 있던 헨리 8세도 그들의 소식은 전해들었던 것 같다. 1544년 9월, 런던에 있던 대법관은 헌팅던 주변에서 강도짓을 한 혐의로 체포된 집시 집단과 관련한 사건에 대해 국왕의 판단을 요청했다. 그들이 체포되자, 대법관은 중범죄인으로 판단될 수 있는 자는 법정에 소환하고, 영국인으로 알려진 자들은 '도둑과 마찬가지로 충분히 채찍질을 가한 뒤, 하급 법원으로 송환시키라'고 수석 재판관에게 지시했다. 그리고 그 밖의 사람들은 런던으로 보내 이 나라에서 추방시키라고 명령했다. 실제로 두 명이 중범죄인으로 밝혀졌는데, 사면을 받으려면 300파운드— 현재의 가치로 환산하면 엄청난 액수였다 —를 내라는 제의가 이어졌다. 현금이 납부되었고, 대법관은 탐욕을 합리화시켜 판결을 완화하는 경우가 있다는 것을 알고 있었다. '이 조치는 적절한 사례이며, 다른 방법으로는 이만한 돈을 얻기 힘들다'고 그는 지적했다. '이런 종류의 비천한 인간은 온힘을 다해 이 땅에서 내쫓아야 한다고 명령한 바 있다. 이 사례를 보면, 그들이든 아니면 그들과 비슷한 다른 누구든, 차후에 여기로 올 마음이 생기지 않을 것이다.' 그가 국왕의 의향을 물은 것은 아마도 결과를 자신하고 있었기 때문인 것 같다. 헨리 8세는 만년에 이르러 전쟁과 전쟁 소문으로 인해 재정적인 압박을 받고 있었다. 왕으로부터 즉각 답변이 왔다. '그대가 말한 이집트인들은 사면하고, 나머지는 추방하라.'

이러한 '적절한 사례'에도 불구하고, 헨리 8세의 통치가 끝나갈 무렵인 1545년에 제정된 새로운 반집시법은 쓸모없는 규정을 반복함으로써 당국의 불안이 계속되었다는 것을 증명하고 있다. 이러한 불안은 집시를 훨씬 뛰어넘어 튜더 왕조의 잉글랜드에서 긴급한 현안으로 대두되었던 방랑자 일반으로까지 확대되었다. 토마스 모어는『유토피아』(1516년)에서 이 나라의 사회적 병폐를 분석하는 출발점으로서 이 문제를 제기하고 있다. 방랑자 집단은, 엔클로저와 옛날 방식의 농업의 해체(이로 인해 수천 명이 일자리를 잃었다)를 비롯해서 인구 증가, 도시의 팽창, 헨리 8세에 의한 수도원 해체 결과로 수년간 계속 증가하고 있었고, 그에 대한 대책은 국가의 최우선 과제로 대두되었다. 건장한 빈민은 주인을 모셔야 했던 시대였기에, 일자리도 없고 땅도 없는 사람들이 계속 증가한다는 것은 지배 계급의 입장에서 볼 때 중대한 위험으로 받아들여졌다. 튜더 왕조에서 가장 가혹한 반방랑법은 에드워드 6세의 즉위 첫 해인 1547년에 제정되었다. 아직 성인이 되지 않은 소년 왕의 앞길에는 파벌 싸움이 벌어질 가능성이 높았고, 방랑자 집단의 규모가 조금이라도 증가한다면 매우 위험한 상황에 처할 것으로 여겨졌다. 이 법률은 서문에서 '어리석은 동정과 자비'를 단죄하고 건장한 방랑자는 가슴에 V자의 낙인을 찍어 2년간 주인 소유의 노예로 만든다고 규정했다. 주인은 적절하다고 판단될 경우, '채찍질을 하거나 사슬로 맬 수 있으며, 그렇지 않을 경우, (아무리 열악한 환경에서라도) 작업과 노역을 시킬 수 있었다.' 그러나 이 법률은 실제로 시행하기에는 너무 가혹했다. 게다가 노예 노동의 혜택을 누가 입느냐는 문제에 대해 의회에서 합의가 이뤄질 수 없었기 때문에 2년 뒤에 결국 폐지되면서 이전 법률이 부활되었다.[27] 같은 해인 1549년, 젊은 국왕 에드워드는 '서섹스 전역에서 방랑집단과 집시, 공모자들, 예언자, 노름꾼 등을 찾아내는 은밀한 수색이 행해졌다'고 자신의 일기에 쓰고 있다. 한편, 더럼에서는 포 일족 몇 명(침례교인 에이미와 조지)이 국왕의 국새를 위조했다는 이유로 또 다른 집시인 존 롤란드에 의해 고소당했는데, 실제로 위조문서를 소지하고 있는 것으로 밝혀졌다.

스코틀랜드에서 마찬가지의 상황이 일어난 것은 조금 뒤의 일이었다. 1527년 5월 8일자 애버딘 시의회 기록에 따르면, 이집트인들이 토마스 왓슨의 집에서 은 스푼 두 개를 훔친 것으로 증명되었는데, 그들의 두목인 에켄 자크스(이것은 분명 애버딘 주민의 이름을 차용한 것임에 틀림이 없다)는 부하들의 행동에 책임을 물어 스푼을 돌려주거나 그에 상응하는 물건을 돌려주라고 명령했다. 같은 지역에서 집시가 또 다시 두각을 나타낸 1539년에도 비슷한 고발이 있었다. 다만 이번에는 배심원 전원 일치로 무죄를 선고받았다. 절도죄로 고발당한 것은 바바라 다이아 밥티스타와 헬렌 안드리라는 두 여성이었다. 안드리는 그 지역에서 불리던 성(姓)이었지만, 밥티스타는 스코틀랜드의 성이 아니다(프랑스 집시들 사이에서 많이 찾아볼 수 있다). 다이아Dya는 아마도 '어머니'를 뜻하는 로마니어로 보이는데, 또 다른 바바라 밥티스타와 구별하기 위해 사용되었다. 법정에서 그들을 옹호하는 입장에 선 것은 그들의 '우두머리이자 대변인'인 조지 포였다. 포는 스코틀랜드에서 옛부터 사용되어온 성이지만, 집시를 가리켜 사용된 예로는 이번이 처음이다. 조지 포와 그의 동생 존 포는 그 직후인 1540년 2월, 길거리 싸움에 연루되어 시의회로부터 일족과 재산을 가지고 마을을 떠나라는 명령을 받았다. 어쩌면 1549년에 더럼에서 위조죄에 걸린 밥티스트 일족과 조지 포는 1539~40년의 애버딘셔의 포 일족과 동일인물이었을지도 모른다.

애버딘 시의회의 방침은 국왕 및 추밀원의 그것과는 달랐다. 1513년, 부왕이 플로덴에서 전사한 뒤 18개월의 나이로 왕위에 오른 제임스 5세는 통치 기간 동안 집시들에 대해 이례적으로 호의적인 태도를 보였다. 1529년 5월, '핼리루드하우스에 있는 어전에서 춤을 춘 이집트인들'은 국왕으로부터 40실링을 하사받았다.[28] 다음 해 3월, 제임스 왕은 '소이집트 태생인 마틴 백작과 그 휘하의 수행원들에게' 안전통행증을 발행했다. 그 후 그는 시야에서 사라져버렸다.[29] 그리고 1540년 2월 15일, 국왕은 '소이집트의 백작' 존 포에게 중요한 특권을 부여하는 추밀원의 이례적인 칙서에 서명했다. 이 칙서는 이전에 발행된 국새가 있는 여러 문서들을 언급하면서 존 포가 '이집트의 법령에 따라' 휘하의 부대에 법률을 부과하고 자신을 거역하는 자들은 모두 처벌할 수 있다고 명시했다. 또한 포의 부하 몇 명이 실제로 이미 반란을 일으켜 그를 습격하고 부대에서 이탈했다고 밝히고 있다. 이들 악당의 이름은 세바스찬 랄로, 안티안 도니아, 사토나 핑코, 노나 핑코, 필립 하치고, 콜라 베일리오, 그라스타 네인, 젤레이야 베일리오, 버나드 베이지, 데미오 마츠칼라, 노트포 롤로, 마틴 페민으로 기록되어 있었다. 이들 이름 중에서 스코틀랜드와 어떤 식으로든 관계가 있는 것은 포와 베일리오 뿐이다. 영국 이름인 랄로/롤로를 제외한 나머지 이름들은 대부분 외국 이름으로 보인다. 다만 노트포라는 이름은 당사자가 '포가 아니라(Not Faw) 롤로'라고 정정하여 말한 것을 서기가 받아 적는 과정에서 지나치게 문자 그대로 해석한 결과였을 것이다. 이 칙서에 따르면, 존 포는 휘하에 있던 이들 행방불명된 구성원들이 없는 상태에서는 고향으로 돌아가기를 거부하고 있었다. '살아 있는 부하들 모두, 그리고 죽은 자들의 경우 사망 신고서를 가지고 귀국할 의무가 있다.'는 것이었다. 반란 주모자인 세바스찬 랄로는 부하들을 존 포로부터 해방시키는 위조 국왕 문서를 손에 넣었다고 기록되어 있다. 칙서는 이들 분열 집단에 대한 모든 형태의 원조를 금하고, '사악한 의도로 매매된' 국왕의 문서는 모두 무시하라고 명령했다. 반란 분자는 체포 즉시 정당한 지도자에게 인계되어 '그들의 법에 따라 처벌받아야' 했다. 그리고 모든 선박의 선장들은 외국으로 가는 존 포와 그 일행을 태워줘야 한다고 명령했다. 논자에 따라 이 문서는 국왕의 호의를 충분히 보여주는 것으로 평가된다. 그러나 이 무렵 존 포는 일족 전부를 데려갈 수 있어야 떠나겠다는 말로 시간을 벌고 있던 반면, 제임스 국왕은 오로지 집시들을 보낼 수 있다는 사실에 마냥 기뻐하고 있었던 것은 아닌가 하는 의구심을 던지는 이들도 있다.

어쨌든 이 결정은 오래 가지 못했다. 그로부터 1년여 지난 1541년 6월 6일, 추밀원은 모든 보호영장과 여타 특권을 무효화하고, 위반하면 사형이라는 전제하에 모든 집시들은 30일 이내에 왕국에서 떠나라고 명령했다. '앞서 말한 이집트인들이 행한 엄청난 도둑질과 위해'에 대해 완전히 이해했다고 추밀원은 밝혔다. 이러한 전환은 제임스 왕이 가끔씩 즐기던 '나홀로 시찰' 중에 집시 모임에 참여한 사건에서 기인한

스코틀랜드 왕의 병을 고친 집시 치료사 그림.

다는 설명이 있지만, 이것은 전기나 역사라기보다는 민간 전승의 냄새가 풍긴다. 이 전승에 따르면, 변장한 국왕은 집시 여자에게 방자하게 굴다가 한 남성에게 병으로 머리를 얻어맞은 뒤 엄청난 모욕을 당했다고 한다. 추밀원의 1541년 명령은 스코틀랜드에서 집시를 영원히 추방하는 데는 성공하지 못했지만, 한동안 포 일족을 잉글랜드(이곳에도 엄한 반집시법이 제정되어 있었다)와의 국경선쪽으로 몰아넣는 효과가 있었던 것 같다. 그 뒤 또 한 번의 기이한 전환이 있었다(1540년의 칙서가 발행된 지 고작 3개월 뒤에 '소이집트의 고(故) 존 폴 백작의 아들이자 후계자인 존 웬'이라는 인물에게 편지를 주면서, 그를 스코틀랜드에 있는 모든 집시의 통치자로 인정하고 집시들을 처벌할 수 있는 권한을 주었다는 점에서 더욱 의외의 전환이었다). 1542년에 제임스 5세가 죽은 뒤 그의 어린 딸 메리가 권좌에 오르면서 섭정 정치가 계속되던 1553년, 당시 프랑스에 있던 메리 여왕의 이름으로, 존 포에게 특권을 부여한 1540년의 칙서를 갱신하는 또 하나의 칙서가 발행되었다. 세바스찬 랄로와 그를 따르는 반란 집단에 반대하고 '우리가 사랑하는 소이집트의 지배자이자 백작인 존 포'를 지지한다는 내용이었다. 추밀원의 포고와 스코틀랜드 의회의 법령이 집시를 비롯해서 그들과 비슷한 생활을 영위하는 자들에 대해 한결같이 처벌로 대응하게 된 것은 1570년대의 일이었다.

사람을 애타게 하는 이 시기의 미스테리 가운데 하나는 프랑스 북부의 아라스에서 전해지는 16세기의 소묘집[30]에서 찾아볼 수 있는 한 장의 초상화이다(P. 151 그림 참조). 이 초상화에는 '의사가 포기한 스코틀랜드 왕의 건강을 의술로 회복시킨 이집트 여인'이라는 설명이 달려있다.[31] 지금까지 이 왕의 신원은 확실치 않으며, 이러한 극적인 치유 사례에 대해 역사가들은 알지 못한다. 그러나 제임스 4세나 5세가 가장 유력한 후보로 보인다. 제임스 5세는 프랑소아 1세의 장녀를 첫 아내로 맞으면서 여덟 달 반 동안 스코틀랜드를 비운 채 프랑스에 머무르고 있었다(1536~1537년). 그러한 사건은 다른 군주들이 대부분 집시에 대해 결정적으로 관용을 잃게 되던 시기에 스코틀랜드에서 그들에게 보인 국왕의 호의를 설명하는 데 도움이 될지도 모른다.

스칸디나비아

집시는 스코틀랜드와 잉글랜드를 거쳐 처음 스칸디나비아 국가에 들어온 것으로 보인다.[*32] 스코틀랜드의 제임스 4세는 덴마크의 공주 마가렛의 아들로, 그는 삼촌뻘 되는 덴마크의 존 왕에게 1505년, 안토니우스 가지노를 소개했다. 신원이 확실히 밝혀진 스웨덴 최초의 집시 또한 안토니우스라는 이름을 가지고 있었다. 스톡홀름의 회계 장부에 따르면, 1512년 9월 29일, 소이집트 출신이라는 60여명의 타트라('타타르인') 일행이 안토니우스 백작의 인솔하에 이곳으로 와서 20마르크를 받았다. 이것은 타타르인이라 불리는 사람들이 스톡홀름에 최초로 상륙한 해가 1512년이라는, 올라우스 페트리의 『스웨덴 연대기Swedish Chronicle』의 기술과도 일치한다. '타타레'는 17세기까지 스웨덴에서 집시를 지칭하는 가장 일반적인 명칭이었는데, 그 무렵, 독일의 영향으로, '치게나레Zigenare'라는 명칭을 처음에는 동의어로, 나중에는 대체어로 사용하게 되었다.

덴마크의 관용은 30년이 채 지나지 않아 사라지고 말았다. 덴마크와 노르웨이의 국왕을 겸하고 있던 크리스티안 3세는 1536년과 1554년, 모든 집시들에게 석달 안에 그 나라에서 떠나라고 명령했다. 그의 아들인 프레데릭 2세는 1561년에 이 포고를 갱신하고 처벌을 강화했다. 따라서 1540년에 링컨셔의 보스턴에서 배에 태워져 노르웨이로 쫓겨난 집시들이 이곳에서 환대를 받지는 않았을 것으로 보인다. 스웨덴에서도 관계가 악화하는데 오랜 시간이 걸리지는 않았다. 1523년에 스웨덴을 덴마크로부터 독립시킨 구스타프 1세는 처음에는 비교적 온건한 조치를 취했지만, 1540년대가 되자, 집시를 추방하기 시작했다. 이 정책은 1560년에 그가 죽은 뒤에도 후계자들에 의해 계승되었다. 그 해에 라우렌티우스 페트리 네리키우스 대주교는 성직자가 집시와 접촉하는 것을 전면적으로 금지하는 법령을 승인했다. 심지어 그들은 집시 자녀들에게 세례를 베풀거나 죽은 자의 매장식조차 할 수 없었다.

오랜 세월 스웨덴 왕국의 일부였던 핀란드에는 애당초 집시들이 스웨덴을 경유해서 들어온 것으로 추정되어왔다. 이러한 추정을 뒷받침하는 증거로는 집시를 가리키는 핀란드어 '무스탈라이넨('검은' 또는 '햇볕에 탄' 사람이라는 뜻)'이 '스바르트 *타타레*', 다시 말해 '검은 타타르인'의 번역어일 가능성을 들 수 있다. 더구나 집시에 대한 핀란드 최초의 언급이 '바다를 건너는 그들의 여행은 1559년, 핀란드령의 올랜드 섬에서 저지되어 스웨덴으로 송환되었다'는 기록이라는 점 또한 이러한 추정을 구체적으로 증명하고 있다. 이러한 상륙 거부에 앞서, 1515년에 에스토니아를 경유해서 육로로 도착했을 가능성도 있다. 중세 핀란드에 대한 어느 사료집에 그 효과에 대한 설명이 나오기 때문이다.[33] 의문의 여지 없이 명확한 사실이 있다면, 신원이 확실한 집시들이 1584년에 오보 요새의 죄수로서 마침내 핀란드 본토에 출현했을 당시, 명백히 스웨덴 이름을 가지고 있었다는 점이다.

이미지와 고정관념

집시의 유럽 침투 흔적 ― 그리고 그에 대한 반응 ―을 살펴보았음에도 불구하고 그들의 내면적 생활 방식과 관습에 대한 보다 포괄적인 통찰은 여전히 부족하다. 그러나 전적으로 모호한 것만은 아니다. 예를 들어, 비록 정주민 사회에 던진 강렬한 인상 때문이긴 하지만, 그들의 외관에 대해서 좀더 많이 알려지기 시작했다. 검은 피부는 그들을 추해 보이게 만들었는데, 그 결과 배척의 대상이 되었다. 긴 머리카락과 귀고리, 기이한 옷차림 등은 눈에 거슬리는 요소로 작용했다. 특히 여성에게는 확실한 집시풍의 의상이 있었는데, 다행히도 몇몇 국가의 화가들이 캔버스나 종이에 그 모습을 묘사했다. 독일에는 1480년경에 '하우스북의 마스터'에 의한 에칭(P.116 그림)과 1550년경에 나온 뮌스터의 『코스모그라피아』의 목판화(P.85 그림)가 있다. 부르고뉴 공작들의 비호 아래 예술이 번창한 저지대 지방에는, 히에로니무스 보슈의 『헤이웨인 *Haywain*』(1500년경. P.132 그림)이 있다. 이것은 집시가 점을 치는 모습을 묘사한 초기의 작품들 가운데 하나로, 이러한 테마는 투르네의 공방에서 제작된 몇몇 태피스트리(벽걸이 융단)에서도 찾아볼 수 있다. 그중에서도 귀족들과 뒤섞인 채 시(市) 또는 성문에서 행렬을 지어 나아가는 집시 집단을 묘사한 작품은 장관이라 하지 않을 수 없다(P.131 그림). 여성들은 연대기 작가들이 묘사했듯이 머리에 터번을 두르고 있다. 귀부인 한 명이 집시로부터 손금을 보고 있는가 하면(P.156 그림), 또 다른 귀부인은 집시 소년한테서 지갑을 도둑맞고 있다. 투르네의 또 다른 태피스트리는 춤추는 집시를 묘사한 가장 초기의 작품이다(P.156 그림 참조).

집시의 옷차림은 이국적인 것의 대명사가 되고 있었다. 저지대 지방의 종교화와 판화 다수(예를 들면, 루카스 반 라이덴의 작품)가 오리엔트풍, 특히 이집트풍의 여성을 묘사해야 할 때 집시풍의 인물을 등장시켰다. 그와 유사한 모티브는 16세기 전반의 이탈리아 화가들 사이에서도 유행하게 되었다. 예를 들면, 지오르죠네의 『집시와 병사』(1510년 이전),

투르네 태피스트리의 세부도 '집시 댄서(1500년경)'.

투르네의 태피스트리 「집시의 방문」 세부도 '집시 점쟁이(1490년경)'.

티티안의『집시』(1510년경), 일 가로팔로가 그린 같은 제목의 그림(1525년경), 코레지오의『집시 마돈나(1530년경)』등이 그것이다. 이 작품들은 상당히 양식화되어 있어서 기록으로서의 가치는 제한적이지만, 터번을 두르고(때로는 특별한 보조 도구 없이, 때로는 고리 세공 등으로 꽂아서) 슈미즈를 한쪽 어깨에 동여매어 외투 모양의 담요로 감싼 집시 여성의 의상에 관한 한, 집시 치료사의 초상(P.151 그림)과 상당한 일치를 보이고 있다. 그와 동시에, 그림으로 나타낸 표현들은 일정한 패턴으로 빠져들기 시작하고 있다. 종종 소매치기 소년이 함께 묘사되는 점치는 장면은 얼마 지나지 않아 틀에 박힌 구성이 될 것이며, 일반 대중의 마음에 독특한 고정관념을 심어주었다.[*34]

무대의 집시 또한 유형화되고 있었다. 집시 여성을 성가신 점쟁이로, 남성들은 말장수를 기만하는 사람으로 묘사하고 있는 질 빈센테의 1521년작 익살극에 대해서는 이미 살펴보았다. 그보다 이른 1475년경, 스위스의 뤼세른에서 쓰여진 작가 미상의 한 연극에도 집시 점쟁이가 등장한다.[*35] 이 연극은 농부가 아내에게 '하이덴'이 가까이 왔으니 헛간으로 달려가 문을 닫고 암탉을 데려오라고 말하는 것으로 시작된다. 한스 사크스가 쓴 16세기 중반의 한 연극은, 마이스터징거(독일에서 14 – 16세기에 시가와 음악의 수업을 위하여 결성된 조합의 일원 – 역주)와 마찬가지로, 풍자적인 희화화와 상투적인 캐릭터들을 다수 차용하여 집시를 도둑질, 빈집털이, 소매치기, 말훔치기, 주문걸기, 마술, 사기 등과 결합시킴으로써 그들에 대한 평판을 망그러뜨렸다.[*36]

초기 집시의 출현에 대해 — 대부분 사건이 일어난 지 1세기 뒤에 — 자세히 쓰게 된 연대기 편자들은 동시대 목격자들의 증언에서는 거의 볼 수 없는 새로운 설명들을 덧붙이는데, 그것이 그 후 일반적인 인식의 일부로 자리잡게 되었다. 이 장은 아벤티누스를 인용하는 것으로 시작했다. 그와 동시대인으로서 함부르크에 살았고 1530년에 『색스니아Saxonia』 초판을 출간한 크란치우스(알베르트 크란츠) 또한 집시의 생활 방식에 대해 신랄한 설명을 남기고 있다. 이것은 1417년의 최초의 집단과 관련된 것이라고는 하지만, 명백히 백 년 뒤의 관찰과 태도에서 도출된 것이다. 다른 수많은 사람들과 마찬가지로, 그는 집시의 피부색이 검다는 점과 옷차림의 기묘함을 강조하고 있다. 그는 집시가 농부들에게 큰 짐이 되고 있다고 주장하고, 그들의 그 도둑 행위를 통렬히 비난한다. 그것은 주로 여성의 일이라는 설명도 덧붙여져 있다. 그들은 다양한 언어로 말하지만, 진정한 조국은 없다. 이동 중에 태어났기 때문이다. 속죄 이야기는 꾸며낸 것이며, 실제로는 어떠한 종교도 없다. 매일매일 동물처럼 살고 있으며, 이 지방에서 저 지방으로 방랑한다. 몇 년에 한 번씩 돌아오지만, 도중에 여러 개의 집단으로 나뉘어 동일한 사람들이 동일한 장소로 돌아오는 것을 피한다. 여자들은 아이들과 함께 말이 끄는 마차를 타고 이동하며, 귀족은 사냥개 무리들을 끌고 종종 말을 교환하기도 하지만, 나머지 대다수는 걸어다닌다. 공작과 백작, 병사는 존경을 받는다. 병사가 집시였는지 아니면 집시를 보호하기 위해 고용된 가제였는지 아닌지는 명확하지 않다. 그러나 크란츠의 주장에 따르면, 그들은 무리에 합류하고 싶어하는 자라면 남녀를 막론하고 받아들인다고 한다.[37] 이러한 지적의 정확성 여부는 논의의 여지가 있다. 이들 후세대 논자들 상당수는 본토박이 '이집트인' 이라는 개념을 받아들이는데 명백히 곤란을 겪었기 때문이다. 그러나 그 지적이 사실이라면, 이민족간의 결혼에 대해서는 거의 알려지지 않게 된다.

이제 우리는 다양한 자료를 통해 집시의 생활에 대해 알게 되었다. 가장 흔히 언급되는 것이 구걸과 점이다. 그 밖에 말 거래, 금속 세공, 치료, 음악과 춤 등이 있다. 도둑질 또한 반복적으로 나타나는 주제이지만, 그들의 범죄 대부분은 음식과 옷, 그리고 기회가 있을 때면 돈을 훔치는 정도이다. 내부의 사법과 규율의 문제는 대부분 그들 자신의 손에 남겨져 있었다. 다양한 증거로 알 수 있듯이, 집시 집단은 '국가내의 국가'를 구성하는 것으로 인정되고 있었으며, 내부에서 각 개인이 대립하는 사태가 생길 때에도 정부 당국은 잘못한 쪽을 가려내어 처벌하기보다는 관련 조치를 집시 자신에게 위임했다.

각각의 인간에 대해 서술할 때 여전히 상투적으로 '소이집트 출신'이라는 꼬리표가 적용되었지만, 서방으로의 이주가 시작된 뒤 어느덧 수세대가 지난 상태였으므로, 이미 그 의미는 잃고 있었다. 집시들은 설령 완전히 정착하지는 않았을지언정 각각의 국가에 좀더 순응해가고 있었다. 그리고 가끔 일어나는 일이긴 하지만, 재판소에서 전력을 조사받게 되더라도, 그들에게 붙여진 '소이집트 출신'이라는 꼬리표에도 불구하고, 재판이 행해지는 국가에서 태어나(혹은 세례를 받아) 그다지 멀리 떨어지지 않은 나라의 여성과 결혼한 것으로 밝혀지는 경우가 많았다.

유럽의 대응

이 장에서는 지배자와 귀족, 관리, 일반 시민 등과 집시가 맺고 있던 상호관계에 중점을 두었다. 입수할 수 있는 자료의 상당수가 이 문제와 관련이 있기 때문이다. 그러나 이 한 가지 분야에서도 전체적인 윤곽을 파악할 수 있는 정경은 묘사되어 있지 않다. 도시와 국가의 공문서 기록이란 것이 어느 정도의 공금 지출이 있는 사례에 대해서만 크게 편향되어 있기 때문이다. 따라서 집시가 재화와 서비스를 제공하는 대가로 필요한 물품을 조달한 경우 또는 아무 것도 손에 넣지 않고 이동을 계속하거나 쫓겨난 경우는 당국의 주의를 끌지 못했다. 그 밖에도 무수히 많은 여타 사례에 대해서는 여전히 알 수가 없다.

실제로 드러난 관계를 고찰하다 보면, 집시가 유럽 전역으로 퍼져 나가는 과정에서 어느 정도 일정한 경향이 나타나는 것을 알 수 있다. 그들이 어느 나라에 도착하면, 마을 사람들과 도시민들이 자선에 지칠 즈음 비교적 빨리 저항과 거절의 조짐이 산발적으로 나타나기 시작한다. 그리고 보통 10년 내지 20년이 채 지나지 않아 그러한 대립이 보다 널리 확산된다. 설령 추방과 억압이 아직 유럽 전역에 일반화되지는 않았더라도, 보편적으로 적용되는 최초의 칙령은 집시가 그 나라에 도착한지 수십 년 내지 1세기 사이에 제정된다. 그러나 아벤티누스가 지적했듯이, 위로부터의 포고가 게으른 관리들과 무관심한 신하들로부터 항상 기대했던 반응을 끌어내지는 못했다.

7년 간의 순례라는 집시의 이야기는 끊임없이 갱신될 정도로 기막힌 착상이었지만, 시간의 경과와 더불어 애초의 마력을 잃고 말았다. 그 이야기가 일상적으로 사용되었는지 아니면 그저 가끔 사용되었는지 어떤지는 분명치 않다. 공문서에 빈번하게 등장하는 것은 확실하지만, 이 기록들은 자선을 베푼 사례에만 편향되어 있기 때문이다. 분명한 것은, 처음 몇 번의 방문이 있고 나면, 지극히 독실한 시민들조차 이 순례단을 지원하는 문제에 대해 열의를 느끼기가 힘들어졌다는 점이다. 실제로 종교를 둘러싼 분위기가 급속히 변화하고 있었다. 1500년의 기독교 세계는, 후스(보헤미아의 종교 개혁자이자 순교자) 일파가 인구의 절반 이상을 차지하고 있던 보헤미아와 모라비아를 제외하면, 기본적으로 여전히 서구의 로마 가톨릭과 동구의 그리스 정교로 나뉘어져 있었다. 그로부터 반세기가 채 지나지 않아, 유럽 인구의 거의 40퍼센트가 '개혁' 신학을 신봉하게 되었다. 그리고 1570년에는 신성 로마제국의 신민 열 가운데 일곱은 프로테스탄트였다. 이 무렵 교황의 교서는 그 효력을 상당 부분 잃어버렸다. 초기에 집시에게 유리하게 작용했던 전략이 16세기 중반에 그 효력을 완전히 잃어버린 것은 아니었지만, 순례에 대한 열정과 순례자의 지위는 눈에 띄게 저하되었다. 더구나 빈곤을 이상화한 프란체스코회의 전성기에는 교회로부터 호의를 얻었던 구걸 역시 이미 오랫동안 정부 당국으로부터 엄한 규제를 받고 있었고, 이제는 루터파를 비롯한 개혁 세력으로부터 기독교 세계 전역에서 근절시켜야 할 중요한 악습으로 꼽히는 수난을 당하게 되었다.

형세가 바뀌자, 집시들에게는 곤란을 피할 수 있는 독자적인 조국도 없었고, 확고히 뿌리내릴 전망도 거의 없었다. 애초부터 그들은 이동 과정에서 정주민들의 잠재적인 편견을 자극했다. 정주민들은 대체로 방랑자를 신뢰하지 않았다. 그리고 인구의 대다수가 신앙심과 농노제, 극심한 노동의 생활을 강제받고 있던 유럽 사회에서 집시들은 지배적인 도덕의 기초가 되는 본질적인 가치와 전제를 노골적으로 부정하는 존재였다. 마찬가지의 편견은 16세기 유럽의 빈민 구제를 위해 존재했던 초보적인 계획안에도 숨어 있었다. 토착 빈민은 다양한 교구에서 구제하지만, 다른 곳에서 온 거지들은 가차없이 출생지나 이전 거주지로 보낸다는 것을 전제로 하고 있었기 때문이다. 이 방식은 교구가 없는 사람에게는 아무런 여지도 남기지 않았다. 이제 나라마다 집시에 대한 거부 정책을 추구하게 되었다. 그들이 어디로 가야 할 것이며, 간다면 또 어떻게 가야 하는지, 그리고 설령 그곳에 도착하더라도 과연 그 나라에 들어가 머무를 수 있을지 어떨지 등에 대해서는 전혀 고려되지 않았다.

1) 본래의 라틴어는 a superis. 이것이 한 가지 이상으로 번역되고 있는데 여기에서는 '그들의 통치자'라는 의미로 쓰여졌을 것이다.

2) Translated from the Latin of Johann Thurmaier, *Annalium Boiorum libi septem* (Ingolstadt, 1554).

3) 다른 장과 마찬가지로 이 장에서도 다양한 원전으로부터 자료를 끌어내야 한다. 그러나 1550년대까지의 발칸 반도 밖의 집시에 대한 역사적 언급들을 상당히 포괄적으로 다뤄야할 상황에서 각각의 원전들을 다 인용하다보면 금세 페이지가 넘쳐날 것이다. 따라서 인용문은 특별히 유용한 광범위한 연구에 집중되어 있다. 앞선 장에서 인용한 몇몇 저작들은 이 장과도 관련이 있다. 대체로 주제별로 구성된 19세기 중반까지의 일반적인 역사는 F. de Vaux de Foletier's *Mille ans d'historie des Tsiganes* (Paris, 1970).

4) See O. van Kappen, 'Four early safe-conducts for Gypsies', *JGLS*(3), 44 (1965), pp. 107-15. 독일어권의 초기 집시 역사에 대한 개설서로는 다음 세 권의 책이 있다.: H. Arnold, *Die Zingeuner, Herkunft und Leben im deutschen Sprachgebiet* (Olten, 1965), esp. pp. 33-63; H. Mode and S, Wolffling, Zigeuner, *Der Weg eines Vilkes in Deutschland* (Leipzig, 1968), esp. pp. 141-66; and G. A. Rakelmann, *Die Zigeuner, Reisende in Europa* (Cologne, 1988), esp. pp. 23-78.

5) 텍스트 전문은 C. von Weber, 'Zigeuner in Sachsen 1488-1972', in *Mitteilungen aus dem Hauptstaatsarchive zu Dresden* (Leipzig, 1857-61), vol. 2, pp. 282-303.

6) Cf. R. A. Scott Macfie, 'Gypsy persecutions: a survey of a black chapter in European history', *JGLS*(3), 22 (1943), pp. 65-78.

7) Translated from the German of Johann Stumpf, *Schweytzer Chronnik* (Zurich, 1606), fol. 731.

8) 예를 들면 J. Okely, *The Traveller-Gypsies* (Cambridge, 1983); N. Martines, *Les Tsiganes* (Paris, 1986).

9) Cf. A. M. Fraser, 'Counterfeit Egyptians', *Tsianologische Studien* 1990, no. 2, pp. 43-69.

10) 혁명기까지의 프랑스 집시의 역사는 F. de Vaux de Foletier, *Les Tsiganes dans l'ancienne France* (Paris, 1961)을 참조하라.

11) *Journal de jean Aubrion, bourgeois de Metz* (Metz, 1857), p. 348.

12) 18세기 말까지 집시와 스페인 정부 당국과의 관계를 다루고 있는 자료로는 B. Leblon's *Les Gitans d'Espagne*(Paris, 1985)를 들 수 있다. G. Borrow's *The Zincali*(London, 1841)도 관련 자료를 많이 다루고 있다.

13) D. Creades, 'Les premiers Gitans à Murcie', *Études Tsiganes* (1974), nos 2/3, pp. 5–7.

14) 세르반테스 또한 중편 소설 『La Gitanilla』(1613년)와 희극 『Pedro de Urdemalas』(1611년경)에서 이러한 특징을 보이고 있다.

15) 18세기 중반까지 네덜란드 북부에서 나타난 당국과 집시와의 관계에 대한 포괄적인 연구서는 O. van Kappen, *Geschiedenis der Zigeuners in Nederland*(Assen, 1965). 네덜란드 남부에 대해서는 같은 저자의 다음 논문을 참조하라. 'Contribution to the history of the Gypsies in Belgium', *JGLS*(3), 48 (1969), pp. 107–20.

16) 이탈리아에서 제정된 집시 관련 초기 법률에 대해서는 다음을 참조하라. M. Zuccon, 'La legislazione sugli Zingari negli stati italiani prima della rivoluzione', *Lacio Drom* (1979), nos 1–2, pp. 1–68; A. Campigotto, 'I bandi bolognesi contro gli Zingari (sec. XVI–XVIII)', *Lacio Drom* (1987), no. 4, pp. 2–27; and A. Arlati, 'Gli Zingari nello stato di Milano', *Lacio Drom* (1989), no. 2, pp. 4–11.

17) Cf. J. F. Foresti, *Supplementum chronicorum Fratris Jacobi Philippi Bergomensis* (Venice, 1483).

18) Cf. A. Campigotto and L. Piasere, 'From Margutte to Cingar: the archeology of an image', in *100 Years of Gypsy Studies*, ed. M. T. Salo (Cheverly, MD, 1990), pp. 15–29.

19) G. Pray (ed.), *Annales Regum Hungariae ab anno Christi CMXCVII ad annum MDLXIV* (Vienna, 1764–70), vol. 4, p. 273.

20) E. O. Winstedt, 'Some Transylvanian Gypsy documents of the sixteenth century,' *JGLS*(3), 20 91941), pp. 49–58.

21) Cf. J. Ficowski, *Cyganie na polskich drogach*, 2nd edn (Kraków, 1985), pp. 16–25, and *The Gypsies in Poland* (n.d. [Warsaw, 1990]), pp. 11–13.

22) 스코틀랜드와 잉글랜드 집시의 초기 역사에 대해서는 다음을 참조하라. W. Simson, *A History of the Gypsies* (London, 1865); H. T. Crofton, 'Early annals of the Gypsies in England', *JGLS*(1), 1 (1888–9), pp. 5–24, and 'Supplementary annals of the Gypsies in England before 1700', *JGLS*(2), 1 (1907–8), pp. 31–4; D. MacRitchie, *Scottish Gypsies under the Stewarts* (Edinburgh, 1894); E. O. Winstedt, 'Early British Gypsies', *JGLS*(2), 7 (1913–14), pp. 5–37; and B. Vesey-FitzGerald, *The Gypsies of Britain* (London, 1944).

23) *Accounts of the Lord High Treasurer of Scotland*, ed. Sir James Balfour

Paul (Edinburgh, 1901), vol. 3, p. 136.

24) Sir Thomas More, *A dyaloge of syr Thomas More, knt.* (London, 1529), book 3, ch.15. 설령 모어가 왜곡된 설명을 하고 있었을지라도, 논지는 여전히 유효하다. A. Ogle, *The Case of the Lollards Tower* (Oxford, 1949), p. 95.를 참조하라.

25) W. Harrison, *A Description of England* (prefixed to Holinshed's *Chronicles*, London, 1587), book 2, ch. 10; S. Rid, *The Art of juggling or Legerdemain* (London, 1612).

26) 이런 종류의 법률에 대해서는 다음을 참조하라. C. J. Ribton-Turner, *A History of Vagrants and Vagrancy* (London, 1887).

27) Cf. C. S. L. Davies, 'Slavery and Protector Somerset; the Vagrancy Act of 1547', *Economic History Review* (1966), pp. 533-49.

28) Paul (ed.), *Accounts*, vol. 5 (1903), p. 379.

29) MS Regiester of the Privy Seal of Scotland, vol, 8, fol. 153.

30) 아라스시 도서관에 있는 Arras collection 266호.

31) See A. M. Fraser and F. de Vaux de Foletier, 'The Gypsy healer and the king of Scots', *JGLS*(3), 51 (1972), pp. 1-8.

32) A. Etzler, Zigenarna och deras avkomlingar i Sverige(Uppsala, 1944)에는 스웨덴과 스칸디나비아 반도의 초기 집시 역사에 대한 개요가 담겨 있다. 스웨덴 및 노르웨이와 관련한 그 밖의 역사적 자료는 다음을 참조하라. A. Heymowski, *Sedish Travellers and their Ancestry* (Uppsala, 1969); (for Norway) in E. Sundt, *Beretning om Fante- eller Landstrygerfolket i Norge* (Christiania, 1850)

33) E. Aaltonen, review in *JGLS*(3), 42 (1963), pp. 64-7.

34) 이 테마는 J.-P. Cuzin's catalogue *La diseuse de bonne aventure de Caravage* (Paris, 1977)에서 찾아볼 수 있다.

35) *Schauspiele des Mittelalters*, ed. F. J. Mone (Karlsruhe, 1846), vol. 2, pp. 378ff.

36) *Die 5 elenden wanderer*, in *Hans Sachs' Werke* (Berlin, 1884), vol. 2, pp. 58-68.

37) A. Krantz, *Rerum Germanicarum historici clariss. Saxonia* (Frankfurt am Main, 1580), pp. 354ff. (1st edn Cologne, 1530.)

38) 1553년에 네덜란드에서 행해진 이런 종류의 재판에 대해서는 van Kappen, *Geschiedenis*, pp. 128-30을 참조하라.

제 6 장

집시라는 이유만으로

그 후 200년 이상(16세기 중반부터 18세기 후반까지), 집시의 존재에 대한 유럽 국가 대부분의 대응은 거의 한결같았다. 그들은 단지 사회에서 차지하는 지위로 인해 여전히 범죄자 취급을 당했으며, 그에 덧붙여 이단의 행위와 마술에 대한 종교적 적의와 인종적 편견에 시달려야 했다. 더구나 유럽 각지에서 방랑자와 '건장한 거지'에 대해 일반적으로 억압의 파고가 높아가고 있었다. 당국은 일정한 거처가 없고 노동력으로서도 쓸모가 없는, 뿌리도 없고 주인도 없는 사람들을 허용할 수 없었다. 그들은 존재 자체가 이단이었으며, 기존 질서와 마찰을 일으켰고, 강제와 억압에 의해 정상화시켜야 할 대상이었다. 정주민에게 합법적인 서비스를 제공할 경우에도, 집시는 지역의 독점을 깨뜨리는 떠돌이 상인과 장인에 대한 반감 또는 행상인이나 떠돌이 땜장이, 광대에 대해 권력자가 품는 멸시를 견뎌내야 했다. 계몽의 시대는 광대한 영역에 새로운 빛을 비추었지만(합리주의 철학과 명석한 문학, 그리고 과학과 음악의 대약진), 집시에 대한 처우를 포함한 어둠에는 거의 침투하지 못했다.

추방, 동화, 절멸

　　각국에서 제정된 반집시법이 단 몇 개월 동안이라도 엄격하게 시행되었더라면, 집시들은 유럽 기독교 세계 대부분의 지역에서 16세기 중반도 되기 전에 모두 근절되었을 것이다. 그러나 그런 일은 일어나지 않았다. 반복적으로 나타났듯이, 아무리 가혹한 형법도 종종 효과적으로 시행되지 않았던 것이 사실이다. 그 원인으로는 일부 주민이 보인 침묵의 저항이나 하급 관리들의 부패, 그리고 당시 경찰조직의 결함 등을 들 수 있겠다. 의도와 결과 사이의 이러한 격차에 대한 대응은 어느 나라를 막론하고 거의 동일했다. 더 많은 법률이 만들어졌고, 형벌은 더욱 가혹해졌던 것이다. 그 사례를 상세히 열거하는 것은 지루한 일이 될 것이며, 또 그럴 필요도 없다. 어느 한 나라의 예를 들어 사태의 진행 상황을 점검해 본다면, 2세기 반에 걸쳐서 사실상 오스만제국을 제외한 유럽 전체가 보여준 반응에 대해 한정적이나마 전반적으로 알 수 있을 것이다. 때로는 억압의 폭풍이 잦아들기도 했다. 잉글랜드와 스코틀랜드에서 점진적으로 일어난 일이었다. 그러나 대부분의 경우, 폭풍은 끊임없이 지속되었다. 독일 땅에서는 다소 지리멸렬했지만, 프랑스와 네덜란드 같은 곳에서는 보다 강화되고 조정된 대책들이 이어졌다. 최초의 정책이 실패하자 결국은 방향을 전환하고 보다 이성적인 (그러나 무자비하다는 점에서는 여전히 변함 없는) 접근을 하는 나라도 있었다. 합스부르크 제국과 부르봉 왕조의 스페인 등이 그 명백한 사례라 하겠다.[1]

　　잉글랜드에서는 1550년부터 1640년 사이에 주인 없는 사람들에 대한 국가의 탄압이 절정에 달했다. 필립과 메리의 통치 초기인 1554년에 제정된 한 법률에는 다음과 같이 명문화되어 있다. '앞서 말한 〈이집트인〉 집단 및 그와 비슷한 여타 인간 다수가 … 옛부터 익숙한 악마적이고 사악한 행동과 수단을 사용해서, 기독교 왕국에서는 허용되지도 않을뿐더러 이름도 없는, 그리고 그 경우 응분의 처벌을 피할 수 없는 혐오스런 생활양식과 함께 다시 이 왕국에 들어오고자 기도하고 있다.' 1530년에 제정된 헨리 8세의 법률은 처벌 규정을 더욱 강화했다. 집시를 이 나라로 운송해온 자는 누구든 40파운드의 벌금을 내야 했고, 그렇게 들어와서 한 달 동안 체류한 집시는 중범죄인으로 간주되어 죄인 비호권과 '성직자특권'을 박탈당했다. 다시 말해, 읽고 쓸 줄 아는 능력이 없어서 소송을 못하는 것이 아니라, 설령 소송에서 이기더라도 생명과 토지와 재산을 몰수당해야 했던 것이다. 그전부터 잉글랜드와 웨일즈에는 40일 이내에 떠나지 않은 집시들에게도 똑같은 운명이 기다리고 있었다. 이러한 벌칙은 14세 이하의 어린이들에게는 적용되지 않았으며, '그 사악하고 게으르며 신을 두려워하지 않는 생활과 집단을 버리고, 성실하고 유능한 주민 누군가에게 의지하며... 합법적인 일이나 직업에 정직하게 종사하기로' 결정한 집시들 역시 그 적용을 피할 수 있었다. 잉글랜드나 웨일즈에서 전에 '이집트인들'이 사용한 면허와 문서, 통행증은 모두 무효화되었다.

이 법률에 따른 최초의 재판 기록은 엘리자베스가 통치하던 1559년, 도싯에 나타난 대규모 집시 집단과 관련이 있다. 도싯주 총독이 지침을 내려달라며 추밀원에 보낸 편지에 따르면, 여왕은 '그들 중 상당수에게 엄한 판결을 내리고 형을 집행하는 것이 적절'하며 나머지는 추방하는 것이 좋겠다고 생각하고 있다. 같은 해에 헤리퍼드셔에서의 순회재판에서도 비슷한 조언이 행해졌다. 그러나 도싯의 집시들은 영국에 '운송되어' 온 것이 아니라 스코틀랜드에서 육로로 왔다는 순전히 기술적인 이유로 무죄방면되었고, 총독은 법률이 방랑자에 대해 정하고 있는 바에 따라 그들을 출생지로 추방했다. (그들은 얼마 가지 않아 다시 당국과 충돌했다. 그 다음 달에 글로스터셔에서 다시 체포되어 글로스터 요새에 감금되었고, 마을 전역에서 징벌을 받았다.) 1554년 법령에 따른 추방은 실제로는 그다지 많지 않았던 것으로 보인다.

시간이 흐른 뒤, 외국에서 태어난 집시의 수는 차츰 더 적어졌고, 1562년, '스스로를 이집트인이라 칭하는 방랑자에 대한 더 가혹한 처벌'을 명시한 법률이 제정되었다. 이 법률은 잉글랜드나 웨일즈에서 태어난 집시들의 처우에 대해 필립과 메리의 법률보다 더 명확하게 하려는 의도를 담고 있었다. 결국 잉글랜드나 웨일즈에서 태어난 자는 출국을 강제받지는 않겠지만, 그 게으르고 신을 두려워하지 않는 생활과 집단을 버려야 한다는 전제 조건이 붙었다. 그러나 그와 동시에 이 법률은 이집트인이라 불리거나 스스로 이집트인이라고 말하는 방랑자 집단과 어울리는 모습이 한 달에 '한 번 또는 여러 번' 확인된 사람, 또는 '의상과 언어, 그 밖의 행동 등에 의해 … 이집트인으로 모방, 변장, 위장하는' 14세 이상의 사람은 모두 사형에 처하고, 그 토지와 재산을 몰수한다고 명시하고 있다. 이후의 법률에서 '위장한 이집트인'이 강조되는 것은 집시 집단과 어울리는 가제에 대처할 필요가 있었다기보다는 잉글랜드와 웨일즈에서 태어난 자는, 설령 양친이 모두 집시라 하더라도, 정의상, '이집트인'으로 간주될 수 없다는 항변을 피하기 위한 것으로 보인다.[2] 그러자 다수의 '이집트인들'은 자신들의 자식에게 세례를 시키고 출생지를 증명해줄 서류를 확보해두는 것이 현명하다는 사실을 깨달았다. 그때부터 그러한 세례 기록이 잉글랜드와 웨일즈 각지에서 증가하기 시작한다. 그 결과, 1562년법이 제정된 이후 10년 동안, 이집트인과 사귀거나 이집트인으로 위장한 죄를 묻는 재판 10건에서, 다수의 피고들이 자국내에서 태어난 집시로 판정받을 수 있었다.

추밀원은 주 관리들과 판사에게 연달아 지시를 내리면서 정력적으로 신법을 시행해나갔다. 1569년에는 집시와 방랑자에 대해 철저히 수색하라는 명령이 떨어졌다. 이 해에는 엘리자베스에게 반기를 든 북부의 백작들의 반란으로 나라가 혼란에 빠지면서 전반적으로 어수선한 분위기가 팽배했는데, 방랑하는 도적 집단과 거지들이 그러한 분위기를 조장한 것으로 여겨지고 있었다. 1577년, 추밀원은 에일즈베리에서 행해지고 있던 재판에 강한 관심을 표명했다. 명백히 영국 태생의 집시였던 이들 피고들은 이집트인들과 범죄 집단을 만들고, 그들의 복장과 언어, 행위를 따라한다는 죄로 기소된 상태였다. 그들은 결국 전원 유죄판결을 받고 교수형에 처해졌다.*3) 1579년, 추밀원은 래드너에서 체포된 40명의 집시를 중범죄인으로 다루기 위한 특별 감독관을 임명했다. 다음 번 순회재판까지 피고들을 감옥에서 먹여살릴 비용을 절감하기 위한 조치였다. 그와 비슷한 운명에 처한 사람들의 기록도 적지 않다. 그러나 집시 집단의 구성원을 애초의 교구로 돌려보내고 거기서 적당한 직업에 정착하게 한다는 1562년법의 규정을 적용하고자 한 사례는 오직 한 건만이 알려져 있다. 1596년 요크셔에서의 일제 적발로 196명의 집시와 그 일족— 남, 녀, 아이들 —이 체포되어 재판에 넘겨졌을 때의 일이었다. 요크 사계법원(3개월마다 열리는 법원)은 '성인' 106명에게 사형을 선고했다. 그 가운데 외국에서 태어난 아홉 명— 전체의 5퍼센트 미만 —만이 다른 사람들의 깊은 탄식 속에서 처형당했다. 나머지 187명은 사면되었고, 윌리엄 포팅턴이라는 사람이 법원의 허가하에 그들을 출생지로 데려다주게 되었다. 고향으로 연행되어가는 집시들의 무질서한 대열은 잉글랜드의 길가에서 볼 수 있는 퍽이나 기괴한 광경 가운데 하나였을 것이다. 포팅턴은 글래모건에서 끝나게 될 그 임무를 수행하는데 8개월의 시간을 부여받았다.*4) (글래모건과 래드너의 에피소드는 웨일즈에 있던 집시의 존재를 보여주는 최초의 명확한 사례이다. 다만, 1530

년, 잉글랜드와의 국경선 잉글랜드 측에 몇 명이 있었다는 것을 보여주는 증거는 있었다.)[5]

엘리자베스의 1562년법은 구체적으로 집시를 대상으로 한 이런 종류의 법률로서는 잉글랜드와 웨일즈 최후의 것이었다. 그것은, 나중에는 시행되지 않았지만, '지나치게 엄한 법'으로 1783년에 폐지될 때까지 법령집에는 남아 있었다. 방랑하는 집시라는 이유로 잉글랜드에서 교수형에 처해진 최후의 사례는 1650년대에 베리 세인트 에드문즈 순회재판에서 유죄로 판결되어 처형된 13명인 것으로 보인다.[6] 그러나 집시들은 그보다 훨씬 전부터 자신들의 통과를 허용하고 상대적으로 고통을 받지 않게 해주려는 지방 관리들이 적지 않다는 사실을 발견하곤 했다. 더 나아가 17세기 교구 감독관들의 회계장부가 증명하고 있듯이, 종종 동냥을 얻는 경우까지 있었다.[7]

당연한 일이겠지만, 집시들은 방랑생활을 다루는 법령으로 인해 위험한 상황에 처해 있었고, 관료들의 입장에서 볼 때 그들과 일반 방랑자의 차이가 모호해지려면 그들이 국내에서 태어났다는 사실을 인정받아야 했다. 헨리 8세와 그 이후의 튜더 왕조는 방랑자와 빈민을 대상으로 13건의 법령을 제정했는데, 그 중에서 가장 포괄적인 것은 '방랑자에 대한 처벌, 그리고 빈민과 허약자 구제를 위한 법령'이라고 명명된 1572년의 법이다. 그것은 엘리자베스 시대의 가장 가혹한 법이기도 했다. 14세 이상의 '부랑자, 방랑자, 또는 건장한 거지'는 누군가 정직한 사람이 1년간 노역에 종사시키지 않는 한, '가혹하게 채찍질을 당하고, 뜨겁게 달궈진 직경 1인치 정도의 철사로 오른쪽 귀를 연골까지 지지는' 형벌에 처해졌다. 두 번째로 위반한 자는 2년간 노역에 종사하지 않으면 중죄인으로 간주되었다. 세 번째로 위반할 경우, 중죄인으로서 종신형에 처해지는 것 이외에 다른 선택의 여지가 없었다. 14세 미만의 부랑자에 대해서는 채찍질을 하거나 칼을 씌워 사람들 앞에 내놓았다. 처벌 가능한 대상을 기록한 긴 비고(備考) 부분에는 집시의 이름이 나와 있지 않았지만, 그 설명의 상당 부분은 명백히 그들에게 적용되고 있었다. 빈민 구제의 기본 구도는 치안판사가 관할 구역에서 태어났거나 그곳에서 3년 이상 거주한 모든 가난한 노약자들을 등록하고, 그들을 적당한 주택에 정착시키는 것이었다. 그 비용은 지역 주민의 몫이었다. 지방행정구별 구빈세(救貧稅)를 도입함으로써 전국적으로 강제 분담의 하부 구조를 도입한 것은 엄청난 혁신이었다. 거지들의 자식으로 5세부터 14세 사이의 아이들은 누구든 데려다가 노역을 시킬 수 있었다(여자들의 경우 18세까지, 남자들은 24세까지). 이렇게 해서 주인이 된 자는 최대 19년까지 지속적으로 무상 노역을 확보할 수 있었다.

　법률은 차츰 억압의 강도를 줄여갔고 형벌적 요소도 감소시켰지만, 근대적 기준에서의 야만적인 요소는 여전히 사라지지 않았다. 의회는 계속해서 방랑자 관련법을 통과시켰지만, 새로운 요소는 거의 첨가되지 않았다. 집시를 다른 다양한 집단과 함께 부랑자와 방랑자로 규정하는 방식― 1597년법이 처음으로 양자를 결합시켰다 ―도 그대로 답습되었다. 예를 들어 1713년법은 적용 대상을 '스스로 집시라고 말하거나 습관적으로 방랑하거나 가짜 이집트인을 구성하는 자, 또는 관상이나 손금, 사악한 과학에 능통하다고 떠드는 자, 운세를 봐주거나 해몽을 잘 한다고 떠드는 자, 기괴한 도구를 사용하고 불법적인 놀이나 도박을 행하는 자' 등으로 확장시켰다. 이 법은 부랑자, 방랑자, 건장한 거지 등을 정기적으로 적발해서 채찍질을 하거나 경우에 따라 일정 기간 고된 노역을 시킨 뒤 최종 정착지 또는 정착했던 곳이 없는 것으로 판명되면 본래의 출생지로 돌려보내라고 판사에게 지시하고 있다. 이런 방식으로 집시를 지명한 영국 최후의 법률은 1822년 부랑자법이었다. 그것은 '집시라고 자칭하는 모든 자' 또는 점을 봐주거나 온갖 곳을 방랑하고, 천막이나 짐마차나 수레에서 야영하는 자는 부랑자와 방랑자로 간주된다고 규정하고, 최고 6개월 간 감옥에 처넣을 수 있다고 명시하고 있다. 이 법이 1824년 부랑자법(이 법률은 상당 부분이 현재까지 유효하며, 홈리스와 거지들에게 벌금을 물리고 교도소에 수감하는 수단이 되고 있다)으로 대체되면서 마침내 집시에 대한 특별한 언급은 폐지되었지만, 그렇다고 해서 그들을 계속 압박하는 수단으로서의 기능이 무뎌지지는 않았다. 한편 도로법은 1822년에 도입된 집시의 야영금지 규정을 그 후에도 갱신했다.

1713년의 법률은 잉글랜드 법률에서 '이집트인' 대신 '집시'라는 말을 처음으로 사용했다. 그러나 의원들이 새로운 언어를 고안해낸 것은 아니며, 이 단축형은 '집시언*Gipcyan*' 또는 '집슨*Gipson*'이라는 중간적 형태를 거쳐 이전 세기 초에 이미 확실히 정착되어 있었다.[8] 스코틀랜드에서 그 단축형이 사용된 최초의 사례는 1598년, 추밀원에 대해 불평을 제기하는 와중에 나타났다. 거기서 '몇몇 집시'가 조역을 담당했던 것이다.

스코틀랜드에서는 메리 스튜어트 시대의 혼란을 틈타 부랑자와 '소너'(*sorner*. 불법으로 다른 사람의 집에 들어와 묵고 가는 사람)의 수가 매우 증가했던 것 같다. 그 아들 제임스 6세의 통치 기간 중, 미성년자인 국왕을 대신해서 모튼 백작이 섭정을 하고 있던 1574년에 잉글랜드의 1572년법을 충실히 모방한 법률이 제정되어, '제멋대로 사는 게으른 거지들을 막고, 소너를 제거하며, 빈민을 구제할' 제도를 시행하려는 시도가 이뤄졌다. 형벌은 채찍질과 오른쪽 귀 지지기에서부터 처형에 이르기까지 모두 같았고, 빈민 구제책 또한 매우 유사했다. 그러나 그 대상이 되는 사람들 중에는 '스스로를 이집트인이라 칭하는 게으른 사

프란시스 휘틀리의 「집시의 야영(18세기 후반)」 그림.

람들'이란 말로 집시를 명확히 포함시켰다. 이러한 규정이 있다는 사실만으로도 그들은 처벌받아 마땅한 존재로 간주되었다. 영원히 삭제되어 버린 것은 '고유의 법과 재판권을 가진 독자적인 집단을 형성하는 것이 인정된다'는 문구이다. 그러나 오랜 시간이 흘러 18세기에 들어서자, 대립하는 집시 부족들간의 유혈 투쟁에 대해 스코틀랜드의 다른 주민들은 관심을 보이지 않았다.

이 시기 스코틀랜드 전역에서 집시가 특별한 문제로 여겨지고 있었다는 점은 1573년과 1576년에 추밀원이 정부의 모든 관료들에게 지시한 내용을 보면 잘 알 수 있다. '게으른 방랑자와 스스로 이집트인이라고 떠들고 다니는 다양한 나라에서 온 사이비 인간들'을 색출해서 에딘버러의 시공회당에 출두시켜 재판에 회부하라는 내용이었다. 이 명령을 제대로 수행하지 못한 관리는 도둑과 살인범에게 호의적이었다는 이유로 재판에 회부될 수도 있었다. 이러한 모든 조치에도 불구하고, 스코틀랜드의 집시들은 계속 살아남았고, 1579년(제임스 6세가 정부의 실권을 장악한 해)에는 사실상 이전 법률을 그대로 답습한 신법이 시행되었다. 1597년에는 신체 건강하고 게으른 거지와 방랑자, 이집트인 등을 대상으로 한 또 하나의 법률이 필요하게 되었다. 이 법에 따르면, 전과자와 그 자식들에게 부과된 일시적인 노역은 종신화되었고, 그 관리 업무는 교회 장로회의에 위임되었다. 일련의 가혹한 법령으로 인해, 16세기 최후의 4반세기와 17세기 최초의 4반세기는 그 이전이나 이후와 비교했을 때 집시의 입장에서는 최악의 시대였다(이는 상당 부분 제임스 6세의 개인적 영향력 때문이었다). 특히나 1609년, 6년 전의 추밀원령을 재확인한 '이집트인에 관한 법률'에서 그 정점에 달했다. 이 법률은 위반시 사형을 전제로 집시들을 추방했으며, '이집트인이라 불리고, 그렇게 알려졌으며, 그런 평판을 얻었고, 그렇게 여겨지고 있다'는 증거만으로도 단 몇 주간의 유예기간 후에는 사형을 선고하고 집행할 수 있도록 법제화했다. 그러나 추밀원조차도 이 규정을 문자 그대로 실행하지는 않았다. 따라서 당국의 눈으로 볼 때 게으른 방랑생활을 영위하는 집시들을 억압하는 데 그 목적이 있었던 것으로 보인다. 일단 정주해서 무언가 공인된 직업을 가진 집시에게는 죄를 묻지 않게 되어 있었기 때문이다. 이 점을 확인하기 위해 모제스 포라는 사람이 '성실하게 법을 지키는 진실한 사람에게 이 법이 적용되어야 한다고 생각하는 의원은 절대로 없다'고 확신한다며 국내에 머무를 수 있도록 허가해 달라고 요청했다. 그는 '그 불명예스러운 사회'와는 인연을 끊었다고 주장하고, 그러한 결별을 지속시키겠다는 뜻으로 1,000파운드의 보증금을 걸었다. 추밀원은 그의 간청을 받아들였고, 모지 포는 그 법의 핵심을 증명했다. 불행하게도, 그는 그 약속을 지키지 못했다. 18개월이 채 지나지 않아 '이집트인들이 있는 곳에 출입하고 있다'는 이유로 고발당한 것이다. 주보증인이었던 데이비드 린제이라는, 토지를 가진 신사 또한 출두도 하지 않고 1,000파운드의 보증금도 지불하지 않아 결국 무법자로 선고받았다. 모지가 다시 집시들과 만나게 되면서 여러 차례의 강도 사건이 일어났다는 셀커트셔의 판사의 증언이 있은 후, 그와 여타 포 일족 세 명은 '이집트인이면서 이 왕국에 계속 남아 있었다'는 1609년법을 위반한 죄로 교수형에 처해졌다.[9]

그러나 이 법률의 제약을 크게 받지 않고 일상생활을 영위할 수 있었던 집시들도 상당히 많았다. 실제로, 당국은 집시를 '다시 살게 해주는'(집시에게 은신처를 제공하거나 '인수증'을 써주는) 사람들이 많다는 점 때문에 고심하고 있었다. 요컨대 집시들은 1609년에 짧은 기간만 숨어 있었던 것이다. 1616년, 추밀원은 1609년법의 문구를 시장 게시판에 다시 붙이라고 명령했다. '국왕 폐하의 신하 상당수가 공공연히 자신이 유명하고 고결한 신사인 것처럼 위장한 채, 앞서 말한 방랑자와 소녀, 그리고 유죄 선고를 받은 도둑과 부랑자 등을 은밀히 또는 공공연히 자신의 토지와 영지에서 보호하고, 부양하고, 부조하여 그들이 집단적으로 며칠, 몇 주, 몇 달 동안 아무런 제약도 없이 머무를 수 있게 용인하고 있다'는 우려를 드러내기 위해, 위반 행위에 대한 벌칙이 특별히 강조되었다. 이런 행위에 대한 비난은 그 후에도 수그러들지 않고 계속되었고, 판사들은 방랑자와 이집트인에 대한 법의 시행을 끈질기게 요구했다. 호민관 정치 시대의 크롬웰 정권과 마찬가지로, 추밀원도 의회도 교회도 모두 지속적인 압력을 가했다. 재판 기록이 보여주고 있듯이, 집시들은 항상 위험에 처해 있었다. 1624년, '이집트인'이라는 이유로 8명의 남성— 그 중 6명은 파 일족이었다 —에게 사형이 집행되었다. 그 다음 주에는 그 아내와 아이들이 같은 죄로 사형을 선고받았지만, 추밀원이 제임스 국왕의 재가를 신청했고, 국왕은 추방으로 충분하다고 판결했다. (제임스는 스코틀랜드뿐 아니라 잉글랜드의 왕위에도 올랐지만, 석방된 파 일족은 그 당시 국경을 넘어 잉글랜드 북부의 노섬벌랜드나 컴벌랜드로 가기만 하면 되었다.) 1626년에는 몇몇 집시가 방화죄로 해링턴 경찰에 체포되었지만, 무고할 뿐 아니라 화재가 번지는 것을 막은 것으로 판명되어 사형을 면했다. 찰스 1세의 자비 덕택에 벌은 영구 추방으로 대폭 경감되었다. 그로부터 몇 년이 지난 1630년, 체포되긴 했지만 특별한 죄를 범하지 않은 몇몇 집시의 처리와 관련하여 카실리스 백작이 선처를 호소하자, 추밀원은 규정상 그것은 명백한 죄에 해당하며, 따라서 그 상당수에게 법을 '엄격하게 전면적으로 적용하겠다'고 밝혔다. 그리고 1636년, 추밀원은 해딩턴 시장과 참사회원에게 다른 집시 집단에 대한 처리를 명령하면서, 남자는 교수형, 아이가 없는 여자는 수장(水葬), 아이를 가진 여자는 채찍질을 한 뒤 인두로 뺨을 지지라고 지시했다.

16세기 프랑드르 최대의 화가 피터 브뤼겔의 「사도 요한의 설교(1565년)」의 일부. (특이하게도) 집시 남성이 손금을 보는 모습을 보여주고 있다.

19세기의 도로법과 별개로, 방랑자 등과 함께 특별히 이집트인을 지칭하면서 그에 대한 대책을 요구한 스코틀랜드 최후의 법률은 1661년에 제정되었다. 이후의 방랑자 대책법에는 그들에 대한 특별한 언급이 없다. 그러나 가혹한 1609년법이 쓰이지 않게 된 것은 아니었다. 17세기 말까지, 재판은 종종 이집트인이라는 평판과 생활 습관뿐 아니라

Ces pauures gueux pleins de uenadueteres
Ne portent rien que des Choser futures.

Ne voila pas de braues messagers
Qui uont errants par pays estrangers.

이동중인 집시. 자크 칼로의 판화(1622년).

구체적인 범죄에 대한 증거를 요구하는 것으로 시작되고 있었지만, 재판관 모두가 그렇게 철저한 것은 아니었다. 스코틀랜드에서 오직 집시라는 이유로 사형이 집행된 최후의 사례는 1714년이었다.[10] '이집트인이라 불리고, 그렇게 알려졌으며, 그런 평판을 얻었고, 그렇게 여겨지고 있다'는 사실이 유죄판결의 근거 중 하나로 여겨지고 있는 예는 린리스고의 집시 두 명이 가택침입 및 강도 혐의로 교수형에 처해진 1770

년까지 있었다.*11) 월터 스코트의 시 『가이 매너링Guy Mannering』의 주인공 메그 메릴리스의 모델로 알려진 진 고든은 1732년, 제드버러의 순회재판소에 탄원서를 제출하고, 자신은 이집트인이자 방랑자로 기소되었으나 늙고 허약한데다 스코틀랜드를 영원히 떠나겠다고 밝혀 결국 추방되었다. 돌아올 경우에는 투옥과 채찍질이라는 형벌이 기다리고 있었다. 그녀는 여생을 스코틀랜드와 국경을 맞대고 있는 잉글랜드쪽 땅을 배회하며 보냈다. 그 무렵 그녀는 이미 아홉 명의 아들을 모두 잃었고(한 명은 살해당했고, 나머지는 교수형에 처해졌다), 유배당한 남편과도 떨어져 있었지만, 죽을 때까지 정신을 놓지 않았다. 1746년경, 칼라일에서 성난 군중이 노골적인 자코바이트(Jacobite. 1688년에 망명한 영국 왕 제임스 2세파의 스튜어트 왕가 지지자 – 역주)인 그녀를 물에 처박아 죽이고 말았지만, 마지막 숨을 거두는 순간까지 그녀는 자코바이트가 지지하는 프린스 찰리를 연호하고 있었다.*12)

대륙에서는 사태가 다른 방향으로 전개되고 있었다. 프랑스의 경우, 억압이 절정에 이를 때까지는 오랜 시간이 걸렸지만, 일단 현실화되자, 효과적으로 유지되었다. 우선, 샤를르 9세의 1561년 포고에도 불구하고, 16세기 후반과 그 후에도, 집시 집단은 당국의 주목을 받는 일 없이 이동을 계속하고 있었다. 같은 경로를 따라 주기적으로 같은 장소에 나타났으며, 종종 말과 노새 또는 당나귀 무리를 끌고 다니는 일이 많았다. '백작'이나 한두 명의 '우두머리'가 이끄는 그러한 집단은 규모가 매우 다양했는데, 30명, 60명, 80명, 100명, 때로는 그 이상인 경우도 많았다. 폭력 사태는 드물었으나, 지역민들이 완고해서 어떤 보상이 없이는 자기 지역에 들어오지 못하게 할 경우 소란이 일어나기도 했다. 그러나 보통은 일정한 이해에 달할 수 있었다.

집시의 방문이 그처럼 일상생활의 일부가 되어버렸기 때문에 왕실이나 지역의회의 대표들이 이전의 가혹한 조치를 부활하려 해도 그 다수는 사문(死文)이 되어버렸다. 예를 들어, 1597년, 랑그독의 3부회는 마을과 촌락에 대한 집시의 출입을 금지하고, 그 당시 국내 여행에도 필요했던 통행증을 아예 교부하지 말라고 지방 관리들에게 명령했다. 이것은 그와 관련된 국왕의 칙령을 엄격히 준수하라는 의미에서 앙리 4세가 특별 서명한 포고였음에도 불구하고, 제대로 이행되지 않았다. 행정관리의 부주의, 광범위한 묵인, 그리고 우두머리와 그 일행들에게 패스포트와 안전통행증을 교부하는데 인색치 않은 모습 등으로 인해 한동안은 그러한 조치가 엄격하게 실행되기 힘들었다. 앙리 4세 자신도 그다지 일관된 모습을 보이지 않았다. 1607년, 그는 집시를 궁정으로 초대해 춤을 추게 했다. 그러나 17세기 중반 무렵— 루이 14세가 이미 즉위했음에도 불구하고 아직까지 실권을 장악하지 못했던 시기였다 —부터 차츰 집시에 대한 경찰의 활동이 보다 활발해지고 판결도 가혹해졌다. 다만, 이때까지만 해도 지방에 따라 차이는 있었다. 지중해에 있던 국왕의 갤리선 함대를 위해 특별히 집시가 검거된 것도 이 시기였다. 그 후, 루이 14세의 직접 통치하에서 절대주의 정부가 절정기를 맞았고, 중앙집권화된 행정기구는 보다 효율적이고 통일적으로 변모하게 되었다. 1666년의 경찰 규칙은 집시 남성을 체포해서 사법적 절차도 밟지 않고 사슬을 채워 갤리선으로 보내는 것을 명문화했다. 국왕의 해군을 건설하는데 여념이 없던 콜베르는 자신의 요구를 끈질기게 주장했고, 그 결과, 다수의 집시 집단이 마르세이유와 툴롱으로 보내졌다. 1682년 7월 11일, 루이 14세가 베르사이유에서 서명한 포고와 함께 사태는 정점에 달했다.[13] 그것은 이전의 조치를 부활시키고, 대대로 국왕이 프랑스에서 집시를 추방할 수 없었다는 사실을 개탄하면서, '왕국 내의 대다수 지방에서' 귀족과 치안판사가 그들을 묵인했을 뿐 아니라 보호해 집시 야영지. 자크 칼로의 판화(1622년).

주기까지 했다고 엄중 비난했다. 그리고 나서 일련의 형벌을 제시했다. 남자는 갤리선으로 보내고, 갤리선에 보낼 수 없는 어린 소년은 수용소에, 여자와 여자아이들은 일단 머리를 삭발한 뒤 만일 방랑생활을 계속할 경우 재판할 필요 없이 채찍질을 한 후 국외로 추방한다는 것이었다. 이러한 형벌은 '보엠므Bohemes 또는 이집트인이라 불리는 모든 자'에게 단지 그 이유만으로 부과될 수 있었다. (적용대상 중에 '집단 내의 다른 사람들'이 포함된다는 것을 제외하면, '가짜 이집트인'이 고려되고 있다는 징후는 보이지 않았다.) 시민과 판사는 피난처를 제공하는 것이 금지되었다. 위반할 경우, 파면되거나 영지를 몰수당하게 되어 있었다. 이 조치에 진정 새로운 점이 있다면, 이러한 조치로서는 처음으로 프랑스 전역에서 광범위하게 지켜졌다는 것을 들 수 있다. 루이 13세의 재상 리슐리외에 의해 설치된 지방장관의 네트워크가 태양왕의 정책을 쉽사리 어길 수 없게 한 것이다. 지방장관에게는 중앙정부의 대리인으로서 지방의 관리들을 끊임없이 감시하고, 필요할 경우, 사법, 경찰, 재정 등의 측면에서 모든 조치를 취할 수 있는 권한이 부여되었다.

이러한 국왕의 포고는 현실적으로 결정적인 효과를 가졌는데, 앙시앙 레짐(Ancien regime. 1789년 프랑스 혁명 이전의 구체제)의 잔여 기간 동안, 특별히 집시를 겨냥한 다른 조치는 불필요한 것으로 여겨졌다 (다만, 부랑자와 거지에 대해서는 새로운 법이 제정되어야 했다). 프랑스 혁명 직전까지, 집시가 지방 경찰에게 잡힌 사례는 무수히 많이 기록되어 있다. 저항이 있으면 머스켓 총을 사용하는 경우도 많았다. 그러나 반복적인 체포 작업의 가장 약한 고리는 여전히 인력 부족이었다. 도시의 경찰 기구는 초보적인 단계였고, 시골에는 사실상 경찰이 존재하지 않는 경우가 많았다. 1760년대 들어 다소간의 개혁이 도입되긴 했지만, 지방 경찰관의 총수는 3,882명에 불과했고, 그 중 468명은 상급 관리직이었다. 이것이 바로 유럽 최대를 자랑하는 2,500만 명의 인구를 가진 나라의 현실이었다. 특별히 위험하고 거대한 범죄자 집단을 체포하는 등의 비상 사태에 대처하기 위해서는 지방 경찰대를 합쳐 여단을 만들거나 군이 출동할 필요가 있었다.[14] 집시의 경우, 대규모 집단 최후의 은신처는 알사스와 로렌의 산악과 삼림에 있었던 것으로 보인다. 근처에 국경선이 있어서 편리했기 때문이다. 부분적이긴 하지만 마찬가지 이유로 바스크 지방과 피레네 산맥 동쪽도 그들이 선호한 장소였다. 대규모 집단으로 존재하기가 너무나 위험했으므로, 다른 곳에서는 소규모로 분산했다. 일부 가족들은 최소한 일년에 몇 달 정도는 정주하기도 했으나, 소규모 집단들은 한 번 지나간 길은 되도록 피하면서 이동을 계속했다. 프랑스 주변의 국가들도 비슷한 억압법을 제정하고 있었으므로, 무턱대고 국외로 나갈 수도 없었다. 일부는 그렇게 탈출했지만, 상당수는 이미 알고 있는 나라에 머무르는 쪽을 택했다. 신중한 사람들이라면, 거기서 더 악화되지 않기를 기대했던 것이었을지도 모른다. 실제로 프랑스에는 여전히 다른 나라, 특히 네덜란드와 라인 지방, 그리고 스위스 등지에서 피난민들이 들어오고 있었다. 18세기 중반에 프랑스 갤리선에서 일한 집시의 25퍼센트 이상이 프랑스가 아닌 다른 나라에서 태어난 사람들이었다.

그렇다고 모든 사람들이 적대적이었다는 뜻은 아니다. '계몽 사상가'들은 대중의 미신을 이용하는 집시들의 능력에 대해 경멸을 표했지만 진지하게 노력하는 집시들에 대해서는 때로 동정을 보이기도 했다. (합리주의적 휴머니즘 조류의 견본이라 할 수 있는 디드로의 『백과사전 Encyclopédie』은 집시를 다음과 같이 정의했다. '손금을 보고 운세를 점쳐줄 수 있다고 공언하는 방랑자. 노래, 춤, 도둑질에 재능이 있다.') 집시에 대해 어느 정도 이해할 수 있게 된 것은 대혁명 전야의 로렌 지방에서의 일이었다. 최근에 왕국에 통합된 이 공작령의 북동쪽 귀퉁이, 신성 로마제국과 국경을 접하고 있는 곳에서 관료들과 시민 일부 계층에서 '집시들이 우리를 그토록 성가시게 굴고 때로 위험해지기까지 하는 것은 모든 가능성이 다 막혀 있기 때문'일지도 모른다는 생각이 대두된 것이다. 그들은 비용만 많이 들고 효과는 거의 없는 토벌작전을 회피할 수 있는 방법을 찾다가 1786년, 집시 대표 몇 명과 협상을 시작했다. 집시들은 사방에서 맹렬하게 추적당하는 상황에서 가능한 한 지역 주민의 도움을 끌어내는 것 외에는 가족을 부양할 길이 없다고 설명하고, 감금되지 않고 최종 목적지까지 족쇄를 차지 않은 상태로 갈 수만 있다면, 프랑스 정부에 굴복하고, 국내 또는 외국에서 농사일을 할 용의가 있다고 밝혔다. 이 로렌 주민들이 작성한 문서가 베르사이유의 재판소로 배송되었고, 거기서 집시를 아메리카, 특히 기아나의 식민지 개척자로 이용하는 방안이 검토되었다. 그러나 대혁명의 발발로 이 계획은 갑작스럽게 중단되고 말았다. 그 후의 체제 변화는 상황을 개선하는 데 전혀 도움이 되지 못했을 뿐 아니라 도리어 더욱 악화시켰다. 극도로 긴장된 상태에서 의혹의 암운이 드리워져 있었으므로, 무장한 강력 부대를 자유롭게 사용할 수 있는 공권력은 토벌을 강화하는 것이 의무라고 느꼈던 것이다.

네덜란드는 애당초 중앙 정부가 약한 상태에서 출발했음에도 불구하고 억압정책의 시행에 있어서는 프랑스 이상의 성과를 거뒀다. 1609년에 스페인이 최종적으로 연합주(*United Provinces*. 스페인의 지배를 벗어난 네덜란드 북부 7개주의 연합에 의한 네덜란드 공화국. 1581~1795년 – 역주)의 독립을 받아들였을 때, 작은 7개의 공화국으로 이루어진 이 새로운 국가는 국회가 제한적인 권력을 가지는 느슨한 연방제 국가였다. 스페인에 대한 오랜 항전이라는 혼란은 집시들에게 어느 정도의 휴식기를 제공했고, 그들의 존재는 차츰 눈에 띄게 되었다. 특히 네덜란드 공화국 동부, 삼림과 히스가 무성하여 좋은 은신처를 제공한 헬데르란트와 오버아이셀 두 지방에서 그런 현상이 더 많이 나타났다.

처음에는 강박관념에 사로잡힌 듯 이어진 법률 제정과 결함투성이 실행이 반복되었다. 중앙의회뿐 아니라 각 지방이 주기적으로 내놓은 칙령은 갈수록 엄격해졌다. 그러나 경찰조직은 제대로 갖춰지지 않은 상태였고, 사법권 또한 각 지방으로 한정되어 있었다. 그 결과, 집시들은 각 지방간 경계선 근처의 원격지에 야영하는 경향이 있었다. 필요할 경우, 재빨리 인근 지방으로 도망칠 수 있었기 때문이다. 경고 간판들은 생생한 묘사를 통해 만일 잡힐 경우 어떤 처우가 기다리고 있을지 철저히 각인시켰다. 유목생활이 치안판사의 동정을 기대할 수 없다는 것은 분명했다. 벌칙 또한 갈수록 무자비해졌다. 17세기 말부터 18세기 초까지의 여러 기록에서 확인할 수 있는 집시의 중범죄 사례가 증가한 데에는 그런 요인도 있었을 것이다. 그전까지의 채찍이나 낙인찍기라는 형벌과 비교할 때, 장기간의 중노동과 최종적으로 교수형에 처해지리라는 전망으로 인해 결과적으로 그들은 더욱 철저히 저항하게 되었다. 그러나 패배는 결국 그들의 몫이었다. 경찰력은 차츰 정비되어 일상적으로 기능하게 되었다. 게다가 각 지방은 지방 내부의 문제에 대한 주권이라는 미묘한 문제를 극복하고, 집시를 쫓아내는데 서로 협력하자는 조약을 체결하기에 이르렀다. 철저한 '집시 사냥(heidenjachten)'은 군대의 협조까지 얻어 더욱 대규모로 조직되었다. 이들과 국경을 맞대고 있는 독일의 두 영방(클레베 공작령과 뮌스터 사교구)까지 설득해서 이 일에 합류시켰다. 최후의 집시 사냥은 1728년, 당시 프러시안에 부속되어 있던 클레베 공령의 협조 아래 헬데르란트에서 시행되었다. 이것이 최후인 까닭은 그 이상은 시행할 의미가 없는 것으로 여겨졌기 때

집시에 대한 채찍질과 낙인 찍기를 보여주는 네덜란드의 경고 간판(1710년경). 아래쪽으로 '집시에 대한 처벌'이라는 글씨가 보인다.

문이다. 도망치지 못했거나 잡히지 않은 집시들은 아무도 찾을 수 없는 곳으로 깊숙이 숨어버렸고, 당국은 사냥할 집시가 사실상 남아 있지 않다고 확신했다. 네덜란드 왕국으로 돌아온 집시의 모습을 보게 된 것은 그로부터 많은 해가 지난 후였다.

네덜란드 공화국과 적극적으로 협력했던 독일의 클레베와 뮌스터 두 영방국가는 이전부터 신성 로마제국의 다른 영방들에 비해 보다 효과적인 공조를 보이고 있었다. 신성 로마제국은 16세기 중반부터 1806년에 역사에서 사라질 때까지 합스부르크가의 통솔을 받는 세속령과 교회령의 독일 영방들에 의한 느슨한 연합체 이상은 아니었다. 그러나 16세기 초반에 도입된 새로운 헌법적 기구 중의 하나인 '제국관할구(Reichskreise)'라는 개념은 여러 영방을 10개의 지역적 집단으로 나누고, 세금, 법, 질서, 제국군 병사 징병 같은 분야에서 서로 긴밀히 결합시키는 조정 수단을 도입시켰다. 그것은 또한 규제라는 조류를 촉진시키는 데에도 도움이 되었다. 그 결과, 우리가 만나게 되는 여러 포고들의 적용 범위는 경우에 따라 다르게 나타난다. 일부는 제국 전역에 적용되고, 일부는 특정 관할구에 적용되며, 또 어떤 것은 각각의 영방에만 적용된다. 반집시법의 양만 놓고 볼 때, 제국의 경우, 이탈리아 영방들을 제외하면 유럽의 다른 어떤 나라보다 많다. 주요 조치를 수적으로 계산— 결코 포괄적인 것은 아니다 —하면, 1551~1774년까지의 수치가 133건 이상에 달한다.[15] 이것을 반세기 단위로 나누면, 1551~1600년에 16건, 1601~1650년에 11건, 1651~1700년에 30건, 1701~1750년에 68건, 1751~1774년(24년)에 8건 등이다. 이 모든 것을 상세히 분석할 필요는 없다. 대표적인 사례 몇 가지만 검토해보는 것으로 충분하기 때문이다.

1577년. 프랑크푸르트에서 공포된 경찰령이 제국의회의 이전 법률을 부활시켰다. 그것은 선제후와 각 영방정부가 자기 영방 내에서 집시들에게 이동과 상거래를 인정하거나 안전통행증과 패스포트를 주지 말아야 하며, 이후 그런 종류의 문서는 아무 효력도 없는 무가치한 것이라고 선언했다. 그런 법령에서 흔히 통용되는 관습이 그렇듯이, 극히 초기의 제국령에 근거한 낙인 찍기라는 형벌은 더 이상의 논의 없이 당연한 것으로 계속되었다. 집시들은 투르크인 및 그 밖의 기독교 세계의 적들을 위해 기독교 왕국을 답사하는 반역자 겸 스파이로서 독일 영방에서 즉각 추방당했다. 그 후에 눈에 띄는 자에 대해서는 폭행을 가하더라도 처벌받지 않았다.

1652년. 30년 전쟁에서 프로테스탄트 제후들을 이끌었던 작센의 선제후 게오르그 1세가 집시를 법의 보호 밖에 두라는 포고를 내렸다. 이 포고에 따르면, '말을 타거나 걸어서 무리를 지어 다니는 거센 사람들의 집단... 일반적으로 스스로를 집시라고 칭하는 이 집단 속에는 비슷한 복장을 입은 퇴역 군장교가 상당수 있다고들 한다.' 이 사람들은 마을 사람들을 위압할 뿐 아니라 사냥개를 데리고 다니며 황제의 수렵장을 황폐화시키는 만용을 부리기도 했다.

1686년. 독일의 대표적인 프로테스탄트 제후이자 브란덴부르크 대선제후인 프리드리히 빌헬름은 포고를 통해 집시에 대한 관용을 금지하고, 특히 거래를 하거나 그 밖에 숙박 또는 쉴 곳을 제공하지 못하게 했다.

1710년. 그의 아들이자 프러시아의 호헨쫄레른 왕조의 창시자인 프리드리히는 이전보다 더한 조치가 필요하다고 생각하고, '집시 및 그밖의 방랑 도적 집단에 대한 강화 포고'라 불리는 것을 공포했다.

1710년. 메클렌부르크–슈트렐리츠의 아돌프 프리드리히 공은 라체부르크 공국에서도 형벌을 강화할 필요가 있다고 생각했다. 그 이후,

이곳에서 체포된 집시들은 범죄를 저질렀다는 증거가 없더라도, 노역을 할 수 없는 고령의 남자와 25세 이상의 여자들은 채찍질을 당하고 낙인이 찍힌 뒤 소집단으로 나뉘어 각각의 경로를 따라 추방되었고, 되돌아올 경우 사형에 처해졌다. 그보다 젊은 여자와 중노동에 적합치 않은 젊은이들 또한 비슷한 방식으로 추방당했으며, 신체 건강한 남자들은 종신 금고형을 살면서 중노동을 부과받았다. 그러나 10세 이하의 아이들은 부모와 떨어져 먼 곳에 있는 선량한 기독교도에게 인계되어 적절히 양육될 수 있게 했다. 독일에서 어린 아이들에 대한 강제 이주를 시행한 곳이 메클렌부르크-슈트렐리츠만은 아니었다.

1711년. 프랑크푸르트 암 마인에서 제정되어 라인강 상류 제국 관할구에 있던 다양한 영방에 적용된 포고에 따르면, 4주 이상 머무르는 집시 집단의 구성원은 모두 '더 이상의 절차 없이 곤봉으로 때리고 등에 낙인을 찍은 뒤 제국 관구 전 영역에서 완전히 추방한다.' 국경에 설치된 특별 간판에는 '집시의 형벌'이라는 설명과 함께 집시가 채찍질당하는 모습이 묘사되어 있었다. 네덜란드를 모델로 삼아 1709년에 팔츠에 설치된 그러한 경고 간판은 즉시 일반화되어 18세기 말까지 독일 각지의 십자로나 여타 지역에서 흔히 볼 수 있게 되었다(P.190 그림 참조).[16] 금지령을 깨뜨리는 자는 교수형에 처해졌으며, 밀고자에게는 죄인이 소지한 물품의 일부가 주어졌다.

1711년. 작센 선제후 프리드리히 아우구스투스 1세(폴란드 국왕 아우구스투스 2세를 겸하고 있었다)는 체포에 저항하는 집시에 대해서는 사살해도 좋다고 승인했다. 그는 작센 공— 선제후령에서 분리한 공령의 지배자 —과 협력해서 집시가 영내로 들어오는 것을 저지하는 조치를 취했다. 채택된 형벌은 이후 표준적인 것으로 자리매김되는데, 채찍질, 낙인찍기, 그리고 재범의 경우 사형이 그것이다.

집시의 접근을 금지하는 독일의 경고 간판(1715년).

1714년. 마인츠 대주교령에서는 집시를 비롯한 모든 방랑 도적 집
단은 단지 그 생활 방식이 금지되어 있다는 이유 하나만으로 재판도 없
이 처형한다는 포고가 내려졌다. 여자와 큰 아이들은 도둑질을 했다는
증거가 없더라도 채찍질을 당하고 낙인이 찍힌 뒤 추방당하거나 노역장
에서 평생을 보내야 했다. 숲 속에 숨어 살면서 숙박 제공을 거부하는
농민들을 위협한 집시들은 모두 무장 군인들에게 적발되어 국외로 추방

되거나 저항할 경우 즉시 사살당했다. 사로잡힌 집시들을 구치소로 압송할 때의 통행권에 대해서는 인접 영방들끼리 협정이 맺어졌다. 이 포고는 반복적으로 읽혀졌으며, '집시 거류지와 게시판… 교회의 출입문에 게시되었고… 공식적으로 인쇄되고 공포되었다.'

1725년. 프러시아의 2대 왕이자 프러시안 관료제의 창시자인 프리드리히 빌헬름 1세는 자신의 국가 개념에 기여하지 않는 것에 대해서는 누구든, 어떤 경우든 허용하지 않았다. 그의 포고에 따르면, 18세 이상의 집시는 성별과 무관하게 재판 없이 교수형에 처해질 수 있었다.

1734년. 헤센-다름슈타트의 에른스트 루드비히 백작의 포고는 14세 이상의 모든 집시를 비합법자로 간주했다. 헤센-다름슈타트와 그 주변의 나라들, 특히 국경 지방에는 집시가 들끓고 있었다. 여름이면 숲과 들판에서, 겨울에는 주민들을 위협해서 작은 마을에서 지냈던 것이다. 한달 이내에 떠나지 않은 자는 생명과 재산을 몰수당했다. 누구든 그들을 사살하거나 포로로 잡을 수 있었고, 생포한 집시 한 명당 6라이흐스탈러(1566년에 처음 발행된 독일의 옛 은화 - 역주), 죽은 집시 세 명당 3라이흐스탈러의 보상금을 받는 것은 물론 그들의 소지품까지 가질 수 있었다.

1766년. 라인강 연안 팔츠의 백작 카를 데오도르는 바이에른과 그 밖의 인접 지역의 정력적인 추방정책으로 인해 온갖 집시와 도둑, 그리고 여타 방랑자들이 자신의 영지로 몰려들고 있다고 생각하고, 그들을 샅샅이 감시, 체포, 고문, 처벌하는 것은 물론, 두 번째로 체포되면 재판 없이 바로 교수형에 처하게 했다. 법의 존재를 모르는 자에 대해서도 일단 고문했고, 특별한 죄가 없더라도, 남녀를 불문하고 매질 후 등에 교수대 낙인을 찍은 뒤 추방했다.

1551년부터 1774년까지 알려진 이런 종류의 반집시법 4분의 3 정도가 독일을 주무대로 한 30년 전쟁 이후의 100년 동안에 집중되어 있다는 것은 결코 우연이 아니다. 베스트팔렌 조약(1648년)은 제후들의 권력을 강화하고, 제국을 구성하고 있던 수백 개 영방들에게 거의 완전한 독립성을 부여했다. 대부분 용병으로 구성된 양진영의 군대는 무차별적인 약탈을 반복하며 진군하여 도시와 마을, 촌락과 농가를 초토화시켰다. 그로 인해 엄청난 황폐화에 직면하게 된 제후들은 복구를 위해 또는 인구 격감과 빈곤화에 맞닥뜨린 주민들의 고통을 조금이라도 경감하기 위해 필요한 법적 조치를 취했다. 30년 전쟁 기간에 대부분의 제후가 신하의 3분의 1에서 2분의 1, 최악의 경우 70퍼센트 정도를 잃었고, 그 결과, 독일 인구는 전쟁 이전에 2천만 명 정도였다가 1,200만 명에서 1,300만 명 사이로 격감했다. 더구나 그 후에 계속된 프랑스와의 대립은 독일 일부를 계속 전쟁터로 만들었고, 그에 따라 복구는 더욱 지연되었다.

전쟁의 혼란은 집시들에게 다소나마 유리하게 작용했다. 그들은 약탈을 일삼는 군대에 이런저런 역할로 참여할 수 있었다. 그 상당수는 각지에서 발렌슈타인(30년 전쟁에서 합스부르크군을 지휘한 오스트리아의 장군)의 군에 종군했던 것으로 알려져 있다. 적진인 스웨덴군에 합류한 자들도 있었다. 전쟁은 수백만 명의 목숨을 앗아갔을 뿐 아니라 수많은 사람들, 적어도 수십만 명에 달하는 사람들을 자기 땅에서 몰아내고 말았다. 전쟁이 끝나자, 토지를 잃어버린 농민과 제대한 병사들이 구걸과 도둑질로 연명하며 떠돌아다녔고, 병사들의 경우, *가우너*('부랑자,' '방랑자')와 집시 집단에 합류했던 것으로 보인다. 이러한 방랑 도적에 대처하기 위해, 제후들은 앞에서 살펴본 것과 같은 법률을 잇달아 공포했는데, 그 의도가 적대적이었다는 데에는 의심의 여지가 없었다. 그러나 그러한 법령이, 예를 들면 제국관할구 의회에서 심의되는 경우, 때로는 반대 의견도 나왔다. 1726년, 라인강 상류 관할구에서는 슈파이어, 보름스, 마인츠의 대성당참사회가 회의에 상정된 극형에 반대하면서 집시를 비롯한 방랑 도적도 '결국은 사람이며, 그런 법령으로는 이 세상에 살 수 없게 된다'고 지적했다. 그와 반대로, 나소-바일부르크 대표는 다음과 같은 의견을 피력했다. '기독교의 가르침에 따라 어쩌면 그들에게도 인정되어야 할 자비가 (그들을 참아내야 하는) 가난한 신민들에게는 사실상 최악의 무자비함이 된다.'[17] 교육과 일을 제공하는 것을 기초로 한 대안적인 방법은 적절한 제도의 부재로 인해 실패로 돌아갔다. 비슷한 일이 그 밖에도 재차, 삼차 반복되었다. 정부에 의한 치안유지가 효과를 거두지 못하자, 민병과 기병으로 그것을 유지하는, 또는 보상금을 노리고 집시와 그 밖의 방랑자들을 잡아들이는 특수 부대(예를 들면, 기마병 4명과 정찰병 1명)를 편성하는 쪽으로 바뀌어갔다. 라인강 상류 관할구의 경우, 이런 종류의 부대가 1720년부터 실제로 도입되었다.

1558년, 페르디난드 1세가 오스트리아의 상속권을 계승하고 형 카를 5세의 뒤를 이어 제국의 황제로 즉위한 이후, 신성 로마제국은 오스트리아 합스부르크제국이 되었고, 이 상황은 나폴레옹이 제국의 잔해를 매장할 때까지 계속되었다. 보헤미아, 모라비아, 슐레지엔을 포함한 합스부르크 영지 내에서의 집시에 대한 대책은 다른 곳의 그것과 거의 다르지 않았다. 추방령, 그리고 신체 훼손과 사형이 처방전이었던 것이다. 오직 '헝가리 왕국' — 투르크가 헝가리의 나머지 부분을 석권한 후 합스부르크가의 지배하에 남아 있던 서쪽의 좁고 긴 지역 —에서만 다소 진기한 특징이 있었다. 이 변경 지역의 상황은 매우 복잡해서 추방령의 효과가 불확실했다. 일부 영주는 그에 따랐지만, 집시가 가진 대장장이, 악사, 병사로서의 기능을 보존하는데 관심이 많은 영주도 있었다. 때로는 정부도 그러한 영주들과 관심을 공유했다. 헝가리의 궁내관 죠르지 투르조는 1616년, 주목할만한 안전통행증을 발행했다. 그것은 그가 4년 전에 천명한 그 적의에 찬 포고를 생각하면 도무지 상상도 할 수 없는 내용을 담고 있었다. 이 문서는 특히 '군무를 수행하고 있는' (따라서 당국의 관심은 그들을 어떻게든 계속 이용하는데 있었다) 집시의 우두머리 프란키스쿠스와 그 일행을 언급하고 있지만, 집시의 비참함에 대해 이해를 구하는 탄원 내용을 포함하고 있었다. 화려한 라틴어 산문으로 표현된 이 문서는 '마태복음' 8장 20절을 생각나게 하는 — 아마도 의도적이었던 것 같다 — 말로 시작되고 있다.

하늘을 나는 새들에게도 보금자리가 있고, 여우에게는 여우굴, 늑대에게는 늑대굴, 사자와 곰에게는 동굴이 있으며, 모든 동물에게는 각자 자신이 거처할 장소가 있거늘, 우리가 칭가로라고 부르는 이 비참한 이집트인들은, 그것이 잔혹한 파라오의 폭정 때문인지 아니면 정해진 운명 때문인지는 알 수 없으나, 분명 마음으로부터 연민을 느끼지 않을 수 없는 존재이다. 그들은 옛부터 전해온 관습에 따라 마을 외곽의 들판과 초원에 낡은 천막을 치고 무척 힘든 생활을 보내고 있다. 이렇게 해서 이들 종족은 남녀노소를 불문하고 그 한 몸 지켜주는 벽도 없는 곳에서 비와 추위, 극심한 더위를 견디는 법을 배운다. 그들은 이 지상에서 상속받은 재산도 없고, 도시나 요새, 마을이나 화려한 거처를 구하지 않으며, 확실한 휴식처도 없이 끊임없이 방랑을 계속한다. 부도 야망도 모르고, 매일매일, 매 시간 매 시간, 야외에서 모루와 풀무, 망치와 화젓가락을 가지고 직접 일해서 오직 음식과 의복만을 구할 뿐이다.[18]

당국이 투르조의 탄원을 받아들임에 따라, 이들 집시들은 땅에 거처를 정한 뒤 천막을 치고 대장장이로 일하면서 자신들을 해치려는 사람들에 대항하여 스스로를 지킬 수 있게 되었다. 제국이 이런 식으로 분할되어 있는 한, 집시들은 그러한 정치 정세를 유리하게 이용할 수 있었다. 그러나 17세기 말, 오스트리아가 헝가리와 트란실바니아의 지배권을 회복하면서 상황은 변하고 말았다.

　　마리아 테레지아 여제의 통치기간(1740~1780년)에 합스부르크가의 영지 가운데 헝가리에서 최초로 집시들에게 근본적인 변화가 생겨났다. 여제의 아버지인 카를 6세는 집시에 대해 냉혹하리만치 적의를 보였고, 여제도 통치 초기에는 아버지의 사례를 따르는데 만족하여 1749년, 집시와 부랑자, 그리고 외국의 거지를 영지에서 추방하라고 명령했다. (이 포고는 정착한 집시에게는 적용되지 않았다. 이들 가운데 일부는 악사로서 고위직에 올라 후한 대접을 받고 있었다. 그들 중 바코스가의 페렌츠, 자노스, 라츠코, 그리고 라즐로 보로미와 라즐로 틴카 등 다섯 명은 1751년, 갈란타의 페렌츠 에스테하지 백작으로부터 자유궁정악사로서 세금을 면제받는다는 특허장을 받았다.)[19] 그러나 1758년부터 1773년에 걸쳐 마리아 테레지아는 헝가리(그 당시 슬로바키아를 포함하고 있었다)에서 집시의 정주화와 동화를 목적으로 한 일련의 조치를 시행하고자 했다. 그녀의 신정책이 상당수 그렇듯, 이 경우에도 그 동기가 된 것은 인도주의라기보다는 현실적인 고려였다. 헝가리는 합스부르크가와 투르크의 전쟁으로 황폐화되면서 인구가 격감하고 있었다. 1758년, 여제는 집시를 정주시켜 과세하고 장원 영주를 위해 강제 노역을 시키라는 포고를 내렸다. 말과 짐마차의 소유는 금지되었고, 정주하고 있는 마을을 떠나려면 허가가 필요했다. 그러나 마을 사람들은 집시에게 집을 짓게 하는데 거부감을 보였고, 그 저항을 법률로 막는 것은 여제의 권한 밖이었다. 제국 국고에

헝가리의 집시 악단. 작자미상의 18세기 유화.

서 상환해준다는 규정이 없었기 때문에, 각 지역 공동체들은 건축자재의 제공을 서두르지 않았다. 그 다음 포고(1761년)에서 여제는 집시라는 명칭을 폐지하고 '새로운 헝가리인' 또는 그와 동급의 신조어(예를 들면, '새로운 정주자')를 사용하라고 명령했다. 신체 건강한 16세 이상의 청년은 징병되었고, 12세에서 16세까지는 공예를 배워야 했다. 이 포고에 대해서도 또 다시 일반 대중의 저항이 나타났다. 군 장교들은 집시를 군인으로 받아들이는 데 소극적이었고, 직인들 또한 그들을 직인으로 받아들이고 싶어하지 않았다. 세 번째 포고(1767년)는 집시 우두머리의 특별사법권을 폐지하고, 집시도 통상적인 사법제도의 지배를 받게 했다. 또한 집시들만의 의상이나 언어, 직업 등이 금지되고, 각 마을 단위로 집시에 대한 인구 조사가 실시되었다. 마리아 테레지아의 네 번째 포고(1773년)는 집시의 인종적 독자성을 종식시키고자 했다. 집시들 끼리

바이올린과 실발룸을 각각 연주하는 트란실바니아의 집시. J. 마틴 스턱의 판화(1776년).

의 결혼은 금지되었다. 가조와 결혼하는 집시 여성은 가정 내에서 부지런히 일하고 있으며 가톨릭 교의를 잘 알고 있다는 증명서를 제출해야 했고, 그 반대의 경우, 집시 남성은 처자식을 부양할 수 있는 능력을 입증해야 했다. 5세 이상의 집시 아이들은 부모로부터 멀리 떨어져 집시가 아닌 가정에서 양육되었다. 마리아 테레지아의 아들인 요제프 2세는 어머니의 강제적인 동화 정책을 엄격히 계승했다. 이 정책은 명백히 하나의 통일 제국이라는 거대한 기구에 헝가리를 포함시키려는 그의 전체 계획과도 일치하는 것이었다. 트란실바니아에도 적용시킨 그의 1783년 포고는 그때까지의 제한을 재확인하는 동시에 다음과 같은 몇 가지 새로운 금지령을 추가시켰다. 이름 변경 금지, 주택에 번호 매기기, 생활 방식에 대해 매달 보고하기, 유랑 금지, 정주한 집시는 특별한 필요가 있을 때만 허가를 받고 축제일 겸 장날에 참가하기, 당국이 필요하다고 인정하는 경우 외에는 대장장이 일 금지, 악사의 수 제한, 구걸 금지 등이 그것이다. 또한 집시의 정주는 집시 자신을 위해서가 아니라 타인에게 봉사하기 위한 것이어야 했고, 4세 이상의 집시 아이들은 적어도 2년에 한 번씩 인근 지방으로 분산되어야 했다.[20]

이러한 제국의 포고를 진지하게 수용한 지역은 소수에 불과했던 것 같다. 최대의 성과를 거둔 곳은 헝가리 서부(현재는 오스트리아의 일부)에 있던 부르겐란트였다. 다른 곳에서도 정주에 대한 일반적인 압력에 시달려야 했지만(100년 후에 나타난 그 결과에 대해서는 나중에 살펴보기로 하겠다), 구체적인 면에서 '새로운 헝가리인'은 자신의 특성을 십분 발휘하여 인종적 특성의 근절이나 가족의 분산을 거부했다. 정주한 자들 가운데 상당수도 상자처럼 생긴 집은 비워둔 채 직접 지은 집에서 살았다. 아이들은 부모에게로 도망쳐왔다. 게다가 법적으로는 집시들끼리 결혼할 수 없었을지언정, 성직자의 손을 거치지 않고 황제의 법률이 요구하는 서류 따위는 무시한 채 그들 자신의 독자적인 의식에 따라 종족을 재생산했다. 어떤 경우든, 가제의 입장에서도, 공공연히 멸시당하는 사람들과 법적으로 인정된 부부가 되고자 하는 사람의 수는 극히 제한적이었음에 틀림이 없다.

프러시아의 프리드리히 대왕은 호헨쫄레른가의 최대 라이벌이었던 합스부르크가에 어떤 점에서든 뒤지지 않으려 했다. 그는 마찬가지 구상을 실험에 옮겨, 집시촌의 설립을 명령했다. 최초의 집시촌은 1775년에 작센의 노르드하우젠 근처에 자리한 프리드리히슬로라에 설립되었다. 그러나 격리 정책은 집시들을 어떤 것에도 어울리지 않게 만드는 데만 성공했다. 1830년대에 이르면, 남아 있던 집시 남성들은 대부분 노역장으로 들어갔고, 아이들은 다른 곳에서 양육되었다.

절멸 정책과 그 이후의 동화 정책을 모두 극단으로 밀어붙여 다양한 모델을 제시하고, 그 결과 20세기까지 영향을 미친 나라를 하나만 들라면, 그것은 단연 스페인이다. 1550년대에 카스티야 의회는 온 나라에 역병을 만연시키는 신을 믿지 않는 방랑자에 대한 불평을 수도 없이 들어야 했다. 1559년에 네덜란드에서 돌아온 필리페 2세(카를로스 5세의 아들로, 부인인 영국 튜더 왕조의 메리와 사별했다)는 곧 그때까지의 반집시법을 갱신·강화하고, 그것을 집시풍의 옷을 입은 여성에게까지 확대했다. 그러나 1588년, 필리페가 물건을 파는 집시의 권리를 엄격히 제한한 뒤에도 의회는 만족하지 않았다. 두 명의 의원이 집시의 성격과 생활 방식의 모든 측면을 철저히 단죄한 보고서를 작성했다. 이 보고서는 집시 남녀를 분리하고 농민과의 결혼을 허용해야 한다고 제안했다. 더 나아가 아이들은 부모와 떨어져 고아원에서 양육해야 하며, 10세 이상의 남자아이는 도제로 보내고, 여자아이의 경우 가사 일을 담당하게 했다. 이 제안은 보류되었지만, 18세기에 다시 나타나게 된다. 그 사이,

의회는 추방과 강제 정착 사이에서 요동치고 있었다. 모리스코인— 세례는 받았지만 동화되기는 힘들었던 무어인의 자손 —의 문제가 1609년부터 1613년까지의 추방에 의해 일단락되자, 많은 사람들의 눈에 그보다 훨씬 더 악독하게 여겨졌던 집시가 다시 한 번 집중적인 관심의 대상으로 떠올랐다. 성직자, 법률 전문가, 신학자 등이 그 당시 통용되던 온갖 소문과 비난(반역, 도둑질, 방탕함, 이단, 아이 유괴)을 취합하고 거기에 독자적으로 만든 선정적인 이야기를 몇 가지 덧붙여 쓴 통렬한 비난서들이 계속 간행되면서 격앙된 분위기가 조성되었다. 그들이 제창한 해결책은 전원 갤리선으로 보내기(1607년, 프레이 멜쵸르 데 후엘라모)에서부터 보다 일반적인 것으로 철저한 추방에 이르기까지 다양했다. 톨레도대학 신학교수인 산초 데 몬카다는 결정적인 조치를 요구하며 필리페 3세에게 제출한 악의에 찬 청원에서 후자의 입장을 주창했지만, 명백히 보다 철저한 대책을 희망하고 있었다. 그는 집시를 사형시켜야 하는 이유로, '나는 지상의 부랑자와 방랑자가 되리라. 누구든 나를 만나는 자는 나를 죽일 수 있다'는 카인의 말을 인용했다. 그가 나열한 죄들 중에는 '헤리곤자'(은어)라는 은밀한 언어로 이야기할 수 있는 능력도 포함되어 있었다. 그는 같은 해인 1619년에 제정된 포고에 대해 명백히 의구심을 품고 있었다. 이 포고는 모든 집시들에게 이 나라를 떠나서 다시는 돌아오지 말라고 명하고, 다시 돌아올 경우 사형에 처한다고 명시하였다. 그와 동시에 정주해서 '히타노'의 의상과 이름과 언어를 버리면 남아 있어도 된다고 밝혔다. '민족으로서 본래 그런 것이 아닌 이상, 이 이름과 생활양식은 수치스러운 것으로서 영원히 버릴 수 있게 하기 위해서'였다. 몬카다는 이런 류의 미봉책에 대해 반대 의사를 표시하고, 여자와 아이들에 대해서도 배려할 필요가 없다고 주장했다. '늑대새끼를 양육할 의무를 지우는 법이란 존재하지 않는다. 차후에 양떼에 상해를 가할 것이 분명하기 때문이다.' 1631년, 판사 후안 데 키니네스는 집시 다섯 명을 교수형에 처한 경험에 근거해서 성적 방종과 식인 풍습의 이야기를 덧붙였다. 그가 볼 때, 집시들은 그저 사회의 쓰레기에 불과했다. 그들의 피부가 검은 것도 끊임없이 야외에서 보내기 때문이거나 약초로 염색을 했기 때문이었다. 게다가 그들은 다른 사람들과 다른 옷을 입고 특수한 언어를 사용함으로써 교묘하게 사람들을 현혹시킨다는 것이었다.

의회와 저명 인사들의 이런 거센 압력으로 인해, 필리페 4세는 1633년, 대략 '자칭 히타노들은 태생적으로 또는 천성적으로 그렇게 된 것이 아니라 이미 잘 알려진 사악한 목적을 위해 그러한 생활 방식을 택했다.'는 내용의 프레마티카(premática. 국본조서. 국왕이 공포한 국가의 기본법)를 반포했다. 그러나 스페인은 그 이상의 인구 감소를 감내할 여유가 없었으며, 이제 목표는 바로 통합이었다. 집시들은 자기들끼리 모임을 개최하거나 일반인들과 다른 옷을 입는 것이 금지되었으며, 독자적인 언어를 사용할 수 없었고, 늘 함께 모여있곤 하던 바리오(집시 구역)에도 살 수 없게 되었다. 대신 그들은 다른 주민들과 섞여 선량한 기독교인으로 살아야 했다. 히타노라는 명칭 자체도 사라지게 되었다. 무용이나 연극 등의 소재로도 묘사될 수 없었다. 누구든 방랑하는 집시를 잡은 사람은 그 집시를 노예로 부릴 수 있었고, 집시의 약탈 행위에 대한 보고가 있으면 그 즉시 출동할 부대도 조직되어 있었다.

이 프레마티카는 그 후 1세기 반 동안 스페인에서 이루어진 강제 동화 정책의 방향을 정했다. 그것을 위반한 자에 대해서는 남자의 경우 6년간 갤리선에 보내고, 여자의 경우 채찍질과 추방이라는 형벌이 기다리고 있었다. 지중해 함대 갤리선의 승무원 정수를 확보해야 했던 스페인 정부는, 17세기 내내, 계류중인 사건을 신속히 처리하고 방랑하는

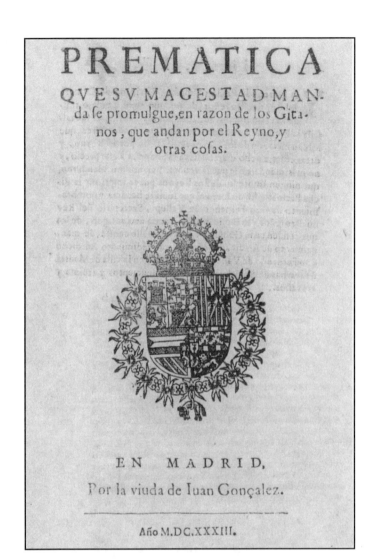

PREMATICA

QVE SV MAGESTAD MAN-
da fe promulgue, en razon de los Gita-
nos, que andan por el Reyno, y
otras cofas.

EN MADRID,

Por la viuda de Iuan Gonçalez.

Año M.DC.XXXIII.

1633년에 반포된 필리페 4세의 프레마티카.

집시를 포획하라며 주기적으로 재판관들을 다그쳤다. 더구나 죄수들은
종종 형기가 끝난 뒤에도 오랜 기간 갤리선에 불법적으로 구속되어 있
는 경우가 많았다.[21]

1695년, 스페인 합스부르크가 출신의 마지막 국왕 카를로스 2세는

집시는 물론 그들의 직업, 무기, 가축 등을 완전 등록제로 하는 포고와 함께 새로운 제도의 갓돌을 놓았다. 그 이후, 집시들은 주민이 200명 이상인 곳에서만 합법적으로 살 수 있었고, 그 경우에도, 그들만의 바리오에 모여살 수는 없었다. 그들은 경작과 관계없는 직업에 종사할 수 없었고, 말이나 무기를 소지하고 사용하는 일, 축제나 시장에 출입하는 일도 금지당했다. 어딘가로 여행을 가려면, 허가증이 필요했다. 집시를 보호하거나 돕는 자는 6,000다카트(중세 유럽의 여러 나라에서 발행된 금화 또는 은화)의 벌금을 내거나(귀족의 경우), 갤리선으로 보내졌다(평민의 경우).

부르봉가가 스페인의 합스부르크가를 계승한 이후, 새로운 개혁의 시대가 시작되었다. 그 특징 중의 하나는 반사회적 무법집단을 축소 또는 제거하고, 최소한 사회와 국가에 보다 유익한 존재로 변화시킨다는 결정이었다. 집시에게 적용되는 정책은 전보다 더욱 엄격한 중앙 통제 하에 놓았고, 전국적인 측면에서 보다 통일적으로 실시되기 시작했다. 그 결과, 아르곤과 카탈로니아, 발렌시아 같은 지방에서도 이러한 통제가 엄격해졌다. 스페인 부르봉 왕조의 창시자인 필리페 5세의 1717년 프레마티카는 선왕들의 규제를 재확인함과 동시에 그것을 더욱 강화시켜, 합법적인 집시 주거지를 스페인 전역에 분산되어 있는 41개 마을의 특정 장소로 제한시켰다. 위반할 경우, 남자들은 6년에서 8년까지 갤리선으로 보냈고, 여자들은 채찍 100대를 맞은 후 추방당했다. 그러나 아들인 페르디난드 6세는, 1746년, 즉위한 지 불과 열흘만에 34개의 마을을 더 지정하지 않을 수 없었다(세빌리아, 그라나다, 구아딕스, 사라고사, 바르셀로나, 발라돌리드 등이 포함되어 있었다). 집시 한 가족당 일반 주민 100명을 기초로 해서 후자의 부담을 분산시키는 것이 목적이었다. 얼마 지나지 않아 세빌리아에 최대의 집시 주거지가 형성되었다.

이 무렵까지 정주화는 상당 부분 달성되었다. 그 이후 스페인 집시 가운데 이동생활을 계속하는 자는 소수에 불과했다. 그러나 그들이 소멸되리라던 기대는 빗나갔다. 오비에도의 주교이자 카스티야의 추밀원장 가스파르 바즈케스 타블라다가 한 가지 해결책을 제안했다. 신중하게 준비한 뒤 한밤에 조직적으로 단속을 실시하여 모든 집시를 체포한 뒤, 정부가 정한 장소에서 강제노역을 시키고, 소지품은 모두 매각한다는 것이었다. 여자들은 실을 잣게 했고, 남자아이들은 공장에서 일하게 했으며, 남자와 큰 아이들은 광산과 조선소로 보냈다. 오늘날 전해지는 동시대의 문헌 자료들은 집시를 도무지 어찌할 수 없는 인종으로 간주하면서, 서슴지 않고 집시의 절멸에 대해 이야기하고 있다. 페르디난드 6세는 주교의 제안을 받아들여, 1749년 7월 말, 군의 협조 아래 일제 단속을 실시했다. 당시의 집계에 따르면, 9,000명에서 1만 2,000명 정도의 집시가 연행되었다. 고용 장소를 결정하는 문제에서는 정부의 방침이 변경되어야 했다. 항해기술의 진보로 1748년에 갤리선이 폐지됨에 따라, 주요 대책으로서 해군 조선소와 병기고를 징역 시설로 바꾸고, 여기서 사슬을 찬 죄수들에게 건설과 수리라는 중노동을 시키기로 한 것이다. 게다가 북아프리카에 있던 다섯 개의 프레지디오(*presidio.* 주둔지)는 만성적으로 요새 건설과 수리에 필요한 노동력 부족에 시달리고 있었으므로, 일정수의 죄수를 받고 있었다. 수는 적지만, 알마덴의 수은 광산에도 죄수가 할당되었다. 그곳에서는 정기적으로 갤리선에 죄수를 보내야 했던 탓에 사실은 2세기 전부터 죄수를 할당받고 있었다. 그러나 갤리선에 비한다면, 이곳에서의 집시 비율은 상대적으로 낮았다. 알마덴의 노역은 실로 가혹했을 뿐 아니라 수은 중독과 여타의 위험이 극단적으로 커서 건강과 생명에 치명적이었다. 따라서 이곳 집시들의 사망률은 매우 높았다.

1749년의 일제 단속으로 잡힌 집시 남성들 대부분은 최종적으로 병기고로 보내졌다. 확장 계획이 진행중이어서 대량의 육체 노동자가 필요했기 때문이다. 엘 페롤과 카르타헤나의 병기고에서는 노역이 이미 시작되고 있었고, 라 카라카(카디즈)의 시설은 확장중이었다. 피로와 질병을 견뎌내며 거기서 16년이나 시달린 집시들이 있는가 하면, 억류 기간이 그보다 짧은 경우도 있었다. 병기고의 감독들은 곧 생산성이 낮은 노동자 군단에 압도당했다. 라 카라카에만 1,200명 가까이 할당되었다. 거대한 병사에 수용된 일군의 남자들은 발에 족쇄를 채워 벽에 고정시킨 채 목제 침상에서 이불도 없이 잠을 자야 했다. 게다가 억류된 집시 상당수는 확실한 증거와 함께 자신들이 과거에 비난받을 만한 행동을 한 적이 없다는 사실을 증명할 수 있는 자들이었다. 페르디난드 6세 또한 실제로 합법적으로 결혼해서 아이들을 적절하게 양육하고 성실하게 일한 선량한 집시가 일부 포함되어 있을 가능성을 인정하고, 1749년에 추가 포고를 내리지 않을 수 없었다. 엄밀한 조사를 거쳐 그 주장을 입증할 수 있는 집시들은 이전 주거지로 돌아갈 수 있다는 것을 마지못해 승인하는 내용이었다. 정부는 상황 판단에 심각한 오류를 범했고, 페르디난드의 후퇴가 계속되었다. 결국 그의 이복형제이자 가톨릭 국왕으로서 진정 유능한 몇 안 되는 인물 가운데 하나였던 그의 후계자 카를로스 3세가 1763년, 일제 단속으로 잡혔다가 여전히 풀려나지 못한 모든 집시를 석방하기로 결정했다. 이러한 방향 전환은 측근들의 격렬한 반대에 부딪쳐 1765년까지 시행되지 못했다. 계속해서 격렬한 논쟁이 이어졌고, 그 결과, 페드로 발리엔테와 캄포마네스 백작 페드로 로드리게스가 미래 법률의 기초가 되는 보고서 작성을 지시받았다. 1772년에 발표된 이 중대한 보고서의 지적에 따르면, 이전의 법률들이 동화 정책에 무게를 두고 있던 반면, 국민 감정은 역으로 작용해서 집시를 불가축천민으로 취급하고 그들에게 매우 제한된 생활 수단만 허용했다. 그에 따라 이 보고서는 히타노라는 말, 더 나아가 17세기에 만들어진 '새로운 카스티야인'이라는 완곡한 표현까지도 사용하지 말라고 권고했다. 또한 집시에게 모든 상거래를 개방하라고 제안하고 있다. 캄포마네스 백작과 발리엔테는 교육의 역할을 강조하고, 경험상 오직 형벌만을 정한 법률은 집시에게 아무런 효과도 없다는 사실이 명백해졌으므로, 그들이 평화적으로 밥벌이를 할 여지를 남겨줘야 한다고 주장했다.[22]

결국, 카를로스 3세는 그들의 제안을 일부 받아들였다. 특히 교육과 관련한 제안은 훨씬 권위있는 것으로 받아들여졌다. 1783년 9월—헝가리와 트란실바니아에 대한 요제프 2세의 포고와 같은 해—에 공포된 프레마티카는, 그 동기가 유럽 계몽주의에 일반적인 실리주의의 영향(이 경우, 게으름뱅이로 보였던 집단을 보다 쓸모 있는 시민으로 변화시키는 가장 효과적인 수단을 찾으려는 저의가 깔려 있다) 때문이긴 하지만, 피와 박해의 정신으로 물든 이전 3세기 동안의 법령에 비하면 나름의 진보성을 보여주고 있었다. 그러나 가혹한 형벌을 전제로, 특수한 것은 모두 없애고 집시(또는 새로운 카스티야인)라는 명칭 그 자체를 폐지시켰다. 이 법을 따르려는 자는 마드리드와 왕궁 소재지 이외의 장소에서는 몇 개의 예외를 제외하면 어떠한 상거래라도 할 수 있게 되었다. 이 때의 금지 품목은 동물의 털을 자르거나 깎는 것, 시장과 축제시에서의 상거래, 인구가 희박한 지역에서의 숙박지 경영 등이었다(이것은 모두 집시의 중요 직업이었다. 예를 들어, 숙박지 경영은 그들 사이에서는 광범위하게 퍼져 있어서, 리차드 트위스라는 영국의 여행자가 10년 전, 이러한 숙박지 주인들의 성실함에 찬사를 바치기도 했다).[23] 정주했으되 사회적으로 가치 있는 일에 고용되어 있지 않은 자는 부랑자를 처리하는 일반법에 따라 처벌되

노새의 털을 깎는 집시의 모습. 색판화.

었고, 정주하고 있는 상태에서 죄를 지은 자는 다른 사람들과 똑같은 재판 절차를 거쳐 동일한 형벌을 받았다. 집시만을 대상으로 한 특별 형벌이 정해져 있는 경우, 그 적용은 정식으로 고용되지 않은 채 방랑생활로 되돌아간 자에 한정되어 있었다. 이 경우, 16세 이하의 아이들은 부모들과 격리되어 양육원이나 교육기관에 수용시켰고, 당사자는 특별 등록 대상이 되었다. 등록된 자는 다시 한 번 법을 위반했을 경우 다시 이전 생활로 돌아가지 못하게 한다는 이유로 사형에 처해졌다.

　이 프레마티카는 중앙으로부터의 압력이 유지되는 기간 동안, 다시 말해 카를로스 3세의 잔여 통치기간인 5년 동안만 효과적으로 실시되었다(물론 지역에 따라 다소의 편차는 있었다). 국왕 사후, 정부의 입장에서는 프랑스에서 발발한 혁명적 상황이 보다 중대한 문제로 대두되었기 때문이다. 그러나 이전의 여러 포고보다 현실적인 정주화 조치를 도입한 까닭에, 그 영향은 확실히 지속되었다. 1836년, 바다호스에서 스페인으로 들어간 조지 보로우는 현재 칼로어(집시어)라 불리는 변칙적인 언어(카스티야어의 음운, 어형, 구문 등과 로마니어 어휘의 혼성어)로 이야기되는 다음과 같은 속담을 처음 들었다. '국왕이 집시의 법을 가져가 버렸다'(*el Crallis ha nicobado la liri de los Calés*). 이것은 옛부터 지켜져 온 집시의 생활양식이 파괴되는 것을 한탄한 말로, 여기서의 국왕은 카를로스 3세를 가리킨다.

유형(流刑)

지금까지 우리는 유럽 총 인구의 반이 넘는 거대한 지역의 법을 살펴보았다. 이 법령들을 살펴보는 것은, 뉴게이트 감옥(런던시 서문에 1902년까지 있었던 유명한 감옥 – 역주)의 일정에 기초한 영국 역사와 마찬가지로, 그것 자체로는 균형잡힌 모습을 보여주지 못하지만, 집시의 생활양식에 영향을 미쳤다는 점에서 중요하다 하지 않을 수 없다. 오스만제국 바깥에 위치한 유럽의 여러 나라들— 포르투갈, 이탈리아, 스위스, 저지대지방 남부, 덴마크, 스웨덴, 러시아 —도 거의 비슷한 길을 밟았다. 정도의 차이는 있을지언정 모든 국가가 추방이나 강제 정주화 정책을 시도했던 것이다. 그러나 포르투갈만은 특별히 언급해두지 않을 수 없다. 새로운 추방 수단으로서 해외 식민지로의 유형(流刑)을 행한 최초의 국가였기 때문이다.[24] 식민지에는 노동력이 필요했고(사망률이 높았다), 식민지 이주자들에게는 여자가 필요했다. 포르투갈의 아프리카 식민지에 집시가 처음 유형당한 것은 쥬앙 3세 때의 일로, 1538년에 내린 포고[25]를 통해 간단히 추방될 수 없는 포르투갈 태생 집시들에 대처하기 위해 이 방법이 채택되었다. 1574년에는 일반 추방령을 위반하여 갤리선으로 가게 된 포르투갈의 집시가 감형되어 처자식과 함께 브라질로 보내졌다는 최초의 기록이 나온다. 그는 쥬앙 데 토레스라는 포르투갈풍 이름으로 기록된 최초의 집시이기도 하다. 그 뒤 1674년부터 집시 여성을 아프리카로 보내는 일이 일반화되었다(남성은 갤리선으로 갔다). 브라질로의 집단 유형은 1686년에 시작되었다. 이 해에는 스페인의 집시 추방으로 인해 포르투갈로 대량의 집시가 유입되었다고 한다. 정주를 거부한 포르투갈 태생 치가노는 이제 아프리카가 아니라 브라질의 마라냥주로 송출되었다. 1718년에는 인도와 아프리카의 식민지에 배분하기 위해 집시에 대한 특별 단속이 시행되었다. 1760년까지 브라질의 집시 인구는 엄청나게 증가해서 총독이 그들의 혼란스런 생활 방식에 대해 강한 불만을 토로할 지경이었다. 그에 따라 쥬제 국왕은 브라질에서도 반집시법을 제정해야 한다고 생각하게 되었다.

달갑지 않은 사람들을 버리는 장소로 식민지를 이용하는 것은 일반적인 관행이었다. 그리 열성적이지는 않았지만, 다른 나라들도 곧 포르투갈의 사례를 본받았다. 17세기 중반 이후로, 스페인의 통치자들은 집시와 그 밖의 부랑자를 서쪽으로는 쿠에타에서부터 동쪽의 오란에 이르는 북아프리카의 군과 요새로 보냈다. 그러나 아메리카에 대해서는 망설임을 극복할 수 없었다. 실제로, 1570년, 필리페 2세는 집시가 아메리카 식민지로 들어가는 것을 금지했으며, 1581년에는 일부 집시가 은밀히 그곳에 들어가서 인디언을 속여 먹고 있다는 보고(만약 사실이라면, 보다 일반적이었던 가혹한 착취와 비교하면 그저 나쁜 장난 정도였다)를 듣고, 식민지 당국에 대해 그들을 색출해서 감시가 쉬운 스페인 본국으로 송환하라고 명령했다. 페루 상부(현재의 볼리비아)에서는 사실상 아무도 발견되지 않았다는 회답이 왔다.[*26] 카를로스 3세와 그 참사회가 캄포마네스 백작과 발리엔테의 1772년 보고서에 나온 제안을 검토하고 있을 당시, 아메리카의 식민지는 팽창주의를 표방하는 이웃들의 위험에 직면하고 있어서 신뢰할 수 없는 자들에게 맡겼다가는 결코 안전하게 지킬 수 없을 것으로 여겨졌다.

프랑스는 집시에 대한 조직적인 유형을 시행하지 않았던 것으로 보인다. 그럼에도 불구하고 상당수의 집시들이 갤리선 노역을 감형받거나(1686~1689년 사이에 32명이 있었다) 마르티니크섬과 루이지애나로의 직접 추방에 의해서 아메리카의 프랑스 식민지로 건너갔다. 집정 정부 시대(1799~1804년)에는 바스크 지방에서 달갑지 않은 자들로 일제 단속에 걸린 수백 명의 집시들을 루이지애나로 유형시킨다는 계획이 있었지만, 영국과의 전쟁이 재개되고 루이지애나가 1803년에 미국에 매각되면서 없어지고 말았다. (대신, 나폴레옹은 그들을 프랑스 국내에 분산시켜서 각종 공공사업이나 군으로 보내라는 포고를 내렸다. 여자와 어린 아이와 노인은 극빈자 구제소에 감금되었다.)

잉글랜드에서는 방랑자에 대한 유형이 엘리자베스 여왕 시대로까지 거슬러 올라가지만, 본격적으로 시행된 것은 그 후의 일이다. 근거가 되는 법은 1579년의 부랑자법으로, 이 법에는 도무지 손볼 도리가 없거나 위험한 자들은 해외로 추방되어야 한다고 규정되어 있다. 제임스 1세의 통치 초기(1603년)에는 추밀원령에 의해 추방이라는 일반적 개념을 유형이라는 한정적인 의미로 변경하려 했다. 유형지로 공인된 곳은 뉴펀들랜드, 동인도 제도와 서인도 제도, 프랑스, 독일, 스페인, 그리고 저지대 지방 등이었다. 이 리스트에 등장하는 유럽 국가들이 이러한 난민 수용에 대해 어떻게 반응했는지는 밝혀지지 않았지만, 그 전부는 아닐지언정 사실상 거의 대다수가 아메리카 식민지로 보내졌다. 이 사업 전체의 합법성에 대해서는 미심쩍은 부분이 많다. 보내진 자 상당수가 상습적인 부랑자라기보다 젊은이나 빈민이었기 때문이다. 대부분의 경우, 식민지에서의 강제 노역은 영국의 그것보다 더 가혹했다. 노동력 부족으로 인해 선장으로부터 집시 노동력을 산 주인들은 그들을 사실상의 노예로 만들었다. 이러한 상태는 흑인 노예가 죄수 노동력의 경제적 중요성을 박탈하게 될 때까지 지속되었다.

스코틀랜드에서는 크롬웰의 호민관 시대에 내려진 1655년 포고에 의해 방랑자가 '서인도 제도를 비롯한 다른 곳'으로 유형에 처해졌다. 전국을 떠돌아 다니는 '방랑자와 거드름 피우는 거지, [그리고] 건장하고 게으른 인간들'의 엄청난 수에 점령군 장교들이 경악한 후의 일이었다. 10년도 채 지나지 않아 이러한 유형제도를 악용하는 일반 시민들이 나타났다. 1665년 11월, 에딘버러의 상인 조지 허치슨이 서인도 제도로 보내려는 투기 목적으로 다수의 방랑자를 일제히 포획한 데 대해 추밀원이 사후 승인을 내려주었다. 그는 정정당당하게 다음과 같이 주장했다. '조국을 위해 자메이카와 바르바도스에 있는 스코틀랜드인과 영국인의 플랜테이션을 진흥시키는 동시에 다수의 건장하고 게으른 거지와 이집트인, 흔히 볼 수 있는 악명 높은 매춘부와 도둑, 그 밖의 방탕하고 품행이 좋지 않은 자들을 중범죄로 추방시키거나 낙인찍어야 하는 부담으로부터 왕국을 해방시키기 위한 마음에서 행한 일입니다.' 그와 그 동료들이 얻은 이익에 대해서는 아무 말도 하지 않았다. 그 후에도 추밀원은 그와 비슷한 허가를 몇 번 더 내려주었다.[*28] 1715년, 잉글랜드와 스코틀랜드 경계 지역의 집시 여덟 명— 파, 스털링, 요스타운, 피닉(페닉), 린제이, 로스, 로버트슨이라는 이름을 가진 남자 두 명과 여자 여섯 명 —이 '상습적이고 평판이 나쁜 집시와 소녀를 비롯한 그 밖의 사람들'이라는 이유로 글래스고 시참사회에 의해 버지니아의 플랜테이션으로 추방되었다. 방화죄에 대해서는 증거가 불충분했지만, 제드버러의 순회재판소가 그들에게 선고한 유형을 집행한 것이었다. 그들 중 한 명으로, 채찍질과 두 귀를 잘리는 형벌까지 받았던 패트릭 파는 '메그 메릴리스'의 모델이 된 무시무시한 여자 진 고든의 남편이었다.[*29]

아일랜드 의회의 18세기 초기의 법령은 '품행이 좋지 않고 게으른 방랑자'를 최고 7년간 왕국 해군 또는 아메리카의 플랜테이션에 수용시킬 수 있다고 정하고 있다. 그 이전의 방랑자 금지법에 의해 아일랜드인들은 이미 영국의 플랜테이션으로 보내진 적이 있었다. 그러나 이러한 유형이 집시를 중심으로 진행된 것은 아니었던 것 같다. 당시의 아일랜드에서 집시의 방문은 그저 가끔 있는 일에 지나지 않았고, 그들이 영국 제도(잉글랜드, 웨일즈, 스코틀랜드, 아일랜드 및 주변의 섬들로 구성되어 있다)에 도착하기 훨씬 전부터 이미 틴커라는 토착 유동민 계급이 존재하고 있었기 때문이다.

오스만제국

15세기 이후의 기독교 세계에 대해서는 지방의 고문서와 중앙의 법령, 그리고 경찰 규칙 덕택에 일면적이긴 하지만 집시의 역사를 구성할 수 있다. 오스만의 지배하에 들어간 유럽 지역에서는 집시의 역사가 보다 흐릿한 모습으로 남아 있었다. 다만, 그 후 집시의 분포에 변화가 있었다면, 오스만제국의 판도가 최대에 달했던 17세기에 유럽의 집시 대다수(유럽 총인구의 10퍼센트 정도)가 투르크인의 지배하에서 살고 있었다는 점을 들 수 있다. 비슷한 가정 아래, 투르크 세력이 후퇴 국면에 들어서면서 합스부르크 제국이 헝가리와 트란실바니아를 회복하고 더 나아가 바나트의 테메시바르와 세르비아 일부를 점령한 뒤에도 거의 유럽 집시의 절반 가까이는 19세기에 들어설 때까지 오스만의 종주권이 있는 곳에 남아 있었다. (현존하는 오스만제국의 통계로 보면 집시 인구가 그보다 적지만, 이것은 정주 집시만을 계산했을 뿐 아니라 여자는 배제시킨 수치였다.)

오스만제국에는 집시들이 유럽의 다른 지역에서 직면했던 것과 같은 체계적인 억압의 법령이 없었다. 이 제국은 종속국 주민 집단의 관습과 제도를 존중했고, 자체 지도자의 협력을 받아 각각의 집단을 통치했다. 일부 지역에는 광범위한 자치가 인정되었고, 그 종속성은 매년 지불하는 연납금과 투르크인이 원정에 나설 때 제공하는 군사적 지원으로 표현되었다. 자체 귀족 계급이 통치하던 트란실바니아는 종속국 가운데 그 독립성을 유지하는데 가장 성공적이었다. 다뉴브의 두 공국 왈라키아와 몰다비아는 약체였던만큼 오스만 장군들에게 대량의 보조부대를 제공하고 투르크 국고에 거액을 헌납해야 했다. 그럼에도 불구하고, 대공들이 종종 술탄의 꼭두각시이거나 이웃 국가의 보호하에 있었을지언정, 그들 역시 상당한 정도의 자치를 허용받고 있었다. 거기에서는 집시들의 노예생활이 조금도 완화되지 않고 지속되고 있었다. 17세기 중반에 왈라키아의 마테이 바사랍과 몰다비아의 바실레 루푸가 공포한 새로운 포고도 상태를 완화시키기보다는 도리어 강화하는 경향이 있었다. 그러나 18세기 후반에 이르자, 종종 일회적인 것으로 끝나긴 했지만, 일부 신중한 개혁들이 도입되기 시작했다(예를 들면, 아이들을 부모와 떼어 매각하는 것을 금지시켰다). 실제로, 왈라키아의 집시들을 유괴해서 다른 곳에 팔아버리는 밀무역이 횡행하던 16세기, 오스만의 대재상은 다뉴브강 연안의 관리들에게 포고를 내려, 집시 노예에게 낙인을 찍으라고 명령했다.[30]

오스만의 직접 지배하에 있던 지역의 경우, 당국은 주로 징세, 그리고 법과 질서의 유지에 관심을 보였으며, 세금이 제대로 지불되고(현금과 현물 또는 노역으로) 투르크인 지배자에게 위협을 가하지 않는 한, 지사들은 지역 문제에 대해 상대적으로 거의 개입하지 않았다. 황제의 포고가 집시에게 특별한 관심을 보인 경우에는 그것이 보통 행정과 공공 질서, 또는 징세에 관한 것이었기 때문이다. 예를 들면, 슐레이만 대제는 1530년의 포고를 통해 콘스탄티노플, 아드리아노플, 소피아, 플로브디프 등에서의 집시 매춘을 단속하고자 했다. 그의 아들 셀림 2세는 1574년, 보스니아의 광산에서 일하는 집시들에 대해 몇 가지 면세조치를 인정하고, 50명 단위로 우두머리를 선출하게 했다. 그들이 이 산업에서 중요한 역할을 차지하고 있었다는 데에는 의심의 여지가 없었다. 아흐메드 1세 때 공포된 또 다른 포고는 발칸 서부(좀더 정확히 말해서, 현재의 알바니아 남부와 그리스 북서부)의 집시(키브티안*Kibtian*, 다시 말해 이집트인)로부터 1604년부터 1605년까지 거둘 세금과 벌금에 대해 명확히 규정했다. 등록된 정주 집시와 이동하며 천막에서 자는 미등록 집시는 이슬람교도의 경우 180아스퍼, 기독교도라면 250아스퍼의 인두세를 내야 했다. (당시의 1아스퍼는 대략 영국의 반페니에 해당한다.) 이 포고는 상당수의 방랑 집시가 여전히 기독교도였음을 보여준다. 인두세는 보통 비이슬람교도에 국한되었지만, 집시의 경우, 의식과 도덕에 관한 한 많은 점에서 법의 계율을 벗어난 분리파로 간주되었기 때문에 이슬람교도라 하더라도 인두세를 내야 했다. 일부 정주자들은 철공, 숯꾼, 야경꾼 등으로 기록되어 있다. 포고에 언급된 '이스펜스'(*ispence*, 노예세)라는 말에 비춰보건대, 이들 집시 중에 노예가 있었던 것으로 보인다. 그러나 대다수는 자유인으로서 오스만제국의 비투르크인 시민의 권리와 의무를 대부분 인정받고 있었다.[*31]

그러나 17세기 후반이 되자, 재정적 압박이 심해졌다. 에블리야 첼레비에 따르면,[*32] 술탄 메흐메드 4세는 살아 있는 사람으로 대체되기

'알라키아인 기게슈티촌 근처의 빈민구호소에 모여든 집시들(1794년경)' 루이지 마이에의 수채화.

전까지는 죽은 집시에게서도 세금을 거뒀다. 그 후 과세 수준은, 특히 이슬람교도의 경우, 급격하게 증가되었다. 1684년, 테살로니키, 베르호이아, 게니챠의 판사들에게 내려진 포고는 집시에게 거두는 인두세와 인돈세를 이슬람교도는 650아스퍼, 기독교도는 720아스퍼로 정했다. 전담 담당자 한 명이 각종 부과금을 징수했는데, '집시는 개별적으로 살고 있어서 수는 적지만 모든 면에서 자유롭기 때문'이었다. 관리들은 그들의 내부 문제에 개입하는 것이 금지되었다.[33] 1695년에는 비슷한 수준의 세금이 피아스터 단위로 규정되었다. 이 무렵 제국에는 4만 5,000명의 집시들이 있었다고 전해지며, 그 가운데 1만 명만이 이슬람교도였고, 그나마도 시리아, 메소포타미아, 소아시아를 포함한 숫자였다. (오스만의 통계는 그다지 신빙성이 없다. 17세기의 동시대인 폴 라이코트 경과 에블리야 첼레비는 발칸 반도의 투르크 점령지인 루멜리아의 공식 등록부에 실린 병역 연령의 집시 남성을 1만 5,630명과 1만 1,280명으로 각각 다르게 추산했다.)[34] 집시에 대한 반감이 고조되었음을 명확히 보여주는 또 하나의 징후는 1696년에 관찰될 수 있다. 술탄 무스타파 2세가 헝가리에서 전투 준비에 여념이 없던 와중에 집시의 무질서하고 비도덕적인 생활을 단련시킬 목적으로 경찰 규칙을 제정한 것이다. 실제로, 역사가 모하메드 기라이는 집시를 비하하면서 여성은 매춘부(의상과 행실 면에서 엄격한 마호메트류의 단정함과는 분명 거리가 멀었다), 남성은 포주라고 몰아붙였다.[35]

그러나 서유럽의 기준으로 볼 때 그들은 전반적으로 상당히 평온하게 살고 있었다. 오스만의 점령으로부터 시작된 사회적 격동과 그 후의 행정기구 마비가 그들에게는 분명 어느 정도 이득이 되었다. 투르크의 지배하에서 이 지역의 문화와 정치 발전에 장애가 생긴다는 사실도 그들에게는 그다지 중요하지 않았다. 방랑 습관을 없애기 위한 산발적인 시도(예를 들면, 1630년대에 세르비아의 집시를 대상으로 고압적인 무라드 4세가 행한 시도)*36)에도 불구하고, 자유민에게는 이동의 자유가 상당 부분 인정되고 있었다. 한 국가의 시민으로서, 발칸의 사람들은 제국을 자유롭게 이동할 수 있었고, 실제로 오스만 지배하의 4세기 동안, 국내에서는 내부적인 이동이 많았다. 집시의 생활은 끊임없는 군사작전에도 불구하고 그다지 큰 영향을 받지 않았고, 평화적인 의식에서 행하는 나름의 역할도 있었다. 1582년, 무라드 3세의 손자 할례식에서 행해진 다양한 축하행사에서는 집시 빗자루 제작자, 굴뚝 청소부, 악사, 춤꾼, 곰 부리는 사람, 그리고 누구보다도 대장장이가 모습을 드러냈다. 그리고 1584년에 서유럽의 평화 사절이 부다에 있던 파샤를 방문했을 때, 그들을 영접하기 위해 조직된 축하 행렬은 터키풍 의상을 입은 집시 세 명에 의해 선도되고 있었다. 한 명은 류트, 나머지는 레벡(중세의 3현악기)을 연주했고, 오스만의 술탄들을 찬양하는 노래를 곁들였다(P.210 그림 참조). 무기와 탄약 제조에 능한 집시들 또한 새로운 지배자들 속에서도 많은 고객을 발견했다. 그들은 무기 수선공 및 악사로서 병사들과 함께 전장으로 나가기도 했다. 그들은 물론 군사적인 것과 상관 없는 일에 종사하는 그들의 가족들 또한 오스트리아가 투르크로부터 영토를 회복한 뒤에도 눈에 띄는 이득은 전혀 박탈당하지 않았다.

종의 생존

억압책들은, 비록 효율적으로 적용되지는 않았지만, 결국 유럽에 살던 집시들의 생활에 거대한 변화를 몰고 왔다. 살아남기 위해서는 그 변화에 적응해야 했다. 게다가 그들에게 음식과 쉼터 제공을 거부함으로써 정직한 생활을 불가능하게 하는 제도 때문에 그 틈새를 최대한 활용하지 않을 수 없었다. 어떤 이는 사람이 가까이 가기 어려운 황무지나 삼림에서 다소간의 안전을 찾았다. 국경 지역에 집을 지어 사법관할구의 차이와 당국의 활동이 가지는 발작적 특성을 이용하는 사람도 있었다. 그 결과, 프랑스와 스페인 국경 지대와 독일의 여러 공국들의 경계 지역, 그리고 로렌과 제국의 국경, 스코틀랜드 경계선, 네덜란드 공화국의 동쪽 등에 거주지가 형성되었다. 각국 내부에도 마찬가지로 이용할 수 있는 지방 행정구의 경계선이 있었다. 사람들의 시선을 피하기 위해 필요하다면 소그룹으로 나뉘어지는 경향도 많았다. 그와 반대로, 자위를 위해 대집단으로 모여든 자들은 예전과 마찬가지로 가제와 함께 도당을 조직하여 가끔 폭력을 쓰기도 했다. 18세기 독일에는 악명을 떨친 집시 산적단이 몇 개 있었다. 그곳에는 출신이 다양한 도적단이 들끓었는데, 그들 중 일부는 집시가 중심이었다. 세력이 50명에서 100명에 이르는 이들 도적단은 무장을 한 반항적 집단으로, 생계를 위해 도둑질을 반복했으며, 군과 경찰로 이루어진 토벌대와 충돌하여 싸움을 벌이곤 했다. 그 중에서 특히 유명한 집단인 헤센-다름슈타트 도적단은 보통 헴페를라라고 알려진 요하네스 라 포르툰이란 자가 이끌고 있었다. 1726년, 그가 마침내 체포되어 다른 집시들과 함께 기센의 감옥에 갇히자, 고문대와 엄지손가락 죄는 틀, 스패니쉬 부츠(다리 죄는 고문 도구) 등을 이용한 장기간의 고문을 통해 필요한 모든 자백을 끌어내고 유죄를 선고했다. 헴페를라와 다른 세 명의 집시들은 형차에 매달아 돌려서 찢어죽였고, 다른 9명은 교수형에 처했으며, 13명(대부분 여성)은 참수시켰다. 동시대의 화가가 이 엄청난 처형 장면과 그것을 보러 구름같이 몰려든 군중의 모습을 그림으로 남겼다(P.221 그림 참조).[*37]

    독일의 집시 산적 중에서도 가장 유명한 자는 아마도 제이콥 라인

집시 악사들이 선도하는 터키풍 행렬(1590년).

하르트일 것이다. 하니켈이라는 별명으로 잘 알려진 그는 기센에서 처형된 남자들 중 한 명의 손자이기도 했다. 하니켈은 1787년, 다른 세 명의 집시들과 함께 교수형에 처해졌다. 하니켈 자신이나 그가 관련된 살인 사건에 특별히 로맨틱한 요소는 전혀 없었다. 일부에서 시사하는 것처럼, 부패와 부패한 사회를 루소적으로 거부한 실러의 첫 번째 희곡 『약탈자*Die Räuber*』(1781년)의 구상에 하니켈의 이력이 영향을 미쳤다는 말은 신빙성이 없다. 하니켈은 각지를 배회했고, 보주 산맥(프랑스 북동부의 산지)과 로렌, 슈바르츠발트(독일 남서부의 삼림 지대), 슈바벤, 스위스 등에 출몰했지만, 그의 활동은 로렌 북동부와 인접한 독일 국내에 집중되어 있었다. 그곳은 산이 험하고 깊은 삼림에 둘러싸여 있었다. 이 지역이 그토록 매력적이었던 또 하나의 중요한 이유는 헤센-다름슈타트의 란트그라프(백작 영주) 루드윅 9세가 백작령을 계승하면서 그 중심에 있는 피르마젠스를 자신의 거처로 정하고, 전임자인 에른스트 루드윅과는 전혀 다른 집시 정책을 펼쳤기 때문이다. 그는 군사적인 일에 열정을 품고 있었는데, 피르마젠스에 작은 군대를 창설하여 거기에 상당수의 집시를 징집했고, 그 가족이 근처에 머물 수 있게 했다. 하니켈의 아버지는 이 군대의 드러머 가운데 한 명이었다. 백작은 제국과 제국 관할구가 내놓은 포고의 규정을 무시했는데, 그에 따라 거의 반세기 동안 피르마젠스 주변의 집시 인구가 증가했다. 그들은 1790년에 다시 이동을 개시했다. 새로운 란트그라프 루드윅 10세가 제국 포고의 적용을 염두에 두고 심지어 그 포고를 강화하기 위해 피르마젠스의 군대를 이용하려고 했기 때문이다. 박해가 없는 오아시스는 신기루로 바뀌었고, 집시 상당수의 모습이 사라졌다.

　　독일 문학의 '질풍 노도'의 이론가이자 젊은 괴테의 스승이었던 헤르더는 피르마젠스의 일을 알고 있었기 때문에 자신의 저서 『인류사의 철학에 관한 이데아*Ideen zur Philosophie der Geschichte der Menschheit*』(1784~1791년)에서 이 '비천한 인도인 카스트'에게는 군사 훈련만이 적용될 수 있다는 견해를 제시했다. '그것만이 그들 전원에게 최대한 신속하게 규율을 가져올 수 있다.' 프러시아의 프리드리히 빌헬름 2세 역시 같은 생각을 가지고 있었다. 1790년, 그는 집시들을 병사로 만들라고 명령했다. 실제로 유럽의 많은 지역에서 집시가 관용을 얻거나 감옥으로부터 석방되고 운이 좋으면 우대 조치까지 기대할 수 있는 하나의 도피처가 바로 군이었다. 많은 집시들이 악사 또는 전투원으로서 자의든 타의든 군에 입대했다. 16세기 후반에 있었던 프랑스의 종교전쟁이나 30년 전쟁 때와 마찬가지로, 때로는 일족 전체가 독립적으로, 또는 상비군에 가까운 형태로, 전투부대에 합류하기도 했다. 「메르퀴르 프랑소와*Mercure francois*」의 편집자는 종교전쟁 기간 중에 그러한 병사를 다수 관찰하고, 그들의 생활양식('가축을 데리고 다

기센에서의 집시 처형(1726년).

니며 아랍인처럼 생활한다')이 아무리 이단적일지라도 병사로서의 자질은 우수하다고 호의적으로 평가했다.[38] 평화 시대에는 그들에 대한 평판이 그다지 좋지 않았다. (헤르더의 기대와는 반대로) 군대의 규율에 잘 적응하기 못했기 때문이다. 그러나 이런저런 시기마다 사실상 유럽의 모든 국가에서 종종 처자를 거느리고 군역에 종사하는 집시 병사를 볼 수 있다. 실제로 스웨덴에서는 병사 중에 집시를 볼 수 없는 경우가 드물었다.

일찍이 터득한 보다 음흉한 생존술은 법으로 정해진 증명서 검사를 멋지게 통과하는 것이다. 그들은 안전통행증 제작에 관한 한, 거의 장인 수준이었다. 일부 집시는 면허가 있는 경우에만 이동생활을 허용하는 방랑자법을 만족시키기 위해 필요한 가짜 패스포트를 조달하는데 명수가 되었다. 잉글랜드의 법률은 다양한 방랑자들에게 패스포트 소지를 의무화했다. 일단 서류만 발급받으면, 아무런 방해도 받지 않고 길을 통과할 수 있을 뿐 아니라 이동 중에 숙소도 제공받고 갖가지 도움을 받을 수 있다. 이동에는 통상적으로 기한이 정해져 있었고, 서류에는 이동 경로에 포함된 지역 판사들의 이서(裏書)가 의무화되어 있었다. 그러나 위조 패스포트는 쉽게 손에 넣을 수 있고 이미 광범위하게 퍼져 있었으므로 제도 그 자체가 무의미해졌다.[39] 위조를 행한 악당은 성직자, 서기관, 공증인, 교사 또는 학생 등이었다. 1577년, 에일즈베리에서 교수형에 처해진 여덟 명의 집시들은 체셔의 한 교장 선생이 위조한 면허증을 이용해서 전국을 이동하고 있었다.[40]

그럼에도 불구하고, 집시의 이동 범위는 차츰 협소해지고 있었고, 바야흐로 특정 지역으로 한정되고 있었다. 예를 들어, 프랑스에서는 다비 드 라 그라브라는 집시가 1607년부터 1637년 사이에 하프로방스의 12개 장소를 20번에 걸쳐 드나들었다고 보고되고 있지만, 다른 곳에 대한 기록은 없다. 피에르 드 라 그라브의 경우도 마찬가지였다. (프랑스 집시의 성은 그 무렵 거의 프랑스풍으로 바뀌었는데, 특히 귀족풍의 것이 선호되었다.) 그와 반대로, 쟝 드 라 그라브는 대담하게도 프로방스뿐 아니라 북쪽으로 도피네까지 이동했다. 아마도 같은 가족이었겠지만, 같은 성을 가진 사람들이 프랑스의 다른 지역에서도 많이 발견되었다.[41] 도대체 얼마나 많은 집시들이 완전히 정착했고, 또 그 중에서 어느 정도가 일반 주민 속으로 섞여들어갔는지는 알 도리가 없다. 그러나 일부 국가에서는 집시 인구가 상당수 정착했다. 체계적인 수치는 헝가리와 스페인에서만 얻을 수 있지만, 정주민이 증가하고 있었다는 것은 분명하다. 요제프 2세의 통치기인 1780~1783년에 행해진 인구 조사는 헝가리(크로아티아와 슬라보니아는 포함되어 있지만, 트란실바니아는 제외된 수치)에서 집시 인구의 규모가 어느 정도인지 증언하고 있다. 기록은 3만 241명에서부터 4만 3,609명까지 다양하며, 그나마 기혼 여성은 포함되지 않은 수치다. 기록으로 남은 주요 생활 수단은 대장장이 일과 그 밖의 수공업이며, 그 뒤를 잇는 것이 악사였다.[42] 스페인에서는 1785년에 대략 1만 2,000명 정도의 집시가 확인되었다. 그 3분의 2 이상은 가장 가난한 지역인 안달루시아에서 발견되었고, 예를 들면, 세비야에 600명, 헤레스에 386명, 카디즈에 332명, 말라가에 321명, 그라나다에 255명이 있었다.[43] 이것은 스페인의 총인구가 현재의 4분의 1인 대략 천만 명 정도였던 무렵의 일이었다. 카를로스 3세가 1783년의 프레마티카보다 훨씬 전에 실시한 인구 조사에서는 정주화 사업의 상당 부분이 이미 그 이전의 여러 포고에 의해 달성된 상태여서, 카탈로니아를 제외한 스페인 집시의 88퍼센트 이상이 거의 완전히 정주하고 있었다는 사실이 밝혀졌다. 1716년까지 자립적 경향이 강했던 카탈로니아의 경우, 추방 정책을 고수했던 탓에 정주화의 진행이 훨씬 느렸다.

정주화가 반드시 동화를 의미하는 것은 아니었다. 여기에서도 스페인이 그 증거라 하겠다. 그러나 이동생활을 계속하는 집시조차도 주요 활동지가 되는 나라의 사회적 영향으로 인해 그 나라의 국민적 특징을 습득하고 있었다. 예를 들면, 스코틀랜드에서는 그 과정이 매우 일찍 시작되어서, 18세기 말에 이르면, 많은 집시가 한 장소를 본거지로 삼는 정도까지 정착했고, 종종 거기서 지역 주민들과 좋은 관계를 맺었다. 그 아이들이 학교에 다닌 사례도 없는 것은 아니다. 그들은 곧 일반 주민들과 뒤섞이게 되었고, 다른 나라의 집시에 비해 내부의 유대도 좀더 완화되었다. 이들 집시 상당수가 그 당시 스코틀랜드에서 일반적이었던 이름과 성을 쓰게 된 것은 아마도 1609년의 법률 때문이었던 것 같다. 이 경우, 유력 가문의 것이 선호되는 경향이 있었지만, 두 개의 중요한 집시 성— 파와 베일리 —은 그 이전부터 알려져 있었다. 지역 사회에서 유명해진 집시도 몇 명 있었다. 갤러웨이 집시의 이름난 우두머리 빌리 마샬은 전설적인 지위를 획득했다.[44] 그는 1671년생으로 알려져 있지만, 그 경우, 120세까지 산 것이 된다. 1792년에 사망한 것이 확실하기 때문이다. 그는 17번 결혼해서 경이적인 수의 자손을 남겼다. 긴 인생 동안 그는 윌리엄 국왕군의 병사로서 보인강 전투(윌리엄 3세가 퇴위한 제임스 2세를 격파하여 아일랜드에서 스튜어트 왕조 지지세력을 근절시킨 전투. 1690년 – 역주)에 참여했고, 대륙에서의 전투에도 몇 번이나 참가했다(다만 기분 내키면 탈영하는 경향이 있었다). 1723년, 그는 갤러웨이 레블러스의 지도자 가운데 한 명으로 등장하여, 광범위한 민중 봉기를 지휘했다. 소작인을 농지에서 쫓아내고 가축을 사육하는데 알맞도록 목초지(전통적으로 소작인의 가축에게도 개방되어 있던 목초지를 포함하고 있다)에 담을 에워싸고 있던 대토지 소유자들이 대상이었다. 그 해 말이 되자, 갤러웨이에 있던 방벽들은 거의 사라지게 되었다.

법률 조문에서 한결같이 드러나는 적의에 찬 어조는 실제로 집시들이 지역 주민들에게 어느 정도까지 받아들여지고 있는지를 너무나 쉽게 감춰버린다. 스페인의 경우, 1749년의 전국적인 일제 단속이 일부 집시 거주촌에서 이러한 공존관계가 성립되어 있다는 것을 증명해 주었다. 마드리드 남동쪽으로 100킬로미터 가량 떨어진 작은 마을 빌라레호 데 푸엔테스 주민들과 맺은 관계는 더욱 진기했다. 1781년 11월에 열린 한 결혼식에서의 사건은 집시들의 신뢰를 얻은 그 지역의 사제와 관료가 아무 제약 없이 떠들썩한 축하연에 참가할 정도였다. 말을 타고 교회로 가는 행렬이 끝나자, 한껏 멋을 낸 집시 여성들이 안으로 들어가기 전에 사제 앞에서 설탕 과자를 나눠주며 기타 소리에 맞춰 춤을 추었다. 이 사건 전체를 못마땅해한 어느 관찰자의 고발장에 따르면, 신부는 사제와 형제지간인 마을 관료 한 명의 손을 잡고 교회로 인도되었고, 혼배 미사 내내 기도하는 분위기는 거의 없었다. 교회를 나가는 행렬은 군중의 떠들썩한 축복을 받았다. 고발에 뒤이은 정식 조사로 기본적인 사실관계가 확인되었고, 문제의 사제는 주교로부터 엄중한 질책을 받았다.

희미한 빛

교회 당국— 그리스 정교든 가톨릭이든 프로테스탄트든 —은 신앙심이 없는 것으로 알려진 집시에 대해 사소한 관용도 베풀 필요가 없다는 태도를 취하고 있었다. 19세기에 이르기까지, 집시의 영혼 문제에 관심을 가진 기미는 거의 없었다. 이탈리아에서는 교구와 지방 분구의 교회회의가 교황령을 포함한 여러 영방들의 법령과 마찬가지 어조로 의심과 적의를 반복적으로 표명하고, 거의 예외없이, 집시가 교회 의식에 참가하는 것을 인정하지 않았다. 다른 지역에서도 상황은 거의 비슷했다. 집시의 생활양식을 박멸하려고 할 때에만 예외였다. 강제 개종 또는 종교교육의 의무화는 요제프 2세 같은 군주의 기본 정책에서 볼 수 있는 두드러진 특징이었다. 독일의 여러 영방들도 아이들을 부모에게서 떼어놓고 세례를 받게 한 뒤 건전한 기독교 가정에서 양육시키고자 했다. 그러나 전도 활동은 드물었고, 집시를 교회로 데려오기 위한 무심한 시도도 거의 없었다. 이것은 문자 그대로의 진실이었다. 프랑스의 바스크 지방에서는 종종 '카스카로Cascarots'라 불리는 집시의 교회 출입을 인정하지 않았고, 달개집(원채에 기대어 지은 집)에 격리시킨 채 거기서 예배를 보게 했다. 그렇다고 해서 배교(背敎)가 허락된 것은 아니었다. 포르투갈에서는 사순절 기간 동안 고해를 하지 않았다는 이유로 1635년, 주교단이 집시들을 파문했다. 스페인 신학자들은 엄벌의 필요성에 대해 특히 강경했다. 그러나 기묘하게도, 이단심문은 집시를 비교적 온당하게 취급했다. 교황청에 올라간 그런 사건들— 흔한 일은 아니었다 —이 이단이나 마녀의 문제라기보다는 종종 숨겨진 보물을 미끼로 하거나 점을 쳐서 비밀을 알려주고 마술로 병을 치유한다든가 주문을 왼다든가 하는 진부한 속임수로 사람들을 현혹시켜 이득을 취하는 행위로 판명되었기 때문이다. 그에 대한 처벌은 기껏해야 가혹한 채찍질이었던 것 같다.[45] 한 가지 더 주목할만한 것은, 심문관의 관심을 끈 집시가 종교의 문제에 대해 무지하지 않았을 뿐 아니라 대개 세례와 견진 성사도 받았고, 교회에서 결혼식도 올렸다는 사실이다. 마찬가지로, 1788년, 로렌에서 시도된 집시의 종교 행동에 대한 조사에 따르면, 집시들은 독자적인 종교는 전혀 없었지만, 세례와 결혼식과 병자 성사의 가톨릭 성사를 추구하고 있었다. 그러나 결혼식을 주재할 사제를 찾을 수 없는 경우에는 집시 우두머리들 앞에서 결혼이 성립되었다.[46]

프로테스탄트 교회는 대개 집시에 대해 호의적이지 않았고, 그들과 거리를 두는 것이 그들의 불경함을 비난하는 것과 서로 모순된다고 생각하지 않았다. 마르틴 루터는 『리베르 바가토룸*Liber vagatorum*』 1528년판 서문에서 그런 방랑자의 '악랄한 계략'에 대해 경고하고, 그에 대한 억압을 승인했다. 네덜란드의 칼뱅파 신학자 보에티우스는 집시 아이들에 대한 세례에 반대를 주창했다(그 당시, 네덜란드의 지방 교회 회의에서 상당한 논쟁을 불러일으킨 문제였다).[47] 그 부모에게 기독교도를 양육할 능력이 없다고 생각했기 때문이다. 스웨덴에서는 스톡홀름의 대주교가 세례와 매장을 금지시킴으로써 그 문제가 거의 1세기 전에 해결된 상태였다. 그러나 이 금지령을 따르지 않는 목사도 있었다. 1573년에 그 금지령을 깨뜨린 한 목사는 대주교로부터 돼지에게 진주를 던지고 있다는 말을 들었다. 그로부터 20여년이 지난 후, 린쇠핑 관구의 교회회의는 '타타레'와의 접촉을 일절 금지하는 포고를 재확인했고, 부활절에 집시 한 명에게 영성체를 받게 한 사제를 질책하기로 결의했다.[48] 스웨덴의 성직자들은 1686년에 이르러서야 비로소 부모가 모두 원할 경우 집시 아이들에게 세례를 베풀어도 좋다는 지시를 받았다.

　　세속 세계에서도 집시를 보다 정확하게 이해하려는 움직임은 매우 느리게 진행되었다. 단지 교회보다는 조금 빨랐을 뿐이다. 16세기 후반에는 언어학 분야에서 약간의 전진이 있었음을 보여주는 징후가 나타났다. 그 최초는 1560년대에 네덜란드의 판사 얀 반 에우숨이 로마니어 단어와 어구에 흥미를 느껴 그것을 수집한 사례라 할 수 있다.[49] 그러나 그것은 오랫동안 출판되지 않다가 1900년에 이르러 독일어로부터의 차용어에 가끔씩 보이는 로마니어의 단편을 추적하고, 진티가 쓰는 독일 방언을 특징짓는 주요한 음운적 특성의 존재를 확인하는데 사용할 수 있게 되었다. 1579년, 또 한 명의 네덜란드인 보나벤투라 불카니우스가 라틴어 동의어가 부가된 71개의 로마니어 단어 리스트를 출판한 것은 더욱 직접적인 중요성을 가진다.[*50] 라이덴의 동료 교수이자 당대 최고의 석학 요제프 스칼리거가 기고한 것이었다. 아마도 프랑스 남부에서 채집한 것으로 보이는 이 어휘 리스트는 인쇄된 것으로는 사상 두 번째가 된다. 음주와 관련된 표현의 탁월함에 비춰보건대, 스칼리거 또한 영국의 선구자 앤드류 보드의 경우와 마찬가지로 어느 선술집에서 조사를 행했던 것으로 보인다. 그런 환경의 영향이었는지 어떤지는 모르겠지만, 예컨대 '너는 마신다'에 해당하는 로마니어를 기록하거나 할 때 가끔 혼란이 나타난다. 그는 불어로 대화하고 있었음에 틀림이 없고, 불어 '너는 마신다tu bois'에 해당하는 집시어를 물었다. 그것을 '뒤 보아du bois('숲의'라는 뜻)'로 잘못 들은 집시쪽의 실수로 그가 받아적은 단어는 '카슈트'('숲'이라는 뜻을 가진 로마니어)가 되었다. 그의 샘플에서는 몇 개의 다른 언어로부터 침윤된 흔적도 찾아볼 수 있다. 어휘 면에서는 독일어와 슬라브어, 음운면에서는 스페인어가 그것이다. 불카니우스가 출판한 어휘 리스트는 독자적인 언어를 가진 집시와 지역에 기원을 둔 인공 은어를 사용한 에론(Errones. 현대적 의미의 '나그네'로 사용되었다) 사이의 현저한 차이를 묘사하고 있다는 점에서 시대를 앞선 것이었다. 그러나 집시의 언어는 누비아어(콥트어)로 간주되었다. 불카니우스가 코르넬리우스 아그리파(1527년)의 견해에 따라 소이집트를 누비아와 동일시했기 때문이다. 이것은 콥트 교회와 에티오피아 교회가 존재하고 있었기 때문에 그럴 듯한 것으로 여겨졌지만, 그의 후계자 상당수를 잘못된 길로 이끈 그릇된 생각이었다. 이후 150년간 몇 가지 어휘 리스트가 더 나왔지만, 불카니우스의 것보다 중요한 것은 아니었다.

  마찬가지로, 집시를 테마로 한 최초의 학술논문이 출판되기 시작했을 때도, 이미 쓰여진 것들의 압도적인 무게에 눌려 이전 세대의 편견을 강화하는 결과를 낳았다. 그 중 세 개의 논문은 검토해 볼만한 가치가 있다. 30년 전쟁이 끝난 지 얼마 지나지 않아 평화와 질서가 무엇보다 중시되던 시대에 프로테스탄트 학자들이 명백히 서로 독립적으로 발표한 논문들이 그것이다. 각각의 논문은 중세 주석학자의 글처럼 읽히며, 그 정신 면에서는, 끊임없이 고대 권위자들을 끌어들임으로써 저자가 자신의 독창성을 부정하는데 심혈을 기울이던 시대에 속한다. 세 논문 모두 억압을 정당화하는 지적 근거를 제공했다. 유일한 차이점이라면 중점을 어디에 두었느냐에 있었다.

그 첫 번째는 1652년에 라이프치히에서 읽혀진 쟈콥 토마시우스의 논문이다.[51] 그는 그곳에서 도덕철학 교수로 일하고 있었다. 그 무렵, 집시가 이동하는 민족 집단이라는 인식은 이미 70년도 전에 사라진 상태였다. 토마시우스는 한때 동방에서 온 이집트인의 후예들로 이루어진 순례자가 있었다는 사실을 인정했고, 그들이 여전히 사용하고 있던 언어를 누비아어라고 한 불카니우스의 견해에도 이의를 제기하지 않았다. 그러나 그와는 모순되지만, 그때까지 스위스와 그 밖의 연대기 편자들이 그랬던 것처럼, 그 또한 순례자 대다수는 귀국해버렸고, 남아 있던 소수도, 오로지 순례자의 지위를 이용할 목적으로 집시라고 자칭하는, 사회의 쓰레기 집단을 구성하는 오합지졸 속으로 녹아들어갔다고 주장했다. 토마시우스가 볼 때, 이런 사람들은 사악해질 수 있으며, 유일한 해결책은 그들을 지구 끝으로 추방시키는 것이었다. 집시 아이들에 대한 세례에 반대 의견을 주장한 네덜란드의 신학자 보에티우스도 기본적으로 마찬가지 견해를 보였다. 옛날부터의 고정관념에 대해 그가 유일하게 반론을 편 것은 집시가 투르크인을 위해 활동하는 스파이였다는 반복된 주장뿐이었다. 세 번째는 독일의 법학자 아주에루스 프리츄였다.[*52)] 그는 집시의 이국기원론은 한결같이 설득력이 없다고 생각했고, 당대 집시들은 다양한 나라에서 온 게으른 자들이 뒤섞여 있는 도적 집단 이상의 아무 것도 아니라고 확신했다. 그는 그들이 웬드어를 쓰는 것을 들었다고 하는 아벤티누스의 지적을 받아들였지만, 뮌스터가 1세기 전에 그랬던 것처럼, 그것을 로트웰슈어와 동일시했다. 법률과 정치 전문가답게 그는 집시가 왜 절대로 허용되어서는 안되는지, 그리고 그에 대한 억압책을 관철시키는 법률은 무엇인지 등에 대해 장황하게 써놓았다.

그들은 영향력 있는 걸출한 인물들이었고, 그에 따라 그 저작들도 주목을 받았다. 18세기는 백과사전이 제작·보급되기 시작하면서 옛날의 명제가 보다 무겁게 재확인되던 시대였다. 그 원형이 이브라임 체임버스의 『사이클로피디아*Cyclopœdia*』(1728년)였다. 백과사전의 주요 목적 가운데 하나는 특정 주제에 대해 최신 지식을 제공하는 것이었고, 그러한 정보는 일반적으로 특별한 권위를 지녔다. 따라서 그것은 학문의 발전과 당대에 객관적이라고 여겨진 견해의 형성을 볼 수 있는 안내자로 간주될 수 있다. 집시에 관한 한, 그 저자들은 다른 사람들과 마찬가지로 피상적이었을 뿐 아니라 출전에 대해서도 무비판적이었다. 체임버스의 '이집트인' 항목은 1617년에 출판된 존 민슈의 사전의 문구를 그냥 반복하는 것으로 시작되고 있다.

영국 법률에서는 위장한 도적단의 일종. 영국인이든 웨일즈인이든, 이상한 옷을 차려 입고 얼굴과 몸에 기름을 바르며 알아들을 수 없는 위선적인 말로 이야기하면서 여기저기 방랑한다. 운명을 점치고 병을 치유한다는 등의 말로 일반 대중을 현혹시켜 돈을 사취하며, 너무 뜨겁거나 너무 무겁지만 않다면 무엇이든 훔친다.

대륙에서 볼 수 있는 전형적인 접근법은 1749년에 라이프치히의 서적상 요한 제들러가 간행한 기념비적인 백과사전인『과학 예술 사전 *Universal-Lexicon aller Wissenschaften und Künste*』에서 찾아 볼 수 있다. 전문 25단 가운데 4분의 3은 다양한 형법을 설명하는데 바쳐치고 있었다. 그 도입부는 다음과 같다. '집시가 언제나 신을 믿지 않는 사악한 인간이었다는 것은 확실하며, 그 추방은 전적으로 정당하다.' *53) 디드로의『백과사전*Encyclopédie*』(1751년)에 나온 정의는 이미 인용한 바 있다. 그것은 선행자들 다수가 그랬던 것처럼 본래의 집시는 이미 떠나갔다고 주장하고 있다. 30년 전에 비한다면, 현대에는 이런 노력이 그다지 보이지 않게 되었다. 어쩌면 경찰의 감시 때문일 수도 있고, 사람들이 전보다 더 가난해지거나 잘 속지 않게 되었기 때문일 것이다. 이유가 무엇이든, '집시의 상거래'는 '좋지 않은' 것이 되어버렸다. 세속적 사상의 전진과 계몽시대의 새로운 개방적 사고에 헌신한 사람들에게 이것은 의심할 여지 없이 기쁜 일이었다.

각 주

1) 대다수 국가들의 경우, 4장과 5장에서 인용한 저작 상당수가 여기서도 여전히 유용하다.

2) Cf. A. M. Fraser, 'Counterfeit Egyptians', *Tsiganologische Studien* 1990, no. 2, pp. 43-69.

3) 이 사건을 상세히 다루고 있는 논문으로 다음을 참조하라. T. W. Thompson, 'Consorting with and counterfeiting Egyptians', *JGLS*(3), 2 (1923), pp. 81-93.

4) R. O. Jones, 'The mode of disposing of gipsies and vagrants in the reign of Elizabeth', *Archœologia Cambrensis* (4th series), 13 (1882), pp. 226-31; rptd in *JGLS*(2), 2 (1908-9), pp. 334-8.

5) 아일랜드 최초의 집시에 대한 언급은 '부랑자 및 방랑자 처벌법'(1634년)에서 찾아볼 수 있다. 이 법은 아일랜드에서 집시에 대해 언급하고 있는 유일한 법이기도 하다. 처벌 대상에는 '이집트인'과 '가짜 이집트인'이 포함되어 있다. 그러나 이것이

실제로 그 당시 아일랜드에 집시가 있었다는 뜻으로 해석될 수 있는지 어떤지는 분명치 않다. 이러한 표현은 상당 부분 부랑자 및 방랑자와 관련한 영국의 1597년 법을 베낀 것이기 때문이다.

6) J. Hoyland, *A Historical Surveuy...of the Gypsies* (York, 1816), pp. 86-7.

7) T. W. Thompson, 'Gleanings from constables' accounts and other sources', *JGLS*(3),7 (1928), pp. 30-47.

8) 예를 들어, 셰익스피어의 『뜻대로 하세요』(1599년)에는 '말을 탄 두 명의 집시처럼 서로 조화롭게'라는 표현이 나온다.

9) Cf. D. MacRitchie, *Scottish Gypsies under the Stewarts* (Edinburgh, 1894), pp. 81-4.

10) W. Simson, *A History of the Gipsies* (London, 1865), p. 120.

11) Ibid., pp. 133-7.

12) W. S. Crockett, *The Scott Originals* (Edinburgh, 1912), ch. 6; and A. Gordon, *Hearts upon the Highway* (Galashiels, 1980), pp. 73-4

13) 프랑스어 텍스트 전문은 다음 논문을 참조하라. F. C. Wellstood, 'Some French edicts against the Gypsies', *JGLS*(2), 5 (1911-12), pp. 313-16.

14) Cf. O. Hufton, *The Poor of Eighteenth-Century France* (Oxford, 19-74), pp. 220-2.

15) R. A. Scott Macfie, 'Gypsy persecutions', *JGLS*(3), 22 (1943), pp. 71-3. J. S. Hohmann, *Geschichte der Zigeunerverfolgung in Deutsland* (Frankfurt, 1981), esp. pp. 18-47에도 관련 자료가 많다.

16) Cf. R. Andree, 'Old warning-placards for Gypsies', *JGLS*(2), 5 (1911-12), pp. 202-4.

17) Cf. H. Arnold, 'Das Vagantenunwesen in der Pfalz wahrend des 18. Jahrhunderts', *Mitteilungen des historischen Vereins der Pfalz*, 55 (1957), pp. 117-52, esp. p. 131.

18) H. M. G. Grellmann, Historischer Versuch uber die Zigeuner (2nd edn, Gottingen, 1787), pp. 349-50에 나와 있는 라틴어에서 영역.

19) B. J. Gilliat-Smith, 'An eighteenth century Hungarian document', *JGLS*(3), 42 (1963), pp. 50-3.

20) 이러한 조치 및 그것이 오스트리아령 부르겐란트에 미친 그 영향에 대해서는 다음을 참조하라. C. Mayerhofer, *Dorfzigeuner* (Vienna, 1987), pp. 23-33.

21) Cf. R. Pike, *Penal Servitude in Early Modern Spain* (Madison, WI, 1983), esp. pp. 14-15.

22) 캄포마네스-발리엔테의 보고서는 다음 자료에서 논의되고 있다. B. Leblon, *Les*

Gitans d'Espagne (Paris, 1985), pp. 67-84, and Gómez Alfaro, 'El Expediente general', pp. 1085-1119.

23) Richard Twiss, *Travels through Spain and Portugal in 1772 and 1773* (London, 1775), pp. 179-80.

24) Cf. O. Nunes, *O Povo Cigano* (Oporto, 1981), pp. 74-83.

25) 이 내용 및 이어지는 조치(1848년까지)에 대해서는 F. A. Coelho, *Os Ciganos de Portugal* (Lisbon, 1892), pp. 230-66을 참조하라.

26) 'Gipsies in America, 1581', *JGLS*(2), 6 (1912-13), p. 61.

27) A. L. Beier, *Masterless Men* (London, 1985), pp. 162-4.

28) F. H. Groome, 'Transportation of Gypsies from Scotland to America', *JGLS*(1), 2 (1980-1), pp. 60-2, and E. O. Winstedt, 'Early British Gypsies', *JGLS*(2), 7 (1913-14), pp. 5-37, esp. p. 29.

29) G. Douglas, *Diversions of a Country Gentleman* (London, 1902), pp. 255-67, and Gordon, *Hearts upon the Highway*, pp. 64-9.

30) M. Gaster, 'Rumanian Gypsies in 1560', *JGLS*(3), 12 (1933), p. 61.

31) M. Hasluck, 'Firman of A. H. 1013-14 (A. D. 1604-5) regarding Gypsies in the Western Balkans', *JGLS*(3), 27 (1948), pp. 1-12.

32) Evliya Celebi는 집시를 중요하게 생각하지 않았지만, 트라키아 서부의 코모티니에 정착한 대규모 집시 공동체에서 상당량의 로마니어 어휘를 채록했다. V. A. Friedman and R. Danknoff, 'The earliest known text in Balkan (Rumelian) Romani', *JGLS*(5), 1 (1991), pp. 1-20.

33) G. C. Soulis, 'A note on the taxation of the Balkan Gypsies in the seventeenth century', *JGLS*(3), 38 (1959), pp. 154-6.

34) W. R. Halliday, *Folklore Studies* (London, 1924), p. 17.

35) J. G. von Hammer-Purgstall, *Geschichte des osmanischen Reiches* (Budapest, 1827-35), vol. 6, pp. 608-9 and 621.

36) F. J. Blunt, *The People of Turkey* (London, 1878), vol. 1. pp. 160-1.

37) 이 사건에 대해 설명하고 있는 논문으로는, Simon, *History of the Gypsies*, pp. 79-86; E. M. Hall, 'Gentile cruelty to Gypsies', *JGLS*(3), 11 (1932), (p.49-56) 등을 들 수 있다.

38) *La Continuation du Mercure Francois* (1610-12), fol. 317.

39) Beier, *Masterless Men*, pp. 142-44.

40) F. G. Blair, 'Forged passports of British Gypsies in the sixteenth century', *JGLS*(3), 29 (1950), pp. 131-7.

41) Vaux de Foletier, *Les Tsiganes l'ancienne France*, pp. 69-70.

42) J. H. Schwicker, *Die Zigeuner in Ungarn und Siebenbürgen* (Vienna, 1883), pp. 62-70.

43) A. Gómez Alfaro, 'Anotaciónes a los censos gitanos en Andalućia', *Actas del I Congreso de Historia de* Andalućia (Córdoba, 1978), vol. 1, pp. 239-56.

44) 그의 공적에 대해서는 A. M' Cormick, *The Tinkler-Gypsies* (Dumfries, 1907), esp. chs 1, 2 and 12.를 참조하라.

45) Leblon, *Gitans d' Espagne*, pp. 163-228.

46) Vaux de Foletier, *Les Tsiganes dans l' ancienne France*, pp. 213-14.

47) G. Voetius, *Selectarum disputationum theologicarum* (Utrecht, 1655), vol. 2, pp. 652-9.

48) A. Etzler, *Zigenarna och deras avkomlingar i Sverige* (Uppsala, 1944), pp. 58-60.

49) A Kluyver, 'Un glossaire tsigane du seizième siecle', *JGLS*(2), 4 (1910-11), pp. 131-42.

50) *De literis et lingua Getarum sive Gothorum* (Leiden, 1597), pp. 100-9.

51) *Dissertatio philozophica de Cingaris* (Leipzig, 1671); 독일어판은 1702년.

52) *Diatribe historica-politica de Zygenorum origine, vita ac moribus* (Jena, 1660); 독일어판은 1662년.

53) 네덜란드의 백과 사전 54개에 나타난 집시에 대한 처우에 근거한 연구로는, W. Wilems and L. Lucassen, 'The Church of knowledge', in *100 Years of Gypsy Studies*, ed. M. T. Salo (Cheverly, MD, 1990), pp.31-50을 참조하라. 독일의 백과 사전에 대해서는 R. Gronemeyer, 'Die Zigeuner in den Kathedralen des Wissens', *Giessener Hefte fur Tsiganologie* (1986), 1-4/86, pp. 7-29 참조.

제 7 장

변화의 동력

18세기 말의 20~30년 사이, 사태가 급선회하면서 타자들의 집시 관이 바뀌게 되는 나름의 토대가 쌓여갔다. 그럼에도 불구하고 '레쎄 페르*laissez-faire*(자유방임주의)' 철학이 지배적이었던 나라에서조차 규제를 통해 그들을 복종시키려는 열정은 거의 사그라지지 않았다. 그 후, 보다 넓은 세상에서, 정치·경제·사회적인 다양한 힘들이 작동하면서 유럽 내부에서나 전지구적 차원에서 새로운 이민의 물결이 거세졌고, 20세기가 시작될 무렵이 되자, 많은 집시들이 사회의 변두리에서 다양한 지위를 점하는 모습이 관찰될 수 있었다.

새로운 인식

집시의 생활양식을 최초로 포괄적으로 분석한 영예는 헝가리 학자 에게 돌아갔다(단, 지배적 사회가 그 생활양식의 일부를 인식한 경우로 국한했을 때). 이러한 시도는 1775년부터 1776년에 걸쳐 헝가리의 독일어 신문 「비나 안자이겐Wiener Anzeigen)」에 익명의 기자 명의로 실린 40회 이상의 연재 기사로 나타났다. 최근 들어서야 그 저자가 헝가리(현재의 슬로바키아)의 셉페슈라는 마을에 사는 사무엘 아우구스티니 압 호르티스라는 루터파 목사였다는 사실이 네덜란드의 연구자 빔 빌헬름에 의해 밝혀졌다.[*1] 호르티스는 그 시대의 사람답게 마리아 테레지아의 정책에 순종했지만, 적어도, 이미 알려져 있던 김빠진 상식을 곱씹는 대신, 현실 상황을 다루는 것을 자신의 책무로 삼았다. 그의 기사는 헝가리와 트란실바니아에 집중되었다. 모든 집시에게 공통된 특징은 있겠지만, 더 이상 균일한 집시 민족이나 통일적인 문화라는 것은 존재하지 않는다고 생각했기 때문이다. 각각의 집단은 찾아간 나라의 상황에 따라 영향을 받았다. 그가 알고 있던 지방에서는 방랑하는 집시들이 천막에 살았지만, 겨울에는 산중턱에 파놓은 굴에서 지냈다. 정주 집시들의 오두막은 다소간의 설비는 갖춰져 있을지언정 필수품에 한정되어 있었다. 의자나 침대, 인공 조명도 없었고, 질그릇으로 만든 항아리와 철제 냄비 외에는 부엌 도구도 없었다. 음식은 주로 고기(썩은 고기 포함)나 국수 같은 간단한 가루 음식이었다. 빵은 구걸해서 먹었고, 알코올과 담배를 무척 좋아했다. 옷은 한 벌씩만 있었는데, 여성은 실을 잣거나 바느질을 하지 않았다. 대신 구걸하거나 훔쳐서 옷을 조달했으며, 보석류로 치장하는 데 열중했다. 집시 대장장이들은 땅 위에 책상다리를 하고 앉아 일했고, 여자들은 풀무를 조작했다. 그들은 일손도 빠르고 솜씨도 좋았지만, 산만했다. 가족 구성원들이 작은 소품들을 가져다 팔기 위해 끊임없이 들락거렸기 때문이다. 말을 거래하는 집시들은 능숙한 기수였고, 병든 말을 건강하게 보이게 하는 방법을 알고 있었다. 악사들은 청중의 취향을 파악하는 데 능숙했다. 일부 지역에서는 죽은 동물의 가

죽을 벗겨 체와 목제 소품들을 만드는 등의 부업도 했다. 트란실바니아와 바나트의 사금 세척자들(여름에는 사금이 들어있는 모래를 잘 걸러내고, 겨울에는 목제 쟁반과 통을 만든다)들은 거의 별개의 사회계층을 형성하는데, 근면하고 독립심도 강하다. 저자는 집시의 도덕과 문화를 높이 평가하지 않았다. 그들은 명예와 수치심을 중시하는 모습은 없었지만, 자존심만은 무척 강했다. 신앙심은 없지만 주변 환경에 따라 거기에 부합하는 종교를 따랐고, 독자적인 것으로 보이는 종교상의 어떠한 의식이나 관습도 관찰되지 않았다. 저자의 입장에서 볼 때, 그들의 전통적인 생활양식과 일상적인 근면성 결여는 어떠한 조직 사회의 규범과도 어울릴 수 없는 것이었다. 그 원인은 그들의 자녀양육에서 찾아볼 수 있다. 부모는 자식들을 지나칠 정도로 사랑하지만 교육시키는데 실패했고, 따라서 어른이 된 후에도 그러한 생활을 바꿔볼 기회가 없다. 적절히 훈련만 시킨다면, 농업과 수공예 분야에서 유익한 미래를 기대할 수 있을 것이다. 고난을 견뎌내는 그들의 능력은 군사적 가능성도 시사하고 있다. 그에 따라 저자는 다음과 같은 결론을 내렸다. '집시를 인간으로, 기독교도로 전환시키기 위해 최대한 노력하고, 유익한 신민으로서 국가 내부에 묶여두는 것이 가장 현명한 방법이다.' 다만, 그렇게 하기 위해서는 커다란 인내와 노력이 요구된다고 그는 경고했다.

「비나 안자이겐」은 또한 로마니어와 인도와의 관련성에 대해서도 연재 기사를 내놓았다. 그 당시 집시의 독자적인 아이덴티티를 전면적으로 부정하는 경향이 압도적이었다는 점을 고려할 때, 이것은 언어학적 의미를 초월한 중요성을 지닌다. 그 첫 번째 발견자의 영예는 또 다른 헝가리인 목사 이스트반 발리에게 돌아갔다. 그가 1753년부터 54년까지 라이덴대학에서 공부하던 때의 일이었다. 그러나 이 이야기는 1776년, 「비나 안자이겐」에 실린 인용 기사에 근거한 것으로, 구전되면서 살이 붙은 것으로 보인다. 이 이야기에 따르면, 인도의 말라바섬에는 세 명의 학생을 라이덴대학에 유학시키는 관습이 있었는데, 발리는 그 당시 대학에 있던 세 명으로부터 모국어에 대해 묻고 100개 이상의 단어를 채집했다. 헝가리로 돌아온 그는 그 단어들과 국내에서 이야기되고 있는 로마니어의 유사성을 감지했고, 라브(헝가리 북서부의 도시 제르)의 집시들이 그 단어들을 이해할 수 있다는 것을 확인하게 되었다. 발리가 조사를 더 진척시킨 흔적은 없으며, 자신의 질문에 답해준 학생들이 어떤 언어로 말하고 있었는지에 대해서도 상세한 설명이 없다. 그러나 최근 들어, 라이덴과 유트레히트 대학 학적부를 조사한 결과, 이 이야기의 역사적 핵심 일부가 밝혀졌다. 라이덴대학의 학적부는 1750년대초에 세 명의 '실론인' 학생들을 등록하고 있다.[*2] (실론, 다시 말해 스리랑카는 그 당시 네덜란드의 식민지였다.) 발리는 유트레히트대학에서 공부하고 있었고, 라이덴을 방문했을 때 그들과 만났을 가능성이 있다. 이 세 명의 '실론인' 들은 실론에 사는 네덜란드 가정의 자녀들로, 실론에서 태어나 실론에서 자랐다. 그러나 발리가 듣고 기록한 것이 신할라어(스리랑카의 주요 언어) 어휘였을지라도, 그가 접촉한 집시들의 입장에서 보면, 그 인도계 언어를 이해하는 것은 기사에 보도된 것보다 훨씬 더 어려웠을 것이다.

보다 확실한 증거를 제공하고 있는 것은 어느 모로 보나 1776년에 윈저의 축제시에서 영국인 제이콥 브라이언트가 수집한 로마니어 어휘집이다. 1785년에 이 자료를 런던의 골동품협회에 전했을 때,[*3] 브라이언트는 로마니어와 인도-이란계 여러 언어와의 유사성에 주의를 환기시켰고, 그리스어와 슬라브어로부터의 몇 가지 차용어를 골라냈다. 그가 제시한 샘플들은 이들 집시들의 방언이 음운학적으로는 어느 정도 영어화되었지만 후에 영국 로마니어에서는 사라지게 된 수사(數詞)들을 보존하고 있었다는 점에서 시사적이다. 그의 또 다른 공적이라면, 탐구심이 왕성한 채집자가, 예상과 달리, 요청한 단어 대신 무심코 외설적인 로마니어 단어를 듣게 되는 경우가 있거니와, 브라이언트가 그러한 초기의 사례를 제공했다는 점에 있다.[4]

독일의 학자 요한 루디거 또한 인도와의 연관성을 지적한 최초의 학자 가운데 한 명이다. 1777년, 그는 상페테르부르크의 장학사 H.L.C. 바크마이스터의 권유로, 할레의 집시 여인에게 어떤 한 문장을 로마니어 방언으로 번역하게 했다. 그것을 다양한 언어들과 비교한 결과, 그는 인도의 언어들, 특히 힌디어와의 유사성을 발견한 반면, 바크마이스터는 물탄어(란다어 또는 서부 편잡어의 한 방언)와의 유사성을 지적했다. 루디거의 발견은 1782년에 출판되었는데, 이 에세이는 집시의 역사와 언어를 본래의 학술연구 주제로 격상시켰고, 특히 집시 자체가 보다 나은 대우를 받을 필요가 있다고 주장했다. 그때까지의 대우는 '현재와 같은 계몽의 세기에는 수치스러운 일이며, 더 이상 허용되어서는 안된다' 는 것이었다.[5]

이제 남은 것은 누군가 여러 가닥의 다양한 실들을 하나로 묶는 일뿐이었다. 그러한 종합 작업에 이미 관여하고 있던 사람이 바로 괴팅겐 대학의 또 한 명의 독일인, 하인리히 그렐만이었다. 그는 상당 부분 이전 저작들에 의존하고 있었지만, 힘들게 축적한 그러한 증거들을 마침내 보다 일관성 있게 분석해냈다. 1783년에 출판된 그의 저서 『집시*Die Zigeuner*』는 곧 그 중요성을 인정받아 영어, 불어, 네덜란드어로 번역되었다.[6] 유럽 집시의 분포에 대한 그렐만의 설명은 불완전했지만, 나름대로 확실한 정보에 근거하고 있는 것 같다. 그는 집시 인구를 70만 명에서 80만 명 사이로 보았고, 특히 헝가리, 트란실바니아, 그리고 발칸 반도 전역에 많다고 말했다. 유럽의 다른 지역으로는, 스페인, 특히 그 남부와 이탈리아에 많았지만, 프랑스에서는 알사스와 로렌을 제외하면 극히 적었고, 스위스와 네덜란드, 그리고 라인 지방을 제외한 독일 대부분 지역에서도 매우 드물었다. 정주자도 많았지만(여기서 그는 스페인의 술집 관리인, 몰다비아와 왈라키아의 노예, 그리고 헝가리와 트란실바니아 인근 마을의 오두막에 사는 사람들에 대해 언급하고 있다), 그 태반은 여전히 방랑하고 있었고, 천막은 그들이 가장 좋아하는 잠자리였다고 밝혔다. 각각의 국가 내에서도, 이를테면 트란실바니아와 바나트에서도, 사금 세척자와 그 밖의 집시들 사이에는 내적 분할이 이루어지고 있었다는 지적도 나왔다. (그가 언급하지는 않았지만, 트란실바니아의 이동 집시와 정주 집시 사이에서도 마찬가지의 분할이 있었다. 다른 국가에서 흔히 그랬듯이, 이동 집시는 정주 집시를 경멸했다.)

그렐만은 자료를 정렬하는데 있어서 오랜 기간 후대의 학자들에게 귀감이 되었다. 게다가 집시 여성들의 거리낌없는 타락과 식인 풍습에 대한 비난 등과 같은 중상 모략형의 다양한 이야기를 확산시키기도 했다. 특히 식인 풍습에 대해서는 그 무렵(1782년) 헝가리(지금은 슬로바키아의 일부가 된 혼트군)에서 행해지고 있던 재판과 관련해서 헝가리와 독일 신문에 무시무시한 해설을 기고하기도 했다. 이 재판에는 150명 이상의 집시가 관련되어 있었고, 그 중 41명은 고문에 시달리다 자백한 뒤, 참수형, 교수형, 사지찢기, 형차에 매달아 돌려서 찢어 죽이기 등 다양한 수단으로 처형당했다. 인육을 먹은 죄 등 죄명도 가지가지였다. 그렐만은 자신의 책 2판(1787년)에서, 사건에 의문을 품은 황제 요제프 2세가 살아남은 집시들의 사례를 파악하기 위해 설치한 위원회의 조사 결과를 보도함으로써 자신의 입장도 어느 정도 수정하였다. 이들 집시들은 단지 절도죄로 유죄를 선고받고, 채찍질을 당한 뒤 석방되었다. 최초의 처형에 관한 한, 그렐만은 이제 희생자들이 죽을 죄를 지었을 가능성이 높은 것은 사실이지만, 그 죄는 기껏해야 살인죄라고 결론지었다. 그러나 그의 책 초판이 이미 엄청난 반향을 불러일으킨 상태였기 때문에 집시의 식인 풍습에 대한 이야기가 사라지기까지는 100년 이상이 흘러야 했다.

책 초반부의 민족지(民族誌)에 관한 부분에서 그렐만은 「비나 안자이겐」의 기사에서 상당 부분 인용했다. 그 기사들은 언어학적 측면에서도 다소간의 자료를 제공하고 있었지만, 여기서 그렐만의 최고 스승은 몇 년 전인가 로마니어와 아프카니스탄어를 잘못 연결시킨 어느 뷰트너 참사회원이었다. 그렐만은 인도-아리아계 여러 언어와의 비교를 행했고, 수라트어(다시 말해 구자라트어)와 가장 긴밀한 유사성을 갖는다는 잠정적인 결론에 도달했다. 그러나 세세한 측면에서는 여전히 불완전했다. 따라서 그렐만의 의문의 여지 없는 명확한 공적이라면, 당시 이해되고 있던 언어학적 증거를 활용해서 집시어의 인도기원설 일반을 광범위하게 인식시키고 그들의 민족적 아이덴티티를 대중의 눈앞에 부활시켰다는 점을 들 수 있겠다. 그의 입장에서 볼 때, 후세 집시들은 명백히 초기 방문자들의 직계자손이었다. 인도로부터의 탈출이 14세기 말의 티무르의 침략에 대한 반동이었다는 그릇된 생각에도 불구하고, 그는 그 후의 연구를 다소나마 공상적이지 않은 방향으로 이끌었다. 사회적 측면에서는, 사무엘 아우구스티니 압 호르티스가 「비나 안자이겐」에서 주장했던 것처럼, 그렐만 역시 집시 추방정책에 대해 강한 반대 의사를 표명했다. 그 역시 집시는 갱생이 가능하다고 생각했을 뿐 아니라 인구가 많아야 국가에 유익하다는, 그 당시 유럽 정치가와 경제학자에게 널리 받아들여지고 있던 일반적인 견해(15년 뒤 맬더스가 찬물을 끼얹게 되지만)를 공유하고 있었기 때문이다. 따라서 그가 마리아 테레지아와 그 아들의 정책에 대해 진심으로 찬성한 것도 그리 놀랄 일은 아니다.

교육이야말로 부적합자를 근절시키는 길로 나아가는 정도(正道)였기 때문이다.

문학 분야에서도 집시들은 이전까지와는 다른 새로운 종류의 주목을 받고 있었다. 취향이 로맨티즘과 멜로드라마풍으로 변화하면서, 질서와 평온과 이성에서 개인적이고 상상력이 풍부하며 자연적인 것으로 중점이 이동한 결과였다.[*7] 1773년에 출판된 괴테의 비극 『괴츠 폰 베를리힝겐*Götz von Berlichingen*』은 집시 대장에게 고귀한 야만인 역할을 부여했는데, 이후 작가들 사이에서는 집시의 생활을 일상적 존재의 허위와 대비하는 것이 일종의 유행이 되었다.[*8] 19세기에 확산된 또 하나의 어둡고 상투적인 관행에 따르면, 집시들은 초자연적, 신비적, 범죄적인 일을 연상시키는 야성적 방랑자였다. 그들은 어른뿐 아니라 아이들을 대상으로 한 책에서 음모를 실행하거나 도둑질을 하거나 이상한 사건 또는 불가사의한 현상 등을 풀어나가는 유용한 도구이자 더 나아가 잃어버린 아이의 상황을 설명하는데 이용되었다(세르반테스의 『라 기타닐라*La Gitanilla*』에서 선례가 만들어진 뒤, 『몰 플랜더즈*Moll Flanders*』와 『피가로의 결혼*Le Mariage de Figaro*』에서도 지속되었다). 대부분의 경우, 작가들은 여전히 직접적인 관찰이 아니라 자신의 상상이나 타인의 문헌 자료에 의거하는 경향이 많았다. 조지 보로우의 일련의 작품—『칭가리*The Zincali*』(1841년)을 필두로, 『라벤그로*Lavengro*』(1851년)와 『집시 신사*The Romany Rye*』(1857년)에서 정점에 달했다—이 등장하고 나서야 기꺼이 집시와 사귀면서 그들의 언어를 습득하고 자신의 작품을 통해 그들의 실제 모습을 전할 수 있게 된 작가의 손에 의해 비로소 그러한 판에 박힌 문학 작품은 명백한 도전에 직면하게 되었다.

그 무렵, 집시와 관련한 진실은 미심쩍은 전설이 아니라 흥미로운 것임이 밝혀지고 있었다. 낭만주의의 부흥은 원초적인 민속문화에 대한 흥미를 배가시켰고, 이국적이고 신비한 것을 편애했으며, 그 후반 국면은 민간 전승folklore(1846년에야 비로소 만들어진 단어) 및 민속 가요, 춤, 음악 등의 수집과 모방에 대한 관심 확대로 특징지을 수 있다. 집시들은 인간 탐구라는 이러한 흐름에 끌려 들어가지 않을 수 없었고, 결국 그들이 민화와 가요, 관습과 미신의 보고(寶庫)라는 사실이 밝혀지게 되었다. 역사 분야에서는 프랑스의 서지학자 폴 바타이야르가 1843년부터 수십 년에 걸쳐 발표한 일련의 논문에 의해 유럽 집시의 초기 역사가 그 결정적인 모습을 드러냈다.

비교언어학은 민족적 기원의 문제에 대한 관심이 고조되고 있음을 보여주는 또 하나의 분야가 되었다. 그렐만의 책이 출판된 지 몇 년 지나지 않아 동인도 회사의 윌리엄 존스 경이 인도-유럽어족에서 산스크리트어가 점하는 위치를 확정하는 문제와 관련해서 길을 열어준 것이 그 단서가 되었다. 이 새로운 학문은 로마니어 연구를 급진전시켰다. 집시의 언어는 언어학이라는 정원에 핀 난초 같은 존재가 되었다. 그것은 산산이 부서진 폐허가 지닌 고풍스런 미를 지녔고, 차츰 여러 가지 힘에 굴복하며 다양한 단계를 거쳐 쇠퇴해가는 언어의 흥미로운 양상을 보여주었다. 유럽에서 동양의 언어를 연구할 기회를 얻는 것은 낭만적인 아마추어뿐 아니라 당대의 일류학자들에게도 매력적인 일이었다. 더구나 집시와 억지로 가까워질 필요도 없었다. 위대한 선구자 가운데 한 명이자 할레대학 문헌학 교수로서 로마니어에 관한 최초의 과학적 연구『유럽과 아시아의 집시Die Zigeuner in Europa und Asien』(1844~1845년)를 발표한 아우구스트 프리드리히 포트가 충분히 증명해 주었기 때문이다. 그 책은, 포트 자신이 서문에서 인정하고 있듯이, 각각의 방언과 관련하여 발표된 자료들에 근거한 것으로, 몇 명인가 스치

듯 만난 것 외에는, 개인적으로 집시들과 접촉하지 않고 쓴 책이었다. 1860년대와 1870년대는 로마니어 연구가 풍성하게 이루어진 시대였는데, 그 다수는 독일에서 쓰여졌다. 그 중에서도 다른 모든 것을 뛰어넘는 최고의 영예는 빈대학의 프란츠 미클로지히가 차지했다. 그는 그 무렵 '집시가 사는 모든 나라의 엄청난, 거의 남아돌 정도로 풍부한 자료'를 이용할 수 있게 되었다고 말할 수 있었다. 게다가 그는 집시의 언어를 통해 그들이 서방으로 이동하며 밟은 경로를 추적해나간 최초의 연구자이기도 했다.

교회 또한 집시에 대해 새로운 흥미를 느끼게 되었다. 특히 적극적이었던 것이 급격하게 변화하는 사회에 대응하기 위해 신앙 부흥 방법을 발전시키던 프로테스탄트 교회였는데, 이들의 목표는 오직 세상을 야만으로부터 해방시키는 데 있었다. 이러한 전도 열풍은 미개한 집시들을 갱생시켜야 한다는 사명을 간과하지 않았고, 보다 익숙한 법적 강제 대신 도덕적 설복을 시도했다. 집시들을 열렬한 토론에 참여시키고 그들에게 자신들의 팜플렛을 안기는 박애주의적 종교활동가들의 목적은, 몇 가지 예외를 제외하면, 그들의 주위를 둘러싸서 최종적으로 그때까지의 생활양식을 포기시키는 것이었다. 그를 위해 그들에게 정착하라고 설득하고, 도덕적 해이에서 벗어나게 하며, 종속과 복종의 가치관에 의거한 직업을 갖게 했다. 그러한 자세는 찬송가에까지 관철되었다. 이를테면, 다음과 같은 아이들의 찬송가가 그 좋은 예이다.

> 나는 집 없이,
> 또는 어느 허물어진 오두막에서 태어나지 않았네.
> 집시 아기는 방랑을 배우고,
> 내 일상의 빵을 훔치네.[9]

영국의 경우, 이 훌륭한 활동도 제한적인 성과밖에 거두지 못했다(물론, 성공 사례가 전혀 없는 것은 아니다). 1830년, 스코틀랜드 교회의 목사 존 베어드는 잉글랜드 국경에서 2킬로미터 정도 떨어진 커크 예솔름에서 일렬로 늘어선 오두막에 거주하던 집시 집단으로 들어가 생활 개선 사업에 착수했다. 이곳 집시들은 금속 세공을 하거나 빗자루와 뿔로 된 스푼을 만든 뒤, 그 제품들을 팔기 위해 1년에 8~9개월은 이곳 저곳 돌아다니고 있었다. 베어드의 목표는 적절한 감독하에 아이들을 일년 내내 예솔름에 머물게 하면서 학교도 다니고 종교교육도 받게 하여 최종적으로 하인 같은 일에 종사하게 하는 것이었다. 또한 그는 어른들이 방랑생활을 포기하도록 설득하고자 했다. 결국 스코틀랜드 집시교정협회가 설립되고 기금이 모아짐에 따라, 베어드는 아이들에 대해서는 어느 정도 유망한 결과를 보고할 수 있었다.

그러나 어른들을 집에 머무르게 하려는 노력에 대해서는, 1842년, 그 자신이 '지금까지의 성공은 전면적인 실패 일보 직전이었다.'고 밝혔다. 1859년, 협회가 파산에 이르자, 베어드와 그 후계자는 스코틀랜드에서 초등교육이 무료이자 의무화된 1872년까지, 독자적으로 사업을 계속했다. 몇 년 뒤, 예솔름의 모든 집시들은 사실상 방랑을 포기했다.[10] 잉글랜드의 경우, 가장 주목할만한 지속적인 노력은 1827년 이래로 메서디스트파(감리교도) 설교사 제임스 크랩과 그가 지도한 사우샘프턴 위원회가 진행시킨 사업이다. 위원회는 사우샘프턴 주변과 뉴 포리스트의 집시 야영지에 매일 담당자를 파견시켰다. 크랩은 단계적이고 자발적인 개혁을 원했다. 맛있는 로스트 비프와 플럼 푸딩이 제공되어 인기가 있던 그의 기도회에는 예상대로 행실이 단정한 집시들이 모여들었다. 그러나 교정을 끝내고 교육을 받아 고용살이에 나섰던 아이들조차 거의 대부분 예전의 생활로 돌아갔다. 프러시아에서 실시된 마찬가지의 사업 역시 실패로 돌아갔다. 잉글랜드에서는 종종 크랩의 경우를 모델 삼아, 일부는 종교적이고 일부는 교육적인 거의 똑같은 패턴에 따라 다른 몇 가지 사업이 시도되었다.[11] 그러나 적극적으로 받아들여진 것은 아니었다. 개종한 자가 있긴 했지만, 그것은 공업사회의 정주 생활양식이 채택된 결과에 불과했다. 영구적인 '교정'이라는 측면에서 보면, 실제 성과는 미미했다. 그럼에도 불구하고, 19세기 말까지 훌륭한 일을 하는 집시 출신 전도사가 몇 명 등장한 것도 사실이다. 이를테면, 1831년에 케임브리지셔의 천막에서 태어난 코르넬리우스 스미스가 그 좋은 예이다.[12] 그 아들 로드니는 더욱 유명했는데, '집시 스미스'라는 별명으로 불리던 그는 한 번에 수천 명의 청중을 모을 수 있는 유능한 설교자였을 뿐 아니라 1880년 이래로 국내외에서 전도 활동을 계속했다.[13] 집시가 구원받으려면, 본래의 생활양식을 대부분 버려야 한다는 것이 그의 신념이었다.

뛰어난 음악적 재능

집시들은 유럽에 출현한 초창기부터 때때로 악기 연주자나 가수, 또는 무용수로서 음악과 결합된 모습으로 보고되었다. 음악적 재능은 어느 정도의 관용을 얻어내는 데 강력한 요인으로 작용했다. 18세기 초반에 바이올린을 가지고 웨일즈에 들어온 것으로 전해지는 집시 족장 에이브람 우드가 그 좋은 예이다. 그의 아들과 손자들은 웨일즈의 국민적 악기인 하프로 전향한 뒤 거의 모든 곳에서 환대받았다.[14] 그러나 집시에게 공통된 음악적 언어는 존재하지 않으며, 그들 모두에게 똑같이 적용될 수 있는 음악적 방식도 없다. 그들 자신을 위해서가 아니라 직업적 예인으로서 연주할 때, 그들은 창조자라기보다는 계승자 겸 편곡자로서 주변 사회의 특징적인 음악을 연주했고, 그나마 그 지방에 전형적인 악기를 사용했다.[*15] 그것은 그들의 민화 중에 이동하며 지나간 여러 나라의 민간 전승에서 테마를 빌려 거기에 집시풍의 색깔을 입힌 것이 많은 것과 마찬가지였다. 그들의 타고난 연주 능력은 곧 유럽 전역에서 뚜렷이 드러났다. 그러나 19세기에는 특히 세 나라— 헝가리, 러시아, 스페인 —에서 직업적 음악가로서 탁월한 지위에 올라, 거의 국민적 아이덴티티의 일부를 구성하는 수준까지 이르게 되었다.

헝가리에서는 오래 전에 정착한 집시('로문그레' romungre, 다시 말해 '헝가리 집시'로 알려져 있었다) 다수가 재빨리 악사로서 마자르인(헝가리의 주요 민족)에게 봉사하게 되었다. 그들은 차츰 정주성이 강해진 반면 로마니어는 쓰지 않게 되면서, 그들 자신의 음악과도 멀어지게 되었고, 주변에 사는 헝가리인의 전통에 끌려들어갔다. 그리고 그 과정에서, 말을 훔친 뒤 주인이 알아보지 못하도록 교묘하게 위장하는 것처럼, 헝가리 음악의 전통을 교묘하게 자신들의 것으로 변화시켰다. 음악적 재능의 탁월함은 18세기 중반에 이미 뚜렷이 드러나, 그들은 마을 사람들뿐 아니라 마자르 귀족에게도 없어서는 안될 존재가 되었고, 연회에서는 집시 악사가 요청만 받으면 언제든 연주할 준비를 갖춘 채 주인의 의자 옆에 서 있는 것이 관습이 되었다. 이윽고 집시 악단— 바이올린의 대가가 이끈다 —이 다수 등장하여 성공을 거두었다. 각각의 악사는 개인적 명성을 얻었다. 누구에게도 배우지 않은 그들만의 자연스런 신선함과 즉흥적인 편곡 능력은 헝가리인 청중을 만족시키는 마르지 않는 원천이었다. 금속 세공보다 음악 연주가 집시 최고의 직업으로 자리잡게 되었다. 유명한 악사와 악단은 헝가리의 북서부(현재의 슬로바키아 서부), 다시 말해 유럽 음악생활의 중심인 빈과 가장 가까운 지역에서 먼저 생겨났다. 19세기 중반에 이르면, 유럽 어디에서나 그들의 모습을 볼 수 있었다. '집시 음악'은 최신 유행으로 자리잡았다.

최초로 이름을 알린 위대한 음악가는 포츠니(브라티슬라바)군 출신의 바이올리니스트 야노스 비하리(1764~1827년)였다. 그가 이끄는 오케스트라는 전국 어디서나 중요한 축제와 연회에 초대받았고, 빈에도 자주 갔다. 실제로, 1814년의 빈 회의에서는 그 자리에 모인 군주와 정치가들 앞에서 연주하기도 했다. 비하리와 그 후계자들은 베르분코스 *verbunkos* 스타일로 알려진 음악 양식을 만들었으며, 그것은 헝가리 민족음악의 전통의 일부가 되었다(베르분코스는 본래 신병을 모집할 때 연주되던 군음악을 가리키는 말이었다). 리스트는 비하리의 최대 찬미자 중의 하나였고, 자신의 저서 『헝가리 집시와 그 음악*Des Bohémiens et de leur musique en Hongrie*』(1859년)에서 그에 대해 다음과 같이 주장했다. '그는 집시 음악을 최고 수준까지 올려놓았다. 그것은 오랫동안 헝가리 귀족들의 총애와 찬미의 대상이었지만, 이제는 국민적 표현에 없어서는 안될 일부분이 되었다.'[16] 리스트는 파리에서 조시 사라이라는 이름의 재능 있는 12살 로문그레를 제자로 받아들여, 그를 교육시키고 파리 음악원에서 레슨을 받게 했으나 아무런 성과도 거두지 못했다. 조시는 대단한 멋쟁이로 변했으나, 제멋대로인데다 다른 사람의 말을 잘 듣지 않았다. 일가친척들과 다시 만나게 되자, 그는 그들과 운명을 같이 하게 되었고, 콘서트 룸의 고문을 견뎌내는 것보다 집시 오케스트라에 참여하는 쪽을 택했다. 리스트는 자신의 책을 「헝가리안 랩소디」의 프롤로그로 삼을 생각이었는데, 거기서 그는 집시 연주의 독특한 양식을 모두 모방했다. 그는 집시의 역할을 과장했고, 그 결과, 바르톡과 코달리 등으로부터 '헝가리의 모든 음악은 집시가 만들었다고 주장하는 실수를 범했다'고 비난받았다. 그러나 최고의 집시 음악가들이 일

페렌츠 분코의 악단. 바르샤니의 소묘화(1854년).

헝가리 농촌의 집시 악단. 바라바슈의 소묘화(1840년).

반 대중의 눈으로 볼 때 국민 음악의 보존자이자 대표자가 되었다는 주장은 틀린 말이 아니었다.[17] 그들은 헝가리 재생운동과도 뗄래야 뗄 수 없는 존재였다. 1848~1849년 혁명에는 다수의 집시 집단들이 악기를 들고 참가했다. 혁명은 실패했고, 헝가리는 빈의 절대주의적 지배를 받게 되었다. 자유가 상실되자, 마음에 위안을 주는 집시 악단의 바이올린은 더 많은 청중을 불러들였다. 그러자 그들의 명성은 국내외로 널리 알려지게 되었고, 1850년 이래로, 유럽 각지와 아메리카로의 국제적인 연주 여행이 빈번하게 이루어졌다. 독립 전쟁에 참가한 전체 집시 악사들의 총지휘자였던 페렌크 분코(1913~1989년)는 자신의 악단을 데리고 파리와 베를린에서 수 차례 공연했다(P.249 그림 참조). 1865년의 베를린 공연 기간에는 황태자의 초대로 만찬회에서 연주하여 열광적인 갈채를 받기도 했다. 5일 후에는 왕 앞에서도 연주했다. 그러나 리스트를 비롯한 몇몇 사람들은 그러한 공연 여행이 기분 좋을 정도의 대성공을 거두었음에도 불구하고 그와 동시에 독창성을 둔화시키고 퇴폐를 야기시켰다고 비판했다.

집시 출신 대연주가들에 대한 존경은 상상을 뛰어넘는 수준이어서, 귀족들조차도 그들에게 배우거나 그들과 공연하는 것을 수치스러워하지 않을 정도였다. 심지어 유복한 시민이나 더 나아가 귀족의 딸과 결혼하는 경우도 드물지 않았다(잔치 리고는 어느 왕녀와 결혼했고, 루디 니아리는 백작의 딸과, 마르치 베르케스는 남작의 딸과 결혼했다). 그렇다고 집시 악사가 모두 그렇게 화려하지는 않았다. 집시 악단 다수는 실수입도 많지 않고 청중의 수준도 낮은 선술집이나 길가의 여인숙을 비롯해서 시장, 축제시, 가요제, 결혼식 등에서 음악을 연주했다.

한편, 러시아인들은 집시의 음악적 매력을 노래에서 찾았다. 몇부 합창으로 이루어지는 즉흥 연주가 그것이다. 이러한 코러스에 대한 최초의 기록은 18세기 후반부에 나타난다. 이 무렵, 알렉세이 오를로프 백작이 집시 가수들을 몰다비아에서 모스코바로 데려온 것이다. 이윽고 집시 합창단과 훌륭한 오케스트라는 명문 귀족의 저택에 빠져서는 안될 중요한 장식품이 되었다. 오를로프의 합창단은 엄청난 유행이 되었고, 카타리나 여제의 총신들이 개최하는 야회에서 종종 모습을 드러냈다. 이 합창단원들은 모스코바 인근 푸시키노 마을에 소속된 농노 명부에 등재되어 있었다. 후에 자유를 부여받게 되지만, 1812년, 나폴레옹의 침략 기간 중에는 병역 적령기인 사람은 모두 경기병 부대에 참가하였고, 그렇지 않은 자들은 정부에 돈을 기부한 것으로 전해지고 있다.[18] 전쟁이 끝난 뒤 모스크바에서는 마을 밖의 여인숙에서 호화로운 만찬회를 열고 집시의 연주를 듣는 것이 유행했다. 상페테르부르크에도 그와 비슷한 관습이 생겨났지만, 여인숙은 마을에서 멀리 떨어져 있어야 했다. 집시들이 도시로 들어가지 못하게 되어 있었기 때문이다.

합창단에서는 여성들이 주역을 맡고 있었는데, 노래뿐 아니라 춤도 췄다. 주로 사용된 악기는 7현을 가진 러시아 기타였다. 러시아, 우크라이나, 폴란드 등을 기원으로 한 농민 가요 외에, 동시대 러시아 작곡가들의 감상적인 노래가 소재의 대부분을 차지했지만, 나중에는 정규 교육을 받은 음악가들이 서로 협력해서 집시 스타일의 로맨스(형식에 구애되지 않는 소곡)를 상당수 작곡했다. 이러한 '집시 음악'은 19세기 러시아 음악 문화의 본질적인 부분이 되었다. 헝가리인들이 헝가리 집시 음악가들을 우대했던 것처럼, 귀족과 부르조아는 이들 집시 합창단을 편애했다. 그들을 통해 리스트가 헝가리 집시에게서 본 것과 같은 로맨틱한 자유의 화신을 본 것이다. 그러나 리스트 자신은 모스크바의 집시 여성이 공연하는 무대의 화려함과 인공적인 부자연스러움에 대해 비난이 담긴 글을 썼다. 이후 60년 이상, 볼셰비키 정부는 그의 견해에 동감하면서 그러한 공연을 금지시키고 보다 진정한 민족 음악과 춤을 장려했다.

스페인 히타노도 음악으로 유명해졌지만, 그들과 이 음악의 관계 역시 헝가리와 러시아의 집시 연주가들과 그 레파토리의 관계와 유사했다. 처음에는 그들의 것이 아니었지만, 그럼에도 불구하고 그들의 창조물이었던 것이다.[19] 15세기 말 이후, 그들은 스페인의 노래와 춤을 독자적으로 해석해서 연주했고, 그 과정에서 집시풍의 매력을 부가시켰다.[20] 그들의 춤은 세속은 물론 종교적인 의식(이를테면, 매년 열리는 성체축일 행렬)의 인기 행사가 되었고, 펠리페 4세가 그 행사를 금지시키고자 했지만 효과는 미미했다. 스페인 성악의 일부는 그 주제와 노래하는 방식 면에서 차츰 변형되었고, 19세기에 이르러 '플라멩코'라 알려진 양식이 등장하면서 안달루시아의 문화는 히타노 스타일이 농후해졌다. 야만적인 억압의 시대에 지하에서 오랜 회임기간을 거친 플라멩코의 핵심에는 칸테 혼도cante jondo('장중한 노래')라는 음악 형식이 있다(엄밀히 말하면, 토나, 시기리야, 솔레아레 등 세 가지 스타일이 있다). 그것은 안달루시아의 음악을 기초로 발전했지만, 마뉴엘 데 팔라에 의하면, 비잔틴 전례와 아랍 및 집시의 요소가 혼합된 것이었다.[21] (유대의 영향을 지적하는 사람도 있다.) 간결하고 모호한 형태로 표현된 그 주제는 사랑, 충성, 긍지, 질투, 복수, 자유, 박해, 비탄, 죽음 등이다. 가르시아 로르카는 칸테 혼도를 '피가 용솟음치는 소리'라고 묘사했다. 격렬하게 즉흥적으로 연주되는 노래에는 본래 리드미컬한 박자 소리 외에 반주가 없었다. 그 후 기타와 춤이 등장하여 칸테를 풍부하고 힘차게 만들었고, 마침내 지속적으로 전개되면서 플라멩코로 확장되었다. 칸테 플라멩코에 전형적인 음계는 프리지아 선법(다시 말해, E음에서 시작하는, 피아노의 하얀 건반에 의해 표현되는 선법)이다. 그것은 인도에서 페르시아

「엘 할레오El Jaleo(안달루시아의 춤)」. 존 싱어 사전트의 유화(1881년).

와 터키를 거쳐 발칸 반도 지역에서 흔히 사용되고 있다. 그러나 그것이 이베리아 반도에 전해진 것은 집시가 아니라 무어인의 덕택인 것으로 보인다.

알려지지 않은 플라멩코의 전사(前史)는 1783년, 카를로스 3세가 프레마티카를 공포한 무렵에 종말을 고했다. 단순한 우연의 일치일 수도 있지만, 칸테 혼도가 그 어두운 그림자를 걷어내게 된 것은 새로운 관용의 체제였다는 지적도 일리가 있다.[22] 오늘날까지 그 이름이 전해져오는 최초의 가수는 1750년경에 헤레즈 델 라 프론테라에서 태어난 집시 티오 루이스 엘 델 라 훌리아나이다. 19세기 전반, 발전의 중심은 카디즈, 헤레즈, 세비야(보다 정확히 말해서, 세비야의 구 집시 거주지인 트리아나. 현재는 주택이 어느 정도 고급화되었다)였고, 이 시대의 유명한 플라멩코 연주자는 모두 안달루시아의 그 지역에만 살던 정주 집시 가족 출신이었다. 그러나 그 음악은 아직 '플라멩코'라는 이름으로 불리지 않고 있었다. 그것은 애당초 집시 자신에게 붙여진 명칭이었으나, 그 후, '카페 칸탄테'에서 연주하는 직업적 예인들이 만든 도회 음악을 가리키게 되었다. '카페 칸탄테'는 1847년 이후 생겨나기 시작한 것으로, 그 최초는 세비야에 개점한 엘 카페 델 로스 롬바르도스였다.[23] 플라멩코 연주자 집단은 이름도 없이 나타났다가 간단한 애칭으로 알려지게 되었고, 이후, 집시뿐 아니라 안달루시아인들도 참여하게 되었다. 그 양식은 서로 영향을 미쳤고, 레파토리는 청중의 취향에 맞게 변화했다. (플라멩코는 그 후 가족 모임과 축일에도 집시들에 의해 보다 은밀히 연주되었다. 이 경우, 돈을 내는 청중의 주문보다는 그 순간의 분위기가 중시되었다.) 프로들의 기술은 점점 대담하고 정교해졌지만, 집시의 노래와 춤은 기본적으로 변화하지 않았다. 오랜 기간에 걸쳐 음이 떨어진 장식적인 악구와 스칼라티풍의 기타 반주, 그리고 유사음을 반복하는 독창부로 이루어진 이 음악은 스페인 남부의 구석진 마을에서 시작되어 이베리아 반도 전체, 더 나아가 광범위한 히스패닉 세계로 확장되면서 대중오락으로 널리 수용되었다.

농촌과 도시의 풍경

1815년부터 1914년까지의 1세기 동안, 집시가 사는 세계는 커다란 변화를 겪었다. 그 시기에 유럽 전역을 휩쓴 산업적, 사회적 변화는 전례가 없을 정도로 격심했다. 그에 따라 농촌 생활은 광범위하게 후퇴했고, 농민과 직인의 사회 대신 기계 감독관과 장부계원을 중심으로 한 사회가 등장했는데, 그 선두에 선 나라가 영국이었다. 그러나 20세기 초반이 되면, 유럽의 다른 많은 국가들도 영국과의 경쟁에 박차를 가하거나 이미 영국을 추월하고 있었다. 다만 이 무렵까지만 해도 옛것과 새것이 뒤섞인 상태였으며, 그 영향은 스페인 남부와 이탈리아 남부 같은 지역에서는 제한적이었고, 헝가리와 발칸 반도에는 거의 미치지 못했다. 발칸 반도 주민의 4분의 3 이상은 여전히 농민이었다. 이곳은 유럽 대륙에서도 고전적인 농민 사회가 가장 오래 존속된 곳으로, 집시가 유럽에 도착했던 시기로부터 별로 변화가 없는 환경이 여전히 존재하고 있었다.

공업화와 도시화의 경향이 가장 현저했던 곳에서조차 집시에게 미친 영향은 그전보다 덜 포괄적이었다. 그렇다면 그들이 동화되지 않은 요인은 무엇일까? 정주화는 이미 엄청나게 진행되었으나 경제적으로는 후진적이었던 2개의 지역— 스페인과 헝가리 —을 다시 한 번 검토한 뒤, 19세기 중반까지 공업사회를 창조한 유일한 나라이자 그 무렵까지 주민 대다수가 도시 환경에 살고 있던 몇 안 되는 국가 중의 하나였던 영국의 사례를 살펴보기로 하자.

'히타노스 브라비오스'('야생의 — 다시 말해 방랑하는 — 집시들')가 스페인 남부에서 비교적 소수였다면, 그 원인은 주로 다양한 법령의 압력으로 인해 유동생활이 상당 부분 줄어들었기 때문일 것이다. 그러나 집시들의 집중을 막으려는 시도는 실패로 끝났다. 그들을 국가에 유익한 활동으로 유도하는 정책도 뚜렷한 승리를 거두지 못했다. 법적 한계 내에서 이용할 수 있는 틈새가 너무나 많았던 것이다. 정주화의 경우, 집시들은 많은 마을에 집단 거주지를 형성했다. 예를 들어, 마드리드 마시장 근처의 칼레 델 라 코마드레가와 칼레혼 데 카바피에스, 세비야 시내의 트리아나, 카디즈 시내에서는 지냐 지구와 산타마리아 지구 등이 그것이다. 그라나다에서는 사크로몬테의 산허리에 만든 동굴에 다수가 모여 살았다. 나중에 그것은 리오 다로 반대편의 알함브라 궁전 다음 가는 두 번째 관광 명소가 되었다. 욕실을 갖추고 전기와 전화도 들인 부족함 없는 동굴에는 부유한 플라멩코 가수와 무용수가 살게 될 것이었다. 푸룰레나와 구아딕스의 바리오 데 산티아고 지구 등 그라나다 지방의 다른 곳에는 그보다 훨씬 넓은 혈거지대가 있었다. 거기 사는 사람이 모두 집시는 아니었다. 이러한 땅속의 주거는 만들거나 얻기 쉬울 뿐 아니라 여름에는 시원하고 겨울에는 따뜻하다는 이점이 있기 때문이다. 필리페 4세와 카를로스 2세의 포고 같은 정부의 규제에도 불구하고, 집시는 집시 고유의 사회에 집착했는데, 그로 인해 다수의 기타네리아(집시)가 생존할 수 있었고, 안달루시아 문화에도 현저히 기여하게 되었다.

헝가리에서도 집시의 정주화 비율이 높았지만, 그 대부분은 18세기에 이루어진 정부의 압력 때문이었다. 그 후에도 마찬가지의 규제 조

그라나다의 사크로몬테에 자리한 집시 동굴(1862년).

치와 농지 개혁, 교정 정책 등에 의해 정주화가 촉진되었지만, 여기에서도 사태는 기대했던 방향으로 진행되지 않았다. 요제프 카를 루드윅 대공(1833~1905년)이라는, 당시로서는 가장 적합한 인물에 의해 추진된 새로운 시도조차 실패로 돌아갔다. 오래 전부터 헝가리에 정주한 합스부르크가의 일족이었던 대공은 마리아 테레지아의 증손이자 요제프 2세의 조카의 아들로, 오랜 세월 군인으로 복무했다. 왕족답지 않게 그는 로마니어와 집시의 생활을 연구하는데 열중했고, 어렸을 때부터 집시 음악에 매력을 느꼈다. 모국어인 마자르어로 유럽의 여러 방언에 기초한 포괄적인 로마니어 문법서를 쓰기도 했다.[*24)] 대공은 거액의 사비(私費)를 들여 부다페스트에서 남서쪽으로 65킬로미터 정도 떨어진 알츄트의 영지에 대규모 집시 거주지를 건설했고, 그보다 소규모이기는 하지만, 다른 곳에도 네 개의 거주지를 건설했다. 그는 이들 집시에게 집을 제공했고, 일할 땅을 구해주었으며, 알츄트에는 아이들을 위한 특별 학교까지 마련해주었다. 그러나 거주자들이 이러한 질서정연한 삶을 추구한 것은 대공이 지켜보던 시기 뿐이었고, 그가 죽은 뒤에는 대부분 원상태로 돌아가고 말았다.

19세기 말에 헝가리의 집시들이 일반적으로 어떤 삶을 살았는지에 대해서는 1893년 1월에 그들을 대상으로 실시한 인구 조사를 통해 꽤 상세히 알 수 있다. 그것은 1880년 인구 조사의 부산물로 나타난 자료를 보강한 것이었다.[*25)] (당시의 헝가리는 그 규모가 현재의 세 배였는데, 트란실바니아와 슬로바키아 전체를 비롯해서, 폴란드, 오스트리아, 슬로베니아, 크로아티아, 세르비아, 루마니아, 우크라이나의 일부를 포함하고 있었다.) 1893년의 집시 인구 조사에 따르면, 집시로 판정된 27만 4,940명 가운데 거의 90퍼센트가 정주 상태, 2만 406명이 반정주 상태였고, 완전히 유동하는 집시는 8,938명에 불과했다. 전체의 대략 10만 5,000명 정도가 트란실바니아에 거주하고 있었는데, 이는 총인구의 5퍼센트에 가까운 수치였다. 왈라키아인이 다수를 점하고 있던 지역에서는 때로 10퍼센트를 상회하기도 했다. 로마니어를 쓰는 집시의 비율은 유동 집시의 경우에는 대단히 높았지만, 그 밖의 경우는 절반 이하였다. 후자의 25퍼센트가 루마니아어를 모어(母語)로 삼고 있었다. 로마니어와 루마니아어를 사용하는 집시는 주로 트란실바니아에 있었다.

　이러한 인구 조사 수치에는 어느 정도 중대한 틈새가 있었다. 몇몇 도시, 특히 부다페스트가 포함되어 있지 않았기 때문이다. 더구나 이런 종류의 조사에서는 추적이 곤란하다는 이유로 유동민을 낮게 어림했을 가능성도 있다. 거기에 분류 방식의 결점이 덧붙여지는데, 그 결과, 특정 교구에서 정기적으로 겨울을 보내지만 여름이면 유동하는 집단이 항구적인 정주 부류에 포함되어 버린다. 한겨울에 조사가 실시되었다는 것 또한 '정주'나 '반정주'가 많아지는 방향으로 작용했음에 틀림이 없다. 그럼에도 불구하고, 정주 인구가 압도적 다수를 점하고 있었다는 것은 분명하다. 그러나 그들은 주변 사회에 흡수되지 않았다. 정주 집시는 마을이나 촌의 독자적인 거주지에 사는 경우가 많았다. 슬로바키아의 경우에는 특히 더 그랬다. 학교 교육 현황도 통합의 징후는 거의 없었다. 취학 연령에 해당하는 아이들 가운데 70퍼센트가 문맹으로 밝혀졌다(유동 집시의 경우에는 98퍼센트에 달한다). 직업은 주로 자영업을 선호하는 경향을 보여, 집시를 특정 생활양식으로 유도하려던 마리아 테레지아와 요제프 2세의 포고가 아무런 효과도 거두지 못했음을 반증하고 있다. 헝가리의 주요 산업인 농업에 종사하는 집시는 비교적 소수였다. 그러나 냉정한 인구 조사 보고서의 편집자는 대공의 경험을 인용하면서 집시는 그런 일에 적합하지 않다는 사실을 받아들였다. 공업 관련 직업의 경우에도, 일반적으로, 어느 정도의 독립성을 유지할 수 있는 일이 선호되었다. 금속 세공(그 중에서도 대장장이 일)이 가장 많았고, 건설 작업(예를 들면, 벽돌 제조와 흙 작업)과 목공(예를 들면, 여물통 만들기)이 그 뒤를 이었다. 상거래에 종사하는 사람도 대단히 많았다(남자는 주로 말 거래에 참여했고, 여자는 행상). 악사는 현재의 헝가리 지역에 가장 많았다. 공식적인 통계 보고서를 작성한 편자가 냉정한 통계상의 분석을 뛰어넘어 집시를 국민으로 완전히 통합시키려는 꿈같은 주장을 하게 된 것은 물리적 적응 능력, 교묘한 손재주, 음악적 재능 등 그들이 가진 우수한 재질— 그 중에서도 특히 음악적인 능력 ─을 고려했기 때문이었다.

그들이 사는 모습도 명확히 밝혀지고 있다. 대부분의 정주 집시들은 방이 하나 또는 기껏해야 두 개인 집에 살았지만, 일부는 여전히 천막에서 살았다. 일년의 반 정도만 정주하는 반정주자의 절반 가량은 흙이나 짚으로 만든 임시 막사나 땅을 파서 만든 굴에 살았다. 겨울이면, 이동 집시 상당수가 집을 빌리거나 오두막을 지었다. 그러나 그들이 주로 거주하는 곳은 천막이었는데, 그것은 말이 끄는 짐마차와 수레로 운반했다. 거주용 포장마차에 대한 언급은 없지만, 19세기 초반부터 발칸 반도의 여러 나라에서는 초보적 포장마차 대열이 목격되기 시작했다.[26] 19세기 대부분의 기간 동안, 천막은 사실 유럽 전역에 걸쳐 이동 집시의 가장 일반적인 주거지였다. 얼어붙은 러시아의 겨울에도 예외는 아니었다. 다만, 19세기 중반 무렵부터 서유럽 집시들은 차츰 *바르도 vardo*라 불리는 주거용 사륜마차로 거주지를 바꿔가고 있었는데, 그 경우에도 여전히 천막과 이륜마차가 보조적으로 사용되고 있었다. 이러한 주거용 포장마차 가운데 가장 정교한 것은 잉글랜드에서 발전했다. 모두 주문에 따라 가제 마차 건조자들이 만든 것이었다. 다양한 포장마차 대열은 표준적인 구성에도 불구하고 엄밀하게 말해서 결코 똑같

19세기 중반 클라우젠부르크(클루즈) 근처의 집시 거주지.

지는 않았다. 1890년대까지, 집시 포장마차 대열은 그 발전의 정점에 이르렀으며, 개성적이고 기능적인 것은 물론 모양도 좋아서 정주민들 사이에 이동 마차에서 휴가를 즐기는 사례가 나타나게 되었다.[27]

사회 일반의 변화와 결합된 보다 광범위한 여러 가지 압력에도 불구하고, 영국의 집시들은 다른 곳에서와 마찬가지로 정규적인 임금노동에는 거의 관심을 보이지 않았다. 많은 경우, 그들은 그때까지 항상 해왔던 방식을 지속시켜 나갔는데, 그들의 수익능력은 주로 자신의 노력과 위트, 그리고 이동 중에 생기는 다양한 일에 적응하는 능력에 있었다. 그러나 도시의 성장과 농촌의 축소에 따라 그때까지 전원을 주요 활동 범위로 삼고 있던 상당수의 집시들은 시장을 찾아 도시로 이동하지 않을 수 없게 되었다. 어쨌든, 보다 직접적인 자극이 그들을 마찬가지 방향으로 밀어내고 있었다. 엔클로저 운동은 전통적인 야영지를 상당수 앗아갔다. 게다가 1839년의 경찰법과 그 뒤를 이은 1856년법으로 인해, 지방 경찰이 증원되고 그 조직이 강화되면서 도싯과 노포크를 비롯한 그 밖의 다른 지방에서 그들을 농촌에서 제거하는 강력한 작전이 가능해졌다. 부랑자와 집시는 농촌에서 발생하는 상당수 경범죄의 범인으로 비난받았다. 그러나 실제 범죄기록에 따르면, 폭행과 절도(밀렵 포함)는 보통 지역 주민에 의해 자행되고 있었다.[28]

집시는 19세기 영국에서 발견된 광범위한 표류자 집단 중에 단지 일부를 구성하고 있었을 뿐이다. 당시 그곳에서는 그런 사람들이 산업과 사회 생활에서 오늘날 이상으로 큰 역할을 차지하고 있었다.[29] 일자리를 얻기 위해 길가로 나가는 사람도 있었다(빅토리아 여왕 시대의 공공 사업에 참여하려던 인부, 건설 노동자, 농업 노동자, 떠돌이 직인 등). 이런 사람들은 단독으로 행동했고, 다른 측면에서는 정주자의 모델을 따랐다. 다음으로 노상의 부랑자가 있었다. 이들은 혼자서 다니기도 했지만, 때

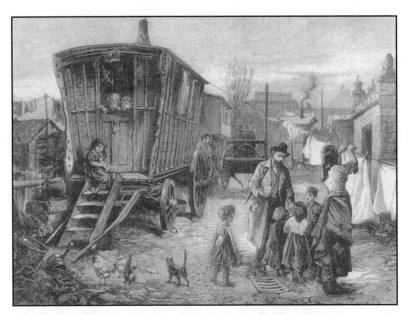

런던 노팅데일에 있던 초기의 리딩형 짐마차(1879년). 콜빌의 조지 스미스가 과자를 나눠주고 있다.

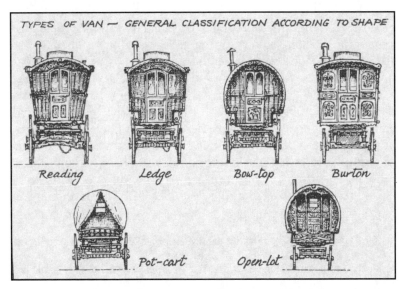

영국 집시가 사용한 짐마차의 유형. 데니스 E. 하비의 소묘.

로는 여자 동료와 함께 다니기도 했다. 겨울이면 도시의 주택과 값싼 여인숙으로 사라지기 때문에, 일종의 계절적 현상이라 할 수 있다. 그 밖에도 꾸준히 아이리시해를 건너오는 이민의 물결도 있었다. 그것은 1840년대 말에 감자 농사가 실패하면서 홍수처럼 터져나왔는데, 오죽하면 일부 경솔한 관찰자의 눈에는 모든 부랑자가 아일랜드인으로 보였을 정도였다. 그러나 생활 수단 그 자체가 바로 이동인 사람들도 있었다. 그들은 매년 상당 기간을 가족과 함께 정기적으로 이동했다. 브러시와 바구니 제조자, 말 거래상, 땜장이, 행상인, 잡다한 도붓장수, 도자기 행상, 장터 사람들 등을 포함해서 집시도 이 부류에 속했다(실로 다양한 사람들이 이 부류에 속하며, 오늘날에는 나그네 또는 이동생활자라고 불리는 경향이 있다). 19세기의 이러한 사람들이 천막과 포장마차, 또는 야외에서 사는 것으로 알려진 사람들과 동일하다면, 잉글랜드와 웨일즈의 인구 조사 수치를 통해 대략적이나마 그 규모를 알 수 있다. 다소 낮게 어림했을 가능성이 있긴 하지만, 그 수치는 1841년(7,659명), 1891년(1만 2,834명), 1901년(1만 2,574명) 등으로 꾸준히 증가하는 경향을 보이고 있다. 1901년 4월 현재의 주요 거주지는 런던 근처 네 개의 마을(에섹스, 미들섹스, 켄트, 서리)에 있었으며, 서섹스와 햄프셔, 그 밖에 미들랜드(스트래포드셔)와 노스웨스트(랭카셔와 웨스트 라이딩) 등의 공업 중심지 주변에도 많이 있었다. 그보다 규모는 작지만 런던, 글래모간, 더럼에도 거주지가 있었다.[*30]

이러한 분포는 19세기 들어 영국 집시의 경제적 역할 및 그들의 생계와 이동 패턴이 크게 변화했음을 반영하고 있다. 1800년대 초반에는 수요와 공급의 구조가 불완전했기 때문에 상당수의 집시가, 그때까지 수세기 동안 그랬던 것처럼, 가까이 가기 어려운 농촌 지방을 돌아다니면서 대단히 유익한 기능을 담당할 수 있었다. 상점과 마을이 멀리 떨어

영국 미첨의 공유지에 있는 야영지(1880년).

져 있어서 곤란을 겪고 있는 주민들에게 물품과 서비스를 제공함으로써 해당 지역의 경제와 사회 생활을 보충해주었던 것이다. 그들은 세상 이야기와 뉴스 전달자이기도 했고, 값싼 세공품(대부분 직접 만든 제품이었다) 판매자, 가재도구 수리인, 계절 노동자(이를테면, 건초 만들기, 완두콩과 과일 수확, 홉따기 등)로 활약했으며, 여행하는 광대로서 악기 연주와 노래, 춤 등의 재능으로 마을 축제에 활기를 불어넣기도 했다. 이러한 수요가 끊임없이 다른 수단에 의해 충족되기 시작하고 교통 및 통신이 발달하면서, 그들은 새로운 상품으로 다각화하거나 옛 상품들을 개조했다. 그들의 생활은 기본적으로 자신들이 판매하는 제품과 서비스를 사주는 정주민들에게 의존하고 있었다. 따라서 판매하는 제품과 이동하는 지역도 변화하지 않을 수 없었다. 생활은 새로운 계절적 리듬에 맞춰 조정되었고, 인구 밀집 지역이 더욱 중요해졌다.

겨울의 몇 개월 동안에는 그들 다수가 런던 주변으로 이주해 들어왔다. 일부는 주택으로 들어갔고, 일부는 오두막과 목조 가옥에 살았다. 천막을 치고 공유지 한편에 포장마차를 세워두는 자들도 있었는데, 그 장소로는 웜우드 스크러브즈(초범자를 수용하는 교도소가 있다), 반즈, 덜위치, 미첨 등이나 경계 지역, 벽돌 공장과 온갖 종류의 쓸모없는 땅, 완즈워스(교도소가 있다), 배터시(예로부터 들개 수용소가 있었다), 켄살 그린(가톨릭 공동묘지가 있다), 그리고 노팅 데일 포터리의 판잣집 구역(이곳에는 1862년에 대략 50가족이 있었던 것으로 추정되고 있다. 이는 1869년에 포교를 위해 전도단이 천막을 설치하는데 충분한 수치였다) 등을 들 수 있다.*31) 일단 도시에 거주하게 되자, 잉글랜드 및 아일랜드인 유랑민들과 뒤섞여 함께 살아갈 가능성도 더 커졌다. 대도시권의 집시들은 다양한 수단으로 생계를 꾸려갔다. 행상과 땜장이가 주요 직업이었지만, 그때나 지금이나, 한 가족이 한 가지 일에만 종사한다고 생각한다면 커다란

영국 서리주 센드(길퍼드 근방)에서 과일 수확에 참여한 집시들(1910년).

오산이다. 한 남자가 바구니 제조, 의자 다리 교체, 칼갈이, 체 수리, 우산 수리, 땜장이, 말 거래, 빨래 집게 만들기, 산적 꼬치 제조 등의 다양한 일을 하면서 때로는 이 거리에서 저 거리로 고객을 찾아다니고, 집에 있을 때면 작은 물품들을 만들었다. 대량생산으로 인해 기성품을 사는 것이 더 간단해지기 전까지는 이렇게 만든 제품이 장사 밑천의 일부를 구성했다. 칼레도니아 시장(런던에서 열리는 골동시 - 역주)에는 매주 금요일마다 집시들이 대거 몰려왔다. 작업 단위는 가족 중심적이었다. 여자들은 행상 바구니를 들고 이 집 저 집 다니면서 물건도 팔고 점도 쳤다. 아이들도 부모들의 행상을 돕거나 집에서 물건 만드는 일을 거들었다.

이러한 집단 거주지들 가운데 일부 지역 주민들— 예를 들어, 런던 근교에 머무르던 배터시 집시 —은 이동이 매우 제한적이었다. 실제로, 배터시 집단의 일부는 남서철도의 도노반 역구내에서 일년 내내 야영하고 있었다. 노팅 데일의 경우, 핵심이 되는 몇몇 가족(그 대부분이 '허니 Hearne'라는 성을 가지고 있었다)이 항상 똑같은 일을 계속하고 있었다. 다른 도시에도 그와 마찬가지의 영주(永住) 집시가 있었다. 리버풀에서는 에버튼 집시가 월튼 브렉 근처의 버려진 땅 한편에 천막을 치는 것이 관례가 되었다. 1879년, 그들은 '공중위생법에 따라' 수도를 끌어오지 못했다는 이유로 판사에게 소환당했지만, 이곳은 그 후로도 오랫동안 그들의 거주지로 기능했다. 그러나 도시의 집시 거주지 대부분은 봄이 오면 해체되었고, 행상과 땜장이 일을 중심으로, 계절적 일자리를 찾아 이동이 계속되었다. 제임스 크랩은 런던 주변의 이동 리듬에 대해 다음과 같이 설명하고 있다.

런던 주변의 집시들에게 선행을 베풀고 싶어하는 기독교도는 4월, 5

월, 6월이면 교외에서 그들을 다수 발견하게 될 것이다. 보통 시장 판매를 목표로 하는 농원에서 일하기 때문이다. 7월과 8월에는 서섹스와 켄트로 이동하여 수확에 참여한다. 그리고 9월에는 그들 상당수가 켄트, 서섹스, 서리의 홉(맥주에 쓴맛을 내는 열매) 지대에서 일자리를 얻는다.[*32]

사회학자 메이휴에 따르면, 9월의 홉 따기는 잉글랜드와 아일랜드의 방랑자에게는 웅장한 회합의 기회였으며, 잉글랜드 남부 전역에서 집시들이 몰려왔다. 여름 또한 공원과 행락지를 찾아오는 사람들을 상대로 점을 친다는 면에서 벌이가 좋은 시기였다. 축제시와 경마는 집시의 달력에서 중요한 날로 자리잡았다. 이동의 시기와 방향을 정하고 말거래와 관련한 중요한 상담을 진행시킬 뿐 아니라 가족 및 친구와의 회합 장소로도 기능했기 때문이다. 완스테드 플래츠의 이스터 페어(Easter Fair)는 그 계절에 처음 모임을 갖는 집시의 수가 많다는 측면에서 '집시 페어'로 알려지게 되었다. 더비 경마 주간의 엡섬은 무수히 많은 행상인과 함께 집시들이 넘쳐났다. (크랩은 독자들에게 진심으로 다음과 같이 경고했다. '이들 집시를 방문하는 데는 아침이 가장 좋다. 경마장에서는 날이 저물기 전에 취해버리는 경우가 많기 때문이다.') 일단 수확이 끝나면, 마을에서 시골로의 움직임은 역전되었다. 첫 번째 물결은 홉 따기가 끝나자마자 런던으로 돌아갔다. 아마도 중간에 하운즈디치에서 프랑스와 독일제 바구니를 사들이기 위한 것으로 보인다. 10월에는 다른 집시들도 서서히 돌아가기 시작했고, 11월에는 이동이 대세였다.

따라서 도시와와 산업화, 그 밖의 다양한 압력에도 불구하고, 유럽의 집시들은 지배체제가 만들어낸 기회를 활용하여 자립성을 유지하는 능력을 발휘했다고 할 수 있다. 그들은 상당수에 이르는 다른 사람들과 달리 임금노동자로 이행하라는 유혹에 저항했다. 대부분은 공동체의 어떤 이상과 독립성, 그리고 자영업 등을 집요하게 고수했던 것으로 보인다. 영국의 경우, 이동생활을 어느 정도 유지하는 것과 도시화는 서로 양립할 수 있다는 사실이 증명되었다. 다만 고객들이 지리적으로 집중되는 경향이 증가한 현실을 반영하여 이동 거리가 짧아지는 경향이 있었을 뿐이다. 그들은 필요할 경우 이 마을에서 저 마을로 이동했고, 시대에 가장 적합한 새로운 사업을 위해 옛 일을 포기하기도 했지만, 그 대가로 자신들의 자유나 민족적 특성, 또는 직업과 주거의 유연성을 희생하지는 않았다. 19세기가 끝날 때까지, 노동 관행은 점점 더 바뀌어야 했다. 행상을 위한 물건 제조는 차츰 줄어들었고, 판매하는 물건도 공장에서 만들어진 제품을 도매업자로부터 사게 되었으며, 값싼 공장 제품을 쉽게 구할 수 있게 되면서 땜장이와 수선공을 원하는 수요 또한 감소되었다. 수확 작업 역시 기계화되고 있었다. 탄성이 부족한 문화였다면, 완전히 굴복했을 것이다. 그러나 집시의 문화는 그렇지 않았다.

속박을 넘어서

19세기 초반의 20~30년 동안 왈라키아와 몰다비아에서 집시 노예를 속박하고 있던 법률 규정은 4세기 전의 조치와는 달라져 있었지만, 실질적으로는 거의 변화가 없었다. 단지 오랜 기간에 걸쳐 정교한 분류 체계가 발전했을 뿐이다. 한편으로는 '공공 집시'(루마니아어로 '치가니 돔네스티')가 있었고, 다른 한편으로는 수도원 소속 노예('치가니 마나스티레스티')와 특권 귀족 소속 노예('치가니 보이에레스티')가 있었다. 국가에 연공을 바치는 집시들은 다시 몇 가지로 분류되었다. 목제 주방용품을 만드는 '링구라리(목제 스푼 제조자)', 곰에게 재주를 가르칠 뿐 아니라 대장장이와 땜장이로 일하는 '우르사리(곰 부리는 사람)', 광산에 고용되어 사금을 씻는 '루다리(광부)' 또는 '아우라리(금세공사 또는 사금 세척자)', 그리고 고정된 직업이 없이 양 공국을 방랑할 수 있는 '라이에시(유목민)' 등이 그것이다. 라이에시는 금속 세공을 필두로 다양한 일에 손댔고, 여자들의 경우, 이 집 저 집 돌아다니며 점도 봐주고 구호품도 얻었다. 카르파티아 산맥으로 도망칠 수 있었던 라이에시 일부는 독자적인 부락을 형성하고, '네토치'라는 이름으로 사악하다는 평판을 얻었다. 일반적인 의미에서 볼 때의 진정한 노예는 개인 소유의 *바트라시*(다시 말해, '가정' 또는 '집'을 뜻하는 바트라 출신)였다. 그들은 마부 겸 요리사 겸 하인으로서 주인을 섬겼다. 일부는 이발사, 재단사, 구두 수선공, 또는 편자공으로서 마을에 살기도 했다. 최고의 악사도 바로 이 바트라시 중에 있었다. 대부분 대장장이나 빗 제조자인 라이에시 중에서도 개인에게 소유된 자들이 있었다. 이들은 정부가 아니라 소유주—수도원이나 특권 귀족—에게 연공을 바쳤다. 세금은 일단 집시 '판사'(쥬드)가 징수한 뒤 상급자인 '불리바샤'에게 건네주는데, 이들 불리바샤가 노예 소유주에 대해 직접적인 책임을 졌다.

주인들은 집시 노예를 죽이고도 벌을 받지 않았으며, 노예들은 아주 사소한 실수에 대해서도 엄한 처벌을 받는 경우가 많았다. 집시해방운동을 펼친 루마니아의 개혁자 미하일 코갈니챠누는 어렸을 때 몰다비아의 수도 쟈시에서 목격한 광경을 다음과 같이 쓰고 있다.

… 팔과 다리에 족쇄를 차고, 이마에 철로 만든 고리를 씌우고, 목에 금속 목걸이를 찬 인간. 이 비참한 집시들을 기다리고 있던 대우는 무자비한 채찍질을 필두로, 굶기기, 연기 나는 불 위에 매달아 놓기, 독

방에 감금하기, 발가벗긴 채 눈이나 얼어붙은 강에 내던지기 등의 처벌이었다.

신성한 결혼과 가족 간의 유대 또한 조롱거리가 되었다. 아내는 남편과 헤어져야 했고, 딸은 어머니한테서 떨어져야 했으며, 아이들은 자신을 낳아준 어머니의 가슴에서 떼어져 루마니아 전역에서 모여든 다양한 구매자들에게 팔려갔다. 마치 가축처럼.[33]

코갈니챠누의 추정에 따르면, 왈라키아와 몰다비아의 집시는 총 20만 명에 달했으며, 사적으로 소유된 노예가 대부분이었는데, 그 수는 대략 3만 5,000가족에 달했다.

해방을 향한 다소간의 시도가 시작된 것은 1828~1834년에 다뉴브의 양공국이 러시아에 점령당한 때였다. 그러나 그것은 즉시 진압당했다. 세간의 여론은 변화하고 있었지만, 노예 소유자들은 아직 준비가 덜 되어 있었다. 최초의 결정적인 조치를 취한 것은 왈라키아의 알렉산더 기카였다. 그는 1837년에 '공공 집시' 4,000가족을 해방시켜 마을에 정착시킨 뒤, 특권 귀족들로 하여금 그들에게 농사일을 주도록 했다. 몰다비아는 '공공 집시'에 대해서는 1842년에, '치가니 마나스티레스티'에 대해서는 1844년에 마찬가지 조치를 취했다. 파리에서 교육받은 기카의 후계자 게오르규 비베스쿠는 1847년, 왈라키아의 교회 소속 노예까지 해방시켰다. 다만 그러한 변화가 항상 급속하게 이루어진 것은 아니었다(P.273 그림 참조). 카르파티아 산맥 반대편의 트란실바니아에서는 1848년에 농노제가 폐지되면서 마을에 소속되어 있던 상당수의 정주 집시들이 이동의 자유를 인정받았다. 그리고 그 다수가 실제로 도시로 이동하면서 도시의 집시 거주지가 급속히 팽창했다.

이 시대에 성장하고 있던 새로운 세대의 루마니아인들은 프랑스를

노예 경매를 알리는 왈라키아의 광고 포스터. '세일 중, 최상급 노예들. 1852년 5월 8일, 성 엘리아스 수도원에서 경매로 매각, 성인 남자 18명, 소년 10명, 성인 여자 7명, 소녀 3명, 신체 건강.'

모범으로 삼았다. 루마니아 지배자들은 유럽의 다른 나라들이 루마니아에서 진행되는 사태에 관심을 가지고 있다는 것을 잘 알고 있었고, 따라서 노예해방이라는 임무를 완수하고자 했다. 그러나 특권 귀족들의 저항은 완강했다. 몰다비아에 노예제의 관행이 얼마나 뿌리깊이 박혀 있었는지는 1851년, 채무 변제를 위해 전 재무상 알렉 스투르자의 재산 일부가 경매에 부쳐졌을 때, 거기에 349명 이상의 집시 노예— 남자, 여자, 아이들 —가 포함되어 있었다는 사실에서 명확히 알 수 있다.[34] 몰다비아의 대공 그리고레 기카가 '야만 사회의 수치스러운 흔적'이라 며 그 제도의 폐지를 결심하게 된 것은 1855년의 일이었다. 재산을 잃 어버린 소유주에 대해서는 그에 상응하는 보상이 제안되기도 했다. 기 카는 그 일을 밀어붙였고, 인간을 사고 파는 일은 영원히 금지되었다. 특권 귀족들이 받게 될 보상은 링구라리와 바트라시에 대해서는 남녀를 불문하고 1인당 8두카트, 라이에시에 대해서는 4두카트로 책정되었고, 젖먹이 아이와 허약자에 대해서는 아무런 보상도 주어지지 않았다. 그 로부터 채 몇 주가 지나기도 전인 1856년 초, 왈라키아에서도 비슷한 조치가 취해졌다. 법적으로 완전한 노예 해방이 이루어진 것은 1864년 의 일이었다. 크림 전쟁이 끝난 뒤 양 공국이 통합(아직 독립되기 전의 일 이었다)되어 루마니아로 바뀌면서 제정된 신헌법에 따른 것이었다. 이 제 집시는, 적어도 원칙적으로는, 루마니아 시민권을 얻게 되었다. 그 러나 헌법상의 어떠한 조치도 그때까지의 사회적 지위가 만들어낸 적대 감과 편견까지 해소시키지는 못했다.

새로운 이동

19세기 후반에는 다양한 집시 부족들이 세계 각지에 모습을 드러 냈다. 그 구성원 일부가 발칸 반도와 헝가리로부터 사방으로 이동을 개 시한 결과였다. 그들의 로마니어 방언에는 루마니어의 영향이 깊이 배 어 있었다(그로 인해 '블라크' 또는 왈라키아풍이라 불리게 되었다). 확실히

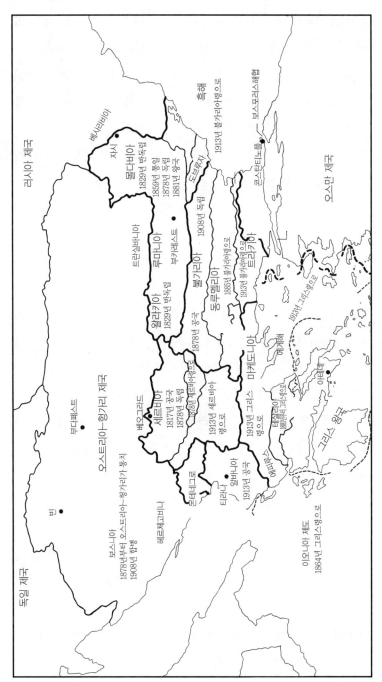

19세기의 발칸 반도 지도.

러시아 제국

독일 제국

오스트리아-헝가리 제국

오스만 제국

빈 •

부다페스트 •

베오그라드

트란실바니아

몰다비아
1829년 반독립
1859년 통일
1878년 독립
1881년 왕국

자시 •

베사라비아

루마니아

부쿠레슈트 •

왈라키아
1829년 반독립

흑해

도브루자

불가리아
1908년 독립

콘스탄티노플

보스포루스해협

1913년 불가리아령으로

동루멜리아
1885년 불가리아령으로

1913년 불가리아

세르비아
1817년 공국
1878년 독립

1878년 헝가리령으로

1878년 세르비아
1913년 세르비아
령으로

보스니아
1878년부터 오스트리아-헝가리가 통치
1908년 합병

헤르체고비나

몬테네그로

트라키아
1913년 그리스령으로

마케도니아

에게해

1913년 그리스령으로

티라나 •
알바니아
1913년 공국

에피루스
1913년 그리스령으로

테살리아
1881년 그리스령으로

그리스 왕국

1913년 그리스령으로

이오니아 제도
1864년 그리스령으로

아테네 •

그들은 오랜 기간 루마니아어권에 뿌리박고 있었고, 스스로를 '롬'이라고 불렀다. 수세기 전에 서방으로 향했던 집시들의 후예와 구별하기 위해서는 이들을 그 명칭으로 부르는 것이 적절할 것 같다. 그러나 현재의 중앙 및 동유럽에는 블라크 방언을 사용하는 집시 외에도 스스로를 롬이라 부르는 집단이 다수 존재한다.

직업명에 근거하여 이들 롬 집단을 주요 그룹으로 나누면, 칼데라시(구리 세공인), 로바라(말 거래자), 쿠라라(체 제조자) 등을 들 수 있다. 거의 비슷한 시기에 발칸 반도를 떠나온 몇몇 다른 집단들 역시 중요하다 하지 않을 수 없다. 이들 집시들은 로마니어를 거의 잃어버려 루마니아어로 말하며, 보야스(금 세척자), 루다리(광부), 우르사리(곰 부리는 사람) 등의 이름으로 알려져 있다.[35]

그 후의 롬의 이동은 그들을 이리저리 떼어놓는 효과를 낳았다. 예를 들어, 칼데라시, 즉 구리 세공인은 러시아, 세르비아, 불가리아, 그리스 쪽으로 이동했고, 지리적 구별에 근거한 몇 개의 하위 집단을 형성했다. 그 결과, 일부 칼데라시는 로마니어로 '그리스인'이라고 명명되었고, 다른 이들도 '세르비아인,' '러시아인' 등으로 불리게 되었다. 그 후, 서방으로의 대규모 이동이 시작되었다. 일단 세가 형성되자, 그것은 4세기 전에 일어났던 상황을 재연하는 양상을 띠었고, 서유럽과 북유럽 사람들의 반응 — 호기심과 적의가 뒤섞여 있었다 — 또한 15세기의 그것과 거의 비슷했다. 오늘날 롬은 거의 모든 유럽 국가뿐 아니라 아메리카와 다른 모든 지역에서 볼 수 있다. 그들은 로마니어 방언과 매우 유사한 언어로 말한다. 어휘와 발음의 차이에도 불구하고, 스웨덴에 사는 롬은 브라질에 사는 롬의 말을 이해할 수 있다.

1860년대 초, 독일과 폴란드에서 소수의 롬 침입자들이 목격되었다. 그들은 집시들 사이에서 지배적인 지위를 구축하고, 퀴에크 가문에 카르펜트라의 향가리 장시. 드니 보네의 유화(1868년).

서 폴란드 집시의 '왕가'를 창설하려 했다.[36] 칼데라시와 쿠라라는 폴란드로부터 러시아와 스칸디나비아로 계속 나아갔다. 오스트리아의 패스포트를 휴대한 일부 롬은 1877년, 베를린에서 벨기에로 향했고, 더나아가 프랑스로 갔지만, 얼마 지나지 않아 국경 반대편으로 쫓겨났다.[37] 다음 해에 독일과 이탈리아를 경유하여 프랑스로 간 칼데라시는 그 이상의 곤란을 겪지 않은 채 말이 끄는 4륜 마차를 끌고 30명 내지 40명, 심지어 150명 단위로 이동할 수 있었다. 밤이면 거대한 천막을 쳤다. 1868년 2월에 카르펜트라(아비뇽 북동쪽)에 4일간 머물렀을 때는 그 지역의 한 화가가 캔버스에 그들의 모습을 담기도 했다(P.277 그림 참조). 그들의 남루한 옷차림은 온몸을 장식한 엄청난 금은과 대조를 이뤘다. 1868년, 칼데라시 무리가 잉글랜드에 침입해서 런던 교외에 천막을 쳤다. 잉글랜드 집시는 그들을 그다지 환영하지 않았다.[38] 네덜란드가 유럽 중앙으로부터 칼데라시 집단의 방문을 받아들이기 시작한 것도 바로 그 해였다. 네덜란드 정부는 그들을 전적으로 새로운 현상으로 간주했다. 일반 대중들의 경우, 그러한 이국풍의 진기한 경험이 처음이었으므로, 입장료를 내면서 그들의 야영지로 구경갔다.[39] 새로운 롬 집단은 1870년대 초, 또 다시 독일과 이탈리아를 거쳐 프랑스에 도착했는데, 가는 곳마다 호기심 많은 구경꾼들을 불러모았다. 서유럽에서 우르사리, 즉 곰 부리는 사람에 대한 최초의 언급이 나온 시기는, 칼데라시와 마찬가지로, 독일에서는 1867년, 네덜란드에서는 1868년이다. 1872년부터는 프랑스의 거리에서도 목격되었다. 최초의 집단은 투르크의 패스포트를 가지고 세르비아와 보스니아에서 왔으며, 칼루바비치, 라자로비치, 미트로비치 등의 이름을 가지고 있었다. 그 후에 온 집단들도 마찬가지의 세르비아 성을 쓰고 있었다.

1886년에 열차로 리버풀에 도착한 '그리스인' 칼데라시 일행 99명

1911년 8월, 런던 완즈워스 가라트가의 칼데라시 천막.

은, 휴대하고 있던 패스포트로 볼 때, 그리스와 유럽의 투르크 전역, 그리고 세르비아, 불가리아, 루마니아 각지에서 온 사람들이었다. 그들은 그리스 서해안의 코르푸 섬을 떠나 밀월에 상륙했고, 그 다음 해에 떠났다.[40] 1895~1897년과 1907~1908년에는 스코틀랜드 남부와 잉글랜드 북부에서 난잡한 언어를 쓰는 우르사리에 대한 기록을 볼 수 있다. 그러나 20세기 최초의 10년간, 영국에서 주로 주목을 끈 것은 독일에서 온 로바라였다. 1904년 말, 네덜란드에서 쫓겨난, 독일 패스포트를 가진 대집단이 경찰과 내무부를 곤혹스럽게 했지만, 2개월간 머물다가 함부르크로 떠났다. 두 번째 물결은 1906년에 나타났는데, 그 해 봄부터 가을까지, 월간 또는 주간 신문이 경찰과 함께 그들에게 퇴거를 요구하는 캠페인을 벌였다.[41] 비슷한 사건은 프랑스와 독일, 스위스 등지에서도

페이즐리 무늬 숄과 크로셰 집시풍 뜨개질의 에이프런을 두른 탈라이사 쿠퍼와 딸 폴리. 1912년 8월, 영국 에스콧에서.

보고되고 있다. 그러나 그 중 최대의 소요는 몇 년 후에 칼데라시 집단의 여행으로 야기되었다. 그들은 서유럽의 몇 개 국가를 방랑했다. 영국에서는 코론, 커패치, 디메터, 맥시모프 등의 이름을 가진 가족들이 1911년 5월부터 1913년 10월까지 열차를 타고 이동을 계속했다. 그들은 프랑스에서 포장마차를 버리긴 했지만, 40년 전에 카르펜트라에서 보네가 묘사한 것과 매우 유사한 큼지막한 천막을 가지고 다녔기 때문에, 영국 제도 전역의 다양한 마을에서 야영했다(P.279 그림 참조).[42] 그들은 이미 유럽 대부분의 지역을 광범위하게 여행한 상태였다. 영국에 머무르는 동안, 그들은 칙칙한 도시의 황무지에 오리엔트풍의 광채를 덧붙였다. 머리를 땋아 금화로 장식하고 목과 가슴에 늘어뜨린 여성들은 아름답게 차려 입은 영국 여성들과는 아주 다른, 무시무시한 볼거리를 제공했다(P.280, 281 그림 참조). 불룩한 바지를 승마화에 끼워넣고 밝은 색 셔츠에 거대한 은단추(계란 크기만한 것도 있다)가 달린 코트와 조끼를 걸친 남성들은 마치 반짝반짝 빛이 나는 것 같았다. 그들은 공장과 양조장, 호텔, 레스토랑 등에서 수리해야 할 구리 제품을 찾으러 다니느라 많은 시간을 쓰고 있었다. 그들의 손재주와 장인 기질은 높이 평가받았지만, 지나치게 비싼 가격 때문에 불평을 샀다.

신참자들은 영국에 오래 머무르지 않았다. 일부는 아메리카 대륙으로 향하고 있었고, 나머지는 결국 유럽 대륙으로 돌아갔다. 유럽 상당수의 나라에서 롬은 집시 주민의 새로운 계층으로 정착했다. 대서양을 건넌 자들은 집시 주민들의 중요한 구성 요소로 자리잡았다. 식민지 시대에 북아메리카에서 행해진 집시 이주는 영원한 흔적을 거의 남기지 않았던 것으로 보인다. 아메리카로 가는 집시의 이주 속도는 이민 일반의 그것과 거의 마찬가지였다.[43] 유럽에서 북아메리카로의 대량 이민은 1815년에 시작되었고, 이 거대한 조류는 오늘날 미국의 집시 인구 구성을 결정지었다. 19세기 중반까지, 이민의 반 이상은 영국 제도에서 온 것이었고, 영국에서 오는 집시(자칭 '롬니첼')의 물결이 최고조에 달한 것은 1850년대였다. 그들은 소수의 가족 단위로 왔으며, 절정기였던 1850~1862년에도 400명을 넘지 않았다. 새로운 거주지로는 오하이오, 펜실베이니아, 버지니아 등을 선호했고, 이동 행상에 종사했는데, 남자들은 말 거래와 주석 세공, 바구니 제조 등을, 여자들은 점치기를 비롯해서 간단히 만들거나 싸게 구입한 물품들을 돌아다니며 팔았다. 남자들의 일로는 차츰 말 거래가 압도적인 중요성을 차지하게 되었다.[44] 1870년대까지 오늘날의 롬니첼 사회의 기초는 닦였지만, 제1차 세계대전까지 신참자들이 계속 도래했다. 그 자손들은 아직도 롬니첼로 알려져 있다. 계속해서 독자적인 방언을 사용할 뿐 아니라 비(非)집시 집단들은 물론 집시 집단들에 대해서도 일정한 사회적 거리를 유지하고 있기 때문이다.

미국 경제가 붐을 일으키던 1880년대에는 미국으로의 일반적인 이민 패턴이 급격하게 변화한다. 유출 국가가 남부 및 동부 유럽의 여러 나라로 뚜렷이 이동한 것이다. 그때부터 1914년까지, 신참자들은 주로 오스트리아-헝가리, 이탈리아, 그리스, 러시아, 루마니아, 터키 출신이었다. 일부 집시 집단이 거기에 합류했다. 그 최초는 1881년에 뉴욕에 상륙한 오스트리아-헝가리 출신 롬이었던 것으로 보인다. 뒤이어 1882년에 국적이 불가리아와 스페인이라고 주장하는 루다(루다리)가, 1883년에는 오스트리아-헝가리의 악사 집단이 왔다. 특히 1883년의 악사 집단은 아마도 그 후손들이 오늘날 아메리칸 롬에 의해 일반적으로 바샬데('악사')라 불리는 '헝가리령 슬로바키아인' 집시 가운데 초기 집단이었던 것으로 추정된다. 일부는 쿠바를 경유해서 오기도 했고, (1900년부터는) 캐나다나 멕시코, 남아메리카 등을 경유하기도 했다. 입국 규제

행진하고 있는 캄라데리 여성들. 잉글랜드, 1911년.

가 상대적으로 덜 까다로웠기 때문이다. 루다는 쇼 등의 흥행사이자 곡예사, 동물 조련사였고, 대부분 조련된 곰이나 원숭이들과 함께 들어왔다. 그들은 일반적으로 오스트리아–헝가리와 투르크 국적을 가지고 있다고 주장했다('투르크(터키)'라는 명칭은 당시의 유럽에서는 매우 광범위하게 쓰였고, 보스니아–헤르체고비나 같이 최근에 오스만제국에서 해방된 지역에서도 사용되고 있었다.). 롬은 일반적으로 루다보다 돈을 더 많이 가져오는 경향이 있었고, 양자 모두 이민자들 중에서는 유복한 편이었다. 대부분의 롬— 북해 또는 영국항에서 온 경우가 많았다 —은 오스트리아–헝가리 국적을 주장했고, 러시아와 세르비아가 그 뒤를 이었다. 세르비아 출신 중에서는 출생지 또는 최후 거주지를 매크바(베오그라드 서쪽)라고 신고하여 매크바야족이라 불리게 된 집단이 수적으로 가장 많았다. 집시가 유럽에서 직접 미국으로 이주한 것은 제 1차 세계대전과 그 후의 규제 강화로 인해 1914년이 사실상 마지막이 되었다. 1970년대에 이르러서야 로바라와 그 밖의 집단들이 동구 공산주의 국가에서 미국으로 오기 시작했다.

결과적으로 집시의 이주 패턴은 전세계적인 대규모 흐름을 상당부분 반영하고 있었다. 19세기 후반의 이민 템포 가속화에는 몇 가지 일반적인 요인들이 작용하고 있었다. 서유럽과 미국의 경제적 기회 확대, 철도수송의 개선, 더 빠르고 값싼 항해 등이 그것이다. 북아메리카에서 일어나고 있던 사태를 검토해보면, 일반적인 이민 경향과의 긴밀한 유사성— 롬니첼은 영국으로부터의 이민의 물결이 최고조에 달하고 있었고, 롬과 루다도 동유럽으로부터의 거대한 이민의 물결을 타고 있었다 —은 설령 무언가 집시 특유의 이민 사유가 있었다고 하더라도 그것이 주요 결정 요인으로 기능하지는 않았다는 사실을 암시하고 있다. 그러나 다양한 집시 집단들은 미국으로 출항하려는 의지라는 측면에서 명백한 차이를 보였다. 미국으로 건너간 집단이 롬니첼과 롬과 루다만은 아니었다. 그러나 그들 이외의 다른 집단은 산발적이었고, 그 결과, 미국 집시 인구의 구성 패턴은 이민의 출발지가 된 유럽 여러 지역의 집시의 분포 패턴과 거리가 멀었다.

집시 이민이 최초로 급증한 원인을 왈라키아와 몰다비아에서 집시 노예제가 폐지된 것과 연결짓는 경향이 많다. 그러나 이동의 명확한 시간적 경과 및 패턴, 그리고 롬의 사회 조직 등은 아직도 설명할 수 없는 상태로 남아 있다. 한편, 서쪽에서 온 특정 롬과 우르사리, 루다리 가족 각각의 가계에 대한 기록은 그들이 몰도왈라키아 이외의 다른 나라에서 장기간 체류했다는 사실을 보여주고 있어서 1850년대에 루마니아로부터 대규모 유출이 있었다는 가설을 부정하고 있다.[*45)]

그들에 대한 최초의 기록이 시작되던 당시의 그들의 방언에 관한 증거를 검토해보면 그러한 의문은 더욱 증폭된다. 루마니아어의 영향은 부정할 수 없는 사실이지만, 정도의 차이는 있을지언정, 헝가리어가 침투된 흔적 또한 명백히 남아 있기 때문이다. 그것은 로바라 방언에 비해서 칼데라시 방언에서 훨씬 더 한정적이었다. 로바라 방언은 상당수의 마자르어 단어를 채택했고 헝가리어의 강세 악센트를 따르기 시작했다. 반면, 쿠라라 방언은 그 두 방언의 중간 지점에 머물러 있었다. 이 정도 규모로 비(非)루마니아어가 침투되어 있는 것은 롬이 루마니아어의 영향에서 벗어난 이후 또는 그 영향하에 있었을 때, 상당히 장기간에 걸쳐 다른 언어에 노출되어 있었다는 것을 암시한다. 루마니아를 떠난 뒤에 로마니어를 잃어버린 채 루마니아어를 사용하던 집시 집단에 대해서도 비슷한 문제가 생겨났다. 19세기 후반에 두각을 나타낸 루다리는 그때까지 세르보-크로아티아어의 강력한 요소가 들어간 루마니아어를 사용하고 있었다. 다른 한편, 오늘날 헝가리 남부의 페크 주변에서 볼 수 있는 보야스는 수세기 전에 바나트에서 사용되던 것과 유사한 고어 형태의 루마니아어를 사용하고 있는 것으로 보인다. 이곳은 왈라키아 서부와 인접한 민족 혼합 지역이다(나중에 헝가리, 루마니아, 유고슬라비아 등으로 분할되었다).

이러한 정황을 고려할 때, 그들의 출발지는 왈라키아와 몰다비아 이외의 지역에서 찾을 필요가 있다. 루마니아어는 이 두 나라의 경계선 밖에서도 널리 사용되고 있었다. 바나트, 세르비아의 북동부, 베사라비아 서부, 트란실바니아 대부분 지역, 특히 왈라키아 북부의 농촌 지역 등이 그것이다. 대부분의 롬은 구질서가 부활할지도 모른다는 두려움 때문에 왈라키아와 몰다비아에서 대량으로 탈출한 해방 노예라기보다는 이들 지역에서 오랜 기간 정주했던 것으로 추정된다(그 일부는 아마도 억압의 시대에 왈라키아와 몰다비아에서 꾸준히 유입되어온 피난민들의 후예였을 것이다).

보존과 변화

이전부터 정주하고 있던 집시에 비해 많은 점에서 보다 이국적으로 보이고 전세계적으로 보다 광범위하게 분포하고 있는 블라크 롬이 옛 전통을 가장 충실하게 보존하고 있다고 생각하고픈 유혹은 실로 적지 않다. (롬 자신은 분명 그렇게 주장할 것이다. 자신들이 '진정한 집시'라고 확신하는 집시 집단 대부분의 특징을 공유하고 있기 때문이다.) 그러나 집시의 문화적 전승 가운데 도대체 어느 정도가 그들에게 고유한 것인지는 간단히 판단할 수 있는 문제가 아니다. 예를 들어, 민간 전승 분야의 경우, 그들은 공통적으로 자신들이 접촉한 비집시 사회의 여러 가지 문화적 요소에 순응했고, 그것을 자신들의 노래와 이야기에 통합시켰다. 시간이 경과할수록, 그 사회의 유산은 망각의 저편으로 사라졌고, 그 결과 집시는 애초에 자신들이 빌려온 것의 전승자로 남게 되었다. 언어학적 분야에서는 로마니어 안에서 페르시아어와 아르메니아어, 그리스어와 그 밖의 차용어를 찾아내고 한겹 한겹 벗겨내서 본래의 핵을 밝혀내는 것이 가능하다. 집시의 문화적 전통 및 가치체계에 관한 한, 비슷한 방식의 접근이 매우 곤란하다. 이것은, 다른 모든 집단들도 그렇겠지만, 자칭 '롬' 이라는 집단에 대해서도 마찬가지다.

모든 집시 사회는 가족 관계의 복잡한 패턴을 기초로 성립되어 있다. 롬의 경우, 사회 구조가 비교적 제도화되어 있어서 외부 관찰자의 입장에서는 보다 접근이 용이하며, 그로 인해 그것이 일반적인 규범으로 여겨지는 일이 많다.[46] 그러나 롬을 근거로 외삽법으로 추정하는 것은 사실상 대단히 위험하다. 그들은 우선 스스로를 부족별로 나눈다. 그 중에서도 가장 전형적인 것은 칼데라시, 매크바야, 로바라, 쿠라라 등이다. 칼데라시는 이것을 일반적으로 '나치아(민족)' 라 부르고, 로바라는 '라사(인종)' 라고 부른다. 롬의 조직명이 대부분 그렇듯이, 두 단어 모두 루마니아어에서 차용한 것들이다. 이들 '부족' 들은 방언과 관습과 외관은 다르지만, 각각 롬이라 주장할 수 있는 권리가 있다는 사실을 인정하며, 서로 다른 부족원끼리 결혼하는 경우도 있다. 각각의 부족은 다시 '비치(vitsi '비차vitsa' 의 복수형. '씨족' 으로 번역될 수 있다. 그러나 로바라는 그 대신 문자 그대로 '천막' 이라는 뜻을 가진 '체르하tsérha' 라는 단어를 사용하기도 한다)' 로 나뉜다. 비차는 사실상 신분 증명 단위이며, 각각 고유의 로마니어 명칭을 가지고 있다. 대부분 선조의 이름(예를 들어, 프린쿨레스티족은 프린쿨로 미카일로비치의 후예이다)에서 유래하지만, 동물명이나 고유의 특징에서 따오기도 한다. 이러한 명칭들은 처음 만난 두 롬이 서로의 위치 관계를 확인할 때 가장 중요한 역할을 담당한다. 같은 비차의 구성원들은 어떤 이유에서든 한 집단으로서 협력하거나 함께 행동하지 않는다. 기능상의 주요한 하위 구분은 '파밀리아'라는 확대 가족으로, 결혼한 아들과 그 아내들, 아이들과 손자들로 구성된다. 파밀리아 내부의 각각의 생활 단위나 가구(3세대를 포괄하고 있다)는 '체라'라고 불린다. 성격은 다르지만, '쿰파니아(동료)'라는 단위도 있다. 그것은 반드시 동족 집단은 아니며, 하나 이상의 부족이나 몇 개의 씨족 또는 확대 가족의 구성원들로 이루어진다. 특정 영역에서 생활하기 위해 사업상의 경제적 필요에 근거하여 결합된 연합체로, 수익은 구성원들 간에 균등하게 배분된다. 다수의 가구로 구성된 쿰파니아는 대부분 '롬 바로(중요 인사)'의 지도를 받으며, 그는 지도권을 장악하고 가제와의 접촉 역할을 담당한다. 쿰파니아는 또한 기초적인 정치 조직이기도 하며, 가족 문제라기보다는 공적인 것으로 여겨지는 도덕적, 사회적, 정치적, 경제적 문제에 대해 결정을 내릴 수 있다. 이를 위해, '디바노(토론)'를 통해 쟁점 사안을 결정하거나, 극히 중요하다고 생각되는 문제에 대해서는 판결을 위해 '크리스 로마니(로마니 법정)'를 소집한다. 크리스는 여러 비차로 구성된 정식 재판소로, 남자가 독점하고 있으며, 장로회와 한두 명의 판사로 이루어져 있다. 여자들은 크리스에서 발언하는 일이 거의 없지만, 이해 당사자인 경우에는 발언이 가능하다. 크리스의 결정은 원고를 구속한다. 요컨대 원고는 스스로의 운명을 그 손에 맡겨야 하는 것이다. 엄격한 심리가 오래 계속되는 경우도 있다. 로바라 사이에서는 특히 칼데라시가 필요 이상으로 크리스에 시간을 들인다는 평판이 있다.

같은 비차 구성원들은 '친척'이며, 필요할 때 서로를 도와주고 보호해주는 존재로 여겨지고 있다. 비차에는 또한 중요한 의례상의 유대가 있다. 예를 들어, 남자는 같은 비차 구성원들의 장례와 '포마나(이별의 향연)' 에 참례할 의무가 있다. 혈연관계는 그렇게 부조와 협력을 위한 강력한 토대이며, 종종 결혼에 의해 강화된다. 롬 사이에서는 갈수록 친척간의 결혼이 선호되는 것처럼 보인다(단, 사촌은 대체로 너무 가까운 사이로 여겨지고 있다). 배우자는 가급적 같은 비차에서 고르는 것이 바람직하지만, 그것이 불가능할 경우, 어머니나 할머니의 비차에서 찾는다. 그러나 결혼은 또한 가족이 아직 혈연관계를 맺고 있지 않은 같은 쿰파니아 구성원과 서로 의무관계를 만들어내는 새로운 방법이 될 수도 있다.

아들의 결혼을 조정하는 것은 아버지의 중요한 의무이며, 그는 비치 내부의 다른 남자 구성원들과 협력해서 신부 후보의 아버지와 함께 그 일을 진행한다. 때로 오랜 시간이 걸리는 약혼을 위한 교섭은 비치 전체의 관심사이며, 다른 롬이 간섭하는 경우도 있다. 사회의 존속이 위험에 처하는 것이다. 그들은 호혜주의 원칙에 근거하여 조화로운 합의를 추구한다. 원칙상 당사자 두 명은 참여할 수 없지만, 실제로는 부모의 결정에 영향을 미칠 수 있으며, 결혼을 거부할 수 있는 권리가 있다. 결혼 후, 부부는 보통 남편의 부모와 함께 산다. 따라서 신부의 역할은 편치 않다. 시부모를 봉양하고, 그들을 위해 가사를 돌보며, 자손을 낳아야 하는 의무를 다해야 하기 때문이다.

일반적으로 가장 중요한 문제는 신부의 아버지가 요구하는 돈이다. 그것은 대부분의 롬의 지불 능력에 비춰볼 때 상당히 고액일 수 있다. 이 제도가 존속하는 지역에서는 사회적 영향이 엄청나다(예를 들어 폴란드의 칼데라시와 로바라 사이에서는 1950년대까지 존속되었다). 건네지는 금화의 수는 대부분 일정하지만, 양쪽 부친과 가족의 지위, 그리고 신부 자신의 상황(행실, 그때까지의 이력, 돈벌이 능력 등)에 따라 변동한다. 남편이 처가에 함께 사는(아마도 그의 부모가 결혼에 반대하기 때문이거나 고아이기 때문에) 예외적인 경우에는 혼인자금도 요구하지 않는다. 그것은 상업적 거래가 아니며, 돈은 다른 수입과는 별도로 사용된다. 그것은 상호성을 인정하는 것이며, 신부의 가족에게 대신 딸을 제공하지 못하는데 대한 답례로 간주될 수 있다. 때로는 가족들 간에 여성을 평등하게 교환(보통은 자매 교환)하는 일이 실제로 행해지기도 한다. 친척 간에는 그것이 훨씬 쉬워진다. 그러나 그러한 교환은 한쪽의 결혼이 깨어질 경우 매우 곤란한 상황으로 이어지게 된다. 혼인 자금 자체는 커다란 분쟁으로 이어질 수 있다. 가까운 가족으로부터 신부를 데려오는 것을 선호하는 또 다른 이유는 사기당할 가능성이 적어진다는 데 있다(예를 들어, 신부의 아버지가 혼인 자금도 반환하지 않고 딸을 데려가버리는 일이 있다. 딸을 학대로부터 보호한다는 정당한 목적이 있다면 그럴 권리가 인정되지만, 그런 제도가 악용되는 경우가 있다). 이혼과 간통 또한 복잡한 문제를 야기시킨다. 이런 종류의 문제에 대해서는 그 해결을 위해 크리스가 필요할지도 모른다. 이 경우, 분쟁 당사자가 각자의 사정을 토로하게 되며, 반환되어야할 혼인 자금의 액수가 최종적으로 결정된다.

　　이러한 사회적 제도에서 볼 수 있는 여러 가지 특징은 롬에게만 나타나는 것은 아니며, 때로는 수세대를 거치며 형성된 것으로도 볼 수 있다. 따라서 롬의 경우를 집시 사회 전체로 일반화시키는 것은 불가능하다. 예를 들어, 1911년에 리버풀에 온 칼데라시 사회에서는 결혼하면 남자가 처가에 합류하는 사례가 그 역의 경우와 마찬가지로 많이 인정되었다.[47] 거의 비슷한 경향이 관찰되고 있는 19세기 트란실바니아에서도 이동 집시 사이의 일반적인 원칙은 (당시의 주요 조사자가 기록하고 있듯이) 결혼한 남자가 자기 씨족을 떠나 아내의 씨족에 합류하는 것이었다.[48] 마찬가지의 원칙은 정도의 차이는 있을지언정 (영국을 포함한) 다른 곳의 집시에게도 있었던 것으로 보인다. 혼인 자금 문제는 집시들의 일반적인 관습과는 거리가 멀었다. 다수의 집시들에게 있어서 결혼의 일반적인 관례는 가출의 형태를 띤다. 그러나 롬에게 있어서 가출은 곧 부모의 권위를 거부하는 것을 의미하며, 오늘날 그것이 증대하는 경향이 있긴 하지만, 그럼에도 불구하고 여전히 수치스러운 사건으로 여겨지고 있다. 마찬가지로, 크리스 제도는 독일과 오스트리아의 진티들이 그와 유사한 제도를 이용하긴 했지만, 대다수 집시들과는 전혀 무관하다. 그들에게는 분쟁을 다루는 중앙의 공식 또는 비공식적 권위라는 것이 없다. 규범을 깨뜨린 데 대한 일반적 원칙은 사적인 복수이며, 복수에 근거한 사법 시스템은 영국과 핀란드 같은 서로 멀리 떨어진 나라에서도 발견된다. 핀란드에서는 피의 복수의 중요한 보조 수단으로서 폭력의 '회피'가 제도화되어 있다. 그에 따르면, 죄를 인정한 일가는 자발적으로 다른 곳으로 이동하여 피해자측과의 접촉을 계속 회피하며, 다른 집시들은 대립하고 있는 양가 가족을 서로 확실하게 떨어뜨려 놓는다.

이러한 거대한 차이들은 아직 해답을 알 수 없는 하나의 의문을 제기한다. 혼인 자금과 같은 관행(인도 부족민 사이에서도 그에 대응하는 관행이 있다)은 다른 집시들 사이에서는 사라져버린 관행일까? 혹시 발칸 반도에 오랜 기간 머무르는 사이에 롬에게 (그리고 인접한 다수의 집시 집단에게) 퍼진 관행은 아닐까? 크리스를 예로 들 경우, 받았을 가능성이 있는 영향을 명확히 밝혀내는 것은 곤란하다. 남동 유럽의 봉건제도하에서, 투르크의 지배 이전과 이후를 막론하고, 대중은 일반적으로 자신들의 우두머리에게 복종하고 있었다. 우두머리는 마을의 장로였고, 지역 사회에서 가장 뛰어난 인물이었으며, 확대 가족의 가장이었고, 거주 지역 내에서 세금 징수 및 상거래와 계약 체결 등을 도왔다. 게다가 해

소각되고 있는 해리엇 바워즈의 짐마차. 옥스퍼드시 가싱턴 근처의 한 골목. 1953년.

당 지역의 관습법에 따라 사소한 분쟁을 중재하기도 했다. 그렇다면 그것은 인도에 있는 마찬가지의 부족회의 제도, 다시 말해 영향력 있는 장로가 주재하고 모든 분쟁이 중재되며 합동 심리에 의한 판결이 최종적인 것이 되는 제도를 능가하는 것이 아닐까? 어느 선까지 생각하더라도, 이러한 정교한 제도가 수세기에 걸쳐 노예로 취급당해온 몰도-왈라키아 출신의 롬에게서 기원했다고 생각하기는 쉽지 않다. 노예 소유자가 노예의 결혼과 가족간의 유대에 그다지 주의를 기울이지 않았다는 점을 생각하면 특히 더 그렇다.

집시의 생활관습이 이처럼 다양화되어 왔다면, 이 분야에서 보편적이라거나 절대적이라고 단언할 수 있는 것이 있을까? 분명히 보편화되었지만 유럽의 민간 전승에도 존재하는 비슷한 관습들을 제거하고 나면, 지극히 집시적인 동시에 그들이 유럽에 오기 전부터 기원한 것으로 볼 수 있는 두 가지 특징이 나타난다. 하나는 죽은 자의 육체를 이탈한 영혼이 달라붙거나 배회하는 것에 대한 공포이다. 그들의 장례 의식 배후에는 바로 그러한 공포가 자리하고 있다. 그럼에도 불구하고 이러한 의식의 세부 사항들은 극히 다양화되었다. 종종 다른 민속적 관습의 준수나 다른 신앙의 수용과 연결되기 때문이다('사자(死者)' 뿐 아니라 '유령'을 의미하는 '뮬로'가 남동 유럽 각지에서 볼 수 있는 흡혈귀 전설과 결합되는 경우가 그 예이다). 어디서나 다 그런 것은 아니지만, 그럼에도 불구하고 다양한 나라의 집시 집단이 지키는 관행 하나는 고인(故人)의 유품을 파괴하는 것이다. '포장마차 시대'의 잉글랜드에서는 매장 후에 고인이 거주하던 포장마차를 개인적 소지품과 함께 소각하고 도자기류는 모두 깨뜨리는 관습이 있었다.[49] 자동차나 트럭, 트레일러 하우스 등이 사실상 말과 마차를 쫓아낸 지금, 파괴되어야 하는 것— 혹은 재정적으로 곤란에 처했을 경우 다른 가제에게 은밀히 매각해야 할 것 —은 바로 트레일러이다.

그보다 더욱 보편적인 것은 오염에 대한 공포와 거기에서 생기는 일련의 터부이다. 집시의 청결 규범이 갖는 의미가 온전히 이해된 것은 비교적 최근의 일이다. 그들의 오염 개념은 오늘날 집시 문화의 핵심적인 요소로 파악될 수 있다. 민족적 경계선을 표현, 강화하고, 집시와 가제 사이의 근본적인 경계선을 그어주기 때문이다.[50] 그 근원에 자리한 오염 개념은 어느 방언이냐에 따라 몇 가지 로마니어 명칭으로 불린다. 남동 유럽 출신의 롬과 그 밖의 많은 집시들은 그리스어에서 유래한 '마리메(불결)'라는 단어를 사용하며, 잉글랜드와 웨일즈의 로마니어 '모하도'와 폴란드의 '마게르도'는 '더럽혀졌다'는 의미를 가진다(산스크리트어 '므라크스 = 더럽히다'에서 유래). 진티는 '프라스틀로(모욕당하다)' 또는 '팔레치도(멀리하다)'라고 표현한다. 용어는 다양하지만, 규범 그 자체는, 세부 사항이나 준수 방법의 차이는 있을지언정, 상당한 정도의 일관성을 보인다. 엄밀히 지켜질 경우, 이러한 터부의 체계는 남녀 사이, 그리고 집시와 가제 사이의 모든 상호관계를 이끌어준다. 오염되었다는 선고는 당사자와 그 가족에게 있어서 최악의 치욕이다. 그것은 사회적인 죽음을 의미한다. 오염은 전염될 수 있기 때문이다. 다른 사람들이 볼 때, 그가 입거나 만지거나 사용한 모든 것이 오염된 것이다. 공동체 생활을 중시하는 사람, 그리고 결혼, 세례, 모임, 축제, 장례 등의 사회적 행사가 자주 행해지는 사회에서는 그러한 선고가 대단히 두려운, 매우 효과적인 처벌로 작용한다. 롬의 경우, 마리메 상태는 크리스를 소집하는 방법 이외에는 절대로 해제될 수 없다.

　이러한 터부는 사람, 물건, 신체 기관, 식료품, 대화의 주제 등과 관련되어 있다(집시는 학교에서의 성교육이 곤란하다). 그러나 그들의 압도적인 관심사는 여성의 부정과 의식상의 순결에 대해 여성이 미치는 잠재적 위협에 있다. 하반신, 특히 여성의 하반신은 '마리메'로 간주되며, 그것과 관련된 모든 것— 성기, 신체기능, 하반신에 닿는 의복, 성과 임신에 대한 언급 —은 잠재적으로 오염될 가능성을 가지고 있다. 씻는 데에도 엄격한 규칙이 적용된다. 이를테면, 상반신과 하반신은 별도의 세면기, 타월, 비누 등을 써야 한다는 식이다. 반짝거릴 정도로 깨끗한 부엌의 개수통도 '마리메'로 선고받을 수 있다. 옷을 세탁하는 대야는 얼굴을 닦는 타월이나 식탁보, 또는 조리기구와 식기류를 씻는데 사용해서는 안되며, 여자의 옷은 다른 옷들과는 별도로 빨아야 한다. 여성은, 특히 성적으로 가장 민감한 시기 — 사춘기, 월경기, 임신기, 출산 직후 —에는 더욱 오염된 상태이므로, 보다 엄격한 제약을 받으며 격리된다. 게다가 접촉하는 것에 대해 특별히 주의를 기울이지 않으면 안된다. 엄격한 가정에서는 요리도 하지 않으며 남성에게 음식을 대접하지도 않는다. 그러나 사춘기 이전과 폐경 후에는 그러한 금기가 적어진다. 어린 소녀는 짧은 치마를 입고 다리를 드러낼 수 있으며, 나이든 여자는 남자들과 보다 자유롭게 접촉할 수 있다. 공공 장소에서는 남녀가 함께 앉지 않으며, 여자는 하위를 점한다. 거의 위신도 없고 항상 남성에게 순종해야 하는 처지이긴 하지만, 이러한 규범의 효과로서, 여성은 강력한 제재 수단을 보유하게 된다. 공개적으로 치마 등과 같은 하반신에 걸쳤던 옷의 일부를 남자에게 접촉시킴으로써 남자를 오염시킬 수 있기 때문이다. 오염시킬 수 있다는 단순한 위협도 강력한 무기가 되는 것이다.

'마리메' 규범은 생활 전반에 배어 있으며, 현대라는 상황에서 그것을 문자 그대로 지키기는 어렵다. '뮬로'와 오염에 대한 공포가 서로 결합되어, 이를테면 이동생활을 하는 롬은 빌릴만한 집을 찾기가 힘들어진다. 그전에 가제가 사용했거나 유래를 알 수 없는 것은 모두 지뢰밭이기 때문이다. 오직 다른 롬으로부터 인계받은 주택만이 오염되었을 가능성이 적으며, 그나마 안전을 위해 세심한 청소 절차를 거친다. 가제는 그 정의 자체가 불결하고, 마리메 체계의 규범을 무시하며, '치욕'의 개념도 결여되어 있다. 그들은 사회적 경계선 밖에 존재하며, 그들이 사는 장소와 그들이 만든 음식은 항상적으로 오염의 위험성을 안겨준다. 따라서 이 규범을 지키는 자들은 가제와의 강하고 친밀한 만남을 멀리하게 된다. 이 규범의 존재는 그들의 역사에 뚜렷이 나타나는 하나의 경향— 가제와 접촉해야 하는 형태의 고용을 피하는 경향 —을 보다 확실히 이해할 수 있게 한다.

각 주

1) 라이덴 대학 박사 논문 'Op zoek naar de ware zigeuner. De geschiedenis van het Europese denken over zigeuners(1783-1945)' 의 출판에 앞서 이러한 내용을 미리 인용할 수 있게 해준 Wim Willems에게 감사를 전한다. 이 논문은 곧 영어판으로 출판되었는데, 제목은 'In search of the true Gypsy. The history of European thought on Gypsies(1873-1945)' (진정한 집시를 찾아서. 유럽인들의 집시관의 변천)이다.

2) I. Hancock, 'The Hungarian student Valyi Istavan and the Indian connection of Romani', *Roma*, no.36(1991) 참조. 이 세 학생들과 관련해서는 다시 한 번 Wim Wilems의 도움이 있었다. 이미 인용한 그의 박사 논문은 이 이야기를 상세히 전하고 있다.

3) Archaeologia, 7(1785), pp.387-94. 그보다 두 달 전(ibid., pp.382-6), William Marsden이 영국 및 그리스 로마니어와 힌디어, 마라티어, 벵갈어 사이의 보다 확실한 비교 결과를 협회에 제출했었다.

4) 예를 들어, 브라이언트는 '아버지' 에 해당하는 단어를 'ming' 으로 받아 적었다. 이것은 집시의 오래된 농담으로서, 지금은 영어 어휘에도 편입되었다. 적어도 콜린스 영어 사전Collins Dictionary of the English Language이 1979년에 처음 출판되었을 때, 거기에는 다음과 같은 표제어가 들어 있었다. 'minge...영국의 금기 속어. 1. 여성의 생식기...[C20: 어원은 불분명]'. 사전 편집자는 그것이 유럽 전역의 로마니어 방언에서 똑같은 의미로 쓰이는 집시 단어 mindz에서 기원한다는 나의 보증을 받아들여, 개정판에서는 그 어원을 '[C20: 로마니어에서 기원; 어원은 불분명]' 이라고 표기했다.

5) *Neuster Zuwachs der teutschen fremden und allgemeinen Sprachkunde* (Leipzig, 1782), Part 1, pp. 37-84; 이 부분(*Von der Sprache und Herkunft der Zigeuner aus Indien*)은 H. Haarmann의 서문이 실린 재판(reprint)이 나와

있다. (Hamburg, 1990).

6) H. M. G. Grellmann, *Die Zigeunner. Ein historischer Versuch uber die Lebensart und Verfassung, Sitten und Schicksale dieses Volks in Europa, nebst ihrem Ursprung* (Dessau and Leipzig, 1783; 2nd edn Gottingen, 1787). 영어판은, *Dissertation on the Gipsies* (London, 1787; 2nd edn London, 1807). 프랑스어판은 Metz, 1788 and Paris, 1810, Dutch translation Dordrecht, 1791.

7) A. M. Fraser, 'Authors' Gypsies', *Antiquarian Book Monthly*, 20 (1993), no. 2, pp. 10-17.

8) 실제로 Fielding은 이미 Tom Jones(1749년)에서 문명에 의해 오염되지 않은 유토피아 사회를 꿈꾸는 토리당의 아이러니컬한 이미지를 묘사하기 위해 집시 집단을 끌어들였다. 그런데, 4년 뒤, 엘리자베스 캐닝이라는 부엌데기를 유괴한 혐의로 기소된 한 집시 여성과 포주의 재판과 관련 논쟁에 연루되자, 자신의 팸플릿 『A Clear State of the Case of Elizabeth Canning』(London, 1753)에서 집시의 본성에 대해 상당 부분 낙관적인 전망을 거두게 되었다.

9) C. O' Brien, *Gipsy Marion* (London, n. d. [c. 1895]), p. 4.

10) A. Gordon, *Hearts upon the Highway* (Galashiels, 1980), pp. 43-53.

11) D. Mayall, *Gypsy-Travellers in Nineteenth-Century Society* (Cambridge, 1988), esp. pp. 97-129.

12) C. Smith, *The Life Story of Gipsy Cornelius Smith* (London, 1890).

13) R. Smith, *Gipsy Smith: His Life and Work* (London, 1901); D. Lazell, *From the Forest I Came* (London, 1970).

14) J. Sampson, 'The Wood family', *JGLS*(3), 11 (19362), pp. 56-71, and A. O. H. Jarman and E. Jarman, *The Welsh Gypsies: Children of Abram Wood* (Cardiff, 1991), chs 4 and 5.

15) 그러나 B. Leblon, *Musique Tsiganes et Flamenco*(Paris, 1990)에서 지적한 바에 따르면, 그들은 인도 및 여타 동방에 있는 악기의 패턴과 다소 유사한 악기들을 선호했던 것으로 보인다. 그의 주장에 따르면, 집시 음악은 비록 연주되는 나라는 다를지언정 겉으로 보이는 것 이상의 많은 공통점을 가지고 있으며, 그 공통된 특징들은 종종 동양의 음악과 연결되어 있다.

16) F. Liszt, *The Gipsy in Music*, trans. E. Evans (London, 1926), vol. 2, p. 340.

17) 로문그레보다 최근에 왔고 가제 앞에서 연주하는 일에 그다지 관심이 없는 헝가리의 블라크 집시는 자신들만의 민요 스타일과 레파토리를 보존했다. A. Hajdu, 'Les Tsiganes de Hongrie et leur musique', *Études Tsiganes* (1958), no. 1,

pp. 1–30; K. Kovalcsik, *Vlach Gypsy Folk Songs in Slovakia* (Budapest, 1985).

18) V. Bobri, 'Gypsies and Gypsy choruses of old Russia', *JGLS*(3), 40 (1961), pp. 112–20; Y. Druts and A. Gessler, *Tsygane* (Moscow, 1990), pp. 201–76.

19) 집시와 비집시의 공헌에 대해서 잘 분석하고 있는 책으로는 A. Alvarez Caballero, *Gitanos, payos y flamencos, en los origines del flamenco* (Madrid, 1988).

20) B. Leblon, 'Identité gitane et flamenco', in *Tsiganes: Identité, Évolution*, pp. 521–7, and *Musiques Tsiganes et Flamenco*.

21) M. de Falla, *El Cante jondo* (Granada, 1922).

22) A. Alvarez Caballero, *Historia del cante flamenco* (Madrid, 1981), pp. 15–17.

23) J. Blas Vega, *Los Cafés cantantes de Sevilla* (Madrid, 1984), p. 27.

24) *Czigány Nyelvtan* ['Gypsy Grammar'] (Budapest, 1888).

25) 그 결과는 A Magyarorzagban ... *cziganyosszeiras eredmenyei* ['Results of the Gypsy Census in Hungary'], ed. J. Jekelfalussy (Budapest, 1895)에 헝가리어 및 독일어 해설과 함께 출판되었다. 1880년의 전국 인구 조사에 대한 상세한 설명은 J. H. Schwicker, *Die Zigeuner in Ungarn und Siebenburgen* (Vienna, 1883), pp. 75–89에 나와 있다.

26) 예를 들어, F. C. H. L. Pouqueville, *Voyage dans la Grece* (Paris, 1820), vol. 2, p. 458에서는 보스니아의 무슬림 집시에 대해 다음과 같이 말했다. '사람들은 종종 바퀴 위에 얹혀진 나무 껍질로 뒤덮인 오두막을 보게 되는데, 이 오두막은 10마리 내지 12마리의 황소가 끌고 다니며, 가족들은 모두 그 움직이는 집을 따라 걸어간다.' A. Boue, *La Turquie d'Europe* (Paris, 1840), vol. 2, pp.77에서도 유랑 집시 대부분이 천막이나 임시 오두막에 거주한다고 말한 뒤, 다음과 같이 덧붙이고 있다. '예외적으로, 특히 알바니아의 집시들은 올이 굵은 삼베나 나무껍질로 뒤덮인 짐마차에서 산다.'

27) C. H. Ward-Jackson and D. E. Harvey, *The English Gypsy Caravan* (Newton Abbot, 1972; 2nd edn 1986).

28) D. Jones, 'Rural crime and protest', in *The Victorian Countryside*, ed. G. E. Mingay (London, 1981), vol. 2, pp. 566–79.

29) 19세기 잉글랜드의 도보 여행자에 대해서는 다음의 두 논문이 유용하다. R. Samuel 'Comers and goers', in *The Victorian City*, eds H. J. Dyos and M. Wolff (London, 1973), vol. 1, pp. 123–60, and Mayall, *Gypsy-Travellers*.

30) Mayall, *Gypsy-Travellers*, pp. 23–9에 상세한 분석이 나와 있다.

31) 완즈워스, 노팅데일, 쇼어디치의 1860년대 집시 거주지에 대한 상세한 사항은 G. Borrow, *Romano Lavo-Lil* (London, 1874), pp. 207-37에 잘 나와 있다.

32) J. Grabb, *The Gipsies' Advocate*, 3rd edn (London, 1832), pp. 136-7.

33) Kogălniceanu, *Esquisse*, pp. 16-17; also his *Desrobirea Tiganiloru* (Bucharest, 1891), p. 14.

34) M. Gaster, 'Bill of sale of Gypsy slaves in Moldavia, 1851', *JGLS*(3), 2 (1923), pp. 68-81.

35) 그러나 '우르사리' 라는 명칭은 다른 명칭에 비해 종족보다는 직업적인 성격이 더 강할 수 있다.

36) J. Ficowski, *Cyganie na polskich drogach*, 2nd edn (Kraków, 1985), pp. 78-107.

37) F. de Vaux de Foletier, *Les Bohémiens en France au 19e siecle* (Paris, 1981)에는 중앙 및 동유럽에서 온 집시들에 대한 이야기가 들어있다.

38) T. W. Thompson, 'Foreign Gypsy Coppersmiths in England in 1868', *JGLS*(3), 6 (1927), p. 144.

39) 이러한 침입에 대한 유익한 정보는 L. Lucassen 'En men noemde hen Zigeuners' (Amsterdam/The Hague, 1990)에서 찾아볼 수 있는데, 여기에는 1750년부터 1944년까지의 네덜란드 집시의 역사도 들어 있다.

40) D. MacRitchie, 'The Greek Gypsies, at Liverpool', *Chambers's Journal*, 11 Sep. 1886; '"Greek" Gypsies', *JGLS*(3), 13 (1934), pp. 124-32; A. A. Marchbin, 'Gypsy immigration to Canada', *JGLS*(3), 13 (1934), pp. 134-44.

41) C. Holmes, 'The German Gypsy question in Britain, 1904-06', *JGLS*(4), 1 (1978), no. 4, pp. 248-67.

42) E. O. Winstedt, 'The Gypsy Coppersmiths' invasion of 1911-13', *JGLS*(2), (1912-13), pp. 244-303.

43) M. T. Salo and S. Salo, 'Gypsy immigration to the United States', in *Papers from the Sixth and Seventh Annual Meetings, Gypsy Lore Society, North American Chapter* (New York, 1986), pp. 85-96.

44) M. T. Salo and S. Salo, 'The Romnichel economic and social organization in urban New England, 1850-1930', *Urban Anthropology*, 11 (1982), pp. 273-313.

45) A. M. Fraser, 'The Rom migrations', *JGLS*(5), 2 (1992), pp. 131-45.

46) 롬의 사회 조직에 대한 광범위한 설명은 일반적인 롬의 세계와 특히 파리의 칼데라시에 대해 다루고 있는 P. Williams, *Marriage tsigane* (Paris, 1984)에서 찾아볼

수 있다. 롬, 그 중에서도 칼데라시와 매크바야는 북아메리카의 집시들 사이에서 중요한 위치를 점하고 있으며, 북아메리카의 학자들에 의해 그들에 대한 연구가 진행되고 있다. 예를 들어, W. Cohn, *The Gypsies* (Reading, MA, 1973); R. C. Gropper, *Gypsies in the City* (Princeton, NJ, 1975).

47) Winstedt, 'The Gypsy Coppersmiths' invasion of 1911-13', pp. 260-2.

48) H. von Wlislocki, *Vom wandernden Zigeunervolke* (Hamburg, 1890), pp. 61-8.

49) T. W. Thompson, 'English Gypsy death and burial customs', *JGLS*(3), (1924), pp. 5-38 and 60-93; and J. Okely, *The Traveller-Gypsies* (Cambridge, 1983), ch. 12.

50) 부정(不淨)의 터부에 대해서는 E. O. Winstedt, 'Coppersmith Gypsy notes', *JGLS*(2), 8 (1914-15), pp. 246-66 and T. W. Thompson, 'The uncleanness of women among English Gypsies', *JGLS*(3), 1 (1922), pp. 15-43, and 8 (1229), pp.33-9를 참조하라. 그에 상응하는 폴란드의 관습에 대해서는 J. Ficowski, 'Supplementary notes on the *mageripen* code among Polish Gypsies', *JGLS*(3), 30 (1951), pp. 123-32에 분석되어 있다.

제 8 장

지옥으로 가는 길

　　새로운 이동이 가져온 효과 중 하나는 집시에 대한 서유럽 각국 정
부의 태도를 경화시키고, 경우에 따라서는 잠자고 있던 옛날의 대응책
들을 소생시켰다는 것이다. 이러한 대응책들은 급격히 세를 확장하여
20세기 초반에는 더욱 그 영향력이 강화되었다. 나치의 시대에 이르러
마침내 죽음의 수용소가 고대 이탈리아의 아베르누스호에 대신해서 지
옥의 문 역할이 되기에 이르렀다. 억압 정책에 무언가 이유가 필요하다
고 생각했다면, 19세기 후반에 나온 몇 가지 이론을 쉽게 발견할 수 있
었을 것이다. 생물학적 결정론 및 인종과 혈통의 순수성에 관한 망상이
번성한 시대였기 때문이다. 프랑스의 고비노 백작의 에세이 『인종의 불
평등에 대하여 *Essai sur l'inégalité des races humaines*』
(1853~1855년)는 유럽, 특히 독일의 철학과 정치 사상에 심대한 영향을
끼쳤다. 그 주장의 핵심은 인종이야말로 역사 발전의 결정 요인이라는
데 있었다. 인종에는 '고급'과 '저급'이 있으며, 그 정점을 점하고 있는
것은 '아리아인'(또는 대강 인도-유럽어를 쓰는 사람들과 동의어로 사용되

었다), 특히 북구 게르만계의 여러 민족이었다. 고비노는 또한 잡종의 열등성을 확신했고, 잡혼은 예외없이 파멸적인 것으로 간주했다. 그의 이론은 리하르트 바그너의 영국인 사위 휴스턴 스튜어트 체임벌린에 의해 더욱 왜곡되었다. 그의 대표작 『19세기의 기초*Die Grundlagen des neunzehnten Jahrhunderts*』(1899년)는 튜턴인의 역사적 역할을 찬양했다. 집시 같은 인간이 인종적 기원의 족쇄에서 해방되는 것은 더이상 불가능하다고 결론짓기 위해서는 이러한 이론을 조금만 더 발전시키는 것으로 충분했다. 그 단계를 밟은 것이 바로 범죄의 격세유전적 기원을 강조한 체사레 롬브로소의 『범죄자*L' uomo delinquente*』(1876년)의 영향하에 생물학적 학설로 일신한 범죄학이었다. 열등 인종의 타락을 조사한 롬브로소는 집시에 대해 장점은 하나도 인정하지 않았고, 몇몇 범죄 방지 실천가들이 이미 밝힌 바 있는 견해를 보강했을 뿐이었다.

집시는, 자만심이 강하고 파렴치하며, 앞일을 생각하지 않고, 무정하고, 시끄럽고, 폭력적이고, 방종하고, 죽은 고기를 즐겨 먹을 뿐 아니라 식인 풍습마저 있는 것으로 의심된다는 것이었다. 헝가리 집시에 대해 그가 마지못해 인정한 단 하나의 장점인 음악적 재능도 '격세유전과 관련해서 범죄자에게서 발견할 수 있는 재능의 새로운 증거'에 불과했다. '사회적 다위니즘'이라 불리는 운동은 그보다 더욱 포괄적이다. 1890년 이후 광범위한 지지를 획득한 이 논의에 따르면, 생물학적 요인은 생활의 모든 분야에 걸쳐 단 하나의 절대치였다. 따라서 현대 국가는 약자를 보호할 것이 아니라 생물학적으로 가치 있는 요소를 진흥시키는 데 관심을 기울여야 한다는 것이었다. 그리하여 사회적 유익성 또는 생물학적 능력이 각 개인이 지닌 사회적 가치를 가늠하는 척도가 되었다.

'집시의 해악과 싸우기'

다시 재개된 동에서 서로의 이동에 다수의 집시가 참여한 것은 아니었다. 그러나 그것은 사람들의 이목을 끌었다. 이들 신참자들은 이름뿐 아니라 겉모습도 이국적이었고, 당국의 주목을 끌지 않을 수 없었다. 이러한 관심의 고조는 일차적으로 기존 조치의 강화로 이어졌다. 그러나 때로는 사용되지 않던 억압 수단이 부활하기도 했다. 네덜란드가 그 좋은 예이다.[1] 18세기의 '집시 사냥'이 뚜렷한 성공을 거둔 뒤, 네덜란드 정부 당국은 집시에 대해 특별한 대책이 필요하다는 사실을 잊어버린 것 같았다. 1799년과 1868년 사이에 네덜란드의 공식 문서는 '하이덴'과 '이집트인'에 대해 침묵했다. 그러나 이 기간 중 적어도 어느 한 시기 동안, 독일의 진티와 비슷한 이동생활자가 네덜란드에서 주로 광대(악사, 꼭두각시 부리는 사람 등)로 활동하고 있었다. 1868년, 헝가리 출신의 '구리 세공인(칼데라시)'와 보스니아 출신의 '곰 부리는 사람(우르사리)'이 나타나기 시작하면서 그러한 근시안적 대응은 끝나고 말았다. 겉모습은 남루했을지언정, 그들은 상당한 돈을 가지고 있었고, 정당한 여권류를 휴대하고 있었다(이 두 가지가 외국인 규제의 주요 척도였다). 그러나 중앙 정부의 관리들은 차츰 불안해졌고, 이윽고 집시를 독일에서 빌려온 명칭— 찌고이네르 —으로 지칭하면서, 지방 당국자들에게 그들을 받아들이지 말 것이며, 그들이 머무를 수 있는 조건을 만들지 말라고 권고하기 시작했다. 진티에 속하는 집시들도 그러한 새로운 태도가 자신들에게도 향하고 있다는 낌새를 채기 시작했다. 네덜란드가 강경한 자세를 취하게 된 이유 중의 하나는 정작 단기 체류 집시들이 떠날 때가 왔는데 주변 국가들은 그들을 받아들이는 데 극히 소극적이었다는 데 있었다. 규제 조치는 특히 독일과 국경을 접하고 있는 지역에서 전염병처럼 퍼져나갔다.

독일의 여러 국가들은 이동을 계속하는 집시들에 대해 단 한 번도 의심의 눈초리를 거둔 적이 없었다. 19세기 중반에는 밖에서 유입되고 있던 집시가 문제였다. 예를 들어, 바덴 대공국은 1855년의 포고에서 다음과 같이 경고했다. '최근 들어 특히 알사스 출신 집시가 종종 들어와 상거래를 한다는 명목하에 가족과 함께 배회하고 있다. 그러나 대부분 구걸과 여타 불법행위를 목적으로 하고 있다.' 1871년의 신독일제국 창설과 알사스 · 로렌 합병 후에도, 제국을 구성하는 각 란트(州)는 경계선을 관리하는 권한을 포기하지 않았다. 각각의 란트가 영내의 경찰 행정 및 집시 정책의 입안과 시행을 책임지고 있었다. 제국의 재상 비스마르크는 1886년, '최근 들어 제국을 이동하는 집시 집단이 피해와 소란을 야기하고 있으며, 이에 대한 주민들의 불만' 이 격증하고 있는데 대해 각 란트 정부의 주의를 환기시켜야 한다고 생각했다. 그는 문제를 처리하는 데 있어서 외국 집시와 독일 시민권을 가진 집시를 엄밀히 구별해야 한다고 강조했다. 그러나 그 무렵이면 적어도 커다란 란트는 이미 그와 마찬가지 입장을 견지하고 있었다. 비스마르크의 격려 속에 속속 제정된 포고들은, 그의 처방전에 따라, 두 가지 방면에서 전형적인 정책을 제시했다. 외국 집시들은 차단 또는 추방하고 여전히 방랑하고 있는 국내 집시는 정주생활을 하게 한 것이다. 그러나 공식 문서는 그 대상을 엄격한 인종적 의미에서의 집시로 한정하지 않았다. 정의의 문제를 피하기 위해 '집시 및 집시와 마찬가지로 이동하는 사람' 같은 문구가 사용되는 일이 많았다. 신제국 초기에는 특히 외국인 집시에 대해 강한 관심을 보였고, 1889년, 제국의 재상이 대책의 진행 상황에 대한 보고를 요구했을 때, 최대 성과를 거둔 부분은 일반적으로 이 분야였다.

독일은 집시가 들어오지 못하게 하기 위해 인근 국가들의 협력을

집시들이 곰을 부리며 곡예를 시키고 있다.

얻는데 아무런 곤란도 없었던 것으로 보인다. 1906년, 프러시아의 내무
성 장관이 반포한 '집시의 해악과 싸우기 *Bekämpfung des
Zigeunerunwesens*' 라는 포고에는 아홉 개의 양국간 협정이 나열되
어 있었다. 각각 오스트리아-헝가리, 벨기에, 덴마크, 프랑스, 이탈리
아, 룩셈부르크, 네덜란드, 러시아, 스위스 등과 맺은 협정이었다. 그러

나 이 무렵 프러시아는 그때까지 이동생활양식을 고수하던 국내 집시에 대한 관심이 증가하고 있었고, 비스마르크가 시사한 것과 같은 종류의 대책을 전개하고 있었다. 그 핵심은 이동 상거래를 하기 위해 필요한 면허증이었는데, 꼼꼼하게 적용된 산더미같이 많은 관료적 규칙으로 면허 신청을 압박하는 방법이 채용되었다. 고정적 주거지를 증명하고, 중대한 전과가 없어야 하며, 아이들에게 적절한 교육을 받게 하고, 납세를 목적으로 적절하게 장부를 작성해야 하는 등의 전제 조건을 붙였던 것이다. 놀랍게도, 필요한 면허증을 실제로 취득한 집시의 수는 매우 많았다. 프러시아의 관리들은 집시를 정착시킨다는 원칙을 선뜻 받아들였다. 단, 자기 지역에서는 그런 일이 없어야 했다. 집시를 정주시키는 데 필요한 비용은 각 지역에서 부담해야 했는데, 그것은 방랑 면허증을 교부하는 대가를 치르더라도 집시에게 이동을 인정해주지 않을 수 없는 강력한 유인(誘因)으로 작용했다.[2]

프러시아는 그러한 규제를 제정하는 데 있어서 독일의 다른 주들에 비해 매우 더뎠다. 출발은 늦었지만 결과적으로 제일 앞선 곳은 바이에른이다. 1800년부터 1850년에 걸쳐 바이에른의 공문서에는 집시에 대해 특별한 관심을 기울였다는 흔적이 거의 없다. 집시는 그저 다양한 방랑민 집단의 하나로 간주되고 있었다. 19세기 중반부터 외국인 방랑자가 들어오지 못하게 하는 데 대한 관심이 높아졌고, 행상을 대상으로 한 면허 제도가 강제 수단으로 이용되었다. 19세기에 특별히 집시에 대해 내려진 최초의 조치는 1885년의 포고였다. 그것은 국경에서든 영내에서든 그들의 증명 서류를 엄밀히 검사하고, 가능한 한 노동 허가서를 취소하며, 말의 전염병에 대해 엄밀히 검사하는 것(비용은 집시 본인 부담) 등을 명문화하고 있었다. 게다가 설령 이러한 장애물을 모두 뛰어넘은 집시라 하더라도 여전히 엄밀한 감시를 받아야 했다. 1899년에는 집시의 출현 정보를 파악하고 그들에게 취해진 조치를 취합하는 정보기관이 뮌헨에 설립되었고, 특별 등록이 개시되었다. 정보가 수집됨에 따라, 집시 주민의 성격이 변화하고 있다는 결론이 도출되었다. '진짜' 집시는 드물어지고, 집시풍으로 이동하면서 말과 향료를 거래하거나 음악을 하는 광대 행세를 하면서 실제로는 구걸과 도둑질로 생계를 꾸려가는 집단이 두드러졌다. 그 대부분은 헝가리 출신이거나 독일의 홈리스인 것으로 파악되었지만, 게중에는 보스니아 출신 곰 부리는 사람과 보헤미아의 악사 등도 포함되어 있었다.

뮌헨의 이 기관은 두 가지 중요한 정책을 추진했다. 그 첫 번째는 책임자인 알프레드 딜만이 1905년, 바이에른을 비롯해서 인접한 란트의 경찰 당국으로 하여금 자신이 반복적으로 말한 '집시 전염병*die Zigeunerplage*'을 근절시키는 데 도움을 주고자 펴낸 『집시의 책 *Zigeuner-Buch*』이다. 이 매뉴얼에서 그는 3,350명 이상의 집시와 그밖의 이동생활자들의 이름을 밝히는 수고를 마다하지 않았다. 그 절반 이상에 대해서는 출생지까지 기록했으나, 그렇게 신원이 밝혀진 사람들 가운데 상당수(대략 기재된 자들의 20퍼센트 정도)는 오스트리아-헝가리 출신이었고(대부분 보헤미아와 오스트리아), 그 밖에 보스니아, 크로아티아, 슬로베니아, 갈리시아, 헝가리 출신으로 이야기되고 있는 자들은 기껏 20명 안팎이었다. 책이 출판된 지 2년 후, 뮌헨 등록기관에 기재된 집시의 수는 6,000명 이상으로 증가했다. 두 번째는 다른 여섯 개의 란트와 함께 1911년 12월에 소집한 회의이다. 서로 대책을 조정하고 각 란트의 수집자료를 이용하여 뮌헨 등록기관의 기재 범위를 확대하는 것이 목적이었다. 세계 대전의 발발로 인해 실제 작업은 지연되었다. 1925년에 두 번째 회의가 열렸고, 1926년, 바이에른은 정주를 강제화하고 상시고용 상태에 있지 않은 집시와 그 밖의 '아르바이트슈이에(노동기피자)'를 최대 2년간 노역소에 보낼 수 있게 하는 법률을 제정했다. 공공의 안전을 위한다는 것이 그 이유였다. 집시가 이동생활을 계속하고 있느냐 아니냐 하는 것도 이제 더 이상 중요한 문제가 아니었다. 이 규정은 바이에른 의회에 의해 다음과 같이 정당화되었다. '이런 종류의 인간은 천성적으로 모든 노동에 반대하며 특히 이동생활에 대한 어떠한 제약도 견디지 못한다. 따라서 그들에게 가장 가혹한 타격은 강제 노역과 결부된 자유의 박탈 뿐이다.' 1929년 4월, 뮌헨의 이 기관은 그 관리 범위를 독일 전역으로 확대하고, 독일 형사경찰위원회에 의해 '집시의 해악과 싸우는 중앙 기관'으로 지정되었다. 바이마르 공화국은 체제 유지를 위해 상당한 기초 작업을 단행한 셈이다.

바이에른의 사례는 엄청난 영향을 끼쳤다. 다른 몇몇 란트의 경찰국 역시 자기 영내에도 집시 문제가 있으며, 비슷한 조치가 필요하다고 확신하게 된 것이다. 스위스는 1909년, 주변 4개국에 대해 집시 관련 정보 교환을 목적으로 한 국제 기관의 설립을 주창했다. 비록 그 시도는 성공하지 못했지만, 법무성은 뮌헨 모델을 기초로 전국등록제도를 제정했다.[3] 그러나 스위스에서 이동생활의 근절을 위해 가장 지속적인 프로그램을 시작한 것은 이 나라 최대의 아동복지단체였다. 1926년, 널리 존경받고 있던 프로 유벤투테 재단은 당시 유행하던 우생학과 진화론에 근거해서 '예니쉐(이동생활자)'의 아이들을 사회 본류에 합류시키기 위해서는 가능한 한 어디에든 정주시켜야 한다고 생각했다. 그에 따라 아이들을 부모의 동의도 없이 데려와 이름을 바꾸고 양부모의 집으로 보내는 제도가 시작되었다. 이러한 제도화된 유괴는 1973년까지 계속되었고, 그때까지 총 600명 이상의 아이들이 강제로 부모와 떨어졌다.

프랑스는 다른 길을 택했다. 이곳에서 결정적인 변화가 나타난 것

1895년, 프랑스의 집시 인구 조사 모습.

은 제1차 세계대전이 발발하기 20년 전이었다.[4] 1895년 3월, 국내의
모든 '유동민, 집시, 방랑자'에 대한 인구 조사가 실시되었고, 결과를
분석한 특별위원회의 보고서가 1898년에 발표되었다. 그에 따르면, 유
동민은 총 40만 명 이상이며, 그 중에서 '집단적으로 포장마차를 타고
이동하는 유동민'의 수는 2만 5,000명으로 나타났다. 인구 조사는 프
랑스의 유동민의 민족적 다양성을 보여주었다. '마누슈(독일의 진티에
해당하는 용어)'의 비율이 높았고, 그 가운데 상당수는 독일과 합병될 때

알사스·로렌을 떠나온 사람들인 반면, 그 밖의 사람들은 수세기 전에 프랑스의 집시가 채용한 이름을 쓰고 있었다. 기록된 사람 대부분은 프랑스 국적을 가지고 있었지만, 오베르뉴에는 이탈리아계 유동민이 많았다. 그 일부는 바구니 제조자, 행상인, 아코디언 연주자 등의 '피에몬테 진티'였다. 중앙 유럽이나 동유럽 출신의 가족들은 그다지 눈에 띄지 않았다. 경찰은 1907년부터 가능한 한 사진을 찍어서 '방랑자, 유동민, 집시' 등에 대한 상세한 사항을 파리의 중앙등기소로 보내도록 지시받았다. 동시에, 의회는 집시의 약탈 행위에 대해 여론을 환기시키고 있었다. 결국 1912년 7월, 국적을 불문한 모든 집시에게 '신체 특징 수첩(carnet anthropométrique)'의 휴대를 의무화하는 법률이 제정되었다. 이것은 개인적 특징의 세세한 부분과 사진, 지문, 자동차 운전 면허증 번호 등을 기재한 신분 증명서로, 각 개인당 하나이며, 가장은 가족 전원을 기재한 공동 수첩을 소지해야 했다. 이 공동 수첩은 대략 100페이지에 달하며, 도착하고 출발한 지방의 스탬프를 찍어야 했다. 그것은 온갖 종류의 고통을 야기시켰다. 휴대하지 않은 상태(예를 들어, 검사 때문에 경찰에 압류되어 있을 경우)로 외출하고 배회하다가는 재판소에 소환당하기 십상이었다. 그러나 상당수의 지방에서는 경계선에 '유동민 출입 금지'라는 표식을 세우는 길을 선택했다. 프랑스에서는 이러한 규제 제도가 60년 가까이 지속되었다.

영국에서도 19세기 말에 등록을 요구하는 압력이 있었다. 그것도 상당 부분 단 한 사람의 노력에 의한 것이었다. 집시들은 이제 더 이상 법률적으로 특별히 지명되지는 않았지만, 행상인, 부랑자, 공중위생, 공유권, 엔클로저 등을 취급하는 다양한 일반 법률의 적용을 받았다.

도시화의 진행으로 그들의 존재가 더욱 눈에 거슬리게 되고 노역 또한 불필요해지면서 그들의 지위는 더욱 취약해졌다. '진짜 로마니'의 동화를 바라는 사람은 아무도 없었다. 대신 표적은 이동생활자, 즉 나그네에게 집중되었다. 그 생활양식이 정주 사회의 이해와 대립되었기 때문이다. 한 집단의 운명이 현실적으로 다른 집단의 그것과 불가피하게 연결되어 있다는 점은 사실상 무시되었던 것으로 보인다.[5] 한 가지 일에 헌신하느라 자기 가족의 행복에 대해 전적으로 무심했던 조지 스미스— 당사자는 '콜빌의 조지 스미스'라고 명명하는 것을 좋아한다 —라는 자선가(P.263 그림 참조)는 1870년대부터 벽돌 공장의 아이들과 하수도 거주자, 그리고 궁극적으로 집시의 생활 개선을 주장하기 시작했다. 집시를 야만인과 동물에 비유하면서 그들의 퇴폐성을 비난한 그의 언동은 신문을 통해 광범위한 지지를 얻는데 성공했고, 그의 일관된 주장도 나름의 성과를 일궈냈다. 그의 지론이었던 다양한 '가동(可動) 주택법'이 1885년~1894년에 몇 차례나 의회에 상정된 것이다. 스미스는 모든 가동주택을 등록하고 법정 기준에 맞게 하며 낮에는 검사에 응할 수 있게 하는 한편, 집시 아이들과 포장마차 거주자들에 대해서는 일정 기간의 취학을 의무화하고자 했다. 그들을 사회에 흡수하는 것이 기본적인 목표였다. 그 법안은 의원 누군가를 설득해서 상정하는 데까지는 성공했지만 그때마다 통과하는데 실패했고, 1895년, 그의 사망과 함께 폐기되었다. 그러나 등록을 제외한 대다수의 목표들은 1936년까지 다양한 법률에 편입되었다.

스미스의 주장에 대한 반론은 부분적으로 시민적 자유에 근거한 것도 있고, 학교에 다니는 일반 아동들이 오염될 수도 있다는 두려움에서 나온 것도 있었다. 그러나 가장 커다란 반대 세력은 흥행사 길드였다. 그것은 축제사업 관계자들의 이해를 지키고 특히 콜빌의 조지 스미스의 제안에 반대하는 로비를 벌이기 위해 1889년에 결성된 단체였다. 참여자 중에는 집시 흥행사들도 일부 있었지만, 조합을 이끈 것은 가능한 한 집시와 거리를 둠으로써 조합원의 지위를 지키려 한 비(非)집시들이었다. 그와는 별개로, 스미스의 법안의 영향을 받고자 하는 사람들의 주장을 대변하는 조직은 없었다. 1888년에 몇 명의 가제(조지 보로우의 저서에 의해 상당한 관심을 갖게 되었다)에 의해 '집시 민속 협회'라는 조직이 설립되었지만, 처음에는 그 기관지가 동시대의 정치 문제에 관심을 보이는 경우가 거의 없었다. 이 협회는 1892년까지 유지되었고, 그 후 1907년에 부활하여 몇 번의 휴지기를 거치며 현재에 이르고 있다. 집시의 민속과 언어 분야에서 유럽과 북아메리카의 권위자 대다수를 회원으로 가입시키는데 성공한 협회는 학술적 자료 수집을 주요 목표로 삼아 적지 않은 성과를 거뒀다. 가동 주택법을 통과시키려는 노력이 다시 시작된 1908년에 이르기까지, 집시의 처우에 대한 논의에 협회가 영향력을 행사하려는 시도는 없었다.[*6]

잊혀진 홀로코스트

1933년, 선거로 독일에서 정권을 잡은 나치당은 탐탁치 않은 많은 집단을 규제하는 잘 발달된 법적 장치를 상속받았다. 그럼에도 불구하고, 나치당 대변인은 역대 정권에 만연된 유연한 자세에 대해 계속 경멸적인 태도를 보였다. 예를 들어, 게오르그 나브로키는 1937년 8월, 「함부르거 타케블라트」지에 다음과 같이 쓰고 있다. '바이마르 공화국이 집시 문제를 다루기 위한 어떠한 움직임도 보이지 않은 것은 그 내적인 취약성 및 허위성에 상응하는 것이다. 공화국의 입장에서 볼 때, 진티는 기껏해야 범죄 문제에 불과했다. 그와 반대로, 우리는 집시 문제를 결국 인종 문제로 본다. 따라서 그것은 해결되어야만 하고, 해결되고

로베르트 리터와 그의 조수 에바 유스틴이 집시의 혈액 샘플을 채취하는 모습.

있는 중이다.'[7] 국가 사회주의당의 이데올로기에 의해 절멸 대상으로 지정된 것은 사실상 유대인과 집시라는 두 민족 집단 뿐이었다.[8]

그러나 새로운 정책은 '찌고이네르'라는 규정의 대상이 정확히 누구인지 엄밀하게 정의하고 그들을 제국의 다른 시민들과 인종적으로 구별하기 위한 지침이 필요하게 되었다는 것을 의미했다. 완전한 시민권 적격자 판정의 골격을 세우기 위해 1935년에 소위 뉘른베르크법이 제정되고, 특히 그 해설서가 집시를 유대인과 함께 위험한 '프렘드라세(외래 인종)'로 지정하면서, 그러한 필요성은 더욱 거세졌다. '프렘드라세'의 피는 독일인의 인종적 순수성을 유지하는데 치명적 위협으로서, 결혼과 혼외관계의 금지를 통해 혼혈을 방지해야 했다. 몇 년간 집시에 대한 조사 작업을 벌여온 심리학자 겸 정신의학자 로베르토 리터 박사는 1937년, 제국 보건성의 한 부서로 베를린에 신설된 '인종우생학·인구생물학 연구소'를 지휘하게 되었다. 이 조직은 집시를 판정, 분류하고 유전과 범죄 사이의 연관성을 연구하는 활동의 중심 거점이 되었다. 리터의 팀은 혈통과 지문, 인체측정치 등을 통해 집시의 피를 가진 모든 인간의 포괄적인 계정을 확립하고, 그들의 인종적 혼혈 정도를 결정짓고자 했다. 이러한 목적을 달성하기 위해, 조사단은 집시 야영지를 찾아갔고, 집시가 강제 수용소에 구금되어 있을 경우에는 거기까지 따라갔다. 뮌헨에서 베를린으로 이전된 '중앙국'의 경찰 기록도 살펴보았다. 특히 오스트리아 합병 이후에는 1936년에 빈에 설립된 비슷한 단체의 자료도 이용하였다. '집시의 해악과 싸우기'라는 표제가 달린 하인리히 히믈러의 1938년 포고는 혼혈 집시가 범죄 위험성이 가장 높다고 선언하고, 경찰은 모든 집시의 기록을 제국 중앙국으로 송부해야 한다고 강조했다. 1940년 1월의 중간 보고에서, 리터는 다음과 같이 주장했다.

소위 국내생 집시의 90퍼센트 이상이 혼혈임이 증명되었다… 연구의 진척 결과, 집시는 전적으로 원시적인 민족에서 기원했고, 그 정신적 후진성으로 인해 진정한 사회적 적응이 불가능하다고 결론지을 수 있었다… 집시 문제를 해결하는 유일한 방법은 반사회적이고 아무 쓸모 없는 혼혈 집시 주요 부분을 대규모 노동 캠프에 수용하여 거기서 일을 시키고, 향후 이 혼혈인이 더 이상 번식하지 못하도록 저지하는

길뿐이다.[*9)]

집시의 '인종·생물학적 평가'의 기준은 히믈러의 1941년 8월 포고에 의해 더욱 정교해졌다. 3세대 전까지 거슬러 올라가는 분류법이 제정되었는데(유대인의 경우에는 2세대까지), 한쪽 끝에 Z('순수 집시'를 의미하는 찌고이네르*Zigeuner*)가 있고, ZM+, ZM, ZM-('부분 집시'를 뜻하는 *Zigeunermischling*. 플러스와 마이너스 부호는 집시의 피가 지배적인지 아닌지를 가리킨다)를 거쳐, 다른 쪽 끝에 NZ('비집시'를 뜻하는 *Nicht-Zigeuner*)가 자리한다. 두 명의 증조부모 집시가 있다면, 그것만으로도 'NZ' 카테고리에서 배제되기에 충분하다. 유대인에게도 동일한 규칙이 적용되었다면, 그렇게 배제된 자의 수는 훨씬 줄어들었을 것이다. 이 포고는 또한 독일에서 볼 수 있는 부족들을 (불완전하나마) 분류하고, 여섯 개의 그룹으로 구분했다. 진티(독일 집시), 롬(1870년경 헝가리에서 온 집시의 후손), 겔데라리(롬의 일종. 다시 말해 칼데라시), 로바리(또 다른 롬의 일종), 랄레리(1900년경 옛날의 오스트리아-헝가리 제국, 특히 보헤미아, 모라비아, 슬로바키아에서 온 집시의 후손 — 로마니어로 랄레리는 '벙어리', 다시 말해 다른 방언을 쓰는 사람을 의미한다), 그리고 마지막으로 '곰 부리는 사람'의 후손인 발칸 집시 등이 그것이다. 1943년 3월, 리터는 독일 연구 협회에 다음과 같이 보고했다. '집시 및 부분 집시의 등록은 전쟁으로 야기된 그 모든 난관에도 불구하고 구제국[전쟁 전 독일]과 오스트마르크[오스트리아]에서는 대략 계획대로 완료되었다. 합병 지역에서는 아직도 조사가 진행중이다… 인종·생물학적 관점에서 명확히 밝혀진 건수는 현재 시점에서 2만 1,498건이다.' 10개월 후, 그 수치는 2만 3,822건으로 늘어났다.[*10)]

학술계는 신체제가 제공한 기회를 환영했다. 카이저 빌헬름 인류학 연구소 소장 E. 피처 교수는 1943년, 「도이치 알게마이네 자이퉁」지에 본심을 피력했다. '과학 이론이 융성할 수 있는 보기 드문 특별한 호기가 도래했다. 지배 이데올로기의 환영을 받고, 그 성과는 즉시 국가의 정책에 이바지할 수 있는 그런 시대 말이다.' [11] 그러나 이 과학적 기반 시설이 알려준 정밀성의 외양은 사실상 정당성을 인정하기 어려웠다. 편견을 과학으로 위장한 이론가들이 고안한 정교한 분류표가 항상 존중된 것은 아니었고, 주관적 인상이 중요한 역할을 담당했다. 리터의 팀이 언급한 각각의 케이스에 대한 평가도 그랬고, 특히나 때로 엄청난 혼란 속에서 '인종-우생학' 수법을 실제에 적용하지 않을 수 없었던 일선 관리들의 활동에 있어서도 마찬가지였다.

그러한 선별 작업이 행해진 방법과 시기는 대상이 되는 집시가 (확대된) 제국의 국경 안에 있는지, 아니면 점령지나 동맹국에 있는지 등에 따라 매우 달랐다. 제국 내부에서는 경찰, 비밀경찰, 친위대의 각 조직을 통합하여 1936년에 창설된, 히믈러와 그의 부관 라인하르트 하이드리히가 지휘한 기관이 주요한 실행 장치로 기능하였다. 애당초 당국은 제3제국 초창기 수년 간에 제정된 우생학과 범죄방지에 관한 일반법령을 이용했다. 이러한 법령들은 방랑자의 단종(斷種)·불임화, 마음에 들지 않는 외국인 추방, 경범죄자의 강제 수용소 이송 등을 인정하고 있었다. 강제수용소 1호는 1933년 3월, 뮌헨 근처의 다카우에 이미 개설된 상태였다. 1937년 무렵부터 '반사회적 분자('정규 사회'의 구성원이 아닌 집시를 비롯한 여타 사람들을 지칭하는 모호한 용어)', 특히 집시에 대한 압력이 급속하고 무자비하게 강화되었다. 적어도 초기에 나치가 국제 여론을 존중한다는 의미에서 유대인을 다루는 데 조금이나마 신중했던 것과는 달리, 집시에 대한 조치에 관한 한 국내외적으로 적대적인 반응은 없었다. 1937년 12월, 제국 내무성은 '경찰에 의한 범죄 예방 조치'에 관한 기본 명령을 내리고, 반사회적 분자에 대처하기 위한 규칙을 정했다. 강제 수용소로 보내는 것이 주요 교정책으로 이용되었다. 다음 해 6월, 히믈러는 속달 편지를 통해 각 경찰 지구에 대해 그러한 인간 200명 이상을 강제 수용소로 보내라고 명령했다. 1939년 3월, 특별 신분 증명서가 발행되었다. 인종적으로 순수 혈통으로 생각되는 소수의 집시들에게는 갈색, 혼혈 집시에게는 푸른 선이 들어간 갈색, 그리고 집시 이외의 방랑자에게는 회색 증명서가 발행된 것이다.

1938년에 제국에 합병된 오스트리아에서는 집시 인구 대부분이 헝가리와 인접한(그리고 1919년까지 헝가리의 일부였던) 부르겐란트에 살고 있었다. 이곳은 마리아 테레지아의 정주화 정책에 가장 큰 영향을 받은 지역이었다. 현지 주장관 토비아스 포르치는 여러 가지 위협으로부터 북방 민족의 혈통을 지키기 위해 강제적인 단종·불임화와 구류, 강제 노동 등의 다양한 조치를 취했다. 그러나 8,000명에 달하는 부르겐란트의 집시 상당수가 예방적 구금이라는 명목하에 검거되기에 이른 것은 1939년 6월, 베를린의 명령에 따른 것이었다. 그들 중 일부는 다카우와 부켄발트 등의 대규모 강제 수용소나 라벤스브뤽에 신설된 여성 수용소, 그리고 나중에는 오스트리아 국내의 마우트하우젠으로 이송되었다. 나머지는 노동 캠프로 가야 했다. 1940년 11월에는 부르겐란트의 라켄바흐에 집시 전용 수용소가 개설되었다. 그보다 1년 전에 설립된 짤츠부르크의 수용소보다 규모가 훨씬 더 큰 수용소였는데, 곧 2,000명 이상의 죄수가 그곳에 수용되었다.

그러나 나치의 '인종우생학적' 야망은 그들의 실행 능력을 능가하는 경우가 많았다. 1939년 9월, 하이드리히가 소집한 어느 회의에서는 그때까지 제국에 남아 있던 모든 집시를 폴란드로 이송하기로 결정했다. 다음 달인 10월, 그들의 이동을 금지시키고, 이송 준비를 위해 임시 수용소에 소집시키라는 명령이 떨어졌다. 그러나 제국의 기관은 이러한 대규모 사업에 대응할 준비가 갖춰져 있지 않았을 뿐 아니라 과학자들도 그 사업을 충분히 실행할 수 없었다. 1940년 4월, 히믈러의 속달 편지에 따라 실제로 2,500명 가량의 집시가 강제 노동을 위해 독일 서부와 북서부에서 폴란드로 이송되었고, 가을에는 오스트리아와 체코슬로바키아의 집시도 뒤를 따랐지만, 수용소와 게토에서 죽고 말았다. 그러나 계획은 결코 완수되지 못했다. 리터의 협력자 에바 유스틴이 20년 후에 증언한 바에 따르면, 그 대안으로서, 제국 치안 경찰 본부의 신사들은 독일의 집시를 지중해로 보내고 도중에 배를 폭파시키는 방법에 대해 논의했다고 한다. 이 경우도, 인류학적 조사의 지연이 방해 요소로 기능했다.

　이쯤 되자, 보다 확실한 대책이 요구되었다. 1941년 6월, 독일이 소련을 침공하고, 그 직후, '유대인 문제의 최종 해결'로 나아가기로 결정했기 때문이다. '최종 해결'을 위임받은 하이드리히는 그 대상에 집시를 포함시켰다. 총독부(폴란드의 영토 중 제국에 통합되지 않고 독일의 직접 지배하에 있던 부분) 지역이 가장 우선시되었다. 거기서는 수송 문제가 그다지 심각하지 않았기 때문이다. 1941년 12월에 운용되기 시작한 폴란드의 외딴 마을 근처 죽음의 수용소 켈므노에서는 트럭에 실린 일산화탄소 가스를 사용하여 폴란드에서 체포된 집시를 죽였다(최종적으로는 5,000명 정도가 희생당했다). 이들 희생자 중에는 이전에 독일에서 추방된 자를 비롯해서, 수 개월 전에 수백 명 단위로 라켄바흐에서 로지 게토로 끌려온 뒤 당시 유행하던 티푸스에서 살아남은 자들도 포함되어 있었다.[12] 그보다 동쪽으로는, 새로 정복된 영토— 발트해의 공화국들과 백러시아(얼마 지나지 않아 모두 '오스트란트'로 합병되었다), 그리고 우크라이나 —의 집시가 독일의 민정 지배 여파를 겪기 시작했지만, 작전

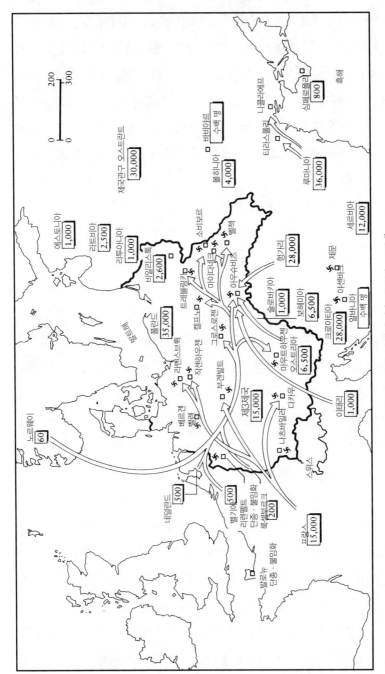

짐 시의 추방경로와 희생자 수(1939년~45년).

에스토니아
1,000

리투아니아
2,500

리투아니아
1,000

바이힐리가로?
2,600

트레블링카

마이다네크

소비부르

벨직

노르웨이
60

네덜란드
500

벨기에
500

라벤스브뤼크

베르겐
벨젠

작센하우젠

그로스로젠

헬포노

부헨발트

제3제국
15,000

나츠바일러

라벤롤트
단종·불임화
특별프로그램
200

발로뉴
단종·불임화

프랑스
15,000

스위스

다카우

폴란드
35,000

아우슈비츠

마우트하우젠
오스트리아
6,500

아셴베르크
수백 명

졸로바기아
1,000

보헤미아
6,500

크로아티아
28,000

세르비아
12,000

헝가리
28,000

이태리
1,000

재문

바이에른
수백 명

볼히니아
4,000

제국관구 오스트란트
30,000

루마니아
36,000

타라스폴리

나콜라에프

심페로폴리
800

흑해

200
300

0
0

지역에서는, 발트해에서 흑해에 걸쳐 1,600킬로미터의 전선을 따라 진군하는 독일군의 뒤를 이어 '아인사츠그루펜(친위대의 특별행동부대)'이 유대인과 집시, 정신병자, 그 밖에 '마음에 들지 않는 분자'를 근절하는 작업에 열중했다. 1942년 12월, 혼혈 집시는 모두 아우슈비츠로 보내라는 히믈러의 포고로 인해 제국에 남아 있던 집시들도 전환점을 맞게 되었다. 뒤이어 점령지를 대상으로 그와 유사한 일련의 포고가 내려졌다. 아우슈비츠-비르케나우는 그 즈음 이미 확장된 상태였다. 하루에 수천 명씩 처리할 수 있는 가스실과 화장터는 몇 개월 동안 전면 가동 상태였고, 집시 특별 구역이 준비되고 있었다. 롬과 부분집시의 일정 범주는 히믈러의 아우슈비츠 포고에서 면제받았지만(예를 들어, 아리아인 배우자가 있거나 병역에 복무한 자), '자발적인' 단종·불임화를 강요받았다. 인종적으로 순수한 진티와 랄레리도 제외되었다. 교혼 가능성이 적은 것으로 여겨졌기 때문에, 히믈러는 제한적이나마 그들에게 이동의 자유를 인정해주도록 배려했다. 아마도 초기 인도-게르만계의 한 변종으로 간주될 수도 있는 인종의 연구 표본을 조금 남겨놓고 싶은 욕구가 작용했을지도 모른다(적어도 아우슈비츠 사령관 루돌프 헤스의 주장에 따르면, 그것이 히믈러의 동기가 된 것은 분명했다). 1942년 10월 이후, 실제로 9명의 집시 지도자는 동화에 적합한 부분 집시를 포함하여, 그러한 대우를 받을 자격이 있는 자들의 명단을 작성하라고 지시받았다. 친위대 중앙 지도자들의 이러한 변덕은 결코 다른 나치 지도자들의 호의를 얻지 못했다. 마르틴 보르만은 '집시의 일부에게 옛날의 자유를 회복시키는 것에 대해 총통은 결코 찬성하지 않을 것이다'라고 단호히 말했다. 집시 거주 지역을 설립한다는 생각에 대해서도 아무런 반응이 없었다.

어쨌든, 각 지역의 형사 경찰에게는 자신의 구역을 '집시 일소 구역'으로 만들 기회가 부여되었을 때 대상 집시를 세세하게 분류하고 있을 시간이 거의 없었다. 결국 강제 수용소와 죽음의 수용소에서 확실히 제외될 수 있는 집시는 없었던 셈이다. 아우슈비츠는 이러한 수용소 중에서 엄청난 상징적 의미를 가졌다. 그것은 그 많은 수용소 가운데 하나에 불과했지만, 나치가 점령한 유럽 전역에서 온 최대의 집시 수용소였고, 40개 동의 목조 막사로 이루어진 특별 구역이 있었다. 집시들은 말썽을 피하기 위해 최후의 순간까지 가족 단위로 거기에 수용되었다. 이곳은 또한 의학이라는 미명 아래 수용자들에 대한 인체 실험이 광범위하게 행해진 곳이기도 했다. 독일 집시가 도착하자마자, 신임 수용소 의사 조제프 멘겔레 박사는 책임자로서 쉴새없이 그 역할을 수행했다. 매일 호송되는 새로운 수용자들 중에서 생사를 '나누고', 야만적 수난을 당하게 될 유대인과 집시를 선정한 것이다. 아우슈비츠-비르케나우의 집시 수용소는 17개월간 존재했다. 거기에 갇히게 된 2만 3,000명의 집시들 가운데 2만 78명이 죽었고, 나머지는 다른 수용소로 이송되었다. 사인(死因)은 기아, 과로, 인체실험, 질병, 가스 등이었다. 1944년 8월 3일, 대체로 시끌벅적하던 집시 수용소는 마침내 침묵에 싸인 채 버려졌다. 2,897명에 달하는 여자, 아이, 남자(이전 독일 국방군의 병사도 있었다) 등은 어느날 밤 가스실로 보내졌고, 남아 있는 집시는 아무도 없게 된 것이다. 그러나 그들에 대한 인류학적 기록은 전쟁을 뛰어넘어, 20년 후, 로베르트 리터 박사의 옛 동료에 의해 연구 자료로 이용되고 있었다.[13]

제국 밖에서는, 유대인에게 '최종 해결'을 적용할 때 그러했던 것처럼, 집시의 운명 역시 국가에 따라 매우 달랐다.[14] 유고슬라비아, 루마니아, 폴란드, 소련, 헝가리 등에서 희생자가 많았다. 점령지에서는 집시를 수용소에 구류하고 거기서 독일과 폴란드로 보내 노예 노동을 시키거나 (특히 1943년부터는) 죽음의 수용소에서 학살하는 것이 나치의 정책이었다. 직접 집시를 모으고 구류할 필요조차 없는 경우도 많았다. 프랑스는 독일에게 점령당하기 수 개월 전에 이미 집시에 대한 가혹한 억압책이 도입된 상태였다. 독일에게 항복한 뒤, 독일 점령 지역과 비시 정부(2차 세계 대전 중 나치 독일과 협력한 프랑스 정부) 양쪽에서 수용소의 수가 늘어났고, 곧 3만 명에 달하는 집시와 여타 '유동민' 들이 프랑스 경찰과 군의 감시를 받았다.[*15] 결국 그들 다수는 강제 수용소, 특히 부켄발트, 다카우, 라벤스브뤼 등으로 이송되었다. 일부는 알사스의 나치바일러 수용소에서 유럽 전역에서 온 집시들과 합류했다. 이곳에서는 나치 친위대 의사들이 주로 집시를 대상으로 독가스와 티푸스의 효과를 실험하고 있었다.[*16] 네덜란드와 벨기에, 룩셈베르크에서는 소수의 집시 인구 상당수가 마찬가지 방식으로 처리되었다. 벨기에의 경우, 같은 수의 로바라와 진티가 구류당했다. 1941년에 도입된 유동민 특별 등록 제도 덕택에 그들을 체포하는 일은 매우 간단했다. 네덜란드에서는 1944년 5월, 경찰과 기동대가 집시를 포획했지만, 신원 판정과 관련한 곤란에 직면했다. 집시 등록제를 도입하려던 1937년의 시도가 재정난으로 좌절되었기 때문이다. 일단 운바겐베보너(집시가 아닌 이동주택거주자)를 비롯해서 연합국이나 중립국의 패스포트 소지자가 석방되자, 대부분 진티였던 245명의 집시들은 아우슈비츠로 보내졌다. 살아 돌아온 자는 채 30명도 안됐다. 피점령국 중에서 유일하게 극단적인 수단이 시행되지 않은 곳은 덴마크뿐이었다. 이곳에서도 전부 '반사회적 분자'로만 분류된 이동생활자의 민족적 구분에 다시 한 번 의문이 남겨지게 되었다.

보헤미아와 모라비아의 독일 보호령에서는 그러한 미온적 조치를 취할 여지가 없었다. 이곳에서 일어난 사태는 그 무자비함으로 볼 때 명목상 독립국인 슬로바키아를 훨씬 능가했다. 슬로바키아에서는 강제수용소 같은 노동 캠프를 포함해서 엄격한 차별 정책이 시행되었지만, 절멸 정책에는 미치지 못했다. 보헤미아와 모라비아의 집시 8,000명 가운데 살아남은 자는 기껏 600여명에 불과했다. 그러나 최대의 희생자를 낳은 곳은 유고슬라비아였다. 그것은 이 젊은 국가가 4개의 추축국과 친추축국(독일, 이탈리아, 헝가리, 불가리아), 그리고 크로아티아의 협력자(보스니아-헤르체고비나를 합병했다)에 의해 해체된 후의 일이었다. 북부의 경우, 크로아티아의 분리주의자가 정권을 장악하여 가톨릭을 믿지 않는 소수 민족에 대한 대량 학살을 개시한 이후, 테러에서 살아남은 집시는 거의 없었다. 우스타샤(파시스트) 민병의 잔학 행위가 어찌나 지독했던지, 독일 군당국조차 아연실색했을 정도였다.[17] 세르비아의 점령지에서는 집시가 인질로서 조직적으로 이용되었다. 다시 말해 매일같이 총살대의 희생양이 되었던 것이다(파르티잔에 의해 살해된 독일인 한 명당 100명, 부상자 한 명당 50명이 살해당했다). 강제 수용소에서 이동 가스실로 보내져 살해된 집시도 많았다. 1942년 8월, 세르비아는 유대인과 집시 '문제'가 '해결된' 최초의 국가로 보고되었다. 그리스에서도 집시는 군사 정권에 의해 인질로 이용되었지만, 1943년의 아우슈비츠 이송은 수상과 아테네 대주교의 신속한 탄원으로 딱 한 번으로 끝났다. 영국이 점령되었더라면, 영국 집시도 그 가혹한 운명을 피할 수 없었을 것이다. 1942년 여름, 나치 친위대 비밀기관의 대외 첩보부가 영국에 거주하는 집시의 수에 불길한 관심을 보였기 때문이다.

히틀러의 성공에 국가의 명운을 걸었던 독립국들은, 주권을 유지하는 한, 집시 처리에서는 독일보다 훨씬 뒤처졌다. 이탈리아는 다수의 집시 가족을 사르디니아와 그 밖의 먼 곳으로 보낸 뒤, 거기에 가둬두었다. 1943년의 항복 후에야 비로소 그때까지 독일군 점령지에 남아 있던 집시가 일제 단속에 걸려 독일에서 강제노동에 시달리거나 강제 수용소로 이송되었다. 알바니아의 이탈리아 점령지에서는 집시의 희생이 훨씬 더 적었다. 이탈리아 점령군과 알바니아 괴뢰 정부가 그들에게 거의 관심을 보이지 않았기 때문이다. 뭇솔리니가 실각한 후 1년 이상 계속된 독일군의 점령 상태에서도 불안한 군사 정황으로 인해 그곳의 인종 집단을 분류할 시간이 거의 없었다. 헝가리 역시 독립이 유지되고 있던 동안에는 유대인과 집시에 대한 적극적인 박해가 제한적이었다. 대규모 작전은 1944년에 시작되었다. 독일군에 의해 점령된 지 몇 개월만에 대략 3만 명의 집시가 추방되었고, 돌아온 자는 기껏 10분의 1에도 미치지 못했다. 루마니아의 주요 정책은 소련으로부터 획득한 우크라이나의 일부 지역에 신설한 트란스니스트리아주를 인종 쓰레기 처리장으로 삼아 9만 명의 집시를 그곳으로 쫓아내는 것이었다. 그 중 3분의 1 이상이 추위와 영양 부족, 그리고 티푸스 등으로 죽어갔다. 불가리아는 인종적 편견이라는 역병에 전염되지 않았다는 점에서 히틀러 진영의 위성국가와 괴뢰국 중에서 독특한 위치를 점하고 있었다. 1941년에 추축국에 가입한 이후 독일로부터 엄청난 압력을 받았음에도 불구하고, 불가리아는 자국 태생 유대인들을 한 명도 추방하지 않았다. 불가리아와 그 점령지역의 집시들 또한 주변 국가의 집시에 비해 운이 좋았다. 다만, 마케도니아에서 파르티잔 활동에 참여한 자는 다른 이들과 마찬가지로 즉결 처형되었다. 히틀러의 소피아 공사는 이 농업국의 태도에 대해 유감을 표시했다. '불가리아인의 정신은 우리 국민과 달리 이데올로기적으로 계몽되어 있지 않다. 불가리아인은 아르메니아인, 그리스인, 집시 등과 평생 함께 살아왔기 때문에 유대인이 유해하다고 생각하지 않으며, 따라서 그들에 대한 특별 조치가 정당화될 수 없다.' [*18)]

집시에 대한 박해가 지리적으로 유럽 각지에서 광범위하게 이루어졌고 그에 대한 기록에도 공백 부분이 많다는 점을 고려할 때, 희생자의 수를 절대적으로 확정하는 것은 불가능하다. 그러나 어쩌면 정확한 수 치라는 것이 중요하지 않을지도 모른다. 전쟁 중 유럽에서 죽은 집시 희 생자의 수는 25만 명에서 50만 명, 또는 그 이상으로 집계되기도 한다. 학살 규모가 그보다 적었다고 주장할한만 근거는 보이지 않는다. 생존 자 대부분에게는 평생 지울 수 없는 신체적, 또는 정신적 흔적이 남았 다. 그들의 박해 배후에 있던 사고 방식은 이후 독일(독일 연방 공화국, 즉 서독. 경제적 독립 유지를 위해 소련 점령 지역과 이후의 독일 민주 공화국 — 동독 —에는 수백 명의 진티만 남아 있었다)에서 열린 전후 배상 문제에 서 극히 중요한 문제로 부상했다. 박해 이유가 단지 집시이기 때문이 아 니라 집시에게 범죄 가능성이 있다는 점 때문이라고 한다면, 집시의 운 명은 '오로지' 통상적인 치안 조치의 결과라고 주장할 수 있을 것이다. 오랜 기간 독일 재판소에서 지배적이었던 생각 가운데 하나는 1942년 말까지 집시는 인종적 이유로 박해당하지 않았으며, 그 이전에 그들에 게 취해진 조치는, 부당하든 아니든, 배상의 대상이 아니라는 것이었 다. 16세의 나이로 1940년에 폴란드에서 체포되어 5년간 투옥되었고 양친이 모두 학살당한 에익 발라츠라는 집시의 소송에서, 함 항소 법원 은 1959년, 다음과 같이 판결했다. '원고가 당시, 반사회적 분자로 간주 되었는지 아닌지는 중요하지 않다. 결정적 요인은 형사경찰이 그를 반 사회적 분자로 낙인찍었고, 그런 이유로 그를 보호구금시켰다는 것이 다.' [19] 연방 재판소의 결정은 1963년 12월에 이르러서야 비로소 인종적 박해가 시작된 시기가 1938년까지 거슬러올라간다는 통설을 인정했다. 그러나 이 판결 이후에도, 살아남은 집시 희생자들이 받은 배상금은 보 잘 것 없었다. 그나마 강한 정신력과 식자(識字) 능력을 충분히 발휘해 서 증명 서류와 의학적 증거 등의 엄격한 요건을 구비하고 자신의 주장 을 입증할 수 있는 경우에 한정되어 있었다.

각 주

1) L. Lucassen, *'En men noemde hen Zingeuners'* (Amsterdam/The Hague, 1990).

2) Cf. W. Günther, *Zur preussischen Zigeunerpolitik seit 1871* (Hanover, 1985), pp. 13-14.

3) T. Huonker, *Fahrendes Volk-verfolgt und verfemt* (Zurich, 1987), p. 63.

4) Cf. F. de Vaux de Foletier, *Les Bohémiens en France au 19e siècle* (Paris, 1981), ch. 10.

5) 이 분야의 선구자적 저작은 T. Acton, *Gypsy Politics and Social Change* (London, 1974)였다. D. Mayall, *Gypsy-Travellers in Nineteenth-Century Society* (Cambridge, 1988)에도 관련 자료가 많다.

6) 집시 민속협회의 초기 역사는 다음 논문에 설명되어 있다. A. M. Fraser, 'A rum lot', in *100 Years of Gypsy Studies*, ed. M. T. Salo (Cheverly, MD, 1990), pp. 1-14.

7) Translated from the German in R. Vossen, *Zigeuner* (Frankfurt am Main, 1983), p. 70.

8) 집시에 대한 나치의 처우가 학문적 주목을 받기 시작한 것은 2차 세계대전이 끝난 뒤였지만, 이제 이 주제에 관한 연구서는 꽤 많다. 유용한 관련 서적 목록은 G. Tyrnauer, *Gypsies and the Holocaust* (Montreal, 1989; 2nd edn 1991) 참조.

9) Muller-Hill, *Murderous Science*, p. 57.

10) Ibid., pp. 59-60.   11) Ibid., p. 61.

12) Cf. E. Thurner, *Nationalsozialismus und Zigeuner in Österreich* (Vienna, 1983), pp. 174-9.

13) 전후 독일에서 나타난 이런 종류의 연구에 대해서는 다음을 참조하라. J. S. Hohmann, *Robert Ritter und die Erben der Kriminalbiologie* (Frankfurt am Main, 1991), pp. 330-79 and 417-37.

14) Kenrick and Puxon, *The Destiny of Europe's Gypsies* (revised in the Romani version, Bersa bibahtale, London, 1988)의 6장과 7장에 요약.

15) Cf. Bernadac, *L'Holocauste oublié*, pp. 43-144.

16) 다른 나라들과 마찬가지로, 프랑스에서도 다수의 집시들이 지하 활동과 파르티잔 운동에 합류했다. 점령하 프랑스에서 로바라와 쿠라라 쿰파니아의 비밀 활동에 대해서는 J. Yoors, *Crossing* (New York, 1971)을 참조하라.

17) 최고의 죽음의 수용소는 야세노바츠에 있었다. 그곳에서의 사건들은 R. Djuric, 'Il calvario dei Roma nel campo di concentramento di Jasenovac', *Lacio Drom* (1992), no. 4, pp. 14-42에 잘 분석되어 있다.

18) Cf. Kenrick and Puxon, *The Destiny of Europe's Gypsies*, p. 131.

19) 'Compensation claims rejected', *Manchester Guardian*, 30 March 1959, p. 5.

제 9 장

현대의 실상

국경을 넘다

　제2차 세계대전의 종전 결과, 살아남은 집시들은 유럽 각지에 대량으로 재배치되었다. 그것은 주로 전쟁 중에 강행된 대규모 추방의 결과였지만, 부분적으로는, 보다 안전한 환경을 찾아 그들 자신이 이 나라에서 저 나라로 — 예를 들면, 슬로베니아와 크로아티아에서 이탈리아로 — 도망쳤기 때문이기도 했다. 평화의 회복은 새로운 혼란을 야기시켰다. 수용소에서 해방되긴 했지만, 그전에 추방되었거나 돌아갈 수 있는 나라가 없는 사람들이 온갖 관료적 수속과 특별 제한 대상으로서 갈 곳 없이 그냥 방치되어 있었다. 동유럽에서 1,500만 명의 독일인이 추방된 결과, 전후 몇 년간, 국가간에 영토와 주민의 이동이 대규모로 진행되었다. 이러한 이동에 말려든 진티 가족이 지역 주민의 완강한 저항으로 독일에 들어갈 수 없는 사례가 빈발했고, 여행을 마치고서도 시민권을 얻지 못하는 경우도 있었다. 보다 간접적이긴 하지만, 주데텐 지방에 있던 200만 명 이상의 독일인 추방은 체코슬로바키아 국경 내부에서 대규모 이주를 불러일으켰다. 수천 명의 집시들이 슬로바키아 농촌의 고립된 정착지를 떠났다. 일부는 독일인이 추방된 국경선 부근에 정착하기도 했지만, 상당수는 공업지대로 보내져 주로 공장과 건설 현장의 미숙련 노동자로 일했다. 1950년대에는 소련에서 폴란드로 가는 또 다른 종류의 이동이 있었다. 소련에 편입되었던 옛 폴란드 영토에서 돌아오는 난민의 물결이었다. 그 중에는 대규모 롬 집단 — 주로 로바라와 칼데라시 —도 있었는데, 전쟁 초기에 우랄 산맥 반대편으로 추방당한 사람들이었다. 구류된 상태에서도 '오염'의 규범을 전통적으로 지키고 있던 그들은 살아남기 위해 많은 것들을 생략한 폴란드의 롬과 통합하는데 엄청난 곤란을 겪었다.[1]

그 후에도 정치적 혼란으로 인해 또 다른 이동이 야기되었다. 1956년의 헝가리 반란 이후, 서쪽으로 도망친 15만 명의 난민 중에도 집시가 포함되어 있었다. 1970년대 포르투갈의 정치 불안은 집시가 스페인으로 유입되는 계기가 되었다. 그러나 시기를 막론하고, 이주의 원인은 경제적인 측면에서 찾을 수 있다. 그 일부는 거의 주목을 끌지 못했다. 터키, 유고슬라비아, 그리스, 스페인 등과 같은 나라에서 서독으로 온 수백 만 명의 '가스타르바이터(팔려간 노동자)' 중에는 민족적 특성을 억압하며 정규직에 취업하고, 다른 사람들과 마찬가지로, 자식을 학교에 보내기로 결정한 집시들이 있었다. 그러나 집시의 역사에 종종 나타나는 것처럼, 발칸 반도에서 나와 서쪽으로 향하는 또 다른 물결도 있었다. 이것은 1960년대에 시작되었고, 근원지는 다른 동유럽 국가에 비해 국경 규제가 더욱 느슨해진 유고슬라비아였다. 그들은 대륙 서부 전역으로 퍼져나갔지만, 이탈리아, 오스트리아, 독일, 프랑스, 네덜란드 등에 집중되어 있었다. 일부는 미국으로 이주하려 했지만, 성공한 사람은 거의 없었다. 이들의 구성은 말 그대로 잡다했다. 정주 집시와 유동 집시가 모두 참여하고 있었을 뿐 아니라 출신 부족이나 사용하는 방언 역시 다양했다. 가장 눈에 띄는 집단은 다른 집단, 특히 기독교 집시들과 구별하기 위해 스스로를 '호라하네 로마(투르크 집시)'라 부르는 유고슬라비아 남부 출신 집시들이었다. 그러나 이 포괄적인 명칭은 생활양식과 (비블라크계) 로마니어 방언에서 나타나는 엄청난 다양성을 감추고 있었다.

이탈리아는 초기의 피난지 가운데 하나였다. 그곳에서 좋은 소식이 전해지면, 친척은 물론 더 넓은 지역에서 다양한 집시들이 몰려들었다. 그로 인해 지역 주민들 사이에 적의가 생겨났고, 곧 다른 나라들을 답사하게 되었다. 출신국에 정착한 자들(예를 들어 코소보 출신의 호라하네)은 행상인이 되는 경향이 많았던 반면, 유고슬라비아에서는 다소간 유동생활을 하던 자들이 도시화하면서 반(半)정주하는 등, 그 반대의 변화를 보였다. 그럼에도 불구하고 일반적으로는 생계비를 벌 수 있는 새로운 방법을 찾아 이 마을에서 저 마을로, 혹은 이 나라에서 저 나라로 여전히 주기적으로 이동했다. 상당수는 일정 기간마다 그동안 모은 돈과 고향에서 찾는 물건들을 싣고 유고슬라비아로 돌아왔다. 글자도 잘 읽지 못하고 교육도 받지 않았으며 그 지역 언어로 말하는 자들도 거의 없었기 때문에, 더구나 그들이 집시였기 때문에, 정규직을 찾기가 어려웠을 것이다. 그들이 종사하는 행상과 여타 활동들은 다양한 소규모 집단으로 움직일 때 최적 상태로 기능할 수 있다는 것을 의미했다. 아마도 수요가 생길 때까지 어느 정도 시간을 주기 위해, 자신들의 임시 거주지에서 상당한 거리에 있는 촌락과 마을로 이동하지 않을 수 없었을 것이다. 일부는 고물상으로 전환했다. 보스니아와 몬테네그로 출신 호라하네의 경우, 생계수단으로서 구리 세공이 남아 있었지만, 일의 성격은 조리기구와 식기 등의 수리 및 도금보다는 고도로 장식적인 악세사리 제작으로 바뀌고 있었다. 사회보장급부금은 그들의 경제에 새롭게 중요한 요소로 자리잡았다. 이러한 다양한 수입원을 보충해준 것이 구걸과 점치기였다. 실제로, 그 일이 본업인 자들도 있었다. 구걸은 여자들의 일이었고, 종종 아이들이 함께 다녔으며, 어른의 구걸이 법적으로 금지되어 있을 경우에는 아이들만 다니기도 했다. 일부는 경범죄 — 가게 좀도둑질, 지갑 훔치기, 소매치기 —에 손대기도 했는데, 이 경우에도 형벌을 면제받을 수 있다는 점 때문에 아이들을 끌어들였다. 이들 신참자들도 지역 주민들과 대립하지 않으려고 노력하긴 했지만, 이전부터 정주하고 있던 집시들은 그들과 그들 일부가 일으키는 문제에 대해 거리를 두었다.

주거 시설의 유형은 장소에 따라 다양했다. 포장마차 대열과 조잡한 오두막이 천막을 대신했다. 임시로 천막이 사용되기도 했지만, 그나마 공장에서 만든 캠핑용 텐트가 일반적이었다. 이탈리아에서는 유고슬라비아 출신자 다수가 도시 주변부의 작고 조잡한 야영지로 모여들었다. 독일에서는 정부가 제공하는 슬럼가 주택에 거주지를 정한 자가 많았다. 프랑스의 경우, 집시용으로 확보된 주거를 이용할 수 있는 가능성이 있었다. 이곳에서는 프랑스의 '마누슈' 및 '기탄'과 처마를 맞대고 살아야 했다. 보다 일반적으로는, 불도저로 철거당할 위험을 면한 몇몇 '비돈빌'(빈민가)의 오두막을 점거할 수도 있었다. 네덜란드는 1977년, 보다 신중한 해결책을 내놓았다. 불법 체류 외국인 집시와 몇 년간 불편한 관계를 지속하던 정부가, 의회의 압력하에, 적어도 그들 일부 — 최종적으로는 450명으로, 게중에는 호라하네가 상당수 포함되어 있었다 —의 체류를 합법화하기로 결정한 것이다. 11개 도시가 일정 수의 집시를 받아들이기로 합의했다. 집시에게는 반영구적, 더 나아가 영구적인 주택이 제공되었고, 아이들과 어른(어른의 경우에는 그다지 성공적이지 못했다)을 대상으로 특별 학교가 설립되었다. 그러나 그것은 엄밀히 말해서 일회적인 조치에 불과했고, 새로 들어오는 외국인 침입자에 대한 수비는 더욱 강화되었다.

이러한 이동은 사회 조직에도 커다란 영향을 미쳤다. 선행자와 마찬가지로, 이들 집시는, 서구의 여러 나라에서든 출신지인 유고슬라비아에서든, 연락망을 유지할 수단으로서 재빨리 전화를 받아들였다. 그러나 그와 동시에 새로운 조건은 대가족 내부의 유대를 일부 손상시켰고, 그에 따라 핵가족이 더욱 중시되었다. 집단을 이끄는 짜임새도 불안정해졌다. 지도자의 자격으로서 가제와 그들의 관료주의에 대처하는 능력이 중시되었고, 예전에는 오래 계속될 것으로 기대되었던 지도자의 지위 또한 집시가 서구 환경에 흡수되면서 또 다른 자질인 경쟁에 자리를 내주기 시작했다.

무엇보다 가장 현저하고 집중적인 이동은 공산주의의 붕괴 후에 나타났다. 그러나 유럽 집시의 이동이라는 이 최신의 장은 제2차 세계대전 후 각국의 집시 대책을 검토한 후에 살펴보는 것이 적절할 것이다.

정책의 문제점

2차 세계대전 후 집시들의 생활권은 한 국가 내부로 한정되었고, 그에 따라 각국 정부의 국내 전략의 직접적인 영향을 받게 되었다. 특히 동서간에 명확한 분할선이 놓이게 되면서, 유럽 집시 인구의 대부분은 공산주의 체제에서 살게 되었다.[2] 이 경우, 신정권은 발달이 지연된 인민 집단을 원조하는 것이 국가의 의무라는 전제에서 출발한다고 가정할 때, 조건은 어느 정도 개선되어야 했다(사실상 가끔은 그렇게 되었다). 더구나 마르크스-레닌주의 이론은 하나의 국가 내부에 다양한 민족집단과 소수민족(훨씬 유연한 개념이었다)의 존재를 인정하고 그들도 일정한 권리를 행사할 수 있다고 밝히고 있었다. 사회적 부정을 시정하는 것보다 이데올로기적 목표의 추진을 중시한 새로운 공산주의 국가들은 그러한 원칙을 집시들에게도 적용해야 했지만, 나라에 따라 그 열의의 정도는 달랐다. 실제로, 일정 단계에서는 대부분의 국가가 그들의 사회적 통합을 추진했다. 왜냐하면, 취업 연령에 이른 사람은 일해야 할 권리와 의무를 동시에 가지고 있지만, 일터는 등록된 협동조합 조직이나 정부가 경영하는 조직이어야만 했고, 사적인 기업활동은 불법이었기 때문이다. 이러한 원칙에 따르지 않는 집단은 중앙계획제도라는 근본 개념을 교란시키는 것으로 여겨졌다.

소련에서는 대략 20년 전인 1925년에 이미 집시가 소수민족 집단으로 인정받았고, 신분 증명서와 국내 패스포트에 '치간'이라고 기재될 수 있었다. (1959년까지 그렇게 기재한 사람의 수는 13만 4,000명에 달했다. 그러나 상당수가 자신의 아이를 러시아인과 아르메니아인 등으로 등록하는 쪽을 택했다. 1979년의 인구조사에서 확인된 숫자는 20만 9,000명이었다.)[3] 1926년에는 러시아 집시 동맹이 결성되었다. 로마니어를 교육 매체로 사용하는 초등학교도 다수 개설되었다. 로마니어로 된 책과 정기간행물도 출판되었고, 문어(文語)를 만드는 작업도 시작되었다. 1931년에 모스크바에 설립된 국립 집시 극장은 1930년대 후반에 국가기구가 역행을 시작했을 때에도 그 존속을 인정받은 유일한 집시 조직이 되었다. 제2차 세계대전 후, 이러한 초기의 정책은 부활되지 못했다. 1956년에는 유동생활을 금지하는 법률이 제정되었다. 그러나 그것은 일관되게 시행되지 못했고, 일부 이동집단이 각지의 집단 농장을 순회하면서 계절 노동자로 일했다. 이따금 묵과되곤 했던 직업, 즉 길거리 상인으로서 비합법적인 사적 거래를 하는 자들도 있었다.

폴란드는 1950년대 초반 이래로 새로운 공산주의 국가들 가운데 유동 집시에게 주택과 직업을 주는 것으로 통합을 추진하려 한 최초의 국가였다. (남부의 하카르파티아 지역에서는 집시 대다수가 오래 전부터 정주하고 있었다.) 많은 아이들이 학교에 다녔고, 구리 세공 같은 전통적 기능을 기초로 한 협동조합 작업장을 만들려는 시도도 있었다. 그러나 제공된 일—미숙련에다 임금이 낮고, 육체적인 노동 —은 전반적으로 사람들의 관심을 거의 끌지 못했다. 유동민은 이동을 계속했고, 정부는 1964년에 강제 조치에 착수했다. 집시는 포장마차를 타고 이동할 수 없었고, 등록이 의무화되었으며, 집회와 회합의 규칙이 엄격히 적용되었다. 2년이 채 지나지 않아 유동생활은 격감했고, 곧이어 집시 아이들의 80퍼센트 이상이 간헐적이나마 학교에 다니게 되었다. 정주는 새로운 문제를 낳았다. 1980년대가 되자, 새로운 주민과 지역 주민 사이에 분쟁이 빈발했다. 그리고 수백 명의 집시들이 시민권도 없는 상태로 폴란드에서 추방당하고 있었다.[4]

헝가리 역시 집시의 존재(그리고 그 높은 출산율)가 눈에 띄게 되면서 나타난 새로운 긴장과 적의로 인해 사회적 곤란에 직면하게 되었다. 급속히 증대하는 집시 인구에 대해 정부와 당의 정책은 동요되었다. 집시 오케스트라는 데카당스 시대의 유물로서 7년에 걸쳐 금지되었다. 1958년, 집시 협의 위원회가 설립되었지만, 집시는 소수민족 구성원이 아니며 특히 농촌 지역에서 그들에 대한 '엄청난 편견'이 있다는 지적과 함께 1960년에 폐지되었다. 위원회는 1974년에 재건되었고, 1986년에는 보다 대표적 성격이 강한 로마니 회의로 대체되었으며, 계속해서 대략 200개 정도의 지방 문화 클럽을 결합한 전국 집시 협회로 확대되었다. 주택과 고용의 측면에서도 어느 정도 진전이 있었다. 교육면에서 보면, 애당초 정부는 집시 아이들을 다른 아이들과 함께 통상적인 헝가리인 학교에 보낼 방침이었지만, 그 후, 로마니어 또는 루마니아어를 모어(母語)로 하는 아이들이 직면한 언어상의 문제를 이유로, 그들만을 따로 떼어내거나 헝가리인 학생들과 함께 그 모어로 가르치는 실험이 권장되기 시작했다.

공산주의 체제의 집시 정책을 특징짓는 굴곡을 가장 잘 보여주는 사례는 체코슬로바키아에서 찾아볼 수 있다.[5] 체코의 정책은 생색내기와 조바심, 온정주의와 압제, 호의적 무대책과 저돌적 발본책 등을 다양하게 뒤섞어놓은 특징을 보였다. 공산당이 권력을 장악한 1948년부터 10년간, 당과 국가 기구는 사회적 통합이 목표라는 선언에도 불구하고 보다 다급한 문제에 매달려 있었다. 이데올로기적으로는, '집시가 자본주의의 희생자'이므로 자본주의 타도는 자동적으로 집시 문제를 해결해주어야 했다. 미디어를 통해 일반적인 통학과 고용, 그리고 동화에 걸친 대승리가 반복적으로 보도되었음에도 불구하고, 1958년, 전환점이 찾아왔다. 정부 당국은, 조금이라도 전진하기 위해서는 집시 집단으로서의 아이덴티티가 해체되어야 한다고 결론지었다. 그리고 그들은 민족집단이 아니라 '대단히 특이한 인구통계학적 구조를 유지하는' 사람들이라고 선언했다. 그 해에 제정된 법률은 유동민(사실은 집시 인구 가운데 극히 일부를 점하고 있었으며, 대체로 블라크 집단으로 한정되어 있었다)과 반유동민의 통학과 정주를 의무화하면서 각각 한 장소에만 등록하게 하고 그 이외의 장소에서는 취업을 금지시켰다. 그 법률은 전면적인 유동생활을 없애는 데 상당한 성공을 거뒀다. 말이 끌고 다니는 블라크들의 주거가 눈에 띄는 표적이 되었고, 경찰은 야영지를 습격해서 말을 죽이고 포장마차를 불태울 수 있었다. 그러나 그것은 반유동민의 이동 — 그들 다수는 슬로바키아의 정주지와 체코 각 지방의 일터 사이를 오갔다 —을 규제하는 데는 아무런 효과도 없었다. 집시 통합 계획에 대해서도, 콜리플라워 심기라든가 외몽고와의 항구적인 우호 촉진 등 당시의 다른 돌격 계획 다수를 특징짓는 열병적 접근이 이뤄졌기 때문이다. 이들 집시를 등록하고 그들에게 집과 일을 제공해야 했던 지방 당국의 입장에서는 그들을 무시하는 것이 가장 간단한 대응이었다.

반유동민이 통합계획과 식자(識字) 교육에 응하지 않자, 정부는 정책을 재검토하지 않을 수 없었다. 각각의 주들은 집시 인구에 대한 데이터를 수집하고 장기적인 동화계획을 준비하라고 지시받았다. 1965년에 채택된 정책은 두 가지 사항에 중점을 두었다. 신체 건강한 집시들의 완전 고용 및 집시 촌락과 여타 '바람직하지 않은 집시의 집중 거주지'(전부 1,300개 정도 있었다)를 철거하는 것이 그것이다. 식자운동과 기생생활 금지 캠페인이 전개되었고, 과학 아카데미에는 집시의 생활을 분석하라는 지시가 내려왔다. 통합은 원시적이고 후진적이며 타락한 인간으로 보이는 집시의 무조건적인 항복으로 이해되었다. 다음 해에 실시된 인구 조사에서는 22만 1,526명으로 확인되었다. 그 압도적인 다수는 동부에 있었고, 이제 체코슬로바키아에서 태어나는 아이 열한 명 중한 명은 집시였다.

'분산과 이전'이라는 새로운 계획은 집시를 공화국 전역에 조금씩 분산시키는 것을 목적으로 하고 있었다. 슬로바키아의 정주지에서 집시 주민의 밀도가 낮은 체코 지방으로 정기적, 계획적으로 이주시키는 일이 근간을 이루었다. 그러나 재정난, 관료적 제한, 지방 당국의 적대감, 그리고 집시들의 규칙 무시 등으로 처음부터 난관에 부딪쳤다. 특히 거주 장소와 관련하여 다시 한 번 추악한 인종적 편견이 대규모로 표면화되는 걱정스런 상황이 전개되었다(국가 부담으로 집시들을 인도로 보내버려야 한다는, 일부 노동자 집단의 제안도 있었다). 1968년 말까지 계획은 답보 상태였고, 계획되지 않은 가족 단위 이동이 계획된 이전을 상회하게 되었다. 전후 체코슬로바키아에서 일어난 집시 주민의 대규모 이동은 대체로 더 넓은 사회에서 보다 안전한 장소를 찾기 위한 농촌에서 도시로의 탈출이 전형적이었다. 그 후 수년 간, 집시들은 시험적으로 사실상의 소수민족 집단으로서 취급받았고, 경제협동 조합의 결성과 독자적인 사회문화 조직의 설립을 승인받았다. 후자는 급속히 발전했고, 가난한 집시뿐 아니라 완전히 동화된 것으로 여겨졌던 영향력 있는 지식인들까지 참여했다. '프라하의 봄'에 뒤이은 '정상화'는 이 실험이 단명했다는 것을 의미했다. 1973년, '통합적 기능을 완수하지 못했다'는 이유로 모든 집시 대중 조직이 해체되었고, 초등학교에서 교육 매체로 로마니어를 사용하려던 계획도 중지되었다. 당국의 유일한 시책은 동화에 집중되었다. 계중에는 비밀리에 실행된 것도 있었다. 이를테면, 아이를 몇 명 낳은 집시 여성 수천 명에게 불임 수술을 강제하는 정책이 그것이다. 1980년의 인구 조사는 인구 폭발의 조짐을 보였다. 기록된 집시의 수는 28만 8,440명이었다. 다소 적게 어림된 이 수치마저도 총 인구의 2퍼센트 정도에 달했다(동슬로바키아에서는 8퍼센트). 그리고 젊은 집시 주민의 높은 출생률로 인해 이 비율은 급속히 상승할 것으로 예측되었다. 교육적으로는 1970년 인구조사에서 기록된 낮은 수준에서 다소나마 개선이 있었던 것으로 파악되었다. 예를 들어, 15세 이상 집시 중에서 교육을 전혀 받지 않은 자의 비율이 10퍼센트였는데, 10년 전에는 거의 30퍼센트에 육박했었던 것이다. 대학 졸업자의 수도 45명에서 345명으로 늘어났다.[*6)]

　　루마니아와 불가리아 역시 집시에게 소수민족 집단이라는 지위를 부여하는데 소극적이었다. 루마니아는 헝가리인과 독일인 소수민족에

구리 세공인 집시. 루마니아 필데슈타(1956년).

게는 최초로 인정했던 교육과 문화적 차원의 지원— 실제로 그랬다기보다는 서류상으로 —을 집시에게는 전혀 시도하지 않았다. 게다가 집시가 산업상의 임금 노동자와 농업협동조합 분야에서 점점 두각을 나타내자, 오래 전부터 뿌리깊이 박혀있던 대중적 편견이 또 다시 들끓기 시작했다.[*7] 정부는 강제적 정주 정책을 추진했고, 뒤이어 대집단의 분산을 기도했으며, 1970년대 초반부터는 집시의 존재 자체를 무시해버렸다. 차우세스쿠는 '조직화' 계획의 일환으로서 그들의 문화를 말살하고, 그들을 도시의 누추한 게토와 농촌의 차가운 천막 야영지로 밀어넣으려 했다. 재산 — 오스트리아 · 헝가리의 거대한 금화가 저축 형태로 선호되었다 ―은 경찰과 세규리타테이(루마니아 사회주의 공화국의 비밀 경찰)가 훔쳐갔고, 그들은 통상적으로 괴롭힘을 당할 처지에 놓여 있었다.

불가리아의 동화 정책은 대략 30년 가량 지속되었다. 1958년의 포고는 집시의 이동을 금지하고, 그들을 공장과 협동조합 농장으로 끌어들이라고 시의회에 명령했다. 옛 집시 거주지의 일부는 철저히 파괴되었고, 가족들은 서로 분산된 상태로 공동 아파트에 살게 되었다. 1969년부터 수천 명의 집시 아이들에게 약간의 초등 교육을 받게 하여 도제 견습과 기술 면허 취득으로 나아가게 하기 위한 특별 학교가 설립되었다. 이들 학교에서는 로마니어 사용이 금지되었다. 그와 동시에 정부는 집시 신문과 조직을 폐쇄·몰수함으로써 독자성을 유지하는 그들의 능력을 손상시켰다. 1970년대부터는 이 거대한 소수민족 집단(아마도 총인구의 5퍼센트를 점하고 있었던 것으로 보인다)의 존재를 법률적으로 말살시키려 했다. 신분 증명서에서 '집시'라는 명칭을 사용하지 못하게 되었고, 무슬림 이름을 가진 자는 새로운 슬라브풍 이름으로 개명해야 했다(보다 일반적인 무슬림 탄압조치의 일부였다). 신문과 잡지는 집시에 관한 정보를 전할 수 없었다.

1980년대가 되자, 정부는 더 나아가 투르크와 그 밖의 외국의 영향을 받은 민족 음악을 규제하려 했다. 다만 문제는, 집시 음악이, 투르크 음악의 영향을 강하게 받았음에도 불구하고, 불가리아의 결혼식과 세례식, 그 밖의 축제에서 압도적으로 많이 이용되고 있었기 때문에 추방 자체가 불가능하다는 데 있었다. 결국, 집시들은 독자적 방식으로 불가리아의 사회주의적 환경에 적응했다. 경제적으로는 상황이 다소 개선되었고, 교육 제도에 보다 광범위하게 흡수되었다. 다만 교육을 마친 뒤에도 상대적으로 임금이 낮은 일자리 밖에 없었다. 그러나 그들은 여러 가지 규제에도 불구하고 가능한 한 자유시장에서 상거래를 함으로써 임금 노동을 보충했다. 금지 규정에도 불구하고, 자신들의 음악을 열심히 들어주는 청중을 찾아다녔던 것과 마찬가지였다.[8]

유고슬라비아에서는, 전후 민족과 언어와 문화의 복잡한 구조를 가진 연방 체제가 형성되었고, 민족 문제는 중요한 의미를 가지게 되었다. 그것은 집시 주민 ─ 집시 인구의 수가 세계 최대를 자랑하는 나라 중의 하나 ─의 다양성에도 고스란히 반영되었다. 다원적 문화 정책이 가장 진전된 곳도 바로 유고슬라비아였다. 다원주의적 접근을 제안한 마르크스주의의 거점이었던 이 나라에서 집시는 1981년, 알바니아인, 헝가리인, 투르크인 등의 소수민족과 마찬가지 조건으로 헌법상의 '민족' 지위를 인정받았다. 그것은 언어와 문화의 권리를 의미했지만, 그 실제 운용에 있어서는 연방을 구성하는 각 공화국의 상황에 따라 크게 달랐다. 매스 미디어는 경멸적인 의미가 강한 것으로 받아들여졌던 '치간'이라는 용어를 '롬'으로 대체했고, 몇몇 TV와 라디오 방송국은 로마니어로 된 정규 프로그램을 시작했다. 그때까지에 비해서 보다 광역적 차원의 사회 · 문화적 조직들이 수십 개 결성되었고, 지역 정치에 참여하는 집시도 나타났다. 1983년, 알바니아인들이 압도적 다수를 점하고 있던 코소보 지방을 시작으로 다수의 초등학교에서 로마니어 사용이 인정되었다. 결석이 많고 중도퇴학률도 높았던(그 결과 초등학교를 수료한 성인은 기껏해야 20퍼센트 정도에 불과했다) 것과는 별개로, 수백 명의 집시들이 전문직에 진출하여 의사, 변호사, 엔지니어 등이 되었다. 그러나 대다수는 전체 평균을 크게 하회하는 경제수준을 유지했고, 그 점은 많은 집시 가족이 이주한 크로아티아와 슬로베니아 같은 부유한 북부 공화국에서 특히 두드러졌다. 그들은 자그레브 외곽의 판잣집에 살았고, 류블리아나에서는 저임금 임시직과 가사노동에 종사했다. 유고슬라비아는 유동 집시에게 정주를 강요하지 않은 유일한 공산국가였다. 정주에 대한 압력은 정부의 규제보다는 경제적 사정 때문에 생겨났고, 그 과정은 1세기 전에 그보다 훨씬 서방에서 대규모 변화를 야기시켰던 사건을 재현한 듯했다. 고객의 생활 조건과 그들이 사용하는 생활 도구가 공업화의 진전과 보조를 맞추게 되면서, 유고슬라비아의 유동 집시도 그렇게 변해갔던 것이다. 옛날의 그들은 마을 근처나 시장이 서는 마을의 외곽에 야영하면서 말이 끄는 포장마차에 싣고 온 천막에서 1년의 태반을 보냈고, 때로는 구리 세공인으로서, 때로는 점쟁이나 음식을 구걸하는 거지로서 농촌 사회에서 생계를 유지했다. 그러나 이제 그들은 차츰 작은 시장 마을에 정착하거나 승용차와 소형 운반차를 손에 넣어 천막을 운송했고, 입다 만 옷이나 이등품, 공급이 부족한 소비재 등을 취급하는 기성품 매매로 전환했다.

　　제2차 세계대전 이후의 서유럽에서는 정책에 대한 관심이 다른 쪽으로 바뀌었다. 스페인 같은 한두 개 나라의 현저한 예외를 제외하면, 동유럽에 비해 정주 집시의 비율이 전반적으로 낮아졌기 때문이다. 그 결과, 보통 자동차가 끄는 트레일러 하우스에 살면서 이동생활을 계속하는 가족들에 대해 어떻게 대처하는가가 중요한 문제로 대두되었다. 그들의 생활 방식은 발달을 위해 필수적인 것으로 알려진 토지 수요, 더 나아가 부랑자와 공중위생, 도시계획 등에 관한 일반 법률과는 대립적이었다. 유동생활 그 자체는 더 이상 명시적으로 금지되지 않았지만, 정주 사회를 전제로 한 법률 체계가 그와 똑같은 효과를 가졌다. 이동생활자들은 퇴출당하거나 이동을 계속하라고 명령받았고, 그도 아니면 수도나 화장실도 없는 쓰레기장 같은 곳에서 살아야 했다. (그러나 독일에서는 각 란트의 법령이 보다 단도직입적이었다. 바이에른은 1953년부터 1970년까지 유동생활을 특별 규제 대상으로 하는 규칙을 유지했다. 신분 증명서에 지문을 찍게 하는 규칙은 1926년법의 영향을 고스란히 이어받은 것이었다. 다른 란트들도 이 규칙을 따랐다.)

　　대부분의 나라가 고려한 것은 야영 장소와 교육의 문제였다. 중앙 정부가 지방 당국에 대해 특별 야영 장소의 설치를 호소했지만, 효과는 극히 제한적이었다. 영국에서 최초로 그런 종류의 회보가 발행된 것은 1962년 2월, 주택 및 지방정부성에 의한 것이었다. 그것은 개입이나 지원이라는 보다 직접적인 권한으로 지탱하지 않는 간곡한 권고 자체만으로 무엇이 달성될 수 있는지를 잘 보여주었다. 그 지적에 따르면, '진정한 집시, 다시 말해 로마니들은 전통적인 생활양식을 따를 권리가 있으며, 그들이 야영지를 찾는 것은 당연하다... 어느 불법 야영지에서 추방되어 다른 장소를 찾아가게 두는 것은 문제의 해결이 될 수 없으며, 그와 관련된 인도적, 사회적 문제에 대한 해답도 아니다.' (이 회보는 구체적인 정의 없이 그냥 '진정한 집시'만을 언급하고 있지만, 실제로는 모든 이동 생활자를 대상으로 하고 있었다.) 2년이 지난 뒤에도 지방 단위로 운용중인 공공 야영지는 세 개에 불과했는데, 모두 합쳐서 대략 50대의 트레일러 하우스만 수용할 수 있었고, 그나마 셋 중 두 곳은 회보가 발행되기 전에 자발적으로 계획하고 있던 것이었다.[9] 1965년, 주택성은 잉글랜드와 웨일즈에서 트레일러와 오두막, 또는 천막에 사는 이동생활자들에 대해 인구조사를 실시했다. 그 결과, 그들의 수는 최소한 1만 5,000명, 또는 3,400가족으로 집계되었다. 지금으로서는 일반적으로 극히 과소평가된 수치이다.[10] 스코틀랜드는 1969년에 조사를 실시하여, 2,100명, 또는 대략 450가족이라는 추정치를 얻었다.[11] 이 무렵에 이르자, 권고를 뛰어넘어 그에 합당한 법적 조치가 필요하다는 인식이 확산되어 있었다. 잉글랜드와 웨일즈에는 1968년, '이동주택 설치장소 규제법'이 제정되었고, 1970년에 관련 규정이 발효되면서 지방 정부는 이동생활자들에게 야영 장소를 제공할 의무를 지게 되었다. 20년 후인 1990년 7월에 발표된 환경성의 수치에 따르면, 잉글랜드의 공공 야영지(거의 3분의 1은 사유지에 있었다)에는 7,357대의 이동생활자용 트레일러 하우스가 주차되어 있었지만, 그 밖의 4,610대(39퍼센트)는 합법적인 주차장을 찾지 못했다. 따라서 어느 한 시기 동안 계획을 촉진시키기 위한 설비자금 전부를 중앙 정부가 댔음에도 불구하고, 야영지 제공은 수요에 비해 훨씬 뒤쳐져 있었다. 다른 한편, 합법적으로 주차된 트레일러 하우스의 비율은 1968년법 이전에 비해 훨씬 높아졌다.

그 법에는 억압적 효과를 가진 별개의 측면이 있었다. 이미 충분한 야영지가 있다거나 전혀 필요가 없다는 점을 중앙 정부에 설득할 수 있는 지방 당국에 대해서는 '특례 조치'가 인정되었던 것이다. '특례 조치'를 인정 받은 지방 당국은 출입 금지 구역을 설정하고, 그 구역이 지방 의회가 소유하거나 관리하는 땅이든 아니든, 금지 구역에 있는 모든 이동생활자 가족을 기소하고 추방할 수 있는 권한을 부여받았다. 이동생활자에게 땅을 제공했다가는 지방 선거에서 표를 얻을 수 없었으므로 (사실상 표를 잃는 경우가 많았다), '특례 조치'의 획득은 인기의 표적이 되었고, 그 결과, 100개 이상의 지방 당국이 이 조치를 획득했다.

그와 관련하여 문제가 되는 것은 바로 학교 교육이었다. 추방당하지 않는다는 보장이 없다면, 교육의 지속성을 기대하기가 거의 어렵기 때문이다. 영국의 집시 다수는 과거에 어떤 불신을 받았든 지금에 와서는 학교 교육의 필요성이 더욱 증대되고 있다는 사실을 충분히 자각하게 되었다. 의료와 고용, 사회보장 등과 관련한 다양한 수속 양식은 별개로 치더라도, 새로운 생활 수단 그 자체가 견적서와 영수증을 쓰고, 운전 면허증과 보험 취득을 요구한다는 사실만으로도 그 필요성을 인식하지 않을 수 없었던 것이다. 영국의 지방 분권적 교육제도의 특성상,

런던의 웨스트웨이 야영지(1986년).

항구적이든 일시적이든, 관내에 거주하는 모든 아이들에게 교육을 베
풀 책임은 지방 교육 당국에 있었다. 이동생활자의 아이들도 그 대상에

포함되어 있었다(공식적으로 법률에 명시된 것은 1981년의 일이었다). 잉글랜드와 웨일즈만 해도 100개가 넘는 지방 행정 당국이 존재하고 있었는데, 그것은 곧 그 다양하고 독립적인 정책들이 내용상의 서비스 측면에서 커다란 차이를 낳는다는 것을 의미했다. 관여 정도는 중앙의 재정 지원을 받아 특별 교재를 사용하는 교사팀이 있는가 하면, 서비스가 전혀 제공되지 않는 곳에 이르기까지 다양했다.[12] 비록 부조화스럽기는 했을지언정, 1979년대 이래로 상당한 진전이 있었다. 그럼에도 불구하고, 소수민족 아이들의 교육에 관한 조사 위원회의 1985년 보고서에서는, 이동생활자 집단의 경우, '다른 소수민족 아이들도 다수 직면하고 있는 편견과 소외의 경험이 극도로 현저하다'고 지적했다.[13] 그들은 학교에 다니는데 있어서 독특한 곤란을 가지고 있었다. 1990년, 이동생활자의 교육을 지원하기 위해 중앙 정부가 새롭게 특별보조금 제도를 도입했지만, 이후 지방 교육당국으로부터 들어온 신청서 다수는 부분적으로만 인정되거나 전혀 인정받지 못했다.

1992년, 정부의 정책에 일대 전환이 이루어졌다. 야영지 설치에 관한 재정적 지원과 지방의회의 야영지 설치 의무 양자를 폐지하고 그와 동시에 불법 야영지에 관해 새롭게 엄한 권한을 도입하자는 제안으로 인해, 기존의 성과가 무로 돌아갈 위험에 처한 것이다. 1968년법이 제정되기 전에 존재했던 문제를 잘 알고 있는 지방 당국과 경찰관계자, 그리고 교육, 의료, 복지 등을 좌절시키는 반복된 추방이 있을 것이라고 예감한 사람들의 항의가 있었다. 그럼에도 불구하고, 1년 후에는 그를 위한 조치가 '형사 재판·공공 질서법'이라는 어울리지 않는 법률에 포함되었다. 지방 당국의 의무를 폐지한다는 하원 심의에 대해 상원이 제동을 걸었지만, 아무 소용이 없었다. 영국 정부는 당초의 의도를 왜곡하지 않고 결국 그대로 통과시켰다.

그러한 방향 전환에 이르기까지, 서유럽 여러 나라에서 나타난 사태의 전개 과정은, 지방 당국의 응급책과 구별되는 중앙 정부의 특별 정책이 있는 한, 거의 비슷한 양상을 보였다. 프랑스에서는 많은 지방 자치체가 금지령을 실시하고 있던 1949년, 이동생활을 하는 집시의 비참한 상태를 점검하기 위한 특별 조사 위원회가 설치되었다. 그 보고서는 '억압과 금지의 정책'을 포기하라고 권고했고, 내무성 장관은 보다 적극적인 정책을 정식 승인했다. 20년 후, 이동생활자의 신체 특징 수첩이 마침내 폐지되었고, 매달 경찰에게 검사받아야 했던 '이동 수첩'도 마찬가지 운명에 처해졌다. 지방 당국에 대한 야영지 설치 압력은 거의 효력이 없는 권고 수준에서 중앙의 보조금 지급을 거쳐 최종적으로 단기 체류용 시설제공을 정식으로 의무화하는 것으로 발전되었다. 그와 동시에 일단 그 의무가 이행되면, 다른 곳에서는 야영을 금지할 수 있는 자유가 부여되었다. 1980년대 말까지, 불균등하게나마 프랑스의 대부분, 특히 북서부 지역에는, 잘 정비된 것에서부터 원시적인 것에 이르기까지 다양한 수준의 야영지가 배치되었고, 몇 가지 주택 시설도 만들어졌다. 교육면에서는 민간 조직의 손으로 다종다양한 학급과 학교가 시도되었지만, 중앙 정부에 의한 일관된 정책의 조짐은 거의 없었다.

이탈리아에서는, 중앙·지방을 불문하고, 공공 야영지가 거의 없었다. 특별 학급 설치와 같은 조치도 민간주도로 이루어졌으나, 그나마 정부 정책이 보통 학급으로의 통학을 추진하는 방향으로 전환되면서 중단되었다. 그와 동시에 학습상 곤란이 있는 집시 아이들에게 보조적 조치를 취하겠다는 의도가 표명되었다. 그것은 이탈리아에 한정된 전환이 아니었다. 이 점에 관한 한 약속된 지원 조치가 현실적으로 적절하다면 지지하겠다는 논의가 많았다. 벨기에 또한 분리학급에서 전환한 또다른 나라였지만, 야영지 제공은 중앙 정부의 재정 지원하에 대체로 각

1993년 9월, 트란실바니아의 하다레니에서는 반집시 폭력 세력들의 방화로 13채의 집이 파괴되었다. 사진은 페허가 된 집에서 나오는 집시 여성의 모습.

지방의회의 판단에 맡겨졌다. 실제로 설치된 20개 정도의 야영지는 대부분 기본적인 시설밖에 없었고, 수십 년 동안 주차한 상태로 있던 트레일러 하우스를 정리하는 것이 목적이었다. 스페인의 주요 문제는 방랑하는 집시를 어떻게 해야 한다는 것이 거의 없었다는 점이다. 그들 대부분은 가난한 '바리오(거리)'에 거주하고 있었다(그러나 어떤 경우든, 유동 생활은 금지되어 있었다). 바리오와 판자촌에 대한 대응책은 더 문제였다. 눈에 잘 띄지 않는다는 이유로 일용직 농업 노동자의 임금 구조에는 교활한 차별이 숨겨져 있었다. 1989년, 무르시아의 밭에서 1시간 일했을 때 받는 임금은 일반 남자가 300페세타, 여자가 250페세타인 반면, 집시는 200페세타였다. 정부는 지방 당국에 대해 위험 지역을 정리하고 주택 건설 계획을 세우라고 요구했고, 일부는 실현되었다. 학교의 예비 학급에도 보조금이 지급되었다.

브레멘 근처 레바흐의 난민 센터에서 루마니아 출신의 집시가 체포되는 모습 (1990년).

    스페인 정부는 집시 주민이 새로운 주택으로 이주하거나 아이들이 학교에 다니기 시작하면 지역 주민으로부터 반발이 생길 수 있다는 것을 잘 알고 있었다. 그 점은 스페인만의 문제가 아니었다. 네덜란드와 스웨덴처럼, 어떤 면에서는 가장 진보적인 국가에서도 마찬가지 반응이 있었다. 스웨덴은 폴란드에서 추방된 수백 명의 집시를 받아들였고, 그들을 난민으로 대우하면서 집과 일자리를 얻을 수 있게 도와주었다. 네덜란드 또한 상당수의 외국인 집시에게 주택을 제공했다. 국내의 이동생활자에 대한 일반 여론은 '분바겐베보너(이동주택거주자)'를 대집단으로 모아 비교적 소수의 집주지에 살게 하는 쪽이었다. 1968년의 법률에 따라 트레일러 하우스 거주자들이 각 지역에 설치된 주차시설에 무리 지어 모여들었다. 거기에는 특별학교와 성인 교실도 갖춰져 있었다. 그러나 1970년대 후반, 대규모 야영시설의 폐해가 점점 분명해지면서 정부 정책도 전환되었다. 그 결과, 그들을 필요한 수만큼의 소규모 야영지로 분산시키는 것이 극히 어렵다는 사실이 증명되었다. 마찬가지로, 교육 정책이 아이들을 보통 학급에 통합하는 방향으로 전환되었을 때도, 지역의 반응은 여러 가지 문제를 낳았다. 이동생활자의 아이들이 현실적으로 학습 수준이 낮았기 때문이기도 했지만, 다른 아이들이 단단히 결속한 데다가 그 부모들에 대해 불신하고 있었기 때문이다.

국제 무대에서는 선의의 성명과 상세한 처방전이 결코 부족하지 않았다. 각국이 참가하는 대규모 회의가 잇달아 개최되었지만, 보다 의욕적인 국가들의 산발적인 시도만으로는 총론적 해결책과 실제적 성과 사이의 간격이 해소되지 못했다. 당시 공산권 이외의 유럽 국가 태반을 대표하는 유럽회의의 각료회의와 의원회의를 비롯한 그 밖의 기관은 1969년부터 유럽의 집시 및 여타 이동생활자들의 무권리 상태를 비난하고, 가맹국 정부에 대해 차별을 종식시키고 야영지와 주거에 대한 대책을 강구하며 교육 · 취업 · 의료 · 사회보장 서비스의 촉진을 요구하는 일련의 결의와 권고를 채택했다. UN 인권위원회도 1977년부터 집시에 대한 차별에 관심을 보이게 되었다. 유럽 공동체(EC)의 여러 기관에서는 1984년부터 주로 교육 문제에 관심을 보였다. 각료회의 자체도 1989년 5월의 결의로 이 문제를 제기하고, 고유 문화 존중과 예산 증액, 그리고 교사의 특별 양성을 기초로, '집시 및 이동생활자 아이들의 학교 교육을 방해하는 주요한 장애 극복을 위한 전세계적 차원의 구조적 접근'을 요청했다.[14] EC 내부의 현상태에 관한 결의의 요약 부분은 가맹 12개국에서 향후 메워야 할 간극을 보여주었다. 그에 따르면, 50만 명 이상의 그런 아이들 중에 규칙적으로 학교에 다니는 아이는 기껏해야 30~40퍼센트에 불과하며, 학교라고는 구경도 못해본 아이들이 절반 이상이었다. 중학교와 그 이상으로 진학하는 비율은 낮다. 교육 성취도는 학교에 다닌 기간과는 거의 관계가 없다. 그리고 성인 문맹률은 종종 50퍼센트 이상이었고, 지역에 따라 80퍼센트를 넘기도 했다.

1989년에 시작된 정치적 전환은 곧 유럽 전역에 새로운 긴장과 대립을 낳았다. 그에 따라 유럽안전보장협력회의— 1975년, 헬싱키 최종 조약에서 설립되었고, 냉전의 종결로 부활된 조직 —가 1990년에 채택했고, 34개국 정부가 조인한 소수민족의 권리보호에 관한 문서가 더욱 중요한 의미를 가지게 되었다. 민족을 이유로 한 모든 형태의 차별을 단죄한 뒤, 다음과 같은 문구가 이어졌다. '이런 맥락에서 각국은 집시 고유의 문제를 인식한다.' 이 회의는 그 후의 모임에서도 이런 인식을 재확인했다.

동구 전체주의의 붕괴로 전후부터 감시되어왔던 감정이 부활하게 되면서 문제는 더욱 첨예해졌다. 언론의 자유를 강화하는 것은 편견을 표현할 자유마저 확대된다는 것을 의미했다. 인종 차별이 동기가 된 학대와 노골적인 폭행에 대해 정부 당국의 대응은 종종 미온적이었다. 헝가리, 폴란드, 체코슬로바키아, 루마니아, 불가리아 등에서 심각한 사태 — 집이 불타고, 집시 가족이 몰매를 맞는 등의 사건 —가 일어나기 시작했고, 그런 상황이 지속되었다. 집시가 옛부터 합법적으로 정주하고 있었고 지역 사회에 받아들여진 것으로 보였던 곳에서조차 폭력 사태가 일어났다. 사기업은 이제 더 이상 불법이 아니었지만, 혁명 후의 자유 경제가 제공한 유리한 기회를 알아차릴 정도로 기회주의적인 집시들은 부족한 물자를 거래함으로써 격렬한 적의를 불러일으켰다. 내셔널리즘과 물질적 곤란, 그리고 처음 경험하는 고율의 실업은 속죄양(옛날 유대에서 속죄일에 사람들의 죄를 대신해서 황야에 버려진 염소 – 역주)을 요구했고, 집시가 있는 곳에서는, 사회적, 경제적인 다양한 문제에 대해 집시가 대신 단죄당했다. 성공한 소수자는 분노의 대상이 되었고, 그렇지 않은 자는 일하기 싫어하고 게으르다고 비난받았다. 특히 루마니아에서는 집시가 경제위기로 고통받던 많은 노동자들의 분노를 돋웠고, 선거로 뽑힌 신정부는 민족주의의 십자군을 이끌었다. 반정부 행동을 진압하기 위해 광산 노동자 갱 집단이 부카레스트로 들어온 1990년 6월, 집시들도 특별취급 대상자로 지목되었다. 광산 노동자들은 수도를 떠나기에 앞서, 대통령의 찬사가 아직 귓가에 남아 있던 그 무법천지의 저녁 동안, 집시의 집을 황폐화시키며 돌아다녔다.

　　1989년 이후, 동구에서는 유동생활로의 회귀 현상이 다소 나타났다. 새로 등장한 민주주의 정권이 국경규제를 완화하고, 수십 년만에 처음으로 패스포트를 손에 넣을 수 있게 되자, 국제적인 이동이 훨씬 가속화되었다. 중앙 유럽과 서유럽으로 몰려든 이민의 파도에는 루마니아에서 나온 수만 명의 집시가 포함되어 있었다. 유고슬라비아가 해체되면서 격렬한 내전이 일어나자, 그곳에서의 집시 유출도 격증했다. 그 상당수에게 최상의 행선지였던 독일에서는 외국인 혐오성 습격이 빈발했고, 집시와 그 밖의 난민 및 이민 노동자의 야영지와 숙소를 목표로 한 자경단(自警團)의 자위행동이 시작되었다. 여러 해 전에 정식 거주권도 없이 들어온 자에 대한 추방과 헌법 개정, 그리고 망명 관련법의 강화를 요구하는 압력이 거세졌다. 1992년, 독일 정부는 루마니아와 난민 송환 협정을 체결했다. 합법·비합법 이민과 관련한 불온한 사태는 중앙 유럽에도 널리 퍼져 있었다. 한편, 체코와 슬로바키아 공화국의 '벨벳 이혼'은 집시에 대한 적의가 고조된 상황에서 배타적이고 엄한 시민권 규칙을 적용하는 새로운 근거를 만들었다. 이러한 긴장 고조를 배경으로, 1993년에 EC 통합시장이 완성되면서 역외국민의 입국규제를 통일하고 망명 희망자에 대한 대책을 강화하려는 움직임이 나타났다. EC 시민의 자유로운 이동을 위해 역내 국경을 개방한 것과는 대조적인 조치였다(이 경우에도, 프랑스의 '이동 수첩'처럼, 노동과 이동의 자격에 대한 각국의 규제가 반드시 폐지된 것은 아니다).

인구와 분류

오늘날 집시의 인구 구성이, 만화경(萬華鏡)을 수없이 흔든 것처럼, 다양한 요소의 혼합 양상을 보이는 것도 그리 놀라운 일은 아니다. 이 모자이크를 조사하려 할 때면, 어떻게 하면 그 다양한 혼돈에 일정한 질서를 부여할 수 있을지가 문제가 된다. 출발점으로 적절한 것은 대부분의 국가에서 행해지고 있는 기본적 구분이다. 그것은 오래 전부터 정착하고 있던 집시 집단과 과거 1세기 전후에 도착한 자— 예를 들면 롬과, 보다 최근의 호라하네 등 —를 구별하는 것이다. 양자는 언어, 관습, 직업, 또는 생활양식 일반 등 모든 면에서 서로 다르다. 마찬가지 이분법으로 진티와 로마가 있다. 이 명칭들은 집시 자신에 의해 서로 배타적으로 쓰인다. 진티의 입장에서 '로마'는 동유럽 출신의 집시 일반 또는 사실상 진티가 아닌 모든 집시를 가리키며, 마찬가지로 로마는 서유럽의 집시를 포괄적으로 '진티'라 부른다. 보다 정확하게 말하면, 진티는 독일어권에서 오래 거주한 집시로, 이는 그들의 로마니어 방언에 독일어의 영향이 강하게 남아 있는 사실로 증명된다.[15] 그들은 몇몇 국가에서 발견되고 있는데, 실제로, 로마니어의 진티 방언은 멀리 동방의 볼가강에 뿌리박고 있었다. 19세기 후반에 폴란드를 거쳐 그곳에 간 집시들이 전해준 것이다. 그것은 제2차 세계대전 동안 더 나아가 카자흐스탄까지 전해졌다. 프랑스에서는 그들이 '마누슈'('집시 남자'를 뜻하는 로마니어 '마누스'에서 유래했다)로 알려지게 되었다. 진티와 로마를 구별하는 제2의 주요 카테고리는 스페인의 칼레, 포르투갈의 치가노, 그리고 남프랑스의 기탄에 의해 구성된다. 여기에는 멀리 라틴 아메리카에서 볼 수 있는 동족 집단이 포함되어 있다. 따라서 서유럽 국가에서는 몇 가지 층을 구별할 수 있는 경우가 많다. 프랑스에서는 마누슈, 기탄, 롬(대부분 칼데라시), 호라하네, 기타 등등이 있다. 이탈리아의 경우, 그 오랜 층은 북부의 각종 진티 가족을 비롯, 중부와 남부의 아브루치와 칼라브리아의 집시 부족— 그들과 밀접하게 관련된 방언들 속에 있는 소수의 슬라브어와 독일어 차용어에 비춰보건대, 그리스에서 직접 건너온 집시의 자손으로 보인다 —으로 구성되어 있었다. 나아가 호라하네와 그 밖의 유고슬라비아 출신 집시들, 그리고 칼데라시, 쿠라라, 루다리, 그 밖의 도나우 부족까지 첨가되어 있었다.

더 동쪽으로 가면, 상황은 다양한 것들을 끼워맞춘 세공에 가깝다. 발칸 반도에서 일어난 일이 집시의 역사에 결정적이었다는 것을 고려할 때, 여기서 나타나는 민족과 언어의 복잡성은 특히 중요하다. 무엇보다도, 발칸 반도에는 그들이 가장 밀집되어 있었다. 게다가 이곳은 전반적으로 유럽으로 가는 출발점이었다. 수세기에 걸쳐 이곳은 다른 어떤 곳보다도 극단적으로 다양화되었다.[16] 발칸 집시의 계보를 도표로 만들려면, 일련의 판정 기준을 준비해야 한다. 그들 사이에 국민성의 차이는 거의 없다. 집시 부족 다수가 국경선 너머로 확장되어 있으며, 그 내부 조직에는 국가는 달라도 공통점이 수없이 많기 때문이다. 방언과 종교(무슬림/기독교도)는 보다 중요한 두 가지 요인이었다. 현재나 과거의 직업상의 특화 역시 마찬가지다. 그것이 어떻게 롬 내부의 세분화를 결정짓는지에 대해서는 앞에서 이미 살펴보았다. 유동과 정주의 구별 또한 중요하지만, 엄밀한 의미에서 볼 때 영속적인 것은 아니다. 정주 집시 다수는 직업을 찾아 이동하며, 유동 집시도 겨울 동안은 보통 정주한다.[17] (유동/정주의 경계선과 언어학적 보수성 사이에는 일정한 상관관계가 없다. 적지 않은 유동 집단이 로마니어를 버린 반면, 다수의 정주민들은 그것을 유지하고 있다. 대규모 집시 공동체에 거주하는 경우가 특히 그러하다.)

그러한 구별을 기초로, 옛 유고슬라비아에서는 20종류 정도의 주요 부족이 확인되었으며, 이들 상당수는 내부적으로 다시 세분화된다. 각각의 부족은 고유의 지리적 영역을 가지고 있을 뿐 아니라 독자적인 하위 문화가 있고, 자신들만의 직업에 종사하며, 독특한 방언을 쓰고, 결혼도 집단 내부에서 한다. 불가리아에서는 제1차 세계대전 전야에 한 연구자가 구역, 종교, 직업, 그리고 유동과 정주의 차이를 조합해서, 이 나라 북동부에서만 19개의 부족을 구별해냈다. 그 가운데 7개는 정주 무슬림 부족이었고, 4개는 정주 기독교도, 4개가 유동 무슬림, 그리고 다시 4개가 유동 기독교도였다.[18] 그 가운데 세 부족(그 당시 북동 불가리아 최대의 유동 부족이었던 루다리도 포함된다)은 로마니어를 쓰지 않았으며, 나머지 19개 부족은 블라크계 방언 그룹과 비블라크계 방언 그룹으로 반씩 나뉘었는데, 비블라크계 방언의 일부는 발칸 반도에서 가장 원초적인 것으로 주장되고 있다. 그 이후, 정주화 및 문화적 동화가 강제되고 정부가 집시를 정당한 민족 집단으로 인정하지 않으면서 집시의 국민성이 계속 발전함에 따라 이러한 부족 구분은 서서히 그 중요성을 잃게 되었다.[19]

분류를 더욱 복잡하게 하는 것은, 특히 서유럽에 생활양식 측면에서 집시와 공통점이 많고 문화적 요소 또한 상당수 공유하고 있는 또 다른 이동생활자 주변 집단이 존재한다는 점이다. 그들은 수세대에 걸쳐 가족 단위로 이동하고, 집시와 비슷한 직업, 비슷한 생활양식, 주변 사회에 대한 비슷한 태도, 어린 나이에 집단 내부에서 결혼하는 마찬가지 풍습 등을 가지고 있다. 그러나 그들이 고유의 언어를 가지고 있는 한, 이 언어는 로마니어와 다르다. 단지 종종 그 영향을 받았을 뿐이다. 터부의 체계 또한 다른 경우가 많다.

영국 제도의 아일랜드 유동민은 집시가 도착하던 시기에 이미 존재했던 그러한 집단의 예를 잘 보여주고 있다.[20] 이들은 일반적으로 '틴커(땜장이)'라 알려져 있지만, 오늘날 '나그네(이동생활자)'로 불리기를 좋아한다. 전에는 농촌 지방을 이동하면서 다양한 상품 거래와 서비스, 특히 양철 세공, 말 거래, 행상 등을 했고, 천막과 말이 끄는 포장마차에서 생활했다. 제2차 세계대전 후에는 전통적인 기능과 서비스가 대부분 시대에 뒤떨어지고 말았다. 더 이상 시골에서 생계를 유지할 수 없던 그들 다수는 도시 지역, 특히 더블린으로 이주했는데, 거기서 남자들은 실업자 등록을 한 채 고철 조각과 중고품을 찾아다녔고, 여자들은 구걸에 나섰다. 현재 아일랜드에 있는 절반 이상의 '틴커'들이 특별 야영지의 트레일러 하우스나 조립식 주택, 또는 공적으로 제공된 주택에 살고 있다. 1950년대 말부터 다수가 잉글랜드, 특히 미들랜드로 건너가 거기서 상거래를 놓고 영국 집시와 경합을 벌이게 되었다(대량 유입이 이번이 처음은 아니었다. 1840년대의 대기근도 마찬가지의 원인이 되었다.) 예전의 '셸타어'에서 발전한 '가몬어' 또는 '캔트어'라 불리는 그들의 언어에는 고대 아일랜드어의 '거꾸로 읽는 속어'를 포함해서 주로 켈트어의 은어에서 차용한 단어가 많다. ('가몬Gammon'이라는 명칭 자체가 고대 게일어 알파벳을 가리키는 '오감Ogam'을 거꾸로 읽은 것에서 유래한다.) 그러나 언어의 구조는 아일랜드어보다는 영어에 훨씬 가깝다. 스코틀랜드에서도 틴커는 집시가 오기 훨씬 전부터 알려져 있었고, 이 본래의 주민은 신참 집시 이상으로 그 독자성을 유지했다. 과거에 그들의 관계

1970년대의 아일랜드 이동생활자.

가 어떠했는지는 거의 알려지지 않은 상태지만, 교혼을 포함한 상당한 접촉이 있었던 것으로 보이며, 그 결과 집시의 유입이 확대되었다. 스코틀랜드의 이동생활자 다수는 확실히 집시의 터부를 일부 공유하고 있으며(이를테면, 같은 대야에서 옷도 빨고 그릇도 씻는 것 등), 그들의 언어인 '캔트어'에는 게일어 및 스코틀랜드어, 더 나아가 본래의 의미의 캔트(다시 말해, 16세기에 최초로 기록된 지하세계의 비밀 은어)에서 온 단어들과 함께 로마니어 단어가 매우 일반적이다.[*21]

이들 비슷한 유동민 집단의 기원에 대해서는 다양한 논의가 전개되어왔다. 각각의 이론들은 사회적·경제적 요인을 강조하는 입장과 집시의 혼합을 중시하는 입장을 놓고 크게 요동치는 경향이 있다. 후자의 논의에서는 때로 생물학적 결정론의 전성기에 지배적이었던 견해를 근거로 들면서 집시의 유동생활(그리고 그 밖의 특성)을 본능 및 격세유전과 결합시키기도 한다. 오늘날에는 그러한 관점을 지지하는 사람이 거의 없다. 집시 또는 그 밖의 유동 집단이 이동생활을 유지하는 이유는 그들이 행하는 유동 상거래가 하나의 경제 현상이며, 그것은 간헐적인 수요에 가장 효과적으로 대응하려면 거주지를 이동해야 한다는 사실로 설명될 수 있다. 그리고 집시를 특히 거기에 적응시킨 것은 바로 그들의 문화였다.

그런 집단들에 대해 정확한 분류를 시도하는 것은 아무런 효과도 없는 작업이다. 그 목적이 그들을 '피의 순수성'에 따라 정렬시키려 하는 것이라면, 특히 더 그렇다. 지리적으로 가장 널리 분포하는 것은 '예니쉐'이다.[*22] 이 명칭이 처음 나타난 것은 모호하게나마 1714년으로 거슬러 올라간다. 당시 그것은 빈의 어떤 은어를 지칭하는 것으로 사용되었다. 70년 후, 그것은 '로트웰슈어(독일 도둑의 은어)'를 지칭하게 되었다. 어떤 대중적인 이론에서는 그것을 로마니어의 '잔dzan(알다)'에서 파생된 단어로 설명하면서, '현명한' 언어 또는 사람이라는 의미를 부여하고 있다. 독일에서는 '예니쉐'가 특히 라인란트와 그 주변 지역에 집중되었고, 그들의 언어는 로마니어, 이디시어, 로트웰슈어, 독일어 방언이 혼합된 것으로, 혼합 비율은 지역에 따라 달랐다. 그들은 바구니와 체를 만들었고, 행상과 칼갈이, 양철공 등을 하면서 이동했다.

프랑스와 벨기에의 '예니쉐'는 거의 2세기 전에 독일어권에서 왔다. 그들의 이름은 독일 남부 및 알사스의 진티와 어떤 관계가 있음을 보여주는 듯하다.[*23] 한편, 스위스에서는 예니쉐와 집시의 접촉이 과거 2세기 동안 극히 제한적이었다는 주장이 있었지만, 그 근거는 확실치 않다. 어느 정도의 혼합은 어떤 나라에서나 가능성이 있으며, 몇몇 나라에서는 반박의 여지가 없지만(예를 들어, 프랑스 중부의 마뉴슈와 예니쉐 사이에는 많은 접촉과 교혼이 있다), 언어와 오염 규범은 서로 다르다. 그에 대응하는 네덜란드의 집단 '분바겐베보너(이동주택 거주자)' 또는 '라이치거(이동생활자)'는 이동 행상인, 대장장이, 칼갈이 등으로 18세기 전후에 등장한 것으로 보이며, 주로 베스트팔렌에서 왔고, 그 기원은 브라반트 북부의 황야를 방랑했던 이탄(泥炭) 광부였다. 그 후 19세기 들어 다양한 기원을 가진 새로운 층이 형성되었다. 오늘날 그들의 대부분은 주차한 트레일러 하우스에 산다. 1970년대까지는 폐품과 중고품, 고물 등을 거래하거나 임시직에 종사하면서 생계를 부양할 수 있었지만, 최근 들어 주로 사회보장급부에 의존하지 않을 수 없는 상태로 살아가고 있다.

스칸디나비아에서도, 마찬가지 집단과 집시의 관계가 분명치 않다. 노르웨이의 '옴스트라이페레(방랑자)'는 아마도 지역 주민과 혼혈인 집시와 독일인의 교혼이 기원인 듯하다. '로디어'라고 불리는 그들 고유의 언어는 어휘의 3분의 1가량이 로마니어에서 왔으며, 10분의 1은 독일어에서 왔다.[*24] 오늘날에는 그들 대부분이 반정주 상태다. 스웨덴의 이동생활자는 '타타레' 라는 이름으로 알려지게 되었다. 원래는 집시에게 주어진 명칭이었지만, 18세기 동안 차츰 유동민 일반을 지칭하는 것으로 바뀌었다. 오늘날 집시는 '치게나레' 라 불리고 있다. 이들 '레잔데' ('이동생활자' 라는 뜻. 그들이 선호하는 호칭) 역시 그 어휘에 방언상의 차용어뿐 아니라 다수의 로마니어를 가지고 있으며, 일부는 집시, 일부는 정주한 스웨덴인 가족의 후손으로 여겨지고 있다. 그러한 가설은 가계도의 일정 표본에 근거한 반론에 부딪치기도 했지만,[*25] 그 가계도 표본 자체도 어느 정도 집시의 피가 혼합되어 있음을 보여주었다.

스페인과 포르투갈의 '킨키 — '킨킬레로(땜장이)' 의 단축형 —는 균질적이고 배타적인 집단으로, 근친간의 결혼을 선호하는 경향이 뚜렷하다.[*26] 일부에서는 그들이 초기 집시의 고립된 일족의 자손이라고 주장하기도 했지만, 신체적, 문화적, 언어적 유사성은 없다. 킨키의 언어 다수는 스페인의 황금시대로 거슬러 올라간다. 그들의 기원은 16세기에 일련의 오랜 기근과 전염병으로 농촌 주민이 격감한 후 이동생활로 전환한 카스티야 지방의 땅 없는 농민에서 찾는 이론이 설득력이 있다. 스페인에서는 사치스럽게 장식한 노란 포장마차를 타고 1950년대까지 — 히타노보다 더 나중까지 — 유동생활을 유지했다. 그 후, 유동생활을 금지하는 일련의 법률이 정주를 강제하자, 그 다수는 마드리드, 바르셀로나, 빌바오 외곽에 우후죽순격으로 생겨난 무허가 판자촌에 살게 되었다. 후에 이 판자촌은 파괴되었고, 그 주민들은 먼 곳으로 추방당했다. 오늘날 그들 대부분은 대도시의 슬럼에 살면서 실업자군을 늘리고 있다. 카스티야에서는 '킨키' 라는 단어가 '델린쿠엔테(범죄자)' 라는 말과 거의 유사한 말이 되었으며, 그들은 '히타노' 와 '파요' 모두에게 멸시당하고 있다.

이상의 내용을 비롯한 다른 많은 혼동 가능성, 그리고 엄밀하고 신속한 인종구분의 비현실성을 전제로 할 때, 집시 인구수를 계산하는 것은 대체로 실패할 수밖에 없는 작업으로 보인다. 국가적 차원의 인구 조사에서도 그러한 시도는 하지 않는 경우가 많다. 설령 시도하더라도, 정주민이든 유동민이든, 대상이 되는 주민을 정의하고, 대상자를 파악하거나 예상대로 신고하게 하는데 어려움이 생긴다. 유고슬라비아에는 자신을 롬이라 부르는 것에 반대하는 이들도 있다. 마케도니아에서는, '집시'와 그 밖의 같은 종류의 유사어로 부르는 일반적인 경향과 반대로, 1990년, '이지프카니'라는 명칭을 채용하는 운동이 시작되었고, 1991년의 인구 조사에서는 수천 명의 집시가 스스로를 이 명칭으로 신고했다. 불가리아에서는 1992년 12월, 포스트 공산주의 최초의 인구 조사가 실시되었는데, 그 결과, 총인구 850만 명 가운데 대략 28만 8,000명이 스스로를 집시라고 신고했다. 그러나 기독교도 로마니어 주민은 다수가 스스로를 '치가니'라고 칭한 반면, 투르크어를 모어로 하는 집시 다수는 자신들이 투르크인이라고 주장했다. 따라서 불가리아 집시 인구의 정확한 수치는 아마도 50만 명 전후일 것으로 보인다.[27]

다양한 정보에 근거해서 공식적인 수치의 간극을 채우려는 시도는 종종 극단적으로 다른 추정치로 나타난다. 1980년대에 이루어진 두 종류의 각국별 분석[28]은 유럽의 집시 인구 총수에 대해 하나는 198만 8,000에서 562만 1,000명, 다른 하나는 342만 1,750명에서 493만 5,500명이라는 수치를 나타냈다. 특정 국가에 대해서는 그 차이가 더욱 엄청난 경우가 있는데, 예를 들면, 한쪽에서는 네덜란드 1,000명, 스웨덴은 1,000명에서 8,000명이라는 수치를 인용하고 있는 반면, 다른 쪽에서는 각각 3만 명에서 3만 5,000명, 6만 명에서 10만 명이라는 수치를 제시하고 있다. 이러한 차이의 일부는 대상이 되는 주민 집단(예니

쉐, 타타레, 분바겐베보너 등)을 어디까지 포함시키는가가 다른 데서 기인
한다. 그러나 그 경우에도 (위에 인용한 높은 수치처럼) 추정치의 신뢰성
에 대한 불안은 남아 있다.

그러나 이러한 고유의 불확실성이 있다고 해서 집계의 문제를 전
적으로 무시할 수 있는 것은 아니다. 여기서 유럽에 사는 현재의 집시
인구에 관한 일정한 추정치를 살펴보자. 합리적으로 판단되는 수치를
큰 것부터 제시하면 다음과 같다(예를 들어, '250,000+'는 25만 명에서
50만 명 사이라는 뜻이다).

1,000,000+ : 루마니아

500,000+ : 불가리아, 헝가리

250,000+ : 독립국가연합(CIS. 러시아, 우크라이나 등), 스페인, 슬
로바키아, 세르비아-몬테네그로

100,000+ : 마케도니아, 체코 공화국, 프랑스, 그리스

50,000+ : 이탈리아, 독일, 영국(U.K), 알바니아

25,000+ : 폴란드, 포르투갈, 보스니아-헤르체고비나

10,000+ : 크로아티아, 오스트리아

1000+ : 스웨덴, 슬로베니아, 핀란드, 네덜란드, 벨기에, 스위스, 리
투아니아, 덴마크, 에스토니아, 라트비아

1,000이하 : 아일랜드, 사이프러스, 노르웨이, 룩셈부르크

때로는 상위 국가의 특정 도시에 하위 국가의 집시 인구 전체를 훨
씬 상회하는 숫자가 집중되기도 한다. 유고슬라비아·마케도니아의 수
도 스코피에 교외의 슈토 오리자리에는 무슬림을 중심으로 4만 명 가량
의 집시가 살고 있어서, 단독으로는 세계 최대의 집시 공동체가 되었

다. 불가리아의 슬리벤도 그에 필적한다. 유럽 전체적으로는 500만 명에서 600만 명이라는 수치가 위의 추정치의 범위 내에 있다. 그러나 그것이 절대적으로 확실하다고 말할 수는 없으며, 좀더 큰 수치를 주장할 수도 있을 것이다.

언어의 변화

집시를 이렇게 구분하는 데는 언어의 차이가 중요한 판정기준이 되었다. 로마니어 방언의 복잡성을 해명하려 할 때면, 설령 중동 지역은 제외하더라도, 도대체 어디서 멈춰야 할지 판단하기 어렵다. 어떤 언어든 정지 상태로 있지는 않기 때문이다. 영어는 매년 약 100종류의 새로운 단어 또는 기존 단어의 새로운 의미를 얻는다. 로마니어는 특히 역동적이다. 유년기 이후에 로마니어를 쓰는 사람은 모두 2개 국어를 사용하고 있으며, 유럽 전역에서 주류 문화로부터의 끊임없는 차용이 이루어지고 있다. 늘 새로운 분기가 일어나고 있는 것이다. 문자화된 규범이 존재하지 않기 때문에 로마니어의 분화가 제어되는 경우는 거의 없다. 설령 집시가 풍부한 재능을 보이는 노래와 민간 전승이 세대에서 세대로 구전된다 하더라도, 이것은 살아 있는 소재이며, 끊임없이 변화하고 창조적으로 원기를 회복한다. 로마니어의 변형 일부는 더 이상 언어라고 부를 수 없으며, 주류 사회의 언어나 방언의 문맥 내에서 사용가능한 비교적 소수의 어휘 집단— 예를 들어, 이베리아 반도의 칼로어나 앙글로 로마니어(웨일즈의 우드가에서 보존되고 있는 고어와는 다르다) — 으로 축소되었다. 심지어 언어라고 불릴 수 있는 방언 중에도 어휘의 범위가 제한적이어서 일반적으로 수천 단어를 넘지 않는 것도 있다. 방언들 사이의 차이도 매우 큰 경우가 많지만, 핵심적인 요소에 중점을 두면서 최근에 전수되어 아직 완전히 통합되지 않은 차용어를 무시할 경우에는 그 차이가 적어진다.*29) 웨일즈 방언에서는 어휘의 60퍼센트가 유럽 도착 이전에 기원한 것이며, 16퍼센트는 영어에 뿌리를 두고 있고, 9퍼센트는 그리스어, 6퍼센트는 슬라브어, 4퍼센트는 웨일즈어, 나머지는 루마니아어, 독일어, 프랑스어에서 온 것으로 판명되었다. 차용어는 때로 다소간의 의미 변화가 있으며, 항상 로마니어 접미사가 붙어서 로마니어 문법에 흡수된다.

프란츠 미클로지흐는 1874년, 주로 그러한 차용어의 기원을 근거로 유럽의 로마니어를 13개의 방언으로 분류했다. 그 후의 인구 이동과 언어학상의 새로운 전개 및 발견으로 인해, 그의 분석은 더 이상 통용되지 않고 있다. 로마니어는 20개의 집단으로 나누어지는 60종류 이상의 방언으로 이루어진 언어군이 되었다.*30) 그것은 다양한 방법으로 분류될 수 있다. 음운 구조 그 자체는 적절한 시금석이 될 수 없지만, 때로는 특정한 음운 변화가 하나의 방언 집단을 나누는 요소가 될 수 있다.*31) 명백히 역사의 초기 단계에, 일정한 맥락에서 본래의 [s] 대신 [h] 또는 [x]음을 획득한 일부 방언의 경우가 그렇다(예를 들면, si/isi 대신 hi/hin/hum이 사용되고 있다). 이러한 전개— 이미 1560년대의 반 에우숨의 어휘집에서도 인식되고 있었다 —는 진티 언어의 특징이며, 이는 '진티'라는 명칭을 인도의 '신디Sindhi'와 연결시키는 시도에 의문을 품게 한다. 그것은 또한 핀란드 칼레의 방언에서도 발견되고 있으며, 정도의 차이는 있을지언정, 슬로바키아와 카르파티아 산맥 주변(동헝가리, 갈리시아, 트란실바니아)의 일부 방언에서도 찾아볼 수 있다. 그러나 설령 이러한 음운 변화가 일찍이 존재했던 일체성을 시사하는 것일지라도, 그 후 더 많은 변화가 생겨나면서 이들 방언은 서로 멀어져 갔고 새로운 하위 구분이 만들어지게 되었다. 예를 들어, 진티의 언어에서도, 진티 이탈리아 북부의 진티 피에몬테시와 진티 롬바르디의 방언들은 각각 음운상으로나 어휘면에서 서서히 다른 길로 나아갔다.[32] 심지어 후자는 서로 가까웠음에도 불구하고 다시 3개의 주요 카테고리로 나뉘어지는 모습을 볼 수 있다.[33]

- 독일, 네덜란드, 알사스에서 사용되는 것.
- 프랑스에서 사용되는 것.
- 베니치아(이탈리아), 슈타이어마르트(오스트리아), 헝가리에서 말해지는 것.

이처럼 하위 구분된 각각의 방언은 나라에 따라 어휘의 차이가 있음에도 불구하고 상당히 유사하다. 따라서, 그 범위 내에서는 어느 쪽 방언을 쓰더라도 의사소통에 전혀 어려움이 없다.

또 하나의 기본적인 구분은 블라크계와 비블라크계로 나누는 것이다. 블라크계 로마니어는 모두 루마니아어의 영향을 강하게 보여주고 있는데, 이 명칭이 붙게 된 것도 바로 그 때문이다. 그 일부는 러시아계 칼데라시어, 루마니아계 칼데라시어, 세르비아계 칼데라시어, 로바리어, 쿠라리어, 그리고 (미국의) 매크바노어 등을 주요 방언으로 하며, 롬에 의해 널리 전파되었다. 이들 방언은 다수의 루마니아어를 공유하고 있으며(아마도 전체 어휘의 5분의 2 정도), 루마니아어의 몇 가지 언어습관과 구조를 인계받았다(예를 들어, 차용명사와 함께 사용되는 -uri/-uria로 끝나는 복수형과 로마니어의 비교급 접미사 -der 대신 루마니아어의 -mai 사용 등. '더 젊다'는 의미의 단어가 웨일즈 로마니어에서는 타르네데르 tarnedér인데 대해서 다른 방언에서는 마이 테르노mai ternó인 것이 후자의 예이다). 다른 공통적 특징으로는, −em으로 끝나는 1인칭 단수형 과거의 사용(예를 들어, '내가 만들었다'는 의미의 칼데라시어 케르뎀*kerdem*과 웨일즈 로마니어 케돔*kedóm*)과 [*tś*]와 [*dź*]음의 [*ś*]과 [*ź*]음으로의 전화, 복수형 정관사 *ē* 또는 *ī*의 [le]로의 변화(예를 들어, 칼데라시어의 레 가제 *le gaźé*와 웨일즈 로마니어의 이 가제 *ī gaźé*) 등이 있다.

비블라크계 방언은 일반적으로 그러한 긴밀한 유사성을 공유하고 있지 않다. 광대한 지리적 확대와 완전히 다른 언어들과의 오랜 접촉의 역사에 비춰볼 때 당연히 예상할 수 있는 일이겠지만, 여기에 속하는 방언들은 수세기에 걸쳐 새롭고 다양한 요소들을 받아들였다(단순한 단어의 차용뿐 아니라 발음, 그리고 단어와 구, 문장 등의 구성과 처리 방법까지). 그것은 러시아와 발칸 반도의 여러 나라, 우크라이나 등에서 영국과 이베리아 반도에 이르기까지 유럽 전역에 퍼져 있으며, 발칸 반도 방언들의 다양한 분기까지 포괄하고 있는데, 최근 들어 그 일부는 다시 세계 각지로 퍼져나갔다(수천 명의 무슬림 집시, 다시 말해 호라하네가 사용하는 아를리야 방언이 그렇다). 그러나 그 거대한 범위 내에서도, 이미 고찰된 진티계 방언군처럼, 특정 방언들이 공유하는 명확한 특징들이 이들 방언들을 가까운 방언군으로 만들고 있다.

접촉한 언어의 여러 요소가 대단히 깊이 침투한 결과, 로마니어 사용자 다수는 다른 지역의 동족과 소통하기가 어려워지고 있다. 마케도니아의 스코피예 출신 집시는 이를테면 이탈리아 북부 출신의 진티가 이야기하는 로마니어를 거의 알아들을 수 없고, 헝가리 북부의 정주 집시가 이야기하는 '카르파티아' 로마니어는 같은 나라의 블라크계 집시들에게는 거의 통하지 않는다. 로마니어가 다수의 방언을 포함하는 단일한 언어라기보다 서로 밀접하게 연관된 여러 언어의 집단이라고 생각해야 할 단계에 도달한 것은 아닌가, 하는 문제도 논의할 필요가 있다.

변화의 전통

광범위한 민족적·언어적 다양성은 현대 집시의 생활에 나타나는 모든 측면의 변화를 반영하고 있다. 그것은 인구 증가와 토지 부족 심화, 정주화, 가제 옆에서의 생활, 자동차에 의한 이동, 산업화, 생계를 벌 수 있는 기회의 변동 등, 주변 사회와의 관계가 변천하면서 나타난 변화이다. 종종 집시 사회의 소멸 가능성이 점쳐지곤 했다. 언어, 관습, 전통, 생활양식 전체가 끊임없이 변화하고 있고 다른 사회의 여러 가지 요소를 수용한다는 사실이 쇠퇴를 보여주는 징조로 받아들여지고 있는 것이다. 한 집단이 다른 집단에서 분기하는 것은 다른 종류의 가제 집단으로부터 영향을 받았기 때문이지만, 각각의 집단은 일반적인 적응의 전통 — 사회적, 지리적, 직업적 전통 —의 산물이다. 일부는 결국 소멸될지도 모른다. 그러나 다수는 가제와의 근원적인 위화감을 이겨내고, 자신들이 흡수한 것으로부터 전형적인 집시 문화를 건설해낸다. 옛날의 장식과 관습은 때로 사라지지만(칼데라시 여성이 머리에 쓰는 다채로운 수건을 사용하지 않고, 로바라 여성이 더 이상 그림 같은 롱 스커트를 입지 않는 것처럼), 그렇다고 해서 자신들은 다르다는 느낌이 파괴되거나 소멸되지는 않는다. 다른 칼데라시와 로바라 집단이 이러한 변화를 타락의 징조로 보고, 더 나아가 가제가 이국적이지 않은 집시는 진짜 집시가 아니라고 생각하더라도, 그들 자신의 독자성에는 변함이 없는 것이다.

집시 특유의 생활양식의 특정 요소들을 선별하고 거기에서 집시 전체에게 해당되는 보편적인 결론을 찾으려는 시도는 항상 근거 없는 일반화의 위험성을 안고 있다. 예를 들어, '집시적'인 공예나 상거래에 대한 지적은 어떤 경우든 반박당할 가능성이 높다. 일부 집시가 건실한 직인이 되었기 때문이기도 하지만, 집시가 생계비를 버는 방식을 결정하는 보편적 또는 절대적인 원칙이라는 것은 분명 존재하지 않기 때문이다. '전통적인' 일 다수는 그들이 역사적으로 밟아온 길을 따라 선택한 것이었을 가능성이 크다. 예를 들어, 금속 세공에 관한 그들의 언어 다수는 그리스어, 루마니아어, 슬라브어, 기타 유럽의 언어에서 차용했다. 19세기에 명확해진 경제적 적응(7장 참조)은 수세기에 걸친 오랜 과정의 일부에 불과했으며, 거기에는 끝나고 있다는 징후가 전혀 보이지 않는다. 옛날의 직업명— 칼데라시, 로바라, 루다리 등 —은 그 의미를 거의 잃어버린 채 한 집단과 다른 집단을 구별하는 명칭에 지나지 않는다. 유럽 각지의 공업화가 진전된 사회에서는 상당수의 집시가 종사하고 있던 일들이 대부분 소멸되고 있다. 그러나 활동 형태는 변하고 있어도 예전 그대로라고 말할 수 있는 것은 독립적으로 일하는 근저에 자리한 성향, 그리고 일정 정도의 유연성을 보증하는 다면적인 일 처리 능력 등이다. 그것은 그들의 사회 구조 및 독립적으로 생활을 조직하려는 욕구와도 부합한다(그러나 이것은 자급자족과는 다르다. 보다 넓은 가조 사회 및 경제로부터 독립해서는 살 수 없기 때문이다.).

그들은 대체로 고객을 찾아 집과 회사를 찾아다니며 다양한 재화와 서비스를 제공한다. 생계 수단에 대한 투자는, 프랑스와 이탈리아에서 볼 수 있는 서커스와 정기 장터의 흥행사들처럼, 때로는 상당한 규모에 달하며, 그것이 세대에서 세대로 이어지는 것 같다. 그러나 흔히 볼 수 있는 것처럼, 도구와 장치에 대한 지출이 없어서 대량의 재고도 없고 고정적인 일터도 없는 경우에는 어떤 한 장소에서 다른 장소로, 어느 한 가지 수입원에서 다른 수입원으로 이동하기가 훨씬 쉬워진다. 한 가지 일을 전문화할 필요도 없고, 한평생 살면서 활동 패턴에 급격한 변화를 맞을 수도 있다. 많은 나라에서 집시는 다수의 고객을 상대로 신제품도 팔고 수리 서비스도 해주는 소규모 상거래에서 폐품 회수와 건설 작업으로 서서히 이행하고 있었다. 새로운 생활 방식이 등장하거나 더욱 널리 퍼졌다. 예를 들어, 서유럽에서는 카펫과 섬유제품, 폐품, 중고차, 가구, 고물 및 골동품 거래, 건설청부작업(예를 들어, 지붕잇기와 아스팔트 포장) 등이 그것이다. 음악 연주와 그 밖의 광대 활동, 고객의 심리 상태를 교묘하게 이용한 점치기 외에 대체로 보조적 수입원이었던 원예와 농업 관련 임시직 등 옛날의 일이 계속되는 경우도 있었다. 영국의 이동 생활자가 '천직'이라고 부른 활동은 행상, 점치기, 폐품과 폐물 수거, 골동품이나 재판매가 가능한 물품 매매, 임시직 등이었다. 기회와 필요에 따라 새로운 분야로 진출하므로, 활동 형태도 바뀌게 된다.

가족의 유대는 집시 생활의 많은 측면에서 중요한 요소로 기능한다. 그것은 생계비를 버는 방식에서도 명확히 나타난다. 아이들은 대개 어느 정도 나이가 들면 어떤 형태로든 가족에게 기여하기 시작한다. 일반적인 의미에서 볼 때 거의 교육을 받지 못한 집시 아이들은 어른과 함께 나가 일하는 모습을 보면서 배우고 그 충고를 새겨들으면서 다양한 손재주와 실제적인 기술을 몸에 익힌다. 아내는 가족의 일상을 보살필 뿐 아니라 행상을 통해 남편보다 정기적인 수입을 벌어들이는 경우가 많다. 남편은 대개 승용차나 트럭, 트레일러 하우스 등의 설비와 장기간의 이동, 잔치와 장례식 등의 비용을 비롯해서 금 장식품 같은 귀중품 축적 등의 큰 지출을 담당한다. 많은 집시들은 자신들의 탄력적인 경제에 자부심을 가지고 있으며, 임금 노동의 엄한 통제와 순응에의 압력을 감당하며 사는 가제의 꽉 짜여진 삶을 경멸한다. 성공한 자들도 있지만, 다수는 그렇지 않다. 벤츠를 타고 호화로운 장비가 갖춰진 트레일러를 가진 부유한 집시가 있는가 하면, 수수하거나 비참한 상태로 이동을 계속하는 가난한 집시도 있고, 콘크리트로 된 삭막한 집주지에 살면서 학대받는 집시도 있다.

이러한 일반적인 상황에 대한 이해를 돕기 위해, 피상적이나마, 1960년대에 남프랑스의 그라스 근교에 있는 집시 부락에 정주한 집시들의 경제생활이 어떻게 변천했는지 살펴보기로 하겠다.[34] 한 명은 마누슈 대가족 출신으로 당시 50대이던 미망인 로제트, 다른 한 명은 1932년에 태어난 진토 피에몬테소 페르낭의 경우이다.

로제트의 가족은 그녀의 성장기였던 제1차 세계대전 후의 몇 년 동안 말이 끄는 포장마차로 아직 영화관이 없던 마을을 돌아다니면서 무성 영화를 상영했다. 이동 범위는 프랑스, 독일, 스위스, 이탈리아에 걸쳐 있었으며, 나중에는 주로 프랑스 남동부를 순회했다. 1920년대 후반, 유성 영화와 경쟁이 붙으면서 무성 영화는 접지 않을 수 없었다. 그러자 아버지는 어렸을 때 배웠던 칼과 연장 등을 갈아주는 일로 직업을 바꿨다. 로제트는 1931년, 18세의 나이로 칼데라시 남자와 결혼했고, 젊은 부부는 새로운 생활을 찾아 코르시카로 갔다. 거기서 남편은 곧 다른 가족 구성원과 합류했고, 말과 이륜마차를 타고 돌아다니면서 주석 세공으로 생계비를 벌었다. 로제트가 스페인 출신 집시 여성의 권유로 행상을 처음 시작한 것도 바로 그때였다. 그 후 그들은 알제리아와 프랑스 전역에서 비슷한 생활을 했고, 마침내 말을 자동차로 바꿨다. 그들은 찾을 수 있는 일의 양이나 당국의 관용 정도에 따라 각각의 장소에 1주일 가량 머물렀다. 남자들은 병원과 병영, 호텔, 학교, 공장 등을 돌아다니면서 수리할 조리 기구나 그것들을 만들어달라는 특별 주문을 받았고, 여자들은 풀무질을 돕거나 금속 제품을 깨끗이 닦았다. 제2차 세계대전 동안, 가족 집단은 서로 흩어져야 했고, 이동은 금지되었다. 로제트는 천막에서 비참한 삶을 영위하면서 전쟁이 끝나기를 기다려야 했다. 평화가 오자, 그들은 친척들과 합류해서, 처음에는 말과 이륜마차로, 나중에는 소형 자동차로 다시 이동생활을 계속했다. 이제는 아동

수당이 있어서 주석 세공 수입을 보충해 주었다. 1947년부터 그들은 니스와 칸느에 장기간에 걸쳐 야영 장소를 빌릴 수도 있고 일도 많은 알프-마리팀므로 이동 범위를 한정시켰고, 흥행사용 대형 밴에 살았다.

1956년에 남편이 죽자, 로제트는 아홉 명의 아이들을 혼자 힘으로 부양하지 않을 수 없었다. 미망인 연금과 아이들이 받는 아동 수당을 보충하기 위해, 도매업자로부터 가정용 린넨과 레이스를 사다가 그것을 집집마다 방문판매하면서 점까지 봐주는 생활이 시작되었다. 어느 정도 자란 아이들은 도움이 되었고, 아들 중 한 명은 금속 조각들을 모아다가 약간의 주석 세공 일을 하게 되었다. 로제트가 몇 달 동안 아프자, 같은 야영지에 있는 다른 가족들이 벌이를 조금씩 나누어주었다. 1966년, 그녀는 집시 부락의 한 집에 정주했고, 그 후에도 기회에 닿는 한, 행상과 점쟁이 일을 계속했다. 스테인레스제 식기 보급으로 주석 세공 일이 적어졌다는 것을 알게 된 그녀의 장남은 이제 고철을 모으고 버려진 가구 등을 회수하는 일에 전념했다. 나중에 그는 중고차 거래를 시작했고, 때로 시장에서 칼갈이와 잉여재고 판매로 수입을 보충했다.

진토 피에몬데소인 페르낭은 외할아버지가 이끄는 가족 집단에서 성장했다. 전쟁기 프랑스의 진티 다수가 그랬던 것처럼, 그의 가족도 말이 끄는 포장마차로 이동하면서 다양한 직업에 종사했다. 남자들은 매일 이륜 마차를 끌고 나가 집집마다 돌아다니면서 무엇이든 가능한 일거리를 찾았다. 대개 말 거래나 바구니 제조, 고철 수집, 의자에 앉을 자리 대기 등이 중심이었다. 여자들은 바구니와 잡화 행상에 나섰고, (분위기가 호의적인 경우) 점도 봐주고, 음식이나 필요 없는 물건을 구걸하기도 했다. 학교에 다녀본 적이 없는 페르낭은 13세에 처음 혼자서 밖으로 나가 로프를 팔았고, 곧이어 고철 수집도 시작했다. 17살에 재종 자매와 결혼한 뒤 바구니 제조를 시작했고, 아내가 그것을 다른 작은 물건들과 함께 팔러 다녔다. 등의자를 만들기도 했다. 그 후 고철수집과 폐차 해체에 손을 댔고(1950년에 첫 차를 사기 전까지 처음에는 당나귀, 나중에는 말이 끄는 마차를 이용했다), 몇 년에 걸쳐 이것이 주요 수입원이 되었다. 할아버지 및 삼촌들과 함께, 알프-마리팀므에서 이동하면서, 일이 있고 쫓겨나지 않는 한, 한 지역에 머물렀다. 도시화의 진전과 함께 관용의 시대는 끝났고, 1950년대 중반이 되자, 야영지를 찾는 것이 큰 문제였다. 마침내 그는 집시 부락에 정착했다. 거기서 그는 재봉공장과 도소매업자로부터 재고정리품을 산 뒤, 장남의 도움을 받아 시장이나 집집마다 돌아다니며 그것을 팔았다. 일상생활은 아내와 나이든 딸들이 행상으로 번 돈과 아홉 아이들의 아동 수당으로 꾸려나갔다. 1966년까지, 그는 모아 놓은 돈으로 땅을 한 떼기 샀고, 차츰 더 많은 땅을 사들였다. 그는 그 중 하나에 집을 지은 뒤, 이윤을 남기고 팔았다. 그 후, 다른 땅에 집을 지어서 가족과 함께 들어갔다. 그 사이, 그의 장남은 직물 거래를 시작했다. 페르낭의 수입원이 땅과 주택 건설만은 아니었다. 1973년부터, 그는 진티 사촌들과 몇몇 칼데라시 등과 함께 매년 여름, 열흘 간의 집시 여흥 페스티벌을 개최했다. 기탄과 롬, 마누슈도 함께 모였다. 다른 집시 가족들이 음식과 음료 판매를 맡았다. 페스티벌은 항상 많은 관객을 불러들였는데, 참여한 흥행사들이 매년 스케줄을 짜서 순회에 나서야 할 정도였다.

이상의 사례에서 볼 수 있듯이, 정주화 그 자체는 집시를 보통의 프랑스 시민과 스페인 국민 등으로 변화시키지 않으며, '집시적' 인 방식으로 생계비를 버는 것을 포기시키지도 못한다. 동유럽에서는 집시가 고용 구조에 상당 부분 통합되어 있었으나, 많은 경우 비숙련 노동에 한정되어 있었고, 그것은 오늘날 적자 기업을 정리하거나 해산하는데 있어서 해고의 영향을 가장 강하게 받는 분야이다. 그러나 옛 공산주의 국가의 통제 경제에서도 여전히 집시 고유의 활동 형태가 나타났다. 형가리의 상황을 살펴보게 되면, 시장의 변화가 반유동 블라크 다수를 직인에서 폐품수집업(예를 들어, 의류와 고철 등) 및 그 밖의 말과 마차를 이용해서 할 수 있는 다른 형태의 상거래로 전환시켰음을 보게 된다. 이런 상황이 확대되자, 정부 당국은 그것을 통제하고 제한하는 면허제도를 도입했다. 이러한 이동 상거래는 임시 계절 노동(예를 들어, 설탕과 잼을 만드는 공장에서)이나 유연성이 큰 그 밖의 고용형태(예를 들어, 주택 보수)와 결합되기도 했다. 집시 정주지에 살았지만 전후 농지의 집단농장화에 끼지 못한 다른 집시들도 옛날의 생활로는 살 수 없다는 것을 알게 되었다. 그러자 그들은 각지의 현장을 전전하는 건설노동자 조직을 만들어 멀리 떨어진 곳에서의 일도 맡게 되었다. 거기서 단순한 육체노동에 종사했던 것이다. 이러한 노동형태는 독자적인 집시 부대를 형성하고, 함께 움직이면서 간이 숙박소에서 함께 생활할 상대를 자유롭게 선택할 수 있는 기회를 부여했다. 그것은 또한 차츰 늘어나는 민간 건설 부문에서 부업에 종사할 수 있다는 것을 의미하기도 했다. 그럼에도 불구하고 그들의 생활은 불안정했고, 정주지에 남겨진 가족들은 지역에서 산발적으로 볼 수 있는 농업 노동과 가사일 등을 찾아야 하는 경우가 많았다.

오늘날에는 동서 유럽 어디에서든 정주 집시가 다수를 점하고 있다. 그러나 그들은 수십 년 동안 같은 곳에 머무르면서 자신들의 특수성을 유지할 수 있다. 기동성은 지금도 중요하다. 서유럽의 많은 집시들에게는 자동차가 필수불가결한 상거래 도구가 되었다. 거주지 자체는 거의 바뀌지 않지만, 고객을 찾아 한 지역에서 다른 지역으로 멀리 이동할 수 있기 때문이다. 정주화가 이루어졌다고 해도, 이전의 유동 집시의 사회 습관은 거의 사라지지 않는다. 그들은 서로 가까운 곳, 가능한 한 가까운 친척과 왕래할 수 있는 곳에 살고 싶어하며, 가정 생활은 프라이버시가 거의 없이 하나의 방에 집중하는 한편, 서로 고립되어 가족의 유대를 약화시키는 아파트의 밀폐성을 혐오한다. 그것은 마치 야영시대에 가까운 생활 습관이 이월된 듯하다. 고독에 대해 불안을 느끼고, 친구를 찾으며, 하루의 대부분을 집밖에서 보낸다. 심지어 쉴 때조차도.

이동을 계속하는 집시의 경우, 자동차가 끄는 트레일러 하우스를 사용하면 말과 바르도(포장마차)의 시대처럼 더 이상 십 몇 킬로 떨어진 곳에 야영지가 있는 곳을 찾아다닐 필요가 없다. 가제의 눈으로 볼 때 '진정한' 집시의 절대적 상징이라 할 수 있는 이러한 말과 바르도라는 이동 수단은 자동차의 보급에 의해 실생활에서 사소한 역할로 밀려나게 되었다. 이러한 변화는 이동하는 가족이 마차로 들어갈 수 있는 장소가 사라진 것과 관련이 있었다. 잉글랜드와 웨일즈에서는 이러한 이행이 수십 년에 걸쳐 진행되었지만, 1950년대 들어 가속화되었고, 1965년에는 이미 마차에 의지하는 가족이 6퍼센트에 불과했다. 그때 이후로 그 비율은 계속 감소했지만, 자동차화된 집시 다수에게 있어서, 말은 경제적인 측면이 아니라 관심의 대상으로서 여전히 중요한 위치를 점하고 있다. 새로운 이동 형태와 이동식 주택은 삶의 결을 바꾼다. 현대의 트레일러 하우스에는 전기와 냉장고, 가스레인지가 있다. 그리고 정주 여부와 상관없이 모든 집시들에게 있어서 라디오와 영화에 이은 텔레비전의 등장은 바깥 세계를 더욱 가깝게 해주었고, 특히 젊은이들에게 커다란 영향을 미쳐, 불가촉천민이라는 상황을 거부하고 가제의 가치를 흡수하는 새로운 통로로 기능하게 되었다. 가끔은 TV가 집시의 과거를 가르쳐주기까지 한다. 1980년대 후반의 그리스에서는 집시를 인도와 결합시킨 프로그램으로 인해 집시 소녀들 사이에 사리(인도 여인이 어깨

화려한 '웨스트몰랜드 스타' 트레일러 하우스.

와 허리를 감고 남은 부분으로 머리를 싸는 긴 무명천 – 역주)를 입고 춤에 동양풍 요소를 집어넣는 것이 유행하기도 했다. 앞으로 50년 정도 지나면, 민족음악의 이론가들은 이것을 본래의 조국으로부터의 문화적 유물로 단정지을지도 모른다.

순례와 펜테코스트파

집시의 종교에도 주변 가조 세계가 반영되어 있다. 그들은 자신들이 일정 기간 살았던 나라의 종교를 받아들이는 경향이 있었다. 그 결과, 가톨릭 집시가 있는가 하면, 프로테스탄트와 그리스 정교회의 다양한 종파를 믿는 집시도 있고, 남동 유럽에서 가장 최근까지 오스만 투르크가 지배한 지역과 이슬람 세계에서는 무슬림 집시가 많다. '이교도', '사라센', '타타르'라는 호칭에서 볼 수 있는 것처럼, 그들은 어디에서나 진정한 신앙심이 부족하다고 비난받는다. 종교에 대해 무관심하다는 이러한 평가가 종종 지나치게 과장되곤 하지만, 집시의 종교적 신념과 행동에는 일정한 절충주의가 있는 것 같다. 불가리아의 무슬림 집시들은 그리스 정교회의 집시들과 마찬가지로 성 조지 축일을 축하하거나 부활절 전후에 행운을 빌며 달걀에 염색하는 일 등에 대해 전혀 위화감을 느끼지 않는다.

애당초 집시는 순례자의 가면을 쓰고 서유럽에 왔다. 그들이 과연 자신들의 목적지라고 주장한 성지를 실제로 방문했는지 아닌지는 의문이다. 성례에 관한 한, 세례는 그들 사이에서도 일반적이었지만, 매장, 그리고 특히 결혼은 독자적인 방식을 따르는 경우가 많았다. 그러나 19세기에 이르면, 집시의 순례는 정기적인 행사가 되고 있었다. 오늘날에는 정기적으로 루르드를 포함한 프랑스의 여섯 개 남짓한 성지와 스페인, 포르투갈, 이탈리아, 벨기에, 독일 등의 성지로 가는 행렬이 목격되고 있다. 옛부터 가장 잘 알려져 있는 것이 매년 5월 24일과 25일에 까마르그 지방의 레-생트-마리-드-라-메르에서 개최되는 축제이다. 집시의 수호성인으로 선택된 '성녀' 사라는 교회의 성인력(聖人曆)에는 실려있지 않다. 그녀는 예수가 십자가에 못박힌지 여러 해가 지난 후 기적적으로 론강 하구에 온 것으로 믿어지는 예수의 숙모, 마리 쟈콥과 마리 살로메의 이집트인 시녀였다. 레-생트-마리의 순례자들 속에서 집시의 모습이 목격된 것은 기껏해야 19세기 중반이었고, 축제가 시작되는 처음 이틀간 그들의 모습이 압도적으로 많아진 것은 훨씬 최근의 일이었다. 매년 그들은 밝은 색의 새 겉옷을 걸치고 지하실의 촛불 연기로 검어진 성녀 사라의 석고상 주변에 모여든다. 5월 24일의 교회의 전례와 백마를 탄 가디안(수호자)의 호위를 받으며 사라상이 바다로 향하는 행렬은 주로 집시가 독점한다(관광객은 배제된다). 두 명의 마리아를 기리는 둘째날의 행렬은 프로방스풍의 축제로, 집시도 참여한다. 그러나 레-생트-마리 방문이나 다른 곳으로의 순례는 가족과 사회적 교제를 새롭게 하고, 약혼을 논의하며, 더 나아가 사업까지 논하는 중요한 기회이기도 하다.

전후, 집시들 사이에서 기존 교회에 의한 전도와 자선활동이 활발해졌는데, 거기서 1952년, 가제 출신 목사 클레망 르 코섹의 주도하에 브르타뉴에서 시작된 강력하고 새로운 종교운동의 요소를 보는 것이 그다지 과도한 것은 아니다. 이러한 종교부흥 운동은 브르타뉴에서 파리, 보르도, 그 밖의 프랑스 각지로 퍼져나가서, 유럽과 남부 아메리카의 집시들 사이에 펜테코스트파를 현저하게 보급시켰다. 가톨릭의 순례에 상당하는 정기 복음주의 행사에는 집시 대중들이 모여들었다.[35] 이 운

레-생트-마리-드-라-메르의 집시들(1988년).

동이 급속히 진전될 수 있었던 이유 중의 하나는 기존 교회가 성직자의
육성에 오랜 시간을 필요로 하는 반면, 이 운동은 집시 가족 중에서 세
속 전도사(모두 남성)를 모았기 때문이다. 그들은 어디서 다음으로 넘어
가야 할지 알고, 개종 가능성이 있는 사람에게 그 사람이 쓰는 언어로
말할 수 있으며, 확신을 주고, 성서의 간단한 테마에 대해 즉흥 설교를
할 수 있었다. 나중에는 마누슈에게 다가가는 데는 마누슈 전도사, 기
탄에게 다가가는 데는 기탄 전도사를 쓰는 등, 부족 단위로 전도를 진행
시키는 전략이 채택되었다. 교회의 의식도 비슷한 방식으로 진행되는
경향이 있다. 외국에도 전도단이 파견되었고, 1960년대에는 그 불이 스
페인까지 확대되었다. 이곳에서는 개종자들이 '알렐루야'라고 불리게

되었다. 그에 비한다면, 서유럽의 다른 나라들과 그리스에서도 그러한 진전이 나타났지만, 그 과정은 다소 완만했다. 1970년대 초가 되자, 동유럽과 아메리카에서도 운동이 시작되었다. 미국에서는 1980년대에 보급이 가속화되었다. 영국에서는 매년 열리는 복음 전도 집회에 수천 명의 이동생활자가 모여든다. 최초의 30년 동안, 집시 복음교회는 7만 명 정도의 집시를 개종시켜 세례했고, 나아가 더 많은 사람을 모임으로 끌어들이게 된다. 집시 남성 1,600명이 전도사가 되었고, 그 가운데 400명은 목사였다. 프랑스에서는 오늘날 이 운동으로 인해 집시 인구의 3분의 1을 신도로 확보했는데, 교단은 현재 몇 가지 정기간행물과 라디오 방송국을 운영하고 있으며 성서연구소와 이동학교, 야영지의 특별교실, 50개 정도의 교회 등을 가지고 있다.

유럽과 아메리카의 집시, 오스트리아의 오보리지뉴, 자이르(아프리카 중부의 공화국, 수도는 킨샤사 — 역주)의 피그미 등 다양한 인간 집단에 대해 이러한 원리주의적 복음주의 신앙이 급속히 전파된 것은 아마도 이런 종류의 기독교 분파의 비정통적 성격과 관련이 있는 것 같다. 또한 전통적인 생활양식이 어떤 형식으로든 위협받고 있는 사람들의 입장에서는 복음주의 신앙의 황홀한 측면 — 예수를 목격하는 것 —에 대단히 매력적인 무언가가 있다는 점도 명백하다. 집시 복음 교회는 본질적으로 신앙을 새롭게 한 개종자들을 선택받은 특별한 사람이라고 느끼게 하며, 사회적 연대를 강화시킨다. 침례 방식에 의한 세례, 감정에 호소하는 종교적 표현 양식, 자발적인 신앙고백과 참가형의 예배, 예수를 통한 구제가 필요하며 그렇지 않을 경우 지옥에 간다는 확신, '성령'의 '카리스마(신이 부여한 재능)'에 대한 신앙에 기초한 카리스마적인 실천 — 이 모든 것들이 조합되어 그들의 정서적, 심리적 요구에 호소하는 '마음의 종교'가 생겨나는 것으로 보인다. 19세기의 전도와 달리, 그 목적이 동화에 있는 것은 아니지만, 확신이 있는 개종자의 생활양식에 끼친 영향은 그럼에도 불구하고 근원적이다. 성서에 대한 그들의 원리주의적 태도는 문맹 탈피와 교육을 중시한다. 그 이상주의적 규범은 술과 담배, 마약 등의 복용이나 도박, 사기, 거짓말, 도둑질 등을 금지한다. 이교도적 방식은 버려야 한다. 신부를 사는 혼인 자금 제도는 성서와 양립할 수 있지만(창세기 24장 참조), 점은 그렇지 않다(신명기 18장 10~11절). 가톨릭과 그리스 정교회의 집시가 축하하는 '슬라비', 다시 말해 성인축일은 폐기되어야 한다. 롬의 전통적인 장례 의식과 '포마나(죽음의 연회)'는 변경할 필요가 있다. 이 새로운 신앙은 옛 공산주의 국가 일부에도 침투하기 시작하고 있다. 그것이 현재의 프랑스와 스페인에서 볼 수 있는 것처럼 계속 확대될 것인지, 그리고 앞으로도 강한 영향력을 가지게 될지 어떨지에 대해서는 차후를 기약할 수밖에 없다.

오프레 로마!

집시 복음 교회는 서유럽 최초로 부족의 차이를 뛰어넘어 전집시를 포괄하는 대중 조직의 구체적인 사례를 제공했다. 정치적 수준에서는 1930년대에 폴란드와 루마니아의 집시들 사이에 국제적인 압력 단체를 형성하기 위한 다소간의 움직임이 있었다. 1933년, 부카레스트 회의는 동유럽과 그 밖의 국가 대표들이 참여한 가운데 주로 사회적 환경 개선을 목표로 한 포괄적이고 다양한, 그리고 정신적인 면에서 그리스 정교회의 영향이 강하게 느껴지는 정책 강령을 채택했다.[36] 그러나 그 결과로는 아무 일도 일어나지 않았다. 오직 루마니아 국내의 대립적인 집시 조직들 사이에 격렬한 내분이 일어났을 뿐이다. 제2차 세계대전

후, 선진 공업국들의 집시에게 연이어 나타난 새로운 문제들을 제기한 것은 처음에는 주로 집시 사회의 참상을 염려한 가제 조직들이었다. 그러나 집시들 역시 전국적 또는 지방적 규모의 종교적, 정치적, 문화적 조직과 압력 단체를 형성하기 시작했다.[37] 독일에서는 1950년대부터 다양한 집시 위원회가 설립되었는데, 처음에는 주로 배상금을 요구하기 위한 것이었지만, 나중에는 활동 범위가 확대되어 '독일 진티 협회,' 더 나아가 '독일 진티·롬 중앙평의회'가 엄청난 힘을 과시하며 미디어에도 영향을 미치게 되었다.

프랑스에서는 최초로 국제적인 차원의 진보가 시도되었다. 초기의 조직은 유토피아적이었지만, 1965년, 보다 현실적인 목표를 가진 '국제 집시 위원회(CIT: Comité International Tsigane)'라는 조직이 파리에서 탄생되었다. 이 위원회는 다양한 부족집단간, 그리고 가톨릭, 그리스 정교회, 프로테스탄트, 무슬림 집단간 중도 노선을 찾는 힘든 길을 추구했지만, 다른 한편 집시 복음 교회와도 긴밀히 협력하는 길을 선택했다. 복음 교회가 기본적으로 집시에 의해 운영되고 있었기 때문이다. 몇몇 국가에 지부가 결성되었고, 다른 나라에서는 독립 조직과의 연대를 시도했다. 이들 조직 가운데 일부는 규모나 영향력이 엄청났던 반면, 이름뿐인 조직이나 가제 자선 조직의 원조에 의존하는 것도 있었다. 그럼에도 불구하고 이 모든 조직들의 주요 목표는 집시를 주류사회로 적응시키는 것이 아니라 주류사회에 의한 명백한 부정을 종식시키는 것이었으며, 그를 위해 가제의 수법, 다시 말해 시위와 로비, 홍보활동을 벌일 용의가 있었다. 경제적, 지리적 유연성을 유지할 필요성, 이동을 계속할 권리, 정규 교육에서 로마니어와 집시 문화 사용 등이 강조되었다.

1971년 4월, 국제 집시 위원회가 주최한 최초의 세계 로마니 회의가 런던에서 개최되었다. 14개국 대표가 참석한 이 회의에서는 자신들을 지칭하는 용어로 '롬'을 지정하고, 민족기와 단순명쾌한 슬로건—오프레 로마!(집시여 일어나라!)—을 채택했다. 국제 집시 위원회는 명칭변경과 함께 회의의 상설 사무국 겸 집행기관이 되었다. 각각 사회 문제, 교육, 전쟁범죄, 언어, 문화 등을 다룰 다섯 개의 위원회가 설치되었다. 1978년 4월, 제네바에서 열린 제2차 세계 로마니 회의에는 26개국에서 온 120여명의 대표와 옵저버가 참여했다. 인도가 다수의 대표를 보냈고, 집시와 이 아대륙과의 연대가 강조되었다. 유엔, 유엔 인권 위원회, 유네스코로 파견할 대표도 선출하였다. 다음 대회를 준비하기 위해 설립된 조직은 로마니 국제 연맹 또는 로마니 연맹이라고 불렸으며, 후자의 명칭으로 1979년에 유엔 사회 경제 위원회의 전문위원 지위를 획득했다. 그 이후, 각국 정부와 국제 기관을 대상으로 정력적인 로비활동이 전개되고 있다.

1981년 5월, 괴팅겐에서 개최된 제3차 회의에서는 나치 치하 집시의 운명이 주요 의제였다. 이 즈음, 기존의 서유럽 편중은 해소되고 있었다. 유고슬라비아의 집시는 이 국제적인 운동의 전개에서 처음부터 특별한 역할을 맡았지만, 다른 동유럽 국가의 그것은 더욱 제한되고 있었다. 강권체제의 붕괴로 1990년 4월, 바르샤바 근교에서 제4차 회의를 개최할 수 있었다. 여기에 참석한 250여명의 대표들 가운데 75퍼센트는 옛 공산주의 국가 출신이었다. 그와 동시에, 1989년의 격동은 집시가 국내 및 지방 정치에 관여하는 새로운 길을 텄다. 일단 독자적인 집시 정당을 결성하고, 그 뒤 비슷한 이데올로기를 가진 주요 정당들과 동맹을 맺는 것이 일반적인 방식이었다. 예를 들어, 헝가리에서는 집시 자유민주당이 헝가리 자유민주당과 함께 1990년 4월 선거에서 두 명의 집시 국회의원을 탄생시켰다. 체코슬로바키아, 루마니아, 불가리아에

서도 몇 명의 국회의원이 등장했
다. 때로는 집시 대중의 분기가 집
시 정당의 확산에 반영되기도 했
다. 루마니아에서는 7개 이상의 집
시 정당이 등록되었다.

제4차 세계 로마니 회의는 집
행기관에 대해 야심적인 다양한
과제를 추구할 임무를 부과했다.

집시 민족의 기 - 1971년, 제1차 세
계집시대회에서 집시 민족에 대해
'롬'이라는 용어를 채택했으며, 민족
의 깃발을 만들었다.

배상, 교육, 문화, 홍보, 언어, 집시 백과사전 등이 그것이다. 이 마지막
과제는 집시에 '관한' 것이 아니라 집시를 '위한' 백과사전으로서 기획
되었다. 이를 위해서는 전세계 집시의 관점에서 전세계의 집시관을 재
구성하는 것이 요구되었다. 표준적인 문자 언어의 정비도 마찬가지로
장기적인 노력이 필요하다. 어형(語形)의 다양성 조정이 거의 진행되지
않았고, 표준적 어휘가 존재하지 않으며, 극히 기본적인 개념에 대해서
조차 방언들 사이에 차이가 크다는 점을 전제할 때, 당연한 일이라 하지
않을 수 없다. 지금까지 표준 로마니어를 만들기 위한 가장 대담한 시도
는 마케도니아, 코소보, 그리고 그와 인접한 세르비아의 일부 지역에서
사용코자 한 것으로, 그 지역에 로마니어 학교를 설립한다는 구상도 있
었다. 그 기초가 된 것은 스코피에의 아를리야 방언이지만, 유고슬라비
아에서 사용되고 있는 다른 세 개의 방언도 고려되었다. 이들 방언이 상
대적으로 유사성이 있었음에도 불구하고, 조정이라는 중요한 문제가
과제로 남겨졌다.[38] 이런 종류의 모험을 진행시키기 위해서는 다소간
의 타협이 필요하지만, 단일한 표준 로마니어가 사실상 엘리트 이외의
계층에게도 보급될 수 있는지, 또 그것을 사용하는 책과 정기간행물,
신문 등이 다른 사람들에게 읽혀질 수 없는 것은 아닌지 하는 의문을 제

기한다.

　표준 언어 추구는 일부 집시들이 새롭게 자각한 소망 — 민족의 오랜 역사 과정에서 생겨난 틈에 다리를 놓고, 유럽이라는 거대한 외부 사회와의 오랜 접촉에서 생겨난 집시 내부의 다양한 분기를 극복하려는 의지 —의 한 측면에 불과하다. 집시의 정체성은 집시들 틈에서 양육되어 살고 있다는 점뿐 아니라 정주민과의 관계에도 있다. 이 책의 대부분은 힘없는 소수자에게 타자와는 다를 권리가 있는가, 라는 문제에 집중되었다. 주류 사회가 그들을 대한 방식 — 처음에는 절대적으로 거부했고 나중에는 전면적인 동화를 요구했다 —의 이면에도 바로 이 문제가 자리하고 있었다. 오랫동안, 그들의 생존은 힘이 아니라 책략을 이용해서 적을 피하는 데 달려 있었다. 이를 위해, 그들은 끊임없는 이동으로 말썽을 피해야 했고, 그 와중에 거주하는 나라의 법령을 소홀히 하는 경우가 생기기도 했다. 그들은 지배 문화에 적응하면서도 일정한 사회적 거리 — 이것은 가제가 그들에 대해 품고 있던 의구심 때문에 더욱 확대되었다 —를 유지함으로써 스스로의 자립성을 신장시켰다. 일부 집시들은 이제 가능한 한 눈에 띄지 않는 이동으로 사람들의 이목을 피하는 초기의 전략 대신, 독자적인 길을 찾고, 스스로의 문제에 대해 발언권을 요구한다. 500년이 넘도록 바뀐 것이 거의 없는 편견에 대해 단호히 대처하기 위해서다. 가제와 집시의 조화는 쉽게 실현될 것 같지 않다.

각 주

1) Cf. I. M. Kaminski, 'The dilemma of power: internal and external leadership. The Gypsy-Roma of Poland', in *The Other Nomads*, ed. A. Rao (Cologne, 1987), pp. 323-56, esp. pp. 346-8.

2) *The Gypsies of Eastern Europe*, eds D. Crowe and J. Kolsti (New York/London 1991)은 루마니아, 체코슬로바키아, 헝가리 등에서 나타난 전후의 전개과정을 담고 있다. 또한 Nationalities *Papers*, 19 (1991), no. 3 (special issue, 'The Gypsies in Eastern Europe', ed. H. R. Huttenbach)에는 체코슬로바키아, 헝가리, 소련에 관한 기사가 들어 있다.

3) G. Puxon, *Rom: Europe's Gypsies*, 2nd edn (London, 1975), p. 12; Y. Druts and A. Gessler, *Tsygane* (Moscow, 1990), p. 31.

4) Cf. J. Ficowski, 'The Gypsies in the Polish People's Republic', *JGLS*(3), 35 (1956), pp. 28-38, and *The Gypsies in the Poland* (n. d. [warsaw, 1990]), pp. 49-53; Kaminski, 'The dilemma of power', pp. 348-52; and A. Mirga, 'The effects of State assimilation policy on Polish Gypsies', *JGLS*(5), 3 (1993), pp. 69-76.

5) E. Davidóva, 'The Gypsies in Czechoslovakia', *JGLS*(3), 50 (1971), pp. 40-54; W. Guy, 'Ways of looking at Roms: the case of Czechoslovakia', in *Gypsies, Tinkers and Other Travellers*, ed. F. Rehfisch (London, 1975), pp. 201-29; W. Oschlies, '"Schwarze" and "Weisse": zur Lage der Zigeuner in der Tschechoslowakei', *Giessener Hefte fur Tsiganologie* (1985), 1/85, pp. 24-32; O. Ule, 'Gypsies in Czechoslovakia: a case of unfinished integration', *Eastern European Politics and Societies*, 2 (1988), pp. 306-33: D. J. Kostelancik, 'The Gypsies of Czechoslovakia: political and ideological considerations in the development of policy', *Studies in Comparative Communism*, 22 (1989), pp. 307-21; R. Tritt, *Struggling for Ethnic Identity: Czechoslovakia's Endangered Gypsies* (New York, etc., 1992).

6) K. Kalibová and Z. Pavlik, 'Demographic specificities of the Romany population in Czechoslovakia', paper at the 7th International Demographic Seminar, Humboldt University, Berlin, 1986.

7) Cf. S. Beck, 'Tsigani-Gypsies in socialist Romania', *Giessener Hefte fur Tsiganologie* (1986), 1-4/86, pp. 109-27.

8) Cf. C. Silverman, 'Bulgarian Gypsies: adaptation in a socialist context', *Nomadic Peoples* (1986), nos 21/22, pp. 51-60; T. Zang, *Destroying Ethnic*

Identity: The Gypsies of Bulgaria (New York and Washington, DC, 1991).

9) Cf. A. M. Fraser, 'The Travellers. Developments in England and Wales, 1953-63', *JGLS*(3), 43 (1964), pp. 83-112.

10) *Gypsies and Other Travellers*, a report by a Ministry of Housing and Local Goverment Sociological Research Section (London, 1967).

11) H. Gentleman and S. Swift, *Scotland's Travelling People* (Edinburgh, 1971).

12) Cf. T. Acton and D. Kenrick, 'From summer voluntary schemes to European Community bureaucracy: the development of special provision for Traveller education in the United Kingdom since 1967', *European Journal of Intercultural Studies*, 1 (1991), no. 3, pp. 47-62.

13) Lord Swann, *Education For All* (London, 1985), ch. 16.

14) 'Resolution of the Council and the Ministers of Education … on school provision for gypsy and traveller children', *Official Journal of the European Communities*, 21 June 1989, 89/C153/02.

15) '진티'를 처음 집단의 명칭으로 언급한 자료는 J. E. Biester 'Urber die Zigeuner; besonders im Konigreich Preussen', *Berlinische Monatsschrift*, 21 (1793), pp. 108-65이다.

16) 일반적인 개요를 살펴보고자 한다면, W. G. Lockwood, 'Balkan Gypsies: an introduction', in *Papers from the Fourth and Fifth Annual Meetings, Gypsy Lore Society, North American Chapter* (New York, 1985), pp. 91-9; rptd with modifications in *Giessener Hefte fur Tsiganologie* (1985), 1/85, pp. 17-23.

17) 전쟁 전 세르비아에서 비옐리(세르비안 무슬림) 집시가 동화하는 과정과 그들이 유동생활에서 정주 생활로 이전하고 더 나아가 가제와 섞여 가는 모습에 대해서는 다음을 참조하라. A. Petrović, 'Contributions to the study of the Serbian Gypsies', *JGLS*(3), 19 (1940), pp. 87-100.

18) B. J. Gilliat-Smith, 'Report on the Gypsy tribes of north east Bulgaria', *JGLS*(2), 9 (1915-16), pp. 1-54, 65-109.

19) 현재의 상황에 대해서는 다음 논문에 분석되어 있다. E. Marushiakova, 'Ethnic identity among Gypsy groups in Bulgaria', *JGLS*(5), 2 (1992), pp. 95-115.

20) Cf. S. B. Gmelch, *Tinkers and Travellers* (Dublin, 1975, 2nd edn 1979); J. Wiedel and M. O'Fearadhaigh, *Irish Tinkers* (London, 1976); G. Gmelch, *The Irish Tinkers* (Menlo Park, CA. 1977, 2nd edn 1985); and G. Gmelch and S. B. Gmelch, 'Ireland's travelling people: a comprehensive

bibliography', *JGLS*(4), 1 (1977), no. 3, pp. 159–69.

21) Cf. A. and F. Rehfisch, 'Scottish Travellers or Tinkers', in *Gypsies, Tinkers and Other Travellers*, pp. 271–83; and E. MacColl and P. Seeger, *Till Doomsday in the Afternoon* (Manchester, 1986).

22) Cf. H. Arnold, *Fahrendes Volk* (Neustadt, 1980); and A. Reyniers and J. Valet, 'Les Jenis', *Etudes Tsiganes* (1991), no. 2, pp. 11–35.

23) Cf. J. Valet, *Les Voyageurs d'Auvergne, nos familles yéniches* (Clermont, 1990).

24) Cf. R. Iversen, *Secret Languages in Norway. Part II: The Rodi (Rotwelsch) in Norway* (Oslo, 1945).

25) A. Heymowski, *Swedish Travellers and their Ancestry* (Uppsala, 1969).

26) Cf. L. Ignacio, Los Quinquis (Barcelona, 1974); and K. Bonilla, 'The Quinquis: Spain's last nomads', *JGLS*(4), 1 (1976), no. 2, pp. 86–92.

27) A. Kolev, 'Census taking in a Bulgarian Gypsy Mahala (Ruse, December 1992), *JGLS*(5), 4 (1994), pp. 33–46.

28) R. Vossen, *Zigeuner* (Frankfurt am Main, 1983), pp. 157–62; and J.-P. Li égeois, *Gypsies* (London, 1986), p. 47.

29) 하나의 샘플에 대해 어휘통계학적으로 분석된 자료를 원한다면 다음을 참조하라. M. Cortiade, 'Distance between the romani dialects', *GLS/NAC Newsletter*, 8 (1985), no. 2, pp. 1–4를 참조하라.

30) Cf. T. Kaufman, review in *International Journal of the Sociology of Language*, 19 (1979), pp. 131–44, esp. pp. 134–6.

31) 음운 조직에 근거한 분류는 J. Kochanowski, *Gypsy Studies*, Part 1 (New Delhi, 1963), pp. 52–118.

32) G. Soravia, *Dialetti degli Zingari Italiani* (Pisa, 1977).

33) J. Valet, 'Les dialectes du sinto-manouche', in *Tsiganes: Identité, Evolution*, ed. P. Williams (Paris, 1989), pp. 309–14.

34) B. Formoso, *Tsiganes et sédentaires* (Paris, 1986)은 이 부락과 그 주민들에 대해 깊이 있게 연구하였다. 이 부락은 1966년, 한 지역의 집시 지원 단체에 의해 설립되었다.

35) Cf. T. Action, 'The Gypsy Evangelical Church', *Ecumenical Review*, 31 (1979), no. 3, pp. 11–17; J. Ridholls, *Travelling Home* (Basingstoke, 1986); E. B. L. Sato, 'The social impact of the rise of Pentecostal evangelicalism among American Rom', *in Papers from the Eighth and Ninth Annual Meetings, Gypsy Lore Society, North American Chapter* (New York, 1988),

pp. 69-94; K. Wang, 'Le mouvement pentecôtiste chez les Gitans espagnols', in *Tsiganes; Identité, Evolution*, pp. 423-32; R. Glize, 'L' eglise evangelique tsigane comme voie possible d'umengagement culturel nouveau', ibid., pp. 433-43; and C. Le Cossec, *Mon aventure chez les Tziganes* (Soignolles, 1991).

36) Cf. W. J. Harley, 'The Gypsy conference at Bucharest', *JGLS*(3), 12 (1934), pp. 182-90; and F. Remmel, *Die Roma Rumaniens* (Vienna, 1993), pp. 46-61.

37) 잉글랜드에서의 상황 및 그와 관련된 논쟁과 대립에 대해서는 다음을 참조하라. T. Acton, *Gypsy Politics and Social Change* (London, 1974).

38) Cf. V. A. Friedman, 'Problems in the codification of a standard Romani literary language', in *Papers from the Fourth and Annual Meetings, Gypsy Lore Society, North American Chapter* (New York, 1985), pp. 56-75.

참고문헌

This bibliography is, with the exception mentioned below, confined to publications cited in the foregoing pages. These are classified under the following headings:
1. Bibliographical works; 2. Periodicals; 3. General studies; 4. Asian background; 5. Particular European countries; 6. Pre-1800 European history; 7. Nineteenth and twentieth centuries; 8. North America; 9. Physical anthropology; 10. Language; 11. Music; 12. Folk-tales; 13. Pollution code; 14. Religion; 15. Other Travellers; 16. Gypsies in art and literature.

The citations represent only a small fraction of the literature. Several additional titles have therefore been included under the first heading to indicate more comprehensive bibliographies.

1 Bibliographical works

Binns, D. *A Gypsy Bibliography* (Manchester, vol. 1 1982, vol. 2 1986, vol. 3 1990, supplement 9 1991).

Black, G. F. *A Gypsy Bibliography* (London, 1914).

German, A. V. *Bibliografiya o tsyganakh: Ukazatel' knig i statei s 1780 g. po 1930 g.* (Moscow, 1930).

Gronemeyer, R. *Zigeuner in Osteuropa. Eine Bibliographie* (Munich, 1983).

Hohmann, J. S. *Neue deutsche Zigeunerbibliographie* (Frankfurt am Main, 1992).

Hovens, P. and Hovens, J. *Zigeuners, Woonwagenbewoners en reizenden: een bibliografie* (Rijswijk, 1982).

Hundsalz, A. *Stand der Forschung über Zigeuner und Landfahrer. Eine Literaturanalyse* (Stuttgart, 1978).

Lockwood, W. G. and Salo, S. *Gypsies and Travelers in North America: An annotated bibliography* (Cheverly, MD, 1994).

Masson, D. I. *Catalogue of the Romany Collection* [University of Leeds] (Edinburgh, 1962).

Tong, D. *Gypsies: A multidisciplinary annotated bibliography* (New York, 1995).

Tyrnauer, G. *Gypsies and the Holocaust: A bibliography and introductory essay* (Montreal, 1989; 2nd edn 1991).

2   Periodicals

Études Tsiganes (since 1955), 2 rue d'Hautpoul, 75019, Paris, France.

Giessener Hefte für Tsiganologie (1984–6), succeeded by *Tsiganologische Studien* (since 1990, on a sporadic basis), c/o Institut für Soziologie, Justus-Liebig-Universität, Karl-Glöckner-Str. 21E, 6300 Giessen, Germany.

Journal of the Gypsy Lore Society (since 1888). There have been some interruptions, and the journal is now in its fifth series: 5607 Greenleaf Road, Cheverly, MD 20785, USA. A *Newsletter of the Gypsy Lore Society, North American Chapter,* published from 1978, became in 1989 the *Newsletter of the Gypsy Lore Society.*

Lacio Drom (since 1965), Centro Studi Zingari, Via dei Barbieri 22, 00186 Roma, Italy.

Roma (since 1974), 3290/15-D, Chandigarh, 160015, India.

3   General studies

Balić, S. et al. (eds). *Romani Language and Culture* (Sarajevo, 1989).

Cohn, W. *The Gypsies* (Reading, MA, 1973).

Colocci, A. A. *Gli Zingari* (Turin, 1889).

Grellmann, H. M. G. *Die Zigeuner. Ein historischer Versuch über die Lebensart und Verfassung, Sitten und Schicksale dieses Volks in Europa, nebst ihrem Ursprung* (Dessau and Leipzig, 1783; 2nd edn Göttingen, 1787). English translation, *Dissertation on the Gipsies* (London, 1787; 2nd edn London, 1807); French translations Metz, 1788 and Paris, 1810; Dutch translation Dordrecht, 1791.

Gronemeyer, R. and Rakelmann, G. A. *Die Zigeuner, Reisende in Europa* (Cologne, 1988).

Hancock, I. *The Pariah Syndrome* (Ann Arbor, 1987).

Hoyland, J. *A Historical Survey . . . of the Gypsies* (York, 1816).

Kenrick, D. and Puxon, G. *The Destiny of Europe's Gypsies* (London, 1972); Romani version, *Berša bibahtale* (London, 1988).

Kogălniceanu, M. *Esquisse sur l'histoire . . . des Cigains* (Berlin, 1837).

Liégeois, J.-P. *Gypsies* (London, 1986).

Martinez, N. *Les Tsiganes* (Paris, 1986).

Nunes, O. *O Povo Cigano* (Oporto, 1981).

Popp Serboianu, C. J. *Les Tsiganes* (Paris, 1930).

Predari, F. *Origine e vicende dei Zingari* (Milan, 1841).

Rehfisch, F. (ed.). *Gypsies, Tinkers and Other Travellers* (London, 1975).

Salo, M. T. (ed.). *100 Years of Gypsy Studies* (Cheverly, MD, 1990).

Vaux de Foletier, F. de. *Mille ans d'histoire des Tsiganes* (Paris, 1970).

Vossen, R. *Zigeuner* (Frankfurt am Main, 1983).

Willems, W. *Op zoek naar de ware zigeuner. De geschiedenis van het Europese denken over zigeuners (1783–1945)* (Leiden, in preparation).

Williams, P. (ed.). *Tsiganes: Identité, Évolution* (Paris, 1989).

4 Asian background

Berland, J. C. 'Pāry[ā]tān: "native" models of peripatetic strategies in Pakistan', *Nomadic Peoples* (1986), nos 21/22, pp. 189–205.

Burton, Sir Richard. *The Jew, the Gypsy and El Islam* (London, 1898).

Goeje, M. J. de. *Mémoire sur les migrations des Tsiganes à travers l'Asie* (Leiden, 1903).

Harriot, J. S. 'Observations on the Oriental origin of the Romnichal', *Transactions of the Royal Asiatic Society*, 2 (1830), pp. 518–58.

Kochanowski, J. 'Roma – History of their Indian origin', *Roma*, 4 (1979), no. 4, pp. 16–32.

Longpérier, G. de. 'L'Inde et ses mystères', *Musée universel*, 1 (1857), pp. 330–6.

MacRitchie, D. *Accounts of the Gypsies of India* (London, 1886), pp. 1–126.

Misra, P. K. and Malhotra, K. C. (eds). *Nomads in India* (Calcutta, 1982).

Mroz, L. 'Les Lohar, les Banjara et le problème de l'origine des Tsiganes', *Études Tsiganes* (1990), no. 1, pp. 3–14.

Rao, A. 'Note préliminaire sur les Jat d'Afghanistan', *Studia Iranica*, 8 (1979), no. 1, pp. 141–9.

Rishi, W. R. 'Roma – a study', *Roma*, 7 (1983), no. 2, pp. 1–10.

—— 'History of Romano movement, their language and culture', in *Romani Language and Culture*, eds S. Balić et al. (Sarajevo, 1989), pp. 1–10.

5 Particular European countries

Austria
Mayerhofer, C. *Dorfzigeuner* (Vienna, 1987).

Britain
Crabb, J. *The Gipsies' Advocate*, 3rd edn (London, 1832).
Gentleman, H. and Swift, S. *Scotland's Travelling People* (Edinburgh, 1971).
Gordon, A. *Hearts upon the Highway* (Galashiels, 1980).
Gypsies and Other Travellers, report by an MHLG Sociological Research Section (London, 1967).
Jarman, A. O. H. and Jarman, E. *The Welsh Gypsies: Children of Abram Wood* (Cardiff, 1991).
M'Cormick, A. *The Tinker-Gypsies* (Dumfries, 1907).
MacRitchie, D. *Scottish Gypsies under the Stewarts* (Edinburgh, 1894).
Mayall, D. *Gypsy-Travellers in Nineteenth-Century Society* (Cambridge, 1988).
Okely, J. *The Traveller-Gypsies* (Cambridge, 1983).
Ribton-Turner, C. J. *A History of Vagrants and Vagrancy* (London, 1887).
Simson, W. *A History of the Gipsies* (London, 1865).
Vesey-FitzGerald, B. *The Gypsies of Britain* (London, 1944).
Ward-Jackson, C. H. and Harvey, D. E. *The English Gypsy Caravan* (Newton Abbot, 1972; 2nd edn, 1986).

Denmark
Dyrlund, F. *Tatere og Natmandsfolk i Danmark* (Copenhagen, 1872).

Finland
Grönfors, M. *Blood Feuding among Finnish Gypsies* (Helsinki, 1977).
Vehmas, R. *Suomen Romaaniväestön Ryhmäluonne ja Akkulturoituminen* ['The Group Character and Acculturation of the Gypsy Population of Finland'] (Turku, 1961).

France
Vaux de Foletier, F. de. *Les Tsiganes dans l'ancienne France* (Paris, 1961).

—— *Les Bohémiens en France au 19e siècle* (Paris, 1981).

Germany

Arnold, H. *Die Zigeuner, Herkunft und Leben im deutschen Sprachgebiet* (Olten, 1965).

Hohmann, J. S. *Geschichte der Zigeunerverfolgung in Deutschland* (Frankfurt, 1981).

Mode, H. and Wölffling, S. *Zigeuner, Der Weg eines Volkes in Deutschland* (Leipzig, 1968).

Hungary and Transylvania

Jekelfalussy, J. (ed.). *A Magyarországban . . . cigányösszeirás eredményei* ['Results of the Gypsy Census in Hungary'] (Budapest, 1895); reptd with essay in English (Pécs, 1992).

Schwicker, J. H. *Die Zigeuner in Ungarn und Siebenbürgen* (Vienna, 1883).

Wlislocki, H. von. *Vom wandernden Zigeunervolke* (Hamburg, 1890).

The Netherlands

Hovens, P. and Dahler, R. (eds). *Zigeuners in Nederland* (Nijmegen/ Rijswijk, 1988).

Kappen, O. van. *Geschiedenis der Zigeuners in Nederland* (Assen, 1965).

Lucassen, L. *En men noemde hen Zigeuners* (Amsterdam/The Hague, 1990).

Norway

Sundt, E. *Beretning om Fante-eller Landstrygerfolket i Norge* (Christiania, 1850).

Poland

Ficowski, J. *Cyganie na polskich drogach*, 2nd edn (Kraków, 1985).

—— *The Gypsies in Poland* (n.d. [Warsaw, 1990]).

Portugal

Coelho, F. A. *Os Ciganos de Portugal* (Lisbon, 1892).

Rumania

Potra, G. *Contribuţiuni la istoricul Ţiganilor din România* (Bucharest, 1939).

Remmel, F. *Die Roma Rumäniens* (Vienna, 1993).

Russia

Druts, Y. and Gessler, A. *Tsygane* (Moscow, 1990).

Spain
Borrow, G. *The Zincali* (London, 1841).
Leblon, B. *Les Gitans d'Espagne* (Paris, 1985).

Sweden
Etzler, A. *Zigenarna och deras avkomlingar i Sverige* (Uppsala, 1944).

Switzerland
Huonker, T. *Fahrendes Volk – verfolgt und verfemt* (Zürich, 1987).

6 Pre-1800 European history

Aaltonen, E. Review of R. Vehmas's *Suomen Romaaniväestön*, *JGLS*(3), 42 (1963), pp. 64–7.
Andreas, Presbyter Ratisbonensis, *Diarium sexennale*, in A. F. Oefelius, *Rerum boicarum scriptores* (Augsburg, 1763), vol. 1.
Andree, R. 'Old warning-placards for Gypsies', *JGLS*(2), 5 (1911–12), pp. 202–4.
Arlati, A. 'Gli Zingari nello stato di Milano', *Lacio Drom* (1989), no. 2, pp. 4–11.
Arnold, H. 'Das Vagantenunwesen in der Pfalz während des 18. Jahrhunderts', *Mitteilungen des historischen Vereins der Pfalz, 55* (1957), pp. 117–52.
—— 'Die Räuberbande des Hannikels', *Pfälzer Heimat, 8* (1957), pp. 101–3.
Asséo, H. 'Le traitement administratif des Bohémiens', in H. Asséo and J.-P. Vittu, *Problèmes socio-culturels en France au XVIIe siècle* (Paris, 1974), pp. 9–87.
Aubrion, J. *Journal de Jean Aubrion, bourgeois de Metz* (Metz, 1857).
Aventinus. See Thurmaier.
Azevedo, P. d'. 'Os Ciganos em Portugal nos secs. XVI e XVII', *Arquivo Histórico Português, 6* (1908), pp. 460–8; 7 (1909), pp. 42–52, 81–90, 169–77.
Bartlett, D. M. M. 'Münster's *Cosmographia universalis*', *JGLS*(3), 31 (1952), pp. 83–90.
Bataillard, P. 'Beginning of the immigration of the Gypsies into western Europe in the fifteenth century', *JGLS*(1), 1 (1888–9), pp. 185–212, 260–86, 324–45; 2 (1890–1), pp. 27–53.
Beier, A. L. *Masterless Men* (London, 1985).
Bellorini, T. and Hoade, E. (trans.). 'Pilgrimage of Lionardo di Niccolò Frescobaldi to the Holy Land', in *Publications of the Studium Biblicum Franciscanum* no. 6 (1948), pp. 29–90.

Biester, J. E. 'Ueber die Zigeuner; besonders im Königreich Preussen', *Berlinische Monatsschrift*, 21 (1793), pp. 108–65, 360–93.

Blair, F. G. 'Forged passports of British Gypsies in the sixteenth century', *JGLS*(3), 29 (1950), pp. 131–7.

Blunt, F. J. *The People of Turkey* (London, 1878).

Breydenbach, B. von. *Peregrinatio in terram sanctam* (Mainz, 1486).

Campigotto, A. 'I bandi bolognesi contro gli Zingari (sec. XVI–XVIII)', *Lacio Drom* (1987), no. 4, pp. 2–27.

Chambers, E. *Cyclopædia* (London, 1728).

La Continuation du Mercure François, 1610–12.

Cornerus, H. *Chronica novella usque ad annum 1435*, in J. G. Eccard, *Corpus historicum medii ævi* (Leipzig, 1723), vol. 2.

Creades, D. 'Les premiers Gitans à Murcie', *Études Tsiganes* (1974), nos 2/3, pp. 5–7.

Crofton, H. T. 'Early annals of the Gypsies in England', *JGLS*(1), 1 (1888–9), pp. 5–24.

—— 'Supplementary annals of the Gypsies in England, before 1700', *JGLS*(2), 1 (1907–8), pp. 31–4.

Davies, C. S. L. 'Slavery and Protector Somerset; the Vagrancy Act of 1547', *Economic History Review* (1966), pp. 533–49.

Diderot, D. (ed.). *Encyclopédie* (Paris, 1751–72).

Douglas, G. *Diversions of a Country Gentleman* (London, 1902).

Fielding, H. *A Clear State of the Case of Elizabeth Canning* (London, 1753).

Foresti, J. F. *Supplementum chronicorum Fratris Jacobi Philippi Bergomensis* (Venice, 1483).

Fraser, A. M. 'Counterfeit Egyptians', *Tsiganologische Studien* (1990), no. 2, pp. 43–69.

Fraser, A. M. and Vaux de Foletier, F. de. 'The Gypsy healer and the King of Scots', *JGLS*(3), 51 (1972), pp. 1–8.

Frescobaldi, N. See Bellorini and Hoade; Manzi.

Fritsch, A. *Diatribe historica-politica de Zygenorum origine, vita ac moribus* (Jena, 1660); German translation 1662.

Gaster, M. 'Rumanian Gypsies in 1560', *JGLS*(3), 12 (1933), p. 61.

Gheorghe, N. 'Origin of Roma's slavery in the Rumanian principalities', *Roma*, 7 (1983), no. 1, pp. 12–27.

Gilliat-Smith, B. J. 'An eighteenth century Hungarian document', *JGLS*(3), 42 (1963), pp. 50–3.

Gilsenbach, R. 'Quellen zur Geschichte der Roma und ihrer Interpretation, dargestellt an Beispielen aus dem 15. Jahrhundert', *Giessener Hefte für Tsiganologie* (1985), 1/85, pp. 8–16; 2 + 3/85, pp. 3–11.

'Gipsies in America, 1581', *JGLS*(2), 6 (1912–13), p. 61.

Gómez Alfaro, A. 'Anotaciones a los censos gitanos en Andalucía', *Actas del I Congreso de Historia de Andalucía* (Córdoba, 1978), vol. 1, pp. 239–56.

—— 'La polémica sobre la deportación de los Gitanos a las colonias de América', *Cuadernos Hispanoamericanos* (Madrid, 1982), no. 386, pp. 319–21.

—— 'El Expediente general de Gitanos' (doctoral thesis, Madrid, 1988).

—— 'La "Reducción" de los niños gitanos', *Historia de la Educación* (Salamanca, 1991), no. 10, pp. 187–202.

Gronemeyer, R. 'Die Zigeuner in den Kathedralen des Wissens', *Giessener Hefte für Tsiganologie* (1986), 1–4/86, pp. 7–29.

—— *Zigeuner im Spiegel früher Chroniken und Abhandlungen* (Giessen, 1987).

Groome, F. H. 'Transportation of Gypsies from Scotland to America', *JGLS*(1), 2 (1890–1), pp. 60–2.

Hall, E. *Chronicle of King Henry the Eighth* (London, 1548).

Hall, E. M. 'Gentile cruelty to Gypsies', *JGLS*(3), 11 (1932), pp. 49–56.

Halliday, W. R. *Folklore Studies* (London, 1924).

Hammer-Purgstall, J. G. von. *Geschichte des osmanischen Reiches* (Budapest, 1827–35).

Harff, A. von. *Die Pilgerfahrt des Ritters Arnold von Harff*, ed. E. von Groote (Cologne, 1860).

Harrison, W. *A Description of England* (prefixed to Holinshed's *Chronicles*, London, 1587).

Hasluck, M. 'Firman of A.H. 1013–14 (A.D. 1604–5) regarding Gypsies in the Western Balkans', *JGLS*(3), 27 (1948), pp. 1–12.

Hufton, O. H. *The Poor of Eighteenth-Century France* (Oxford, 1974).

Jones, R. O. 'The mode of disposing of gipsies and vagrants in the reign of Elizabeth', *Archæologia Cambrensis* (4th series), 13 (1882), pp. 226–31; rptd in *JGLS*(2), 2 (1908–9), pp. 334–8.

Kappen, O. van. 'Four early safe-conducts for Gypsies', *JGLS*(3), 44 (1965), pp. 107–15.

—— 'Contribution to the history of the Gypsies in Belgium', *JGLS*(3), 48 (1969), pp. 107–20.

Krantz, A. *Rerum Germanicarum historici clariss. Saxonia* (Frankfurt am Main, 1580; 1st edn Cologne, 1530).

Lang, D. M. (ed.). *Lives and Legends of the Georgian Saints. Selected and translated from the original texts* (London, 1956).

Le Saige, J. *Voyage de J. Le Saige de Douai à Rome, Venise, Jérusalem, et autres saints lieux* (Douai, 1851).

Lewenklaw von Amelbeurn, H. *Neuwe Chronika türkischer Nation*

(Frankfurt am Main, 1590).

Liégeois, J. -P. 'Bohémiens et pouvoirs publics en France du XVe au XIXe siècle', *Études Tsiganes* (1978), no. 4, pp. 10–30.

Lopes da Costa, E. M. 'La minoranza sociale Rom nel Portogallo moderno (secoli XV–XVIII)', *Lacio Drom* (1989), no. 1, pp. 5–23.

López de Meneses, A. 'La inmigración gitana en España durante el siglo XV', in *Martínez Ferrando, Archivero. Miscelánea de Estudios dedicados a su memoria* (Barcelona, 1968), pp. 239–63.

—— 'Noves dades sobre la immigració gitana a Espanya al segle XV', in *Estudios d'Historia Medieval* (Barcelona, 1971), vol. 4, pp. 145–60.

Macfie, R. A. S. 'The Gypsy visit to Rome in 1422', *JGLS*(3), 11 (1932), pp. 111–15.

—— 'Gypsy persecutions: a survey of a black chapter in European history', *JGLS*(3), 22 (1943), pp. 65–78.

Manzi, G. (ed.). *Viaggio di Lionardo di Niccolò Frescobaldi in Egitto e in Terra Santa* (Rome, 1818).

Mészáros, L. 'A hódoltsági latinok, görögök és cigányok történetéhez. 16. sz.-i oszmán-török szórványadatok' ['On the history of Latins, Greeks and Gypsies under Ottoman rule. Documents from Ottoman archives of the sixteenth century'], *Századok* 110 (1976), no. 3, pp. 474–89.

Moncada, S. de. 'Espulsion de los Gitanos', in his *Restauracion politica de España* (Madrid, 1619).

More, Sir Thomas. A *dyaloge of Syr Thomas More, knt.* (London, 1529).

MS Register of the Privy Seal of Scotland, vol. 8.

Münster, S. *Cosmographia universalis* (Basel, 1550).

Muratori, L. A. (ed.). *Rerum Italicarum Scriptores,* vols 18 and 19 (Milan, 1730–1).

Ogle, A. *The Case of the Lollards Tower* (Oxford, 1949).

Panaitescu, P. N. 'The Gypsies in Walachia and Moldavia: a chapter of economic history', *JGLS*(3), 20 (1941), pp. 58–72.

Pastore, M. 'Zingari nello Stato Sabaudo', *Lacio Drom* (1989), nos 3–4, pp. 6–19.

Paul, Sir J. Balfour (ed.). *Accounts of the Lord High Treasurer of Scotland,* vols 3 and 5 (Edinburgh, 1901–3).

Peeters, P. 'Histoires monastiques géorgiennes', *Analecta Bollandiana,* 36–7 (1917–19).

Piasere, L. 'De origine Cinganorum', *Études et documents balkaniques et méditerranéens,* 14 (1989), pp. 105–26.

Pike, R. *Penal Servitude in Early Modern Spain* (Madison, WI, 1983).

Pischel, R. *Beiträge zur Kenntnis der deutschen Zigeuner* (Halle, 1894).

Pray, G. (ed.). *Annales Regum Hungariae ab anno Christi CMXCVII ad annum MDLXIV* (Vienna, 1764–70).

Rid, S. *The Art of Juggling or Legerdemain* (London, 1612).

Sampson, J. 'The Wood family', *JGLS*(3), 11 (1932), pp. 56–71.

Sánchez Ortega, M. H. *Documentación selecta sobre la situación de los gitanos españoles en el siglo XVIII* (Madrid, 1977).

Shirley, J. (trans.). *A Parisian Journal, 1405–1449* (Oxford, 1968).

Sibeth, U. 'Verordnungen gegen Zigeuner in der Landgrafschaft Hessen-Kassel im Zeitalter des Früh-Absolutismus', *Giessener Hefte für Tsiganologie* (1985), no. 4, pp. 3–15.

Soulis, G. C. 'A note on the taxation of the Balkan Gypsies in the seventeenth century', *JGLS*(3), 38 (1959), pp. 154–6.

—— 'The Gypsies in the Byzantine Empire and the Balkans in the late Middle Ages', *Dumbarton Oaks Papers*, no. 15 (1961), pp. 142–65.

Stumpf, J. *Schweytzer Chronik* (Zürich, 1606).

Thomasius, J. *Dissertatio philosophica de Cingaris* (Leipzig, 1671); German translation 1702.

Thompson, T. W. 'Consorting with and counterfeiting Eygptians', *JGLS*(3), 2 (1923), pp. 81–93.

—— 'Gleanings from constables' accounts and other sources', *JGLS*(3), 7 (1928), pp. 30–47.

Thurmaier, J. *Annalium Boiorum libri septem* (Ingolstadt, 1554).

Tuetey, A. (ed.). *Journal d'un Bourgeois de Paris (1405–49)* (Paris, 1881).

Twiss, R. *Travels through Spain and Portugal in 1772 and 1773* (London, 1775).

Vaux de Foletier, F. de. 'Le pèlerinage romain des Tsiganes en 1422 et les lettres du Pape Martin V', *Études Tsiganes* (1965), no. 4, pp. 13–19.

Vekerdi, J. 'Earliest archival evidence on Gypsies in Hungary', *JGLS*(4), 1 (1977), pp. 170–2.

—— 'La parola "Zingaro" nei nomi medievali', *Lacio Drom* (1985), no. 3, p. 31.

Voetius, G. *Selectarum disputationum theologicarum* (Utrecht, 1655).

'Von dem heutigen Zustande ... der Zigeuner in Ungarn', *Allergnädigst-privilegirte Anzeigen, aus sämmtlich-kaiserlich-königlichen Erbländern* (Vienna), 5 (1775), pp. 159–416; 6 (1776), pp. 7–168, *passim*.

Von der falschen Betler buberey, Mit einer Vorrede Martini Luther (Wittemberg, 1528).

Vukanović, T. P. 'Le firman du sultan Sélim II relatif aux Tsiganes, ouvriers dans les mines de Bosnie (1574)', *Études Tsiganes* (1969), no. 3, pp. 8–10.

Weber, C. von. 'Zigeuner in Sachsen 1488–1792', in *Mitteilungen aus dem Hauptstaatsarchive zu Dresden* (Leipzig, 1857–61), vol. 2, pp. 282–303.

Weissenbruch, J. B. *Ausführliche Relation von der famosen Zigeuner-Diebs- Mord- und Räuber-Bande, welche zu Giessen justificirt worden* (Frankfurt and Leipzig, 1727).

Wellstood, F. C. 'Some French edicts against the Gypsies', *JGLS*(2), 5 (1911–12), pp. 313–16.

Wiener, L. 'Ismaelites', *JGLS*(2), 4 (1910–11), pp. 83–100.

Winstedt, E. O. 'The Gypsies of Modon and the "Wine of Romeney"', *JGLS*(2), 3 (1909–10), pp. 57–69.

—— 'Early British Gypsies', *JGLS*(2), 7 (1913–14), pp. 5–37.

—— 'Some records of the Gypsies in Germany, 1407–1792', *JGLS*(3), 11 (1932), pp. 97–111; 12 (1933), pp. 123–41, 189–96; 13 (1934), pp. 98–116.

—— 'Gypsies at Bruges', *JGLS*(3), 15 (1936), pp. 126–34.

—— 'Hannikel', *JGLS*(3), 16 (1937), pp. 154–73.

—— 'Some Transylvanian Gypsy documents of the sixteenth century', *JGLS*(3), 20 (1941), pp. 49–58.

Zedler, J. H. (ed.). *Grosses vollständiges Universal-Lexicon aller Wissenschaften und Künste*, vol. 62 (Leipzig and Halle, 1749).

Zuccon, M. 'La legislazione sugli Zingari negli stati italiani prima della rivoluzione', *Lacio Drom* (1979), nos 1–2, pp. 1–68.

7 Nineteenth and twentieth centuries

Acton, T. *Gypsy Politics and Social Change* (London, 1974).

Acton, T. and Kenrick, D. 'From summer voluntary schemes to European Community bureaucracy: the development of special provision for Traveller education in the United Kingdom since 1967', *European Journal of Intercultural Studies*, 1 (1991), no. 3, pp. 47–62.

Beck, S. 'Tsigani-Gypsies in socialist Romania', *Giessener Hefte für Tsiganologie* (1986), 1–4/86, pp. 109–27.

Bernadac, C. *L'Holocauste oublié* (Paris, 1979).

Boner, C. *Transylvania* (London, 1865).

Boué, A. *La Turquie d'Europe* (Paris, 1840).

Cartner, H. *Destroying Ethnic Identity: The Persecution of Gypsies in Romania* (New York and Washington, DC, 1991).

Chamberlain, H. S. *Die Grundlagen des neunzehnten Jahrhunderts* (Vienna, 1899).

Commission for Racial Equality v Dutton, Court of Appeal, London, 1988.

'Compensation claims rejected', in *Manchester Guardian*, 30 March 1959, p. 5.

Crowe, D. and Kolsti, J. (eds). *The Gypsies of Eastern Europe* (New York/London, 1991).

Dahler, R. 'Zigeuneropvangbeleid Oldenzaal', in *Zigeuners in Nederland*, eds P. Hovens and R. Dahler (Nijmegen/Rijswijk, 1988), pp. 385–415.

Davidóva, E. 'The Gypsies in Czechoslovakia', *JGLS*(3), 50 (1971), pp. 40–54.

Dillmann, A. *Zigeuner-Buch* (Munich, 1905).

Djurić, R. 'Il calvario dei Roma nel campo di concentramento di Jasenovac', *Lacio Drom* (1992), no. 4, pp. 14–42.

Döring, H.-J. *Die Zigeuner im NS-Staat* (Hamburg, 1964).

Ficowski, J. 'The Gypsies in the Polish People's Republic,' *JGLS*(3), 35 (1956), pp. 28–38.

Fischer, E. 'Erbe als Schicksal', *Deutsche Allgemeine Zeitung*, 28 March 1943.

Formoso, B. *Tsiganes et sédentaires* (Paris, 1986).

Fraser, A. M. 'References to Gypsies in British highway law', *JGLS*(3), 40 (1961), pp. 137–9.

—— 'The Travellers. Developments in England and Wales, 1953–63', *JGLS*(3), 43 (1964), pp. 83–112.

—— 'A rum lot', in *100 Years of Gypsy Studies*, ed. M. T. Salo (Cheverly, MD, 1990), pp. 1–14.

—— 'The Rom migrations', *JGLS*(5), 2 (1992), pp. 131–45.

Gaster, M. 'Bill of sale of Gypsy slaves in Moldavia, 1851', *JGLS*(3), 2 (1923), pp. 68–81.

Gilliat-Smith B.-J. 'Report on the Gypsy tribes of north east Bulgaria', *JGLS*(2), 9 (1915–16), pp. 1–54, 65–109.

Gjorgjević, T. R. 'Rumanian Gypsies in Serbia', *JGLS*(3), 8 (1929), pp. 7–25.

Gobineau, J.-A. de. *Essai sur l'inégalité des races humaines* (Paris, 1853–5).

Gotovitch, J. 'Quelques données relatives à l'extermination des tsiganes de Belgique', *Cahiers d'histoire de la seconde guerre mondiale*, 4 (1976), pp. 161–80.

'"Greek" Gypsies', *JGLS*(3), 13 (1934), pp. 124–32.

Günther, W. *Zur preussischen Zigeunerpolitik seit 1871* (Hanover, 1985),

Guy, W. 'Ways of looking at Roms: the case of Czechoslovakia', in *Gypsies, Tinkers and Other Travellers*, ed. F. Rehfisch (London, 1975), pp. 201–29.

Haley, W. J. 'The Gypsy conference at Bucharest', *JGLS*(3), 13 (1934), pp. 182–90.

Havas, G. 'Strategien des Beschäftigungswechsels bei verschiedenen Zigeunergemeinschaften in Ungarn', *Giessener Hefte für Tsiganologie* (1984), 2/84, pp. 3–24.

Hehemann, R. *Die 'Bekämpfung des Zigeunerunwesens' im Wilhelminischen Deutschland und in der Weimarer Republik 1871–1933* (Frankfurt am Main, 1987).

Hohmann, J. S. *Robert Ritter und die Erben der Kriminalbiologie* (Frankfurt am Main, 1991).

Holmes, C. 'The German Gypsy question in Britain, 1904–06', *JGLS*(4), 1 (1978), no. 4, pp. 248–67.

Huttenbach, H. R. (ed.). *Nationalities Papers*, 19 (1991), no. 3 (special issue, 'The Gypsies in Eastern Europe').

Jones, D. 'Rural crime and protest', in *The Victorian Countryside*, ed. G. E. Mingay (London, 1981), vol. 2, pp. 566–79.

Kalibová, K. and Pavlik, Z. 'Demographic specificities of the Romany population in Czechoslovakia', paper at the 7th International Demographic Seminar, Humboldt University, Berlin, 1986.

Kaminski, I.-M. 'The dilemma of power: internal and external leadership. The Gypsy-Roma of Poland', in *The Other Nomads*, ed. A. Rao (Cologne, 1987), pp. 323–56.

Kogălniceanu, M. *Desrobirea Ţiganiloru* (Bucharest, 1891).

Kolev, A. 'Census taking in a Bulgarian Gypsy Mahala (Ruse, December 1992)', *JGLS*(5), 4 (1994), pp. 33–46.

König, U. *Sinti und Roma unter dem Nationalsozialismus: Verfolgung und Widerstand* (Bochum, 1989).

Körber, U. 'Die Wiedergutmachung und die "Zigeuner"', in *Feinderklärung und Prävention* (Berlin, 1988), pp. 165–75.

Kostelancik, D. J. 'The Gypsies of Czechoslovakia: political and ideological considerations in the development of policy', *Studies in Comparative Communism*, 22 (1989), pp. 307–21.

Liégeois, J.-P. *School Provision for Gypsy and Traveller Children* (Brussels, 1987).

Lockwood, W. G. 'Balkan Gypsies: an introduction', in *Papers from the Fourth and Fifth Annual Meetings, Gypsy Lore Society, North American Chapter* (New York, 1985), pp. 91–9; rptd with modifications in *Giessener Hefte für Tsiganologie* (1985), 1/85, pp. 17–23.

—— 'East European Gypsies in western Europe: the social and cultural adaptation of the Xoraxané', *Nomadic Peoples* (1986), nos 21/22, pp. 63–70.

Lombroso, C. *L'uomo delinquente* (Milan, 1876).

MacRitchie, D. 'The Greek Gypsies at Liverpool', *Chambers's Journal*, 11 Sep. 1886.

Mandla (Sewa Singh) v Dowell Lee, House of Lords, 1983 (2 A.C. 548).

Marushiakova, E. 'Ethnic identity among Gypsy groups in Bulgaria', *JGLS(5)*, 2 (1992), pp. 95–115.

Mills v Cooper, High Court, London, 1967 (2 Q.B. 459).

Milton, S. 'The context of the Holocaust', *German Studies Review*, 13 (1990), pp. 269–83.

—— 'Nazi policies towards Roma and Sinti, 1933–1945', *JGLS(5)*, 2 (1992), pp. 1–18.

Mirga, A. 'The effects of State assimilation policy on Polish Gypsies', *JGLS (5)*, 3 (1993), pp. 69–76.

Müller-Hill, B. *Murderous Science* (Oxford, 1988), a translation of *Tödliche Wissenschaft* (Reinbek bei Hamburg, 1984).

Nawrocki, G. '"Cintis" in Hamburg – Großstadtzigeuner ohne Romantik', *Hamburger Tageblatt* no. 223, 18 August 1937.

Oschlies, W. '"Schwarze" und "Weisse": zur Lage der Zigeuner in der Tschechoslowakei', *Giessener Hefte für Tsiganologie* (1985), 1/85, pp. 24–32.

Petrović, A. 'Contributions to the study of the Serbian Gypsies', *JGLS(3)*, 19 (1940), pp. 87–100.

Piasere, L. 'In search of new niches: the productive organization of the peripatetic Xoraxané in Italy', in *The Other Nomads*, ed. A. Rao (Cologne, 1987), pp. 111–32.

Pouqueville, F. C. H. L. *Voyage dans la Grèce* (Paris, 1820).

Puxon, G. *Roma: Europe's Gypsies*, 2nd and 4th edns (London, 1975 and 1987).

'Resolution of the Council and the Ministers of Education . . . on school provision for gypsy and traveller children', *Official Journal of the European Communities*, 21 June 1989.

Rochas, M.-T. 'Les Tsiganes yougoslaves!!', *Études Tsiganes*, 30 (1984), no. 2, pp. 29–37.

Samuel, R. 'Comers and goers', in *The Victorian City*, eds H. J. Dyos and M. Wolff (London, 1973), vol. 1, pp. 123–60.

Sijes, B. A. et al. *Vervolging van Zigeuners in Nederland 1940–1945* (The Hague, 1979).

Silverman, C. 'Bulgarian Gypsies: adaptation in a socialist context', *Nomadic Peoples* (1986), nos 21/22, pp. 51–60.

Strauss, E. 'Die Zigeunerverfolgung in Bayern 1885–1926', *Giessener Hefte für Tsiganologie* (1986), 1–4/86, pp. 31–108.

Swann, Lord. *Education For All* (London, 1985).

Thompson T. W. 'English Gypsy death and burial customs', *JGLS(3)*, 3 (1924), pp. 5–38 and 60–93.

—— 'Foreign Gypsy Coppersmiths in England in 1868', *JGLS(3)*, 6 (1927), p. 144.

Thurner, E. *Nationalsozialismus und Zigeuner in Österreich* (Vienna, 1983).

Tritt, R. *Struggling for Ethnic Identity: Czechoslovakia's Endangered Gypsies* (New York, etc., 1992).

Uhlik, R. 'Iz ciganske onomastike', *Glasnik Zemaljskog museja u Sarajevu, istorija i etnografija,* new series, 10 (1955), pp. 51–71; 11 (1956), pp. 193–209.

Ulč, O. 'Gypsies in Czechoslovakia: a case of unfinished integration', *Eastern European Politics and Societies,* 2 (1988), pp. 306–33.

Willems, W. and Lucassen, L. 'Beeldvorming over Zigeuners in Nederlandse Encyclopedieën (1724–1984) en hun wetenschappelijke bronnen', in *Zigeuners in Nederland,* eds P. Hovens and R. Dahler (Nijmegen/Rijswijk, 1988), pp. 5–52 [English version, 'The Church of knowledge', in *100 Years of Gypsy Studies,* ed. M. T. Salo (Cheverly, MD, 1990), pp. 31–50].

—— *Ongewenste Vreemdelingen* (The Hague, 1990).

Williams, P. *Mariage tsigane* (Paris, 1984).

Winstedt, E. O. 'The Gypsy Coppersmiths' invasion of 1911–13', *JGLS*(2), 6 (1912–13), pp. 244–303.

Yoors, J. *Crossing* (New York, 1971).

Zang, T. *Destroying Ethnic Identity: The Gypsies of Bulgaria* (New York and Washington, DC, 1991).

Zimmermann, M. 'From discrimination to the "Family Camp" at Auschwitz: National Socialist persecution of the Gypsies', *Dachau Review,* 2 (1990), pp. 87–113.

Zülch, T. 'Und auch heute noch verfolgt?', *Zeitschrift für Kulturaustausch,* 31 (1981), pp. 397–410.

8 North America

Gropper, R. C. *Gypsies in the City* (Princeton, NJ, 1975).

Marchbin, A. A. 'Gypsy immigration to Canada', *JGLS*(3), 13 (1934), pp. 134–44.

Salo, M. T. (ed.). *The American Kalderaš* (Hackettstown, NJ, 1981).

Salo, M. T. and Salo, S. *The Kalderaš in Eastern Canada* (Ottawa, 1977).

—— 'The Romnichel economic and social organization in urban New England, 1850–1930', *Urban Anthropology,* 11 (1982), pp. 273–313.

—— 'Gypsy immigration to the United States', in *Papers from the Sixth and Seventh Annual Meetings, Gypsy Lore Society, North American Chapter* (New York, 1986), pp. 85–96.

Sutherland, A. *Gypsies, the Hidden Americans* (London, 1975).

9 Physical anthropology

Bhalla, V. 'Marker genes as guides to the kinship of populations: a plea for linguistic-cum-anthropogenetic approach to the problem of "Roma" ancestry', in *Romani Language and Culture*, eds S. Balić et al. (Sarajevo, 1989), pp. 155–63.

Corrain, C. 'Sintesi di ricerche antropometriche ed emotipologiche tra gli Zingari europei', *Lacio Drom* (1978), no. 6, pp. 22–9.

Ély, B. 'Les Crânes tsiganes des collections du Musée de l'Homme', *Bulletins de la Société d'Anthropologie de Paris* (1967), pp. 177–92.

Gropper, R. C. 'What does blood tell?', *GLS / NAC Newsletter*, 4 (1981), nos 2, 3 and 4.

Mourant, A. E. *Blood Relations: Blood Groups and Anthropology* (Oxford, 1983).

Pittard, E. *Les Tziganes ou Bohémiens* (Geneva, 1932).

Reyment, R. 'Les Voyageurs suédois: aspects physiques et linguistiques', *Études Tsiganes* (1981), no. 4, pp. 1–14.

Tauszik, T. 'Human- and medical-genetic examinations on the Gypsy population in Hungary', *GLS/NAC Newsletter*, 9 (1986), no. 4.

10 Language

Bloch, J. Review of J. Sampson's *The Dialect of the Gypsies of Wales*, *JGLS*(3), 5 (1926), pp. 134–41.

Borde, A. *The Fyrst Boke of the Introduction of Knowledge* [lithographic reprint of 2nd edn of 1562/3] (Salzburg, 1979).

Borrow, G. *Romano Lavo-Lil* (London, 1874).

Bryant, J. 'Collections on the Zingara or Gypsey language', *Archaeologia*, 7 (1785), pp. 387–94.

Büttner, J. *Vergleichungstafeln der Schriftarten verschiedener Völker* (Göttingen, 1775).

Cortiade, M. 'Romany phonetics and orthography', *GLS/NAC Newsletter,* 7 (1984), no. 4.

—— 'Distance between the Romani dialects', *GLS/NAC Newsletter*, 8 (1985), no. 2, pp. 1–4.

—— *Romani fonetika thaj lekhipa* (Titograd, 1986).

—— 'O kodifikaciji i normalizaciji romskog zajedničkog jezika', in *Romani Language and Culture*, eds S. Balić et al. (Sarajevo, 1989), pp. 205–21.

Fraser, A. M. 'Looking into the seeds of time', *Tsiganologische Studien* (1992), no. 1 + 2, pp. 135–66.

Friedman, V. A. 'Problems in the codification of a standard Romani literary language', in *Papers from the Fourth and Fifth Annual Meetings, Gypsy Lore Society, North American Chapter* (New York, 1985), pp. 56–75.

Friedman, V. A. and Dankoff, R. 'The earliest known text in Balkan (Rumelian) Romani', *JGLS(5)*, 1 (1991), pp. 1–20.

Gjerdman, O. and Ljungberg, E. *The Language of the Swedish Coppersmith Gipsy Johan Dimitri Taikon* (Uppsala, 1963).

Grierson G. A. *Linguistic Survey of India*, 20 vols (Delhi, 1903–28).

Hancock, I. 'The development of Romani linguistics', in *Languages and Cultures: Studies in Honor of Edgar C. Polomé*, eds M. A. Jazayery and W. Winter (Berlin, 1988), pp. 183–223.

—— 'The Hungarian student Valyi Istvan and the Indian connection of Romani', *Roma*, no. 36 (1991).

—— 'On the migration and affiliation of the Ḍōmba: Iranian words in Rom, Lom and Dom Gypsy', *International Romani Union Occasional Papers*, series F, no. 8 (1993).

Higgie, B. 'Proto-Romanes Phonology', Ph.D. dissertation, University of Texas at Austin, 1984.

Iversen, R. *Secret Languages in Norway. Part II: The Rodi (Rotwelsch) in Norway* (Oslo, 1945).

Josef Karl Ludwig, Archduke. *Czigány Nyelvtan* ['Gypsy Grammar'] (Budapest, 1888).

Jusuf, S. and Kepeski, K. *Romani gramatika – Romska gramatika* (Skopje, 1980).

Kaufman, T. Review of W. R. Rishi's *Multilingual Romani Dictionary*, *International Journal of the Sociology of Language*, 19 (1979), pp. 131–44.

—— 'Explorations in protoGypsy phonology and classification', paper at the 6th South Asian Languages Analysis Round-table, Austin, Texas, 25–26 May 1984.

Kenrick, D. 'Romanies in the Middle East', *Roma*, 1 (1976), no. 4, pp. 5–8, 2 (1977), no. 1, pp. 30–6, no. 2, pp. 23–39.

Kluyver, A. 'Un glossaire tsigane du seizième siècle', *JGLS(2)*, 4 (1910–11), pp. 131–42.

Kochanowski, J. *Gypsy Studies* (New Delhi, 1963).

Macalister, R. A. Stewart. *The Language of the Nawar or Zutt, the Nomad Smiths of Palestine*, GLS Monograph no. 3 (London, 1914); previously published in *JGLS(2)*, 3 (1909–10), pp. 120–6, 298–317; 5 (1911–12), pp. 289–305.

Marsden, W. 'Observations on the language of the . . . Gypsies', *Archaeologia*, 7 (1785), pp. 382–6.

Miklosich, F. X. *Über die Mundarten und die Wanderungen der Zigeuner Europas (Denkschriften der kaiserlichen Akademie der*

Wissenschaften, Philosophisch-historische Klasse, vols 21–31, Vienna, 1872–81).

Papp, G. *A beás cigányok román nyelvjárása: Beás-magyar szótár* ['Rumanian Dialect of Boyash Gypsies: Boyash–Hungarian Dictionary'] (Pécs, 1982).

Paspati, A. *Études sur les Tchinghianés* (Constantinople, 1870).

Rishi, W. R. *Multilingual Romani Dictionary* (Chandigarh, 1974).

—— *Romani Punjabi English Dictionary* (Patiala, 1981).

Rüdiger, J. C. C. *Neuster Zuwachs der teutschen fremden und allgemeinen Sprachkunde*, Part 1 (Leipzig, 1782); section on Romani, *Von der Sprache und Herkunft der Zigeuner aus Indien*, reptd (Hamburg, 1990).

Sampson, J. *The Dialect of the Gypsies of Wales* (Oxford, 1926).

—— 'Notes on Professor R. L. Turner's "The position of Romani in Indo-Aryan"', *JGLS*(3), 6 (1927), pp. 57–68.

Soravia, G. *Dialetti degli Zingari Italiani* (Pisa, 1977).

Swadesh, M. 'Lexicostatistic dating of prehistoric ethnic contacts', *Proceedings of the American Philosophical Society*, 96 (1952), pp. 452–63.

—— *The Origin and Diversification of Language*, ed. J. Sherzer (London, 1972).

Torrione, M. 'Del dialecto caló y sus usuarios: la minoría gitana de España' (doctoral thesis, Perpignan, 1988).

Trail, R. L. *The Grammar of Lamani* (Norman, OK, 1970).

Turner, R. L. 'The position of Romani in Indo-Aryan', *JGLS*(3), 5 (1926), pp. 145–89.

—— '"The position of Romani in Indo-Aryan": A reply to Dr J. Sampson', *JGLS*(3), 6 (1927), pp. 129–38.

—— 'Transference of aspiration in European Gypsy', *Bulletin of the School of Oriental and African Studies*, 22 (1959), pp. 491–8.

Valet, J. 'Les dialectes du sinto-manouche', in *Tsiganes: Identité, Évolution*, ed. P. Williams (Paris, 1989), pp. 309–14.

Vulcanius, B. *De literis et lingua Getarum sive Gothorum* (Leiden, 1597).

11 Music

Alvarez Caballero, A. *Historia del cante flamenco* (Madrid, 1981).

—— *Gitanos, payos y flamencos, en los orígines del flamenco* (Madrid, 1988).

Blas Vega, J. *Los Cafés cantantes de Sevilla* (Madrid, 1984).

Bobri, B. 'Gypsies and Gypsy choruses of old Russia', *JGLS*(3), 40

(1961), pp. 112–20.

Brepohl, F. W. 'Die Zigeuner als Musiker in den türkischen Eroberungskriegen des XVI. Jahrhunderts', *JGLS*(2), 4 (1910–11), pp. 241–4.

Falla, M. de. *El Cante jondo* (Granada, 1922).

Hajdu, A. 'Les Tsiganes de Hongrie et leur musique', *Études Tsiganes* (1958), no. 1, pp. 1–30.

Kovalcsik, K. *Vlach Gypsy Folk Songs in Slovakia* (Budapest, 1985).

Leblon, B. 'Identité gitane et flamenco', in *Tsiganes: Identité, Évolution*, ed. P. Williams (Paris, 1989), pp. 521–7.

—— *Musiques Tsiganes et Flamenco* (Paris, 1990); *El Cante flamenco* (Madrid, 1991).

Liszt, F. *Des Bohémiens et de leur musique en Hongrie* (Paris, 1859); *The Gipsy in Music*, trans. E. Evans (London, 1926).

Sárosi, B. *Gypsy Music* (Budapest, 1978).

Stewart, M. 'La fraternité dans le chant: l'expérience des Roms hongrois', in *Tsiganes: Identité, Évolution*, ed. P. Williams (Paris, 1989), pp. 497–513.

12 Folk-tales

Groome, F. H. *Gypsy Folk-Tales* (London, 1899).

13 Pollution code

Ficowski, J. 'Supplementary notes on the *mageripen* code among Polish Gypsies', *JGLS*(3), 30 (1951), pp. 123–32.

Miller, C. 'Mačwaya Gypsy Marimé' (MA thesis, Seattle, 1968).

—— 'American Rom and the ideology of defilement', in *Gypsies, Tinkers and Other Travellers*, ed. F. Rehfisch (London, 1975), pp. 41–54.

Rao, A. 'Some Mānuš conceptions and attitudes', in *Gypsies, Tinkers and Other Travellers*, ed. F. Rehfisch (London, 1975), pp. 139–67.

Silverman, C. 'Pollution and power: Gypsy women in America', in *The American Kalderaš*, ed. M. T. Salo (Hackettstown, NJ, 1981), pp. 55–70.

Thompson, T. W. 'The uncleanness of women among English Gypsies', *JGLS*(3), 1 (1922), pp. 15–43; and 8 (1929), pp. 33–9.

Winstedt, E. O. 'Coppersmith Gypsy notes', *JGLS*(2), 8 (1914–15), pp. 246–66.

14 Religion

Acton, T. 'The Gypsy Evangelical Church', *Ecumenical Review*, 31 (1979), no. 3, pp. 11–17.

Glize, R. 'L'église évangélique tsigane comme voie possible d'un engagement culturel nouveau', in *Tsiganes: Identité, Évolution*, ed. P. Williams (Paris, 1989), pp. 433–43.

Lazell, D. *From the Forest I Came* (London, 1970).

Le Cossec, C. *Mon aventure chez les Tziganes* (Soignolles, 1991).

Ridholls, J. *Travelling Home* (Basingstoke, 1986).

Sato, E. B. L. 'The social impact of the rise of Pentecostal evangelicalism among American Rom', in *Papers from the Eighth and Ninth Annual Meetings, Gypsy Lore Society, North American Chapter* (New York, 1988), pp. 69–94.

Smith, C. *The Life Story of Gipsy Cornelius Smith* (London, 1890).

Smith, R. *Gipsy Smith: His Life and Work* (London, 1901).

Wang, K. 'Le mouvement pentecôtiste chez les Gitans espagnols', in *Tsiganes: Identité, Évolution*, ed. P. Williams (Paris, 1989), pp. 423–32.

15 Other Travellers

Arnold, H. *Fahrendes Volk* (Neustadt, 1980).

Bonilla, K. 'The Quinquis: Spain's last nomads', *JGLS*(4), 1 (1976), no. 2, pp. 86–92.

Cottaar, A. and Willems, W. 'The image of Holland: caravan dwellers and other minorities on Dutch society,' *Immigrants & Minorities*, 2 (1992), no. 1, pp. 67–80.

Gmelch, G. *The Irish Tinkers* (Menlo Park, CA, 1977; 2nd edn 1985).

Gmelch, G. and Gmelch, S. B. 'Ireland's travelling people: a comprehensive bibliography', *JGLS*(4), 1 (1977), no. 3, pp. 159–69.

Gmelch, S. B. *Tinkers and Travellers* (Dublin, 1975; 2nd edn 1979).

Golowin, S. 'Fahrende in der Schweiz', *Giessener Hefte für Tsiganologie* (1985), 2 + 3/85, pp. 40–50.

Haesler, W. *Enfants de la Grande-route* (Neuchâtel, 1955).

Heymowski, A. *Swedish Travellers and their Ancestry* (Uppsala, 1969).

Ignacio, L. *Los Quinquis* (Barcelona, 1974).

MacColl, E. and Seeger, P. *Till Doomsday in the Afternoon* (Manchester, 1986).

Meyer, C. 'Unkraut der Landstrasse' (Zürich, 1988).

Rao, A. (ed.). *The Other Nomads* (Cologne/Vienna, 1987).

Rehfisch, A. and Rehfisch, F. 'Scottish Travellers or Tinkers', in *Gypsies, Tinkers and Other Travellers*, ed. F. Rehfisch (London, 1975), pp. 271–83.
Reyniers, A. and Valet, J. 'Les Jeniš', *Études Tsiganes* (1991), no. 2, pp. 11–35.
Valet, J. *Les Voyageurs d'Auvergne, nos familles yéniches* (Clermont, 1990).
Wernink, J. H. A. *Woonwagenbewoners* (Assen, 1959).
Wiedel, J. and O'Fearadhaigh, M. *Irish Tinkers* (London, 1976).

16   Gypsies in art and literature

Beaumarchais, P.-A. C. de. *Le Mariage de Figaro* (staged 1784).
Borrow, G. *Lavengro* (London, 1851).
—— *The Romany Rye* (London, 1857).
Campigotto, A. and Piasere, L. 'From Margutte to Cingar: the archeology of an image', in *100 Years of Gypsy Studies*, ed. M. T. Salo (Cheverly, MD, 1990), pp. 15–29.
Cervantes Saavedra, M. de. *Pedro de Urdemalas* (Madrid, 1615; written c.1611).
—— *La Gitanilla*, in his *Novelas exemplares* (Madrid, 1613).
Crockett, W. S. *The Scott Originals* (Edinburgh, 1912).
Cuzin, J.-P. *La diseuse de bonne aventure de Caravage* (Paris, 1977).
Defoe, D. *Moll Flanders* (London, 1722).
Fielding, H. *The History of Tom Jones* (London, 1749).
Firdawsi, *Shah-nameh* (1010).
Fraser, A. M. 'Authors' Gypsies', *Antiquarian Book Monthly*, 20 (1993), no. 2, pp. 10–17.
Goethe, J. W. von. *Götz von Berlichingen* (1773).
Herder, J. G. *Ideen zur Philosophie der Geschichte der Menschheit* (1784–91).
Mone, F. J. (ed.). *Schauspiele des Mittelalters* (Karlsruhe, 1846), vol. 2.
O'Brien, C. *Gipsy Marion* (London, n.d. [c.1895])
Recueil d'Arras ['Arras collection'], municipal library of Arras, MS 266.
Sachs, H. *Die 5 elenden wanderer*, in *Hans Sachs' Werke* (Berlin, 1884), vol. 2, pp. 58–68.
Scott, Sir Walter. *Guy Mannering* (Edinburgh, 1815).
Vicente, G. *Farsa das Ciganas* (staged 1521).

집시, 어디서 왔다가 어디로 갔는가

발행일 : 초판 2005년 4월 1일
지은이 : 앵거스 프레이저
옮긴이 : 문은실
펴낸이 : 김석성
펴낸곳 : 에디터
편집 · 진행 : 우림기획
등록번호 : 1991년 6월 18일 등록 제 1-1220호
주소 : 서울시 서초구 양재동 371 희빌딩 502호
편집부 : (02)579-3315
영업 · 판매 : (02)572~3-9218 팩스 : (02)3461-4070
e-mail : editor1@thrunet.com
© 에디터 2005
ISBN 89-85145-89-4 03380